D1641586

L'ANTHOLOGIE COMPLETE DES MYTHOLOGIES

Égypte, Nord, Grèce, Japon en un seul livre

Jim Barrow

SOMMAIRE

MYTHOLOGIE ÉGYPTIENNE

*Un voyage à travers les mythes et légendes de
l'Égypte antique*

INTRODUCTION

La plupart des grandes civilisations qui ont écrit l'histoire ont en commun le fait qu'elles restent piégées pendant des siècles sous leurs propres ruines une fois qu'elles ont atteint leur déclin, malgré leurs années de splendeur maximale. Pour la civilisation égyptienne, c'est exactement ce qui s'est passé: après une période florissante de près de trois mille ans, le sable l'a recouverte jusqu'au XIXe siècle, lorsque les premiers égyptologues européens ont commencé à découvrir (et à étudier!) ce qui ressortait des fouilles. Deux niveaux de connaissance sont apparus, bien qu'ils se soient toujours superposés: d'une part, nous avons la découverte des statues, des momies, des temples et des trésors que nous pouvons actuellement admirer dans les musées, et d'autre part, nous avons un niveau plus immatériel, composé des histoires écrites dans les papyrus.

Bien que les papyrus ne suscitent pas tant d'intérêt dans un musée égyptien, c'est précisément leur contenu qui nous a permis de reconstituer la véritable histoire de l'Égypte ancienne, de comprendre qui étaient les pharaons, ce que signifiait un procès pour pillage de tombe, ou ce que signifiait être une femme à cette époque ou un scribe, par exemple.

Tout au long du livre, nous remercierons souvent Plutarque, l'un des auteurs grecs les plus célèbres pour l'ampleur de ses intérêts et de ses travaux, qui, par ses études et ses recherches, a réussi à reconstituer l'histoire du peuple égyptien antique et à la transmettre jusqu'à nos jours.

Nous commencerons par un instantané de l'Égypte vue de loin, histoire de cadrer la situation géopolitique de l'époque; ensuite, nous passerons à la cosmogonie égyptienne, l'origine du cosmos selon les anciens Égyptiens, qui n'avaient pas une seule théorie mais quatre, toutes très semblables les unes aux autres et reliées d'une manière ou d'une autre par un fil conducteur. Le cœur de ce livre, ce sont les dieux et les mythes qui les concernent: le panthéon égyptien étant vraiment immense, nous n'avons relaté et approfondi que les principaux dieux, les plus célèbres, mais je parie que vous n'aviez pas encore entendu parler de certains d'entre eux! La deuxième partie du livre porte sur la culture égyptienne, ses rituels, ses inventions, ses découvertes et ses constructions.

CHAPITRE 1

VUE D'ENSEMBLE DE L'ÉGYPTE ANTIQUE

La religion égyptienne a jeté ses bases dans la vallée du Nil à partir de 4000 av. J.-C. et se composait de tous les rituels et croyances des anciens Égyptiens jusqu'à l'avènement de l'islam et du christianisme. L'histoire de l'Égypte est la plus documentée au monde et situe ses origines dans la division entre la Haute et la Basse-Égypte. La première, symbolisée par un vautour comme divinité et une couronne blanche, était située dans le sud du pays et comprenait vingt-deux provinces, dont Hieraconpolis et Naqada (les plus importantes); la seconde, en revanche, vénérait le cobra et était symbolisée par une couronne rouge, et comprenait vingt provinces, dont Sais et Buto. À la tête des deux royaumes, un pharaon propre régnait jusqu'à ce que, vers 3100 avant J.-C., le roi Narmer ou Ménès de Haute-Égypte décide de fusionner les deux royaumes en envahissant la Basse-Égypte et en donnant naissance à la première dynastie, qui en comptera trente au total jusqu'à ce que l'Égypte soit reprise par le roi perse Artaxerxès Ier Longimanus.

Les dynasties égyptiennes peuvent être divisées en trois grandes périodes: l'Ancien Empire, le Moyen Empire et le Nouvel Empire.

Ancien Empire (2778 - 2220 av. J.-C.)

L'Ancien Empire couvre une période de cinq siècles au cours de laquelle quatre dynasties ont accédé au pouvoir et la capitale a été déplacée à Memphis, une ancienne cité fondée par le pharaon Ménès en 3000 avant J.-C., le premier pharaon d'Égypte. Le choix s'est porté sur Memphis en raison de son emplacement ingénieux: elle était située à l'endroit précis où le Nil s'ouvre en éventail pour se jeter dans la Méditerranée, à la frontière entre la Haute-Égypte et le nord, c'est-à-dire la Basse-Égypte - c'est la raison pour laquelle Memphis était connue sous le nom de *Balance des deux terres*. C'était le centre militaire et administratif le plus important de toute l'histoire de l'Égypte, même lorsque la capitale a été déplacée dans une autre ville; en outre, le palais du pharaon y a été construit, ainsi qu'un temple dédié à Ptah, le dieu de la ville et patron des artisans. Aujourd'hui, il ne reste que très peu de choses: le visage d'Amenhotep II sur le corps d'un sphinx et une statue de Ramsès II.

L'un des principaux événements survenus au cours de l'Ancien Empire fut la libération par les pharaons du clyero d'Héliopolis - la ville où se trouvait le sanctuaire fédéral des peuples d'Égypte - décidant ainsi de transformer le prêtre en vizir, c'est-à-dire en premier assistant du pharaon. À partir de là, l'État commence à être dirigé par une bureaucratie de scribes.

Avec l'arrivée de Djoser, le deuxième souverain de la 3e dynastie (2737 à 2717 av. J.-C.), le royaume s'engage de plus en plus dans des expéditions tant militaires que commerciales. L'expansion militaire est orientée vers la Nubie au sud, le long de la haute vallée du Nil, tandis que les expéditions commerciales se font vers le Liban, d'où est importé le bois de construction, et vers le désert du Sinaï, qui fournit des blocs rocheux également utiles à la construction, des pierres précieuses, de l'or et du cuivre. Parallèlement à cette expansion, la 3e dynastie se caractérise également par un grand épanouissement culturel et artistique: le complexe monumental que le souverain fait construire à Saqqara n'en est qu'un exemple. La tombe de Djoser consistait en une énorme pyramide à degrés et des blocs de pierre ont été utilisés pour la construire au lieu des blocs de boue habituels. Autre évolution, les croyances religieuses ont conduit à la perfection de la technique d'embaumement.

Avec le pharaon Snofru, la 4e dynastie débute, où les premières pyramides à faces lisses commencent à apparaître, malgré le fait qu'elles n'étaient initialement pas parfaitement triangulaires. Snofru est connu pour avoir été le premier roi-guerrier dont nous disposons aujourd'hui d'une documentation étendue: il a réussi de nombreuses campagnes militaires dans le Sinaï, en Nubie et en Libye, et a su être décisif dans l'expansion militaire et commerciale du royaume en favorisant l'exploitation minière et le commerce. Après Snofru, nous avons les pharaons qui sont peut-être les plus connus: Chéops, Chéphren et Mycerinus - qui ont érigé les célèbres trois pyramides de Gizeh (la deuxième plus grande étant celle de Chéphren, qui est la mieux conservée à ce jour).

Avec la 4e dynastie, la société a atteint un haut degré de progrès tant du point de vue de l'ingénierie, mise en œuvre dans tous les domaines - de la sculpture à la navigation, de la peinture à la science - que du point de vue astronomique: les Égyptiens ont créé un calendrier solaire basé sur une année de 365 jours, tandis que les médecins de l'Ancien Empire sont devenus de plus en plus compétents en chirurgie et en anatomie humaine, notamment du système circulatoire.

C'est avec la 5e dynastie qu'apparaissent les premiers signes de décadence, dus à une perte de pouvoir de l'autorité royale au profit de bureaucrates d'État et d'administrateurs de grands domaines. Avec la 6e dynastie, ces signes deviennent encore plus forts, après que le souverain Pepi Ier ait été victime d'une conspiration de sa femme. À cette époque, le pouvoir est exercé par le premier ministre et le système économique est affaibli par des décrets d'exonération fiscale pour obtenir le consentement populaire. Finalement, les districts ont acquis un certain degré d'autonomie par rapport au pouvoir central, car leurs chefs ont commencé à rester au même endroit pendant de longues périodes, au lieu d'être déployés régulièrement.

Première période intermédiaire (2220 - 2065 av. J.-C.)

On assiste non seulement à la 7e dynastie, mais aussi à la 8e, ainsi qu'au début de la première période intermédiaire, caractérisée par d'incessantes luttes intestines: les deux dynasties ont établi leur siège à Memphis et n'ont prédominé que pendant vingt-cinq ans au total. Vingt-cinq années au cours desquelles les gouverneurs ont pris le contrôle total des districts et acquis la transmission des charges sous forme héréditaire, en raison du relâchement progressif du pouvoir du pharaon. Les seigneurs locaux d'Héracléopolis sous les 9e et 10e dynasties ont imposé leur pouvoir jusqu'à Memphis et jusqu'à Lycopolis au sud. Des rivaux de la région de Thèbes ont initié la 11e dynastie qui a régné dans la région entre Éléphantine et Abydos. La première période de cette dynastie chevauche la dernière de la 10e et du Moyen Empire.

Moyen Empire (2061 - 1785 av. J.-C.)

Le Moyen Empire est généralement placé temporellement avec la seule 11e dynastie, mais, en réalité, il commence avec la réunification du pays par Mentuhotep II, qui réussit à contrôler l'ensemble du royaume malgré le transfert de la capitale à Thèbes.

Le règne du premier souverain de la 12e dynastie, Amenemhet Ier, coïncide avec une période de prospérité, la capitale étant déplacée dans les environs de Memphis pour promouvoir l'unité du royaume. Le pharaon a exigé que tous les gouverneurs soient assermentés et doivent se soumettre à un contrôle strict. En outre, Amenemhet a réorganisé la bureaucratie, donnant naissance à une nouvelle classe d'administrateurs et de scribes. Pendant son règne, la littérature s'est développée pour soutenir l'image du pharaon en tant que chef de la communauté - il a été humanisé et l'image d'une divinité inaccessible s'est de plus en plus éloignée. En fait, même dans les statues, le pharaon n'était plus représenté comme un colosse impassible, mais comme une personne qui prenait soin de son peuple. C'est précisément sous son règne que le rituel de la momification a été rendu accessible à d'autres couches sociales, généralement moins élevées: jusqu'alors, en effet, le pharaon était le seul à pouvoir survivre après la mort. À partir de ce moment, le successeur du pharaon sera son fils, afin d'éviter les luttes et les usurpations inutiles. Le fils Sesostri Ier poursuit la politique d'expansion de son père vers la Nubie, où il construit plusieurs forteresses et établit des liens commerciaux avec les royaumes environnants. Les descendants suivants, Sesotri II et Sesotri III, ont effectué divers travaux pour stabiliser le royaume et surtout la région de Nubie, comme la récupération de la région d'Al-Fayyum, la fondation d'une armée permanente et l'érection de nouvelles forteresses tout le long de la frontière sud. En outre, tout pouvoir a été retiré à la noblesse provinciale en divisant le royaume en trois unités contrôlées par un officier sous la supervision du vizir.

Grâce à Amenemhet III, la mise en valeur des terres de la région d'Al Fayyum, commencée par ses prédécesseurs, a été achevée, et il a poursuivi cette politique en élargissant les zones cultivables et en menant une importante réforme agraire. Elle a également considérablement intensifié le commerce avec les régions orientales les plus proches. Au cours de la 12e dynastie, sous tous les pharaons basés à Thèbes, la culture se développe et l'âge d'or de la littérature et des arts égyptiens commence. Les éléments picturaux, par exemple, sont de plus en plus raffinés et détaillés.

Sur le plan architectural également, des œuvres mémorables ont été réalisées, telles que les pyramides d'Amenemhet III et de Sesotri II.

Deuxième période intermédiaire (1785 - 1580 av. J.-C.)

Les souverains de la 13e dynastie semblent décidément plus faibles que leurs prédécesseurs, mais comment pourraient-ils les égaler, après tout? Bien qu'ils aient réussi à garder le contrôle de la Nubie et à diriger le royaume de manière centralisée depuis Thèbes, comme leurs prédécesseurs, les souverains de la 13e dynastie étaient en concurrence avec les souverains de la 14e dynastie (qui avaient pris le contrôle de certaines parties du delta du Nil) et les Hyksos, un peuple sémite d'Asie occidentale qui avait envahi la région du Nil pour vivre de razzias et profiter du climat de tension qui s'était désormais installé au sommet. Leur apparition s'accentue lorsque les peuples indo-européens, dont les Hittites, les Kashites et les Hurrites, commencent à gagner du terrain, ce qui incite les Hyksos à n'occuper d'abord que la ville d'Avaris et la région du delta du fleuve, puis à s'étendre jusqu'à la ville de Memphis. La conquête a été facile pour deux raisons: la diminution du pouvoir central et la méthode d'attaque utilisée qui était inconnue des Égyptiens - des chars tirés par des chevaux pour être exact.

L'établissement de la dynastie des Hyksos marque le début du second royaume intermédiaire, qui a duré environ deux cents ans et s'est caractérisé par un manque d'unité politique et une instabilité permanente. Pendant ce temps, les Hyksos appartenant à la 15e dynastie présidaient le delta oriental et contrôlaient entièrement les régions du nord et du centre du pays. Le fait curieux est que les Hyksos ont conservé des fonctionnaires égyptiens dans les échelons supérieurs de l'administration et ont adopté les coutumes et traditions égyptiennes, mais ils ont également réussi à introduire des innovations telles que le travail du bronze, l'utilisation du métier à tisser vertical et la culture des olives.

Entre-temps, la Moyenne-Égypte a vu naître la 16e dynastie dirigée par le roi Kamose qui a combattu les Hyksos mais seul son frère Amosi Ier a réussi à les vaincre complètement en unifiant le pays et en anéantissant leur capitale.

Nouvel Empire (1580 - 1085 av. J.-C.)

Avec la fondation de la 18e dynastie et l'unification du pays, le Nouvel Empire est né, peut-être la période la plus prospère de toute l'histoire égyptienne, avec la reprise de la mise en valeur des terres, le contrôle de l'armée et l'autorité sur les dirigeants locaux. Au cours de cette période, Thèbes redevient la capitale, car c'est là que se fonde le culte du dieu Ammon, destiné à devenir le dieu égyptien le plus important. Dans ce nouveau royaume, les femmes prennent également une grande importance, obtenant des titres et des postes reconnus par les épouses et les mères des souverains.

Amenophis est suivi par son fils Amenophis I, qui étend les frontières du royaume en Palestine et en Nubie et commence les travaux des grandes constructions de Karnak. Contrairement à ses prédécesseurs qui utilisaient les pyramides comme monuments funéraires, il se fit enterrer dans une tombe creusée dans les parois rocheuses d'une vallée près de Thèbes, la célèbre Vallée des Rois. Ses descendants suivirent également cette coutume et les constructions pyramidales furent définitivement abandonnées.

Avec la succession des Tutmosi (I, II), le commerce mercantile est renforcé et la politique d'expansion des précurseurs est suspendue, ce qui ne sera repris qu'avec l'accession au trône de Tutmosi III, lorsqu'il sera en âge de régner - avant lui, en fait, sa mère, qui a régné pendant au moins deux décennies. Comme nous l'avons dit,

Tutmosi III reconquiert la Palestine et la Syrie, qui s'étaient proclamées indépendantes, et mène une série d'expéditions militaires pour étendre la frontière de l'État et affirmer l'hégémonie égyptienne dans le monde. Il a également traversé l'Euphrate dans des bateaux qu'il avait transportés au milieu du désert et a conquis le royaume de Mitanni. Les Assyriens, les Hittites et les Babyloniens ne perdent pas de temps et décident d'offrir un tribut au pharaon. L'Égypte pharaonique n'avait jamais été aussi grande et, grâce à divers mariages diplomatiques avec des parents du Mitanni et du roi de Babylone, le pharaon put régner en paix pendant environ quatre décennies.

L'héritier, Amenhotep IV, s'est distingué par sa réforme religieuse: il ne voulait plus être influencé par le clergé thébain, qui était devenu trop important et influençait même les actions du pharaon. Pour cette raison, il élimine le culte d'Ammon, ferme les temples et dépouille les prêtres de tout leur pouvoir. Amenhotep décide alors d'imposer le culte de Aton-Ra, le dieu du soleil, et commence à se faire appeler Akhenaton, c'est-à-dire celui qui est agréable à Aton. La capitale est déplacée de Thèbes à Akhetaton et la nouvelle religion prévoit une plus grande égalité entre hommes et femmes, basée sur des textes sacrés plus compréhensibles que les précédents. Les souverains se font désormais représenter dans des attitudes quotidiennes et l'art devient également plus réaliste - parfois même en exagérant le concept, pour symboliser la rupture avec la tradition précédente.

Cette réforme religieuse eut deux conséquences directes: la première fut la rébellion du clergé de Thèbes qui fomenta une insurrection des vassaux syriens et palestiniens, entraînant la conquête des ports phéniciens occupés par les Égyptiens; la seconde fut encore plus triste: le nouveau culte du dieu soleil prit fin avec le règne d'Akhenaton. Son successeur Toutankhamon, outre le retour de la capitale à Thèbes, rétablit la vénération du dieu Ammon.

Bien que Toutânkhamon soit le pharaon le plus connu ou, du moins, l'un des plus célèbres, on sait très peu de choses sur son règne et sur la façon dont il l'a géré. Ramsès Ier lui a succédé, puis son fils Seti Ier qui a combattu la Libye, la Syrie et la Palestine, puis Ramsès II qui a régné pendant près de soixante-dix ans. C'est ce dernier qui décida d'agrandir les célèbres monuments de Karnak et de Louxor, les temples d'Abou Simbel et les sanctuaires de Memphis et d'Abydos. Ses successeurs, en revanche, durent faire face aux rébellions du peuple. Après la mort de Ramsès III (deuxième pharaon appartenant à la 20e dynastie), le royaume connaît un grand déclin causé par la concentration du pouvoir par les clercs, les bureaucrates et les chefs d'armée d'Ammon.

Voilà pour le résumé de l'histoire de l'Égypte, mais revenons à nous et aux premiers habitants du Nil qui ont échappé à l'inclémence du désert en s'installant sur les rives de l'un des plus longs fleuves du monde avec ses 6695 km et capable de fournir non seulement des poissons en abondance, mais aussi du limon, une couche de boue noire qui rendait le sol si fertile qu'il assurait des récoltes abondantes. Ce peuple antique vivait de l'agriculture: les cultures comprenaient le blé, l'orge, le lin, la vigne, les olives, les figues, les dattes, le miel, la cire, la bière et le papyrus.

Le delta du Nil était pour les Égyptiens une source inépuisable de richesse, grâce à toute la vie qui l'habitait. Parmi les arbres et les plantes qui le peuplaient, un roseau en particulier, haut de plus de quatre mètres et d'un vert intense, a pris l'importance emblématique typique des Égyptiens: nous parlons du papyrus, la surface la plus adaptée à l'écriture dans le monde antique. Selon certains égyptologues, le terme papyrus remonte à l'expression pa-en-per-aa qui signifie *pharaonique, ce qui appartient au souverain*, faisant référence au fait que la production de la première forme de papier connue au monde était précisément une activité entre les mains du pharaon, c'était son monopole. Vous comprenez bien que son importance combinée à son abondance a fait que le papyrus est devenu irrévocablement le symbole de la Basse-Égypte - par souci de parité, je vous dirai que le lotus était plutôt le symbole de la Haute-Égypte. Cependant, selon la théorie théologique de l'époque, cette plante merveilleuse poussait directement dans l'océan primordial, le Nun, qui existait déjà avant la création du cosmos; ses racines étaient si profondes dans le Nun que leur profondeur effleurait la colline qui émergeait de l'abîme, le Benben, d'où provenaient les dieux et tous les êtres vivants qui allaient suivre. La croyance la plus répandue chez les Égyptiens était que le ciel et la terre étaient divisés et soutenus par quatre piliers de papyrus, raison pour laquelle les chapiteaux des salles hypostyles étaient profondément influencés par sa forme. Pour conclure la présentation du papyrus, nous pouvons dire qu'il était considéré comme le symbole de la renaissance par excellence du défunt, car il était associé à la fraîcheur et à la luxuriance de la végétation.

«Nous traiterons des caractéristiques du papyrus, car la civilisation humaine est largement fondée sur l'utilisation du papier et, si ce n'est son existence, sa mémoire en dépend de toute façon»

Pline

Cette formidable plante était utilisée de diverses manières: le fuseau et les racines, crues ou cuites, servaient de nourriture, mais la tige pouvait également être utilisée pour fabriquer des objets utiles, tels que des chaussures, des paniers, des cordes, des meubles et des bateaux, bien qu'elle soit presque exclusivement associée à l'écriture. Nous le connaissons tous de nom, et pourtant, aujourd'hui encore, nous ne disposons pas de suffisamment d'informations sur la production réelle du papyrus, malgré certains bas-reliefs trouvés dans les tombes de hauts fonctionnaires et décrivant sa fabrication: le processus commençait d'abord dans les marécages, où les tiges étaient arrachées, puis liées en bottes pour être transportées vers les ateliers. Ici, l'écorce du roseau est retirée car elle n'est pas utile à la fabrication du papier: seule la moelle de la plante est traitée, elle est découpée en bandes très fines pouvant atteindre trois centimètres. Celles-ci ont ensuite été positionnées pour former un rectangle, en les alignant d'abord verticalement, puis une autre couche identique a été formée mais perpendiculairement, de sorte que les fibres soient disposées à la fois horizontalement et verticalement. À ce stade, les deux couches devaient être unies de manière indissoluble, c'est pourquoi elles étaient compactées entre deux pierres - essayez d'imaginer placer deux feuilles de papier collées entre deux dictionnaires, par exemple - ou avec un marteau, et leur "union" était garantie par les jus libérés directement par la plante, qui faisaient office de colle. D'après les découvertes faites dans les bas-reliefs pharaoniques, ces feuilles de papyrus étaient à l'origine de couleur ivoire clair et ont ensuite fondu pour prendre une couleur plus jaunâtre comme nous pouvons l'admirer aujourd'hui dans les musées égyptiens. Pour autant que nous le sachions, la production et la fabrication du papyrus étaient confinées à une petite zone d'Alexandrie, une particularité qui le rendait tout sauf bon marché: le papyrus a rapidement été remplacé par des matériaux plus accessibles comme le papier ou le parchemin.

Le Nil était si important pour les anciens Égyptiens que des prières et des hymnes étaient adressés au fleuve, notamment pour le phénomène qui fertilisait la terre, appelé Hapi. Chaque année, en juillet, la rivière débordait de son lit, balayant les territoires voisins, pour revenir dans son lit quelques mois plus tard, en novembre, laissant du limon sur les champs. Les agriculteurs ont su exploiter habilement les inondations, en récupérant les marais et les marécages et en organisant des systèmes de canalisation qui ont permis de rendre fertiles même les terres non touchées par les inondations périodiques. En outre, les canaux d'irrigation étaient utilisés comme voies d'eau pour atteindre les sanctuaires ou les villages. Cette nature cyclique, terme qui caractérise toute l'histoire de l'Égypte ancienne, marquait le calendrier en trois saisons: la première, de juillet à novembre, était associée à la période où les cultures étaient submergées; la seconde, de novembre à mars, couvrait la période où les eaux se retiraient et permettaient à la terre de refaire surface; enfin, la troisième marquait la saison sèche et le temps des récoltes.

Parallèlement à la renaissance de la nature liée à la répétitivité régénératrice de la crue du Nil, on affirmait à l'époque que la vie humaine était sujette à un renouvellement par la mort, un événement compris comme une saison en attente d'une renaissance parallèle. C'est ainsi que le tombeau devient la figuration de la mort, une sorte d'habitation temporaire, le point de contact entre deux dimensions de l'existence: de même que le soleil va se cacher à l'ouest, les Égyptiens prétendaient aussi que le pharaon allait se dissimuler sous l'horizon humain. Le pharaon n'était pas seulement considéré comme le souverain de l'Égypte, mais aussi comme l'unique médiateur entre les hommes et les dieux. Sa responsabilité était immense car sans lui, toute la création aurait sombré dans le chaos total, c'est pourquoi il exigeait une obéissance absolue de son peuple. En plus de posséder tout ce qui existait sur le sol égyptien (animaux, champs, cultures, hommes), le pharaon décrétait la vie et la mort de tous ses sujets et était considéré comme celui qui réglait l'abondance des récoltes et la crue du Nil. En imitation des représentations des dieux égyptiens, le pharaon portait également une fausse barbe attachée au menton, une coiffe en tissu rayé bleu et or appelée Nemes, et arborait un Ureo en forme de cobra, le serpent sacré qui servait de protection contre les ennemis. La croyance commune des Égyptiens, en effet, était que le monde était dans une tension éternelle et constante entre Maat et Isefet, c'est-à-dire entre l'ordre cosmique et le chaos qui le menace depuis toujours et pour toujours. Cette croyance commune est illustrée par l'une des nombreuses images qui se répètent sans cesse, représentant le détenteur de l'ordre cosmique détruisant ses ennemis en les tenant par les cheveux: tous les pharaons vivants se sont fait peindre de cette façon, et l'image la plus célèbre est celle du roi Narmer, fondateur de la 1ère dynastie. La destruction des ennemis n'est qu'un symbole et ne représente pas une exécution concrète, mais plutôt le pharaon qui vainc simplement le chaos, symbolisé par les ennemis de l'Égypte: les Nubiens, les Libyens ou les Asiatiques. Comme prévu, celui qui a la tâche de maintenir l'ordre cosmique sur le chaos est le pharaon, qui doit veiller à l'anéantissement du chaos en réalisant la Maât, fonction qui est sauvegardée par l'obéissance des sujets et de toute la population envers le souverain, car il représente le pouvoir divin sur terre sous forme humaine et est donc la seule garantie de vie connue des Égyptiens. Le souverain était précisément celui qui préservait la Maât et qui devait maintenir l'équilibre entre les gens, mais aussi entre les hommes et les dieux. La divinité Maat, représentée comme une figure féminine avec une plume d'autruche sur la tête, était l'incarnation de la vérité, de la justice, de l'ordre, en contraste avec tout ce qui était mauvais: elle était la structure morale de la création. Si celle-ci avait disparu d'Égypte, tout aurait sombré dans l'énorme chaos qui existait avant la création. Pour accomplir son devoir de maintien de la Maât, le pharaon devait élaborer des rituels et produire des offrandes aux dieux, comme le dictait la tradition millénaire de son pays.

Sur sa tête, le pharaon portait une double couronne pour symboliser l'unité du royaume: la rouge rappelait le papyrus, emblème de la

Basse-Égypte, tandis que la blanche symbolisait la fleur de lotus, signe de la Haute-Égypte. En plus du plastron d'or et des myriades de pierres précieuses qui représentaient sa richesse, le pharaon tenait dans ses mains les symboles du pouvoir: un bâton courbé, la crosse, symbole de sagesse pour représenter sa capacité à protéger et à guider ses sujets, et le fléau, un bâton qu'il terminait par des bandes de tissu pour représenter le pouvoir qu'il pouvait exercer sur les champs cultivés (il était très similaire à un fouet utilisé pour battre le grain) et sur les gens.

Dès la fin de la période prédynastique, vers 3170 avant J.-C., les titres des pharaons ont commencé à être inscrits en hiéroglyphes à l'intérieur du serekh, l'extérieur du palais royal qui se terminait par le dieu Horus, emblème de la couronne et son protecteur. Symboliquement, ce dessin pourrait être interprété de la manière suivante: le roi, représenté par son nom, se trouve à l'intérieur du palais royal et le dieu faucon le protège d'en haut. Cette lecture renvoie à l'une des conceptions les plus primitives de la royauté, qui envisageait l'isolement du souverain dans son palais afin de le protéger des dangers que le monde recèle. À une époque, en effet, le souverain était associé au palais dans lequel il résidait et même le mot pharaon rappelle ce concept, puisque le terme dérive de l'égyptien per-aa qui signifie, précisément, grande maison. La prononciation, parao, a ensuite été modifiée en grec pharao, donnant naissance au mot pharaon. Le premier nom inscrit à l'intérieur du serekh était rejoint par d'autres, dont celui de la naissance et de l'intronisation, pour arriver à un total de cinq noms: ceux qui viennent d'être mentionnés étaient transcrits à l'intérieur d'une ellipse formée par une corde enroulée, le rouleau, pour représenter le cosmos bien discipliné sur lequel le roi régnerait en utilisant toute sa sagesse.

Bien que considéré comme une divinité, les Égyptiens savaient que le pharaon disparaîtrait un jour mais, contrairement à eux, il portait en lui le pouvoir de la royauté: le Ka royal reçu du souverain précédent et qui serait transmis à son successeur. Cette dualité, divine et humaine, s'exprime à la perfection dans les termes utilisés pour identifier le pharaon, à savoir nesut (roi) comme l'homme qui émet les décrets, représente toute l'Égypte devant les dieux et a le pouvoir d'élire les fonctionnaires et hem (incarnation) comme la personne en qui le pouvoir céleste de la royauté a pris place - très souvent, le pharaon lui-même, pour désigner sa personne, utilisait le terme *mon incarnation*. Sa mort a déséquilibré l'équilibre du monde et, pour cette raison, après avoir accompli tous les rituels de momification, de funérailles et d'enterrement, la priorité absolue était de couronner son successeur.

La double couronne avait pour fonction de transformer le nouveau souverain en dieu, rétablissant ainsi le nouvel ordre et faisant recommencer le cycle de la vie. Comme si le monde se terminait et recommençait à zéro. C'est la raison pour laquelle il n'existe pas de chronologie absolue en Egypte: le début du règne d'un pharaon correspondait au début du décompte des années écoulées, puis celles-ci se remettaient à zéro lorsqu'un successeur digne de ce nom était couronné.

Au sommet de la pyramide sociale se trouvait donc le pharaon, chef absolu de toutes les décisions politiques, économiques et sociales; en dessous se trouvaient les nobles et les prêtres chargés de gérer les temples et les cultes religieux - comme nous le développerons plus loin, en effet, chaque divinité était liée à son nom d'origine et avait un centre de culte localisé. Viennent ensuite les scribes, ceux qui savent lire et écrire, puis les soldats professionnels, les marchands et les artisans. La majorité de la population était constituée de paysans qui, lorsqu'ils ne travaillaient pas dans les champs, étaient occupés à construire des barrages, des canaux et des pyramides. Enfin, la partie la plus basse de la société était constituée d'esclaves, qui étaient généralement des prisonniers de guerre.

Le travail d'un scribe

Un petit historique des scribes est nécessaire, car ils formaient, avec les prêtres et les fonctionnaires, le cœur de l'appareil gouvernemental égyptien. À l'époque, l'école avait pour but d'éduquer l'individu en lui fournissant des connaissances de base couvrant divers domaines, de l'éthique sociale à la science, de l'écriture à l'art. Dans l'Antiquité, comme aujourd'hui, les écoles avaient pour fonction de préparer les jeunes esprits au travail et à la participation aux professions les plus renommées qui, à l'époque, concernaient les sphères religieuses, civile et militaire. Tout d'abord, les élèves devaient apprendre à dessiner car l'écriture hiéroglyphique était, après tout, un dessin, un curieux hybride de peinture et d'écriture. Dans tous les cas, l'apprentissage de l'écriture était entièrement calligraphique et une fois que l'on avait appris à copier les hiéroglyphes, l'étudiant commençait à écrire sous la dictée. La persévérance et l'engagement dans l'étude étaient les principaux complices d'un scribe réussi. L'écriture égyptienne englobait tout un ensemble de concepts et de phonèmes phonétiques, d'expressions abstraites et d'idées qui n'avaient pas encore de forme écrite propre; c'était donc la tâche du scribe de saisir dans l'éternité l'évanescence d'un mot ou de tout un discours.

Les instruments d'écriture, outre la feuille de papyrus fabriquée à partir de la fameuse plante qui poussait sur les rives du Nil, étaient le calamus fabriqué à partir d'une tige de roseau qui pousse encore dans les marais d'Égypte et l'encre noire ou rouge, selon leur composition - la première était composée de charbon de bois, de gomme et de dessiccant, tandis que la seconde était faite de minium, de gomme et de dessiccant et servait à écrire les titres des chapitres, les rubriques et les notes. Le rouge était moins utilisé que le noir. Les scribes étaient représentés avec le calame tenu entre le pouce et l'index et soutenu par le majeur, une particularité typique de ceux qui savaient dessiner. Des pinceaux en bois fibreux ou en fines fibres végétales étaient utilisés pour la peinture.

CHAPITRE 2

COSMOGONIE ÉGYPTIENNE

Bien que la mythologie égyptienne soit fragmentaire et pleine de versions, force est de constater qu'elle revêt une grande importance dans le domaine de la cosmogonie. En effet, la cosmogonie égyptienne est censée être la plus ancienne mythologie sur les origines du monde jamais enregistrée dans l'histoire de l'humanité, puisqu'elle remonte à l'aube de l'écriture humaine.

Les quatre mythes sur l'origine du cosmos sont liés entre eux car ils sont interreliés et interchangeables les uns avec les autres: les principales similitudes qui relient ces versions concernent la configuration initiale de l'univers avant la création, avant le début de la vie. Dans les quatre contes, en effet, avant tout, il y avait cette mer gigantesque composée de chaos et d'eau sans vie, appelée *Nu*. De cet océan infini, nous arrivons au second point qui unit les quatre contes: la première terre émergée, un énorme monticule de boue à la forme pyramidale parfaite qui émerge de l'eau au premier moment de la création, appelé Zep Tepi, littéralement le premier élément, la première occasion. Cet élément mythologique trouve son origine dans les montagnes de boue déposées par les différentes crues du Nil sur ses rives, le fameux limon que les Égyptiens vénéraient. De ce monticule pyramidal de boue, selon la mythologie égyptienne, le soleil se levait pour la première fois, représenté par le dieu du soleil Râ ou un scarabée traînant le soleil ou d'autres animaux symboliques. Le dernier point commun est le concept de l'œuf cosmique qui peut être attribué à la montagne de boue, car c'est de là que naîtraient les différentes divinités.

Cela dit, passons maintenant aux quatre versions qui traitent de l'origine de la cosmogonie égyptienne; les mythes portent le nom des quatre villes les plus importantes de l'ancien royaume.

Le mythe des origines selon la doctrine d'Hermopolis (Khemno)

À l'origine, il y avait cette grande étendue d'eau, Nu, et huit divinités, les Ogdoad, qui en représentaient les caractéristiques. Les divinités étaient divisées en quatre paires mâle-femelle:

- Nun et Nunet représentant la grande mer elle-même;
- Kuk et Keket représentaient les ténèbres qui régnaient dans cette étendue d'eau sans fin;
- Huh et Huhet représentant l'infini de la mer;
- Amon et Amonet qui représentaient la nature la plus incompréhensible du grand Nu.

Ces divinités étaient représentées soit par deux, soit divisées en homme et femme, avec une tête de grenouille pour le premier et une tête de serpent pour le second - ou entièrement sous forme d'animaux selon les versions, mais dans tous les cas sous forme de créatures symbolisant les eaux d'où elles étaient sorties. La création s'est produite lorsque les Ogdoades ont commencé à se rencontrer, créant un raz-de-marée qui a donné naissance au premier monticule pyramidal de boue appelé l'*île des Flammes ou des Couteaux*, d'où est mystérieusement sorti le soleil qui, se levant au-dessus de la création, a tout illuminé, éclaircissant ainsi les ténèbres de Nu.

Le mythe des origines selon la doctrine d'Héliopolis (Lunet Mehet)

Selon ce récit, le commencement de l'univers est un dieu unique: Atum, qui, dans le futur, sera lié à la figure du dieu Râ. C'est une divinité qui est à l'origine de la création de l'univers, puisqu'elle s'est auto-engendrée dans les eaux de Nu. Atum représentait toutes les forces de la nature qui seraient déchaînées pour générer la création et, en fait, lorsqu'il s'est réveillé de sa léthargie potentielle, il est passé d'une entité unique à une multitude de dieux. Le chaos existant a donné naissance au cosmos compris comme Maat, la seule énergie positive capable de le contrecarrer, et il en est résulté un équilibre très précaire et délicat, que l'ancienne lignée de la vallée du Nil a vécu avec une terreur extrême - elle craignait que l'énergie négative Isfet ne se manifeste sur terre, donnant lieu à la dévastation du monde. Une lutte perpétuelle entre le bien et le mal, représentés par Ra et Apopi le serpent, se déroulait: le dieu soleil, avec l'aide de la lumière, vainquait le sombre chaos, symbolisé par le serpent noir. Avec sa barque solaire, Atum-Ra parcourait la voûte céleste pendant la journée jusqu'au crépuscule, où il disparaissait derrière l'horizon de l'ouest et, pour renaître, le dieu s'incarnait dans une divinité à tête de bélier, Atum-If-Ra, et combattait le serpent Apopi, qui voulait l'empêcher de se régénérer. Une fois le serpent vaincu, le dieu poursuivait sa route et réapparaissait à l'aube sous le nom de Khepri. Chaque nuit, cette bataille se répétait, tandis que le serpent se régénérait, et il en serait ainsi jusqu'à la fin des temps, lorsque la Nun envahirait à nouveau le monde entier.

Après le grand raz-de-marée qui a créé le monticule pyramidal, il va prendre une forme définitive et engendrer les deux premières divinités par un acte masturbatoire (ou à partir d'un crachat ou même d'un éternuement, selon les versions): Shu, la divinité de l'air représentée par un homme avec une plume sur la tête, et sa compagne, la déesse de l'atmosphère Tefnut, une femme à tête de lionne. Leurs héritiers étaient le ciel et la terre: Nout, représentée sous la forme d'une femme sinueuse portant une robe moulante ou, parfois, son corps bleu était couvert d'étoiles et Gen avec son corps vert couvert de plantes et sur sa tête la couronne de Basse-Égypte.

Shu, Tefnut, Nut et Gen représentaient les quatre éléments primordiaux. Mais cela ne suffisait pas. Gen et Nout n'étaient pas seulement des frères, mais aussi des amants et des époux unis dans une étreinte éternelle, l'un faisant partie de l'autre, ils étaient si intimement liés qu'il n'y avait pas d'espace entre eux. Pour que la vie puisse être conçue à partir des deux, il devenait nécessaire de diviser leurs corps, et c'est ainsi que leur père Shu souleva de force Nout, la soustrayant à son amour pour l'éternité. Le mythe était si populaire que diverses reproductions de ces trois divinités ont survécu jusqu'à nos jours: certaines montrent Gen, la terre, couchée sur le côté et soutenant sa propre tête avec sa main; au centre de la scène, Shu soulève Nout, la représentation arquée des cieux, vers le haut, donnant ainsi au monde sa forme finale: le ciel, l'air et la terre dans l'ordre de haut en bas. La déesse Nout, positionnée comme un pont dans le ciel, représente pour certains la Voie lactée, une image qui se rapproche de celle d'un pont ou d'un passage, se frayant un chemin au milieu du ciel rempli d'étoiles.

Détachée de son bien-aimé, Nout portait déjà une nouvelle vie - *le ciel était enceinte*, comme l'ont écrit les Égyptiens dans leurs textes, et Nout devait donner naissance. Selon Plutarque, le dieu soleil Ra a formulé une malédiction qui ne permettait pas à Nout d'enfanter pendant les jours qui formaient l'année lunaire, c'est-à-dire 360. La raison de cette malédiction n'est pas connue, peut-être s'est-elle perdue avec le temps comme c'est le cas lorsqu'on joue sur un téléphone sans fil; quelle qu'en soit la cause, cependant, Nout a pu trouver de l'aide auprès de Thot, le sage dieu à tête d'ibis.

Il a affronté Iah, le dieu de la lune, dans une partie d'échecs dont l'enjeu était un peu de la lumière de Iah; lorsque le rusé Thot a mis fin à la partie, clairement en tant que vainqueur, il a réussi à obtenir suffisamment de lumière pour égayer le monde pendant cinq jours entiers, prolongeant ainsi les derniers jours de l'année.

Libérée de la damnation de Rê, la déesse Nout pouvait donner naissance (enfin!) dans ce laps de temps - cette histoire explique la transition du calendrier lunaire vers le calendrier de 365 jours encore utilisé aujourd'hui.

Bien qu'il ait aidé une déesse, la ruse de Thot lui a joué un mauvais tour: les jours supplémentaires, comme on appelait ces cinq jours de pure lumière, étaient considérés comme risqués car les fils de Nout troublaient par leurs combats la paix des divinités plus anciennes, au point de prendre l'appellation de *fils du désordre*. Nous parlons d'Osiris, d'Isis, d'Horus, de Seth et de Nephtys, les plus aimés et les plus célèbres du panthéon égyptien. Chaque fils a son propre jour de naissance: le premier né est Osiris, le pharaon à l'allure douce, beau, aux larges épaules et à la peau olivâtre. Le deuxième fils est Horus, le dieu de la guerre né le lendemain, avec des traits humains et une tête de faucon. Bien que Nout ait eu besoin de se reposer dans une oasis pendant le troisième jour, de son corps est né de manière inattendue Seth, le dieu des déserts, de la foudre, de la vengeance, et qui sera appelé le traître de l'histoire, mais qui sera aussi courageux et dévoué en temps voulu. Le quatrième jour, Nout donna naissance à un gracieux enfant aux cheveux longs, l'intelligente et sage sorcière Isis. Le dernier jour s'ajouta la douce Nephtys, future mère d'Anubis.

Selon d'autres versions, Horus est né de l'union d'Isis avec Osiris et les quatre frères et sœurs restants étaient considérés comme la force de la vie humaine: Osiris, dieu de la fertilité et son épouse Isis, déesse de la maternité (ensemble ils représentent l'ordre), Seth la puissance sexuelle masculine et sa partenaire Nephtys la sexualité féminine et ensemble ils représentent le chaos.

Quoi qu'il en soit, Héliopolis vénérait l'Ennéade, un groupe de neuf divinités de la mythologie égyptienne: Atoum, ses fils Tefnout et Shou et leurs fils Nout et Geb avec leurs descendants Isis, Osiris, Nephtys et Seth. Parfois, la Grande Ennéade comprenait Horus l'Ancien.

Le mythe d'origine selon la doctrine de Thèbes (nixt-imn, la cité d'Amon)

Indissociable des deux mythes qui viennent d'être relatés, celui que l'on trouve dans les écrits de la ville de Thèbes prétend qu'Amon (l'un des Ogdoad selon la doctrine d'Hermopolis) était un dieu qui transcendait les Ogdoad eux-mêmes et se trouvait en dehors du cosmos et de tout ce qui est connu. Il transcendait toutes les forces de la création, s'élevait plus haut que les cieux et descendait plus bas que les enfers: il était le plus puissant de tous. C'est lui qui a poussé à créer le grand monticule de boue et l'Ennéade, mentionnés dans le mythe d'Héliopolis, car il a été réveillé de son sommeil éternel par le cri d'une oie.

Le mythe des origines selon la doctrine de Memphis

Liée à la doctrine thébaine, la création selon Memphis est attribuée au dieu artisan Ptah (littéralement *celui qui forge, le mouleur, le sculpteur*). Ptah façonnait le monde par la parole: il formulait dans son esprit tout ce qu'il voulait créer et en articulait simplement le nom - c'est la langue qui répète ce que le cœur a pensé dit le texte relatant ce mythe. La langue est la parole, tandis que le cœur est la pensée: selon les Égyptiens, en effet, le cœur est le siège de la pensée, des sentiments et des émotions.

> " Ainsi naquirent tous les dieux: chaque parole du dieu
> se manifestait selon ce que son cœur avait pensé et ce
> que sa langue avait ordonné [...]. C'est ainsi que furent
> façonnés toute œuvre et tout art, l'activité des mains, la
> marche des pieds, le mouvement de tous les membres,
> selon le commandement conçu par le cœur et exprimé
> par la langue [...] c'est ainsi que Ptah fut satisfait après
> avoir tout créé, chaque parole divine "

Le grand œuvre de Ptah ne s'achève pas avec la création du monde, mais se prolonge au fil du temps par les œuvres des artistes, architectes et sculpteurs sur lesquels le dieu exerce sa protection. En effet, dans l'imagerie égyptienne, il est l'artisan par excellence qui a initié l'univers entier par la parole. Sa représentation consiste en une forme humaine, avec la tête recouverte d'un dôme, une fausse barbe et un manteau qui l'enveloppait et qui était si serré et étroit que seules les mains tenant un sceptre pouvaient être vues. Ce symbole de pouvoir juxtaposait trois signes: le was, le djet et l'ankh. Le premier était un symbole de la puissance du souverain, le second était un symbole de solidité et le dernier était un symbole de vie. Le dieu Ptah était l'époux de la lionne Sekhmet et ensemble ils ont engendré Néfertum, le dieu à la fleur de lotus sur la tête: ensemble, les trois formaient la *triade divine memphite*.

*

D'une manière générale, chaque version de la création du cosmos selon la cosmogonie égyptienne a pour origine un élément ou un matériau préexistant. Cet océan primordial infini, obscur et incompréhensible pour tous sauf pour les divinités, fait référence au grand vide primordial de la mythologie nordique, le Ginnungagap. Au sein du néant cosmique, des forces opposées se sont affrontées pour créer et détruire la vie elle-même et, ainsi, les premières formes de vie sont apparues: la vache Audhumla et le géant Ymir, la première a créé le premier homme en le moulant à partir des sommets gelés des montagnes, tandis que le second a donné naissance à une génération entière de géants avec sa seule sueur. Voici le deuxième parallèle avec la cosmogonie égyptienne: le dieu du soleil Atum se multipliait lui aussi de manière autonome et devait combattre chaque nuit un énorme serpent appelé Apopi, un animal qui rappelle le gigantesque Jörmungandr, le serpent du monde.

CHAPITRE 3

LES DIVINITÉS

Les divinités égyptiennes apparaissent dans tous les aspects de la société car elles peuvent délimiter des phénomènes atmosphériques, des phénomènes sociaux ou même des concepts plus abstraits. De nombreux textes trouvés ne mentionnent que le nom des divinités sans laisser de place à leur rôle ou caractère spécifique, tandis que d'autres documents font référence à plusieurs entités sans même les nommer; il est donc impossible de dresser une liste complète des divinités. Les Égyptiens, en effet, n'ont jamais ressenti le besoin de dresser un inventaire de leurs divinités, contrairement aux Hittites, par exemple, qui dressaient des listes interminables et laborieuses de leurs dieux et de ceux des pays voisins. Le panthéon égyptien était constitué de divinités qui apparaissaient, disparaissaient, changeaient de nom, de caractéristiques et de rôle en fonction des circonstances dans lesquelles elles se trouvaient.

Avant de nous plonger spécifiquement dans l'analyse des dieux les plus importants - le panthéon égyptien en compte plus de trois mille! - il est urgent d'approfondir un mot que nous avons utilisé dans le dernier chapitre: l'Ennéade.

Eh bien, l'Ennéade, ou la Grande Ennéade selon le cas, se compose de neuf divinités qui ont fondé la cosmogonie (les arcanes majeurs ont initié la plus ancienne, les mineurs la plus récente). Au centre de tout cela se trouvait, bien sûr, le dieu Soleil, avec ses myriades de nuances, également appelé Atum, et associé à Rê et au taureau sacré. Malgré son immense pouvoir, il est rarement représenté (ou peut-être pour cette raison même qu'il n'est pas représenté?). Sa force découle du mythe de l'origine: il s'élève comme une petite colline de la Nun, le chaos primordial, mettant tout en ordre. La même valeur est attribuée à Ptah dans la ville de Memphis, qui a vu son incarnation taurine dans le dieu Apis, l'humanisation taurine du dieu Soleil, qui a également eu une influence sur le Minotaure, fils de Pasiphaé et du taureau blanc donné à la Crète par Poséidon. Atum doit également affronter le serpent cosmique Apopi, une représentation de la force du mal qui inspire également le folklore nordique avec le Jörmungandr - le serpent mondial géant qui entoure le cosmos jusqu'à la fin des temps - et la tradition biblique, bien sûr.

Nous parlerons de Rê, un dieu auto-généré, et d'autres divinités, majeures et mineures; les premières forment l'Ennéade, qui à son tour est divisée en majeure et mineure.

L'Ennéade formée par les arcanes majeurs comprend les divinités suivantes:

- la déesse Tefnut (eau) représente le divin féminin dans une tonalité agressive et destructrice - en fait, elle est représentée comme une déesse-lion;

- le dieu Shu (air) représenté sous une forme anthropomorphique avec une plume sur la tête est le dieu du vent, de l'atmosphère et du vide;

- le dieu Geb (terre) représenté avec un corps vert ou avec des détails floraux et terrestres;

- la déesse Nout (ciel) représentée avec son corps bleu parsemé d'étoiles;

- le dieu Osiris (vie après la mort) est représenté sous la forme d'une momie car il a été le premier à mourir puis à renaître;

- la déesse Isis (la vie) est la déesse mère par excellence, toujours représentée aux côtés d'Osiris ou de Nephtys sous la forme d'un milan ou d'une femme avec des ailes de milan;

- le dieu Seth (désert) représenté avec la tête d'un chacal, bien que l'animal n'ait jamais été clairement identifié car, apparemment, il s'agit d'une bête imaginaire semblable à un lévrier ou à un oryx;

- la déesse Nephtys (la mort) représentée avec des ailes de faucon ou de milan dans l'acte d'envelopper quelqu'un pour le protéger. Cette corrélation s'explique par les cris aigus qu'émettaient les femmes chargées du deuil lors des rites funéraires.

La petite Ennéade est au contraire composée des nouveaux dieux en plus d'Isis, Osiris, Seth et Nephtys:

- Horus, le dieu faucon, fils d'Isis et d'Osiris.

- Anubis, fils de Seth et Nephtys, est le dieu de la connaissance impénétrable, du voyage aux enfers.

Les autres divinités principales sont les suivantes:

- Toth, l'équivalent de l'Hermès grec, le dieu de la sagesse, était le protecteur des scribes, l'inventeur de la science et, comme prévu, il était représenté avec une tête d'ibis, l'oiseau de la vallée du Nil;

- Maat, déesse de l'architecture, de la justice, de la géométrie et des mesures, était représentée comme une femme portant un stylo sur la tête;

- Sobek, le dieu crocodile protecteur du Nil - ces animaux étaient considérés comme sacrés et ne pouvaient être chassés;

- Taweret, la déesse hippopotame qui préside aux accouchements;

- Khnoum était le dieu potier: il engendrait les hommes en les modelant comme des figurines d'argile avant d'accoucher et était représenté avec une tête de chèvre. Une association, celle du travail de l'argile et de l'origine de l'homme, qui subsiste dans les connaissances bibliques mais aussi dans la croyance égyptienne des Ouchabti, ces petites statues enterrées avec le pharaon qui le servaient dans l'au-delà;

- Enfin, nous avons Sekhmet, la divinité de la guerre, des guérisons et des épidémies représentée comme une femme à tête de lionne ou comme une lionne, la bête la plus féroce selon l'imagerie égyptienne.

Rê: la divinité créatrice

Rê, également connu sous le nom d'Aton-Rê, est le premier dieu généré indépendamment à partir d'une immense étendue d'eau, le Nu primordial, qui a donné naissance à cette montagne de boue appelée Ben-ben qui a pris la forme de Rê. S'étant engendré lui-même, Râ transcende les divinités elles-mêmes - un principe unique de monothéisme, sinon le premier de l'histoire. D'un éternuement ou d'un acte masturbatoire, il donne naissance aux premières divinités de l'histoire égyptienne: Shou et Tefnout, le dieu de l'air et la déesse de l'humidité ou de la pluie, qui créent à leur tour Nout et Geb, les représentations physiques du ciel et de la terre.

Arrivé à ce point, Rê a donné à ses petits-enfants deux obligations à suivre: les deux devaient rester séparés, sinon leur conjonction empêcherait la prolifération de la vie sur terre, et la deuxième obligation est qu'il a interdit au ciel et à la terre de procréer un jour quelconque du calendrier. À l'époque, on utilisait le calendrier lunaire composé de 360 jours. Avec l'aide de Toth, les deux neveux ont donc réussi à obtenir cinq jours supplémentaires pour aligner le calendrier égyptien sur l'année solaire, une véritable révolution à l'époque. Ces jours étaient appelés *épagomènes* et, selon la religion, ils étaient accordés à Nout et Geb pour donner naissance à chacun de leurs cinq enfants - Osiris, Isis, Seth, Nephtys et Horus.

Rê devint en quelque sorte le parent de l'Ennéade et, pour compléter le tableau familial, on ne peut manquer de mentionner son épouse Ator, la déesse vouée au feu mais aussi à la voûte étoilée représentant la Voie lactée. Parmi les autres filles de Rê figurent ses deux yeux destinés à déchaîner l'enfer sur quiconque l'outrage: Sekhmet, la féroce déesse lionne dont nous parlerons à la fin du chapitre, et la déesse féline Bastet.

Une fois l'univers réglé, Rê régnait en pharaon suprême sur toute la création. Sa tâche principale était de conduire les deux bateaux solaires, l'un pour le jour appelé Manget et l'autre pour la nuit appelé Mesektet, dans leur voyage tout au long de la journée. Rê était inextricablement lié au cycle jour-nuit et son apparence physique variait donc également en fonction de l'heure de la journée: le matin, il prenait la forme de Khepri, un bousier divin qui traînait le soleil de l'horizon vers l'est - d'où le culte du scarabée. Au cours de la journée, Rê prenait sa célèbre forme à tête de faucon et, enfin, le soir, il prenait la forme du dieu à tête de bélier Khnoum et quittait le bateau du matin pour embarquer sur le bateau du soir.

Tout au long de la nuit, il conduisait Mesektet dans le monde des morts et devait combattre l'énorme serpent Apophis, le reptile primordial qui tentait d'avaler tout entier le dieu du soleil, qui en sortait presque toujours vainqueur. Presque toujours parce que, selon les Égyptiens, les crises du soleil et de la lune étaient dues à la défaite momentanée du serpent Apophis par Rê. À la fin de la nuit, Rê réapparaissait à l'est et ramenait le soleil sur terre.

L'œil de Rê

L'œil de Rê est un symbole de protection, mais surtout le symbole du compagnon parfait de Rê lui-même et ne doit pas être confondu avec l'œil d'Horus: celui formé par le disque solaire avec des cornes ou urei, les cobras royaux, autour duquel se trouve le symbole principal du dieu soleil. L'œil de Rê représente métaphoriquement le pouvoir absolu du soleil en tant que source d'énergie créatrice et destructrice - ce n'est pas pour rien qu'on le retrouve sur la tête de toutes les divinités symbolisant le soleil.

Il ne s'agit pas seulement du soleil lui-même, mais en réalité d'une déesse qui change de forme: tantôt lionne, tantôt féline, elle a pour mission de détruire ou de protéger les mères, les épouses et les amantes, parfois même les filles, du dieu soleil Rê. Dans la plupart des cas, l'œil de Rê fait référence à trois divinités féminines: Sekhmet, Ator et Bastet. La première est la déesse de la chasse, la déesse guerrière et la protectrice des pharaons, originaire de Haute-Égypte. C'est une déesse ardente, et pas seulement une déesse du feu: elle représente la chaleur du soleil et son souffle ardent peut réduire une étendue verte luxuriante en désert. La légende la plus connue est celle dans laquelle la fille Sekhmet a détruit la moitié de l'humanité sur ordre de Rê, mais nous en parlerons dans la section sur la déesse. Ator, quant à elle, est la déesse vache et représente tout ce que Sekhmet n'est pas: elle porte sur sa tête le disque solaire entre ses cornes et tandis que d'un côté nous avons la vengeance et la destruction suprême, Ator représente la passion, l'amour et le désir sexuel. La forme de la vache est héritée de divinités plus anciennes qui avaient la tâche de donner naissance à Rê chaque jour. Ator, elle aussi, a pour fonction de donner naissance au dieu soleil tous les jours et d'accueillir gracieusement les âmes d'outre-tombe; elle devient également la compagne d'Horus. Selon le mythe, Sekhmet et Ator sont les deux faces d'une même pièce, opposées mais complémentaires.

Enfin, Bastet régnait en Basse-Égypte en tant que déesse féline, furieuse et chasseuse identique à Sekhmet, ou du moins au début des temps. Contrairement à sa sœur, Bastet devenait bonne sans changer de forme et était associée aux chatons nouveau-nés. Bastet est la déesse protectrice et le symbole de la naissance d'une nouvelle vie, à tel point que pour se protéger des pandémies, les hommes invoquaient la déesse. Traditionnellement, Bastet accompagnait Rê dans son combat contre le grand serpent et était souvent représentée en train de vaincre le grand Apophis.

Tefnut: la déesse de l'humidité

Tefnout, également appelé le chat de Nubie, est né en même temps que son frère Shou, à travers les fluides corporels du dieu Atoum; d'eux sont nés Nout et Geb qui, ensemble, ont généré tout le panthéon égyptien. Tefnut, la déesse de l'humidité, a une forme humaine mais porte une tête de lionne comme Sekhmet, bien que certains hiéroglyphes la décrivent comme un serpent à tête de lionne. Quoi qu'il en soit, au-dessus de cette tête animalisée, on trouve un disque solaire qui fait référence au lien avec le dieu du soleil Atum.

Cette représentation d'une femme à tête de lionne est liée à une célèbre légende égyptienne: selon l'histoire, la déesse se serait disputée avec son mari Shu, ce qui l'aurait fait fuir de chez elle. Tefnut a alors pris l'apparence d'une lionne afin d'effrayer et d'attaquer quiconque s'approchait, jusqu'à ce que le dieu de la sagesse Thot la convainque de rentrer chez elle.

Shu: le dieu de l'air

Le dieu Shu, dont le nom signifiait vide, était le dieu de l'air, compris comme l'espace séparant le ciel de la terre; il était considéré comme un dieu bon et calme, tout comme l'air frais de l'Égypte. Il est né avec son jumeau et épouse Tefnout, et ensemble ils ont engendré Nout et Geb. La représentation de Shu était un homme portant une couronne ornée d'une plume d'autruche. Il tenait généralement un sceptre dans ses mains ou était agenouillé de façon à pouvoir tenir le ciel avec ses mains, ou encore il était représenté émergeant de derrière la terre, tenant un disque solaire au-dessus de sa tête sous la forme d'un lion.

Le dieu de l'air et de la lumière était responsable des phénomènes atmosphériques et incarnait les rayons du dieu Rê, combinés à la chaleur torride de l'été, à l'air sec et au vent froid du nord. Tout comme l'air sépare le ciel de la terre, sa tâche principale était de séparer Nout et Geb afin d'éviter le chaos dans l'univers.

Geb: le dieu vert

Geb, fils de Shu et de Tefnout et frère jumeau et époux de Nout, était représenté avec une peau verte pour représenter la terre fertile. Il était généralement dessiné sous Nout avec un genou plié pour représenter les vallées et les montagnes, tandis qu'elle était étirée en demi-cercle au-dessus de lui pour symboliser la voûte céleste. Une oie ou un serpent surplombait sa tête, car il était considéré comme le père des reptiles et le son de son nom rappelait celui des oies.

De nombreuses versions du mythe montrent à quel point l'amour qu'il ressentait pour Nout était inséparable, un amour si grand qu'il rendait Shu jaloux - c'est la raison pour laquelle l'air se sent obligé de s'interposer et de séparer le ciel de la terre. Geb fut si dévasté par cette séparation forcée que ses larmes de chagrin se transformèrent en océans et en rivières.

Geb était un grand souverain qui a réuni les royaumes d'Égypte sous un seul trône. Selon une vieille légende, Geb fut mordu par un serpent qui le rendit malade et, pour guérir, il dut promettre à Rê de diviser le royaume en deux, en offrant une partie à Horus et une partie au maléfique Seth.

Nout: la déesse du ciel

Pour les Égyptiens, le ciel pouvait être une mer sur laquelle naviguait le bateau du dieu du soleil Rê, ou un plafond soutenu par quatre colonnes de papyrus placées aux points cardinaux, ou encore le corps bleu d'une femme rempli d'étoiles brillantes la nuit. Toutes sont des représentations valables du ciel, mais la plus importante est incarnée par la déesse Nout. Le ciel égyptien est féminin, contrairement aux coutumes d'autres peuples - pensez à la mère de la terre, Gaea, dans la mythologie grecque, qui a donné naissance à Uranus et aux douze Titans. L'idée du ciel comme femme propose une forte valeur symbolique et une cohérence liée au concept de renaissance et de maternité. En effet, selon un mythe ancien, chaque soir la déesse Nout avalait le soleil et lui donnait naissance le lendemain matin, générant un cycle éternel de mort et de renaissance. Le ciel renferme Ra, tout comme Nout, et la couleur rougeâtre de l'aube revêt également une importance symbolique, car ces couleurs vives rappellent le sang de l'accouchement.

C'est précisément en raison de l'idée de renaissance qu'elle évoque que l'image de Nout a été placée sur les plafonds de la chambre des sarcophages de certaines tombes de la Vallée des Rois, la nécropole choisie par les rois du Nouvel Empire pour leur repos éternel, ou à l'intérieur du couvercle des sarcophages, de sorte que, lorsqu'ils étaient fermés, le défunt se retrouvait précisément sous le corps de la déesse, enlacé et entrait ensuite dans le corps de Nout pour être réparé directement dans l'au-delà. C'est ainsi que la mort devient aussi une renaissance, une sorte de retour au sein de la mère. Les images de la déesse Nout accompagnent les textes qui illustrent sa fonction, par exemple:

> « *Ta mère terrestre t'a porté pendant dix mois,* / *elle t'a nourri pendant quatre ans,* / *je te porte pour un temps indéfini,* / *et je ne te donnerai jamais naissance.* »

Bien que l'expression « *Je ne te donnerai jamais naissance* » puisse sembler être l'exact opposé du concept de renaissance, en réalité, le concept que l'on veut souligner est celui de la mort comme un abri éternel, un retour au sein de la mère - à tel point que dans les premières sépultures égyptiennes, le défunt était placé en position fœtale dans une tombe ovale rappelant le sein de la mère. La ligne droite de la vie a donc été transformée en un cercle pour vaincre la mort car elle coïncide avec la renaissance, un concept qui explique également l'importance de mourir sur le lieu de sa naissance.

Osiris: le dieu de l'après-vie

Osiris, le dieu de l'au-delà, était associé à l'immortalité et à la mort elle-même, et était certainement le dieu le plus connu de la population. Osiris, qui ressuscite d'entre les morts, représente une réponse et un espoir à la souffrance du peuple au terme de sa vie terrestre. Étroitement lié à la végétation qui, éternellement, naît, croît, se reproduit, meurt et renaît, Osiris est aussi le symbole d'une sorte d'entité civilisatrice, comme en témoigne cette prière du Livre des morts: « *Gloire à toi, Osiris [...] Grand Dieu d'Abydos, roi de l'éternité et seigneur de l'éternité, dieu qui existe depuis des millions d'années [...] En tant que prince des dieux et des hommes, tu as reçu le bâton et le fléau, symboles de la royauté [...] Grâce à toi, le monde verdit en triomphe.* »

Osiris est le protagoniste absolu de l'un des mythes les plus tragiques de l'histoire égyptienne, et pourtant il n'existe aucun texte complet narrant cette légende: les premiers fragments ont été trouvés dans des textes de pyramides appartenant à la 5e dynastie, d'autres remontent à la 18e dynastie et font partie des gravures du scribe Amenmose. Heureusement, Plutarque, dans son ouvrage intitulé "*Isis et Osiris*", parvient à nous donner le récit le plus complet qui nous soit parvenu. La généalogie du dieu Osiris est très ancienne, elle remonte à l'aube du monde antique. Selon la doctrine d'Héliopolis, l'univers n'était qu'un lieu lugubre habité par le dieu du soleil, Atoum-Rê, qui, se sentant si seul et isolé dans le vide cosmique, décida de façonner le monde avec des divinités qu'il avait lui-même produites. Peut-être en se masturbant ou plus simplement en crachant, Atoum-Rê a donné naissance à Tefnout et Shou, les grands-parents d'Osiris, qui se sont unis et ont engendré Nout et Geb. Ces derniers ont à leur tour conçu deux paires de jumeaux: Osiris et Isis d'une part, Seth et Nephtys d'autre part. Comme nous l'avons déjà mentionné dans les pages précédentes, la vie d'Osiris est imprégnée d'événements mémorables dès ses premiers instants, lorsque le dieu soleil Rê interdit à sa fille Nout d'accoucher pendant les 360 jours du calendrier lunaire égyptien; lorsque Nout demande alors l'aide du sage Thot, il parvient à obtenir cinq jours épagomènes qui sont ensuite ajoutés à l'année civile, donnant au ciel la possibilité de donner naissance aux premiers dieux. Ainsi, Osiris, le premier-né, également appelé Unennefer le parfait, reçoit en cadeau la vallée du Nil, tandis que son frère Seth, son exact opposé, qui a violemment lacéré le corps de sa mère pendant l'accouchement, se voit offrir le désert aride.

Déjà tout jeune, Osiris parcourait le royaume pour éduquer les hommes et les faire évoluer, les faisant ainsi sortir de leur état primitif. En effet, il a initié le monde aux principes de la culture, du grain, de la vigne, il leur a fait connaître les premières lois pour qu'ils apprennent à se comporter de manière civilisée, sans forcément utiliser la violence, et le culte des dieux pour intérioriser leur foi. Osiris vivait dans une situation familiale parfaite, puisque son épouse (et sœur, ne l'oublions pas) Isis l'attendait, maintenant l'ordre domestique.

Jaloux de cette chance injustifiée et, peut-être, imméritée, son frère Seth monta un complot pour arracher à Osiris la couronne d'Égypte. L'intrigue commence par un banquet avec soixante-douze complices qui ont déjà pris les mesures pour construire un cercueil luxueux. Seth, au cours des festivités, annonça qu'il le donnerait à celui qui s'y adapterait parfaitement. Fasciné par la situation, Osiris essaya lui aussi de se glisser dans le cercueil et, sans lui laisser le temps de réfléchir, dès qu'il se rendit compte qu'il avait la taille parfaite pour lui, les invités se précipitèrent pour fermer le couvercle, le scellant avec des clous et du plomb fondu, afin que le dieu puisse sombrer dans les eaux du grand Nil.

Ici, le mythe se divise en deux versions: selon l'une, le cercueil a coulé dans le fleuve, entraînant la noyade d'Osiris; selon l'autre, tous ces préparatifs n'ont servi à rien car le cercueil est resté à la surface du fleuve, flottant, et, traversant son embouchure, il a atteint la Méditerranée puis s'est échoué sur la côte phénicienne, au Liban. Isis, en apprenant ce qui s'était passé, fut submergée par un désespoir qui la fit s'arracher les cheveux avant de se précipiter à la recherche de son mari. Un murmure lui dit de chercher dans le palais de Byblos, car c'est là que se trouvait la tombe de son défunt mari, arrivé sous un tamarinier qui avait alors enveloppé le corps de la divinité dans ses enroulements. Le tamarinier, quant à lui, était devenu le pilier de force du palais. En entendant cela, Isis se déguisa en infirmière et se rendit au palais, devenant amie avec les serviteurs de la reine, puis avec la reine elle-même. Elle devint ainsi la nourrice de ses enfants et, après diverses vicissitudes, elle parvint à convaincre le roi de Byblos de faire enlever le pilier du palais et l'emmena avec elle en Égypte, où elle cacha secrètement les restes de son bien-aimé dans le delta du Nil, dans la ville de Buto.

Ce secret ne dura pas longtemps, car lors d'une partie de chasse, Seth découvrit la dépouille de son frère et décida de le démembrer en quatorze - un nombre particulier car il correspond aux jours séparant la nouvelle lune de la pleine lune - morceaux, puis de les jeter dans le Nil. Selon une autre version de la légende, Seth aurait divisé le cadavre en quarante-deux morceaux, autant que les régions en lesquelles le royaume égyptien était divisé.

Isis a vite compris ce qui s'était passé et est repartie sur la piste des restes d'Osiris, se transformant en son animal symbolique, le milan, mais n'a rien trouvé. La déesse ordonna à la population que quiconque trouverait un petit morceau du corps de son frère bien-aimé recevrait en cadeau une copie du cadavre retrouvé afin qu'il puisse tromper Seth. Un prix glouton, si l'on peut dire, et en fait Isis réussit à récupérer tous les fragments éparpillés, trompant même le maléfique Seth. Selon une autre version, c'est le Nil qui a fait remonter à la surface les parties qui formaient le corps d'Osiris grâce aux larmes d'Isis, ce qui a fait déborder le fleuve et a périodiquement apporté une nouvelle vie à la terre, laissant un limon fertile sur ses rives. Quoi qu'il en soit, Isis parvient à rassembler tous les morceaux de son mari et reçoit l'aide de deux divinités principalement: Toth, le dieu de la sagesse et de la magie, et Anubis, le dieu des rituels funéraires. Tous trois parviennent à reconstruire et à préserver le corps d'Osiris, créant ainsi la première momie de l'histoire. La puissante magie d'Isis réussit à ramener son mari à la vie et ici, une fois de plus, le mythe bifurque: d'une part, les deux réussissent à procréer, donnant naissance à Horus, tandis que d'autre part, le corps reconstruit d'Osiris est dépourvu de la partie fondamentale pour engendrer une nouvelle vie. Ainsi, Isis dut remplacer son phallus par un pénis d'argile - il semblait que le crocodile Sobek ou un autre poisson l'avait dévoré par erreur. Après avoir reconstruit tout son corps, Isis se transforma en un grand milan et, battant bruyamment des ailes, généra un vent qui excita Osiris. En cet instant magique, il a réussi à féconder sa compagne: « *Ta soeur Isis vient à toi, se réjouissant de ton amour. Tu l'as placée sur ton phallus, ta semence coule en elle* ».

En raison des menaces croissantes de Seth, Isis fut contrainte de se réfugier sur une petite île dans le delta du Nil, et elle y donna naissance à Horus (le dieu faucon), qui grandit pour devenir le vengeur de son père et le défenseur de son droit au trône. Après la résurrection, Osiris cessa de régner sur le monde terrestre et rejoignit le royaume des morts.

Isis: la mère de l'Égypte ancienne

Isis, épouse d'Osiris et mère d'Horus, est considérée comme la déesse de la noblesse et l'une des plus grandes sorcières de l'époque - grâce à sa magie, elle a même réussi à persuader le dieu du soleil Rê. Elle est représentée comme une belle femme, enveloppée dans une longue tunique moulante qui met en valeur ses courbes.

Selon la légende, la déesse Isis a acquis le pouvoir de Rê lors d'un épisode particulier de sa vie. *« Le dieu avait vieilli, sa bouche dégoulinait, sa salive coulait sur le sol et ce qu'il bavait tombait sur le sol »* comme le disent les textes anciens; Isis, profitant de l'état de vieillissement de Rê, utilisa la salive qui s'écoulait de la bouche du dieu du soleil et, la mélangeant à quelques poignées de terre, créa un serpent venimeux. Il le plaçait ensuite au milieu de la route sur laquelle Rê allait passer et, une fois en contact avec la divinité, il la mordait, lui injectant tout son venin. Rê a hurlé de terreur: *« C'est du feu? Est-ce de l'eau?! Je suis plus gelé que l'eau, je suis plus brûlant que le feu. Tous mes membres sont en sueur, je tremble et mon œil est sans force, je ne distingue plus le ciel, l'eau me monte au visage comme à la belle saison »*. Isis, rusée comme elle était, savait que tous les dieux égyptiens avaient un nom secret qui devait être caché pour préserver le pouvoir du dieu. Il profite alors de l'état de douleur et de confusion de Rê pour lui extorquer ce nom, lui murmurant que s'il le lui révélait, le poison du serpent quitterait son corps pour toujours. Le nom secret du dieu du soleil était aussi un des éléments spirituels qui formaient la personne: Ren. L'insistance de la déesse et son agonie sans fin lui ont fait révéler ce nom: « *Je consens à être piqué par Isis, et que mon nom passe de mon sein à son sein* ». Sans être entendu par une âme, le nom du dieu passa de sa poitrine à celle de la déesse, et il fut libéré du poison.

Le mythe que nous venons de raconter nous montre l'incroyable ruse d'Isis, qui a réussi à obtenir ce qu'elle voulait de l'une des divinités les plus fortes du panthéon égyptien. De là est également née ce qui était une grande croyance à l'époque: on pensait qu'en trempant un papyrus sur lequel la légende avait été transcrite dans un liquide alcoolisé, il deviendrait un puissant antidote contre le venin des serpents.

La triade divine composée de la déesse Isis, d'Osiris et de son fils Horus a dû faire face à des situations douloureuses très communes pour nous, mortels: la peur, la mort, la trahison. Une série de vicissitudes les a rendus plus humains et plus proches du peuple du Nil. Malgré leur importance, très peu de sources égyptiennes ont été retrouvées sur le sujet; une fois encore, c'est Plutarque qui nous vient en aide avec son ouvrage *Isis et Osiris*.

À cette époque, les dieux régnaient sur la terre tout comme les pharaons, et leurs règnes duraient des centaines d'années. L'origine de tout cela se situe au moment où Geb, le dieu de la terre, décide de céder le trône à son fils aîné Osiris (qui, rappelons-le, avait aussi deux sœurs, Isis et Nephtys, et un frère, Seth). Un tableau de famille parfait, si ce n'était la jalousie de Seth - le seul, d'ailleurs, à être représenté entièrement sous forme animale et non sous forme humaine avec une tête d'animal comme tous ses frères - qui rompt définitivement l'équilibre en tuant Osiris. Non seulement elle le tua, mais elle divisa son corps en quatorze parties qu'elle dispersa dans toute l'Égypte. Désespérée, son épouse Isis ainsi que Nephtys - son âme était bonne, contrairement à celle de Seth - recherchèrent tous les morceaux de son bien-aimé et, aidée d'Anubis, créèrent la première momie de l'histoire, devenant ainsi une divinité funéraire qui préserverait le corps du défunt lors de la momification. Grâce à la magie, Isis réussit à concevoir le dieu faucon Horus, qui devient sa plus grande préoccupation: elle doit à tout prix le protéger des griffes de Seth.

Elle se mit en route et parcourut le pays d'Égypte escortée par sept scorpions géants nommés Tefen, Befen, Mestet, Mestetef, Petet, Tetet et Matet, un cadeau de la déesse Serket, la dame des créatures venimeuses. Leur tâche consistait à surveiller et à protéger le chemin de la déesse, afin que personne ne puisse perturber son voyage. En formation, ils sont arrivés à Per-Sui, un lieu où le crocodile est vénéré, puis à la ville des deux sandales, la ville des déesses jumelles, où commencent les bourbiers et les champs de papyrus.

Alors qu'ils atteignaient la périphérie, près des maisons habitées par les hommes des bourbiers, Isis passa devant la maison d'Usert, une femme riche qui se tenait juste sur le pas de la porte. La maîtresse de maison vit arriver une étrangère vêtue de haillons, fatiguée et endolorie, qui aurait volontiers pris place à l'air frais pour se reposer de son long voyage; mais lorsqu'elle s'approcha trop près de la maison, Usert s'empressa de claquer la porte, par crainte des sept scorpions qui accompagnaient la femme. Sans se décourager, l'étrangère poursuivit son chemin jusqu'à atteindre une hutte où vivait une âme aimable et bienveillante qui eut pitié d'elle et lui offrit ce qu'il pouvait: un lit de paille et un repas chaud. Tefen, Befen, Mestet, Mestetef, Petet, Tetet et Matet, en revanche, ne profitèrent pas de la bonté de la propriétaire pour se reposer, mais combinèrent leur venin dans le dard de Tefen, de sorte que celui-ci devint sept fois plus puissant et mortel. Le scorpion revint sur ses pas et se rendit chez Usert, la femme qui avait refusé le repos à la déesse; la porte restait fermée, n'était une mince fente par laquelle Tefen parvint à s'introduire dans la demeure. Ne trouvant pas la femme, le scorpion injecta le poison dans le corps de son fils et mit le feu à la maison - ce sont les cieux qui envoyèrent de l'eau pour l'éteindre, bien que la saison des pluies soit encore loin.

Usert, le cœur rempli de tristesse, errait dans le village en pleurant et en désespérant, ne sachant pas si son fils était encore en vie ou non. Ses cris de douleur parvinrent aux oreilles d'Isis, qui eut pitié d'elle (contrairement à lui) et lui dit: « Viens à moi! Voici ma bouche qui engendre la vie et qui a le pouvoir de détruire les créatures malfaisantes rien qu'en prononçant certaines paroles que mon père m'a fait connaître ». Isis, la dame de la magie, a réveillé le fils d'Usert de la mort avec les mots du pouvoir, des mots que même la mort pouvait entendre. La déesse posa ses mains sur le corps de l'enfant et prononça les paroles suivantes: « Ô poison de Tefeh, n'avance pas, mais sors de ce corps et tombe sur la terre! Ô poison de Bephen, sors de ce corps et tombe sur la terre! Je suis Isis, la maîtresse des sorts, la grande sorcière: je sais quels mots prononcer, vous m'écoutez tous, reptiles que vous pouvez piquer ou mordre. Tombez, venin de Mestetef et Matet. Ne circulez pas, venin de Mestet! N'approche pas, venin de Petet et Tetet! L'enfant vivra, le poison mourra ». L'enfant s'est remis sur pied et l'incendie de la maison d'Usert s'est éteint grâce aux paroles d'Isis qui avait plu au ciel. La femme donna quelques richesses à la dame de la cabane comme récompense pour avoir ouvert la porte de la maison à Isis lorsqu'elle arriva fatiguée et endolorie sur le pas de sa porte.

Protégée par sept scorpions, la déesse a traversé d'innombrables vicissitudes pour protéger l'enfant, et son amour sans limite est même devenu proverbial, ce qui lui a valu l'épithète de *grande mère* et le rôle de *protectrice de la maternité*.

Aujourd'hui encore, la déesse est souvent représentée en train d'allaiter Horus, assis sur ses genoux, une image que l'on peut presque comparer à la Madone avec l'enfant Jésus. La valeur symbolique de l'image ne peut être devinée qu'en connaissant le nom égyptien d'Isis: Aset, qui signifie trône. Elle est en fait la représentation du trône du pharaon et Horus est le souverain même qui s'y assoit. C'est pourquoi, dans les premières reproductions, Isis porte un chapeau en forme de siège. À partir de la 18e dynastie, en revanche, elle porte une coiffe faite de cornes de bovin avec le soleil au centre, également portée par la déesse Hathor.

Le culte de la déesse Isis n'est pas resté uniquement en Égypte, mais s'est étendu bien au-delà de ses frontières (même à Rome, de nombreux temples dédiés au culte de cette déesse ont surgi), et ce parce qu'en plus d'être une grande mère, elle était aussi une puissante sorcière.

Seth: le dieu du désordre et du désert

Horus représentait la terre fertile, Seth était le symbole du sable rouge du désert, pour démontrer sa stérilité - il a en effet perdu un testicule dans l'affrontement contre Horus, tandis que le dieu faucon a perdu un œil. Ennemi juré du dieu faucon pour avoir assassiné son père Osiris, Seth est aussi le défenseur de Rê contre le serpent Apopi, le dieu du chaos. Comme vous l'avez peut-être deviné, Seth est une figure très complexe qui englobe une vision du monde dualiste et les divinités qui la peuplent.

Comme annoncé au début du chapitre, Seth était représenté avec un corps anthropomorphe et la tête d'un animal qui n'a jamais été clairement identifié: peut-être un fourmilier, un chacal, un okapi ou une chèvre. Quoi qu'il en soit, cette bête était appelée l'animal de Seth et possédait un museau long et incurvé - probablement né de l'imagination fervente des Égyptiens qui ont créé un curieux mélange d'âne, d'antilope africaine et de lévrier. Ses yeux étaient parfois noirs en raison de sa relation étroite avec l'obscurité et parfois rouges, une couleur que les Égyptiens n'aimaient pas du tout.

Seth était célèbre et se souvenait du meurtre de son frère Osiris, un mythe qui apparaît dans les textes des pyramides, les sarcophages et la pierre de Shabaka, dont on trouve des traces dans plusieurs papyri et dans le temple d'Horus à Edfou. Une autre raison pour laquelle le dieu du chaos était célèbre était ses affrontements constants avec Horus, qui voulait venger son père et conquérir la couronne d'Égypte. Cet affrontement a duré quatre-vingts ans, un laps de temps qui n'a de toute façon pas porté ses fruits: après des tromperies et des luttes de toutes sortes, aucune conclusion n'a été trouvée. Alors, même les juges, épuisés par tant de combats, ont décidé de les faire s'affronter dans une régate. Les deux challengers devaient s'affronter avec des bateaux en pierre, mais Horus utilisa un bateau en bois peint pour lui donner l'apparence de la pierre. Cette fois, Seth ne tricha pas et perdit la course, décrétant la victoire d'Horus qui prit le trône à la place de son oncle.

Les tâches de Seth étaient diverses: il était adoré par les caravaniers, qui le considéraient comme le seigneur du désert, mais aussi dieu de la force brute et dieu de la guerre; on croyait que sa voix correspondait au tonnerre et que lorsqu'il criait, la terre tremblait sous ses pieds. On pensait également qu'il pouvait donner des ordres aux nuages noirs et qu'il était capable de déclencher de puissantes tempêtes. Ce n'est que dans une phase ultérieure qu'il acquiert une connotation purement négative, ses pires aspects étant mis en avant, en donnant de l'importance au mythe de Seth, le meurtrier du dieu Osiris, et en soulignant sa force brute associée aux tempêtes, obtenant également l'épithète de *trickster*, un filou capable de poursuivre des fins maléfiques. Un personnage que l'on peut associer au Loki de la mythologie nordique, toujours prêt à monter un coup pour le moindre profit personnel.

Nephtys: la maîtresse de maison

L'Égypte ancienne reconnaissait Nephtys, également connue sous le nom de Nebet-Het, comme l'une des déesses les plus puissantes. Elle appartenait à la Grande Ennéade et était souvent représentée avec la déesse Isis dans les rites funéraires, les deux sœurs étant les protectrices des momies. Nephtys a aidé Isis à recomposer le corps d'Osiris et a porté le deuil avec elle pendant trois jours et trois nuits entières. Nephtys était également associée au dieu Seth, son frère et époux, mais contrairement au dieu filou par excellence, la déesse était bonne, liée aux services du temple, à la protection, à l'accouchement, à la magie, à la nuit, au deuil et à l'embaumement. La déesse Nephtys, diamétralement opposée à sa sœur Isis qui représente l'expérience de la naissance, symbolise la mort sous forme de protection et d'assistance divine. On ne peut omettre que certains mythes la considèrent comme la mère d'Anubis, le dieu chacal chargé de peser les cœurs avant d'envoyer une âme digne dans l'au-delà.

Le nom de la déesse Nephtys signifie littéralement maîtresse de maison, comprise comme prêtresse, comme maîtresse du temple et des rituels spéciaux, et non comme maîtresse régnant sur une maison comme cela a été rapporté dans de nombreux textes. Ce titre n'est probablement qu'une épithète décrivant la fonction de la déesse. Nephtys était également l'un des quatre grands chefs qui géraient et dirigeaient le centre de culte osirien de Busiris, occupant également une position de premier plan dans la ville d'Abydos. Ces derniers avaient l'habitude d'effectuer des rituels dans lesquels deux femmes jouaient les rôles d'Isis et de Nephtys, les célébrant avec les *chants de fête d'Isis et de Nephtys*. Une autre fonction de la déesse Nephtys était celle de nourrice du pharaon régnant, bien que certains mythes la décrivent comme une divinité féroce et dangereuse car elle aurait pu brûler les ennemis du pharaon avec son souffle.

La déesse Nephtys était représentée sous la forme d'une femme aux ailes de faucon dans les vêtements funéraires, symbole de la protection qu'elle exerçait sur les cadavres. Nephtys était la déesse protectrice des vases canopes d'Hapi, le fils d'Horus, car elle avait des pouvoirs régénérateurs qu'elle pouvait exercer directement sur la table d'embaumement. Elle était également associée à la mort et à la putréfaction, c'est pourquoi il était fortement conseillé à tous les morts de la considérer comme une compagne nécessaire pour le voyage vers l'au-delà, car elle était une force vitale céleste de transition - ce qui signifie qu'un pharaon, grâce à elle et à la déesse Isis, deviendrait encore plus prêt et fort pour le voyage vers l'au-delà. Les deux sœurs sont considérées comme une force et une magie si puissantes que les démons tremblent de peur devant elles.

Horus: le dieu faucon

Le dieu faucon, fils d'Isis et d'Osiris, atteint sa majorité et devient le puissant roi des cieux. Il défie immédiatement Seth pour le poste de pharaon d'Égypte, en tant que successeur d'Osiris. D'une part, nous avons Seth, qui ne considérait personne d'autre que lui-même, et d'autre part, nous avons Horus, qui promettait de grands cadeaux aux autres divinités si elles se montraient favorables à sa prise de pouvoir. Afin de parvenir à une conclusion, les dieux ont mis en place un tribunal dirigé par Atoum-Rê, qui s'était retiré de la vie divine pendant des années pour rester au-dessus du dos du ciel. Horus et Seth ont dû se défier dans des concours d'athlétisme et de vitesse sur des bateaux, mais aussi sous la forme d'hippopotames divins, un combat, dans ce dernier cas, ambigu dans la mesure où les deux ont fini par s'accoupler - on ne sait pas si c'est de manière détournée ou consensuelle de la part d'Horus, qui avait envie d'un peu de la force de combat de son challenger.

Quoi qu'il en soit, à la fin de la rencontre, Horus se présenta devant sa mère avec le sperme de Seth dans sa main. Isis, scandalisée et furieuse, coupa les mains de son fils et les jeta dans le Nil, ce qui lui donna des membres immaculés. Pour se venger, Isis a fait manger à Seth son plat préféré, la laitue, assaisonnée du liquide séminal d'Horus. Devant le tribunal, Seth revendique sa supériorité sur Horus car il l'a marqué de son sperme; pour étayer cette affirmation, les juges du tribunal ont fait émerger par magie le sperme des deux challengers de l'endroit où il se trouvait: le liquide de Seth a émergé du Nil parce que les mains d'Horus avaient été jetées dans le fleuve, tandis que celui d'Horus a resurgi du front de Seth sous la forme d'un disque représentant la lune ou l'Œil de Rê, qui, cependant, symbolisait toujours la pleine lune. Horus remporta également ce défi, prouvant qu'il était plus intelligent et plus juste que Seth mais, malgré cela, le jugement fut lent à venir car le dieu Rê était partial, car Seth l'avait aidé au combat.

Pendant quatre-vingts ans, les deux hommes se sont défiés et le combat a culminé lorsque Horus a fait perdre ses testicules à Seth, qui, de fait, est devenu le dieu du désert également en raison de son infertilité, et que Horus a perdu son œil. Une perte très lourde pour les deux: l'œil d'Horus est le symbole du faucon, tandis que les testicules de Seth représentaient la sexualité. Toth interrompit le combat et rendit les organes aux deux challengers, après avoir proclamé Horus vainqueur.

Selon une version du mythe, les deux hommes se sont partagé le royaume: Horus a reçu la Basse-Égypte, la partie la plus verte et la plus vivante du royaume, tandis que Seth a reçu la partie la plus déserte, caractérisée par les tempêtes de sable, le chaos et la destruction. L'arbitre de cette division fut Geb, la terre, qui établit la suprématie de son neveu Horus. À ce moment-là, Seth fit la paix avec Horus et devint le symbole du chaos en tant que partie du tout.

L'œil d'Horus

Selon la religion égyptienne ancienne, l'Œil d'Horus était le symbole du pouvoir royal, de la prospérité, de la bonne santé et, comme l'Œil de Rê - peut-être est-ce pour cette raison que les deux sont souvent confondus! - il était considéré comme le symbole par excellence de la protection, en référence aux dieux et à leur domination incontestée sur le monde des mortels. Graphiquement, il s'agit d'un véritable œil avec un sourcil et une spirale au-dessus, peut-être le vestige, selon certains égyptologues, du plumage d'un faucon, l'animal qui représentait le dieu Horus.

Ce fameux œil fait son apparition un peu partout: des cérémonies funéraires aux bandages qui enveloppaient la momie, en passant par les dessins placés sur les côtés du sarcophage pour permettre au défunt de voir dans l'au-delà - les Égyptiens croyaient fermement que l'œil était capable de guider les pharaons, mais aussi les membres des plus hautes castes de la société qui pouvaient se permettre d'être momifiés, dans leur long voyage qui les menait du royaume des vivants à celui des morts; surtout pour le pharaon qui était considéré comme un dieu vivant, ou l'intermédiaire entre la divinité et l'humanité, on pensait qu'à sa mort l'esprit du dieu Horus passait du défunt directement au nouvel héritier du trône. Elle était gravée sur les murs pour protéger les maisons des cambrioleurs, elle était dessinée sur les papyrus, sur les reliefs pour représenter la régénération, et aussi dans les costumes de cour. L'œil d'Horus était même présent sur les proues des navires où les marins égyptiens le peignaient afin d'affronter plus sûrement les longs voyages par voie d'eau, notamment dans les mers inconnues, afin qu'il puisse éloigner toute force maléfique.

Suite à l'association des deux dieux Horus et Rê, l'Œil d'Horus a été associé à l'Œil de Rê, bien qu'à l'origine les deux yeux étaient bien distincts et également représentés de manière assez différente. Quoi qu'il en soit, l'œil d'Horus fait son apparition la plus connue dans l'un des mythes égyptiens racontant l'histoire d'Isis et d'Osiris.

Selon ce récit, le dieu faucon Horus a défié son oncle Seth pour venger le meurtre de son père Osiris; dans l'affrontement, Horus a perdu son œil, qui est tombé et s'est brisé en six parties. D'où la fonction de l'œil d'Horus dans les mathématiques égyptiennes également: les parties en lesquelles il était divisé étaient utilisées pour écrire des fractions, ayant le nombre 64 comme dénominateur, tandis que dans la vie quotidienne, il était utilisé comme une interprétation graphique des unités céréalières.

Chaque portion de l'Œil, en plus d'avoir une valeur de fraction du tout, était aussi un des sens humains:

- a partie située à côté du nez, 1/2, représentait le sens de l'odorat (le nez);
- la 1/4 pupille représentait la vue (la lumière);
- le sourcil 1/8 représentait la pensée (l'esprit);
- la partie vers la 1/16 oreille représentait l'ouïe (l'oreille);
- la 1/32 queue recourbée représentait le goût (le blé ou son germe);
- Le pied 1/64 représente le toucher (le pied qui touche le sol).

En additionnant toutes ces parties, on obtient 63/64 et il reste 1/64, c'est-à-dire la fraction ajoutée par Thot, sous forme de magie. L'Œil d'Horus a également été retrouvé sur la momie de Toutankhamon, sous la douzième couche de bandages: à l'époque, on croyait fermement que l'Œil était une sorte d'amulette et qu'il favorisait la renaissance à une nouvelle vie après la mort.

Anubis: le dieu chacal

Le culte du dieu chacal remonte à environ 3100 avant J.-C., époque à laquelle il était probablement considéré comme une divinité des enfers. Étymologiquement, cependant, Anubis est le nom grec donné à ce dieu: l'égyptien *inpw* ou *anepw* dérive de deux termes qui peuvent signifier décomposer ou prince du pharaon.

Anubis est le dieu des enfers avec Osiris, lié au rite de la *pesée des cœurs*, le gardien des âmes des morts et devient le second d'Osiris lorsque ce dernier est ressuscité et devient le seigneur des enfers. Sa tête est celle d'un chacal ou d'un loup égyptien, peut-être en référence aux animaux qui allaient molester les morts - autrefois, en effet, il n'y avait pas de tombes monumentales, mais de simples fosses communes. Le premier pouvoir/devoir d'Anubis est d'être le guide mais aussi le protecteur des cimetières et des âmes des morts, rôle dont découlent deux surnoms attribués au dieu chacal: *seigneur de l'ouest* car l'ouest représente la mort - traditionnellement, Rê, lorsqu'il atteint le coucher du soleil, meurt et rejoint le royaume des morts - et *seigneur des hauts lieux*, attribué au fait que les Égyptiens construisaient leurs cimetières dans les montagnes et non près du Nil. Le rôle de gardien des morts devient l'incipit de son rôle principal, celui d'embaumeur: il connaît les techniques de conservation des corps des morts en attendant leur voyage vers l'autre monde, un devoir qui lui vaudra une place dans le pavillon sacré, une construction temporaire comme une tente, dans laquelle le corps du pharaon était placé en vue de sa momification. Le fait que tous les organes, à l'exception du cœur, soient conservés dans les vases canopes découle de la légende selon laquelle Anubis aurait reçu les organes de son père - tous sauf le cœur. Dans des mythes plus récents, Anubis devient un psychopompe, le dieu qui accompagne les âmes des défunts dans l'au-delà en éclairant le chemin avec la lune dans sa main pour signifier que le dieu chacal est toujours en compagnie de Toth, un dieu lunaire et son partenaire dans la pesée des cœurs.

Selon de nombreuses versions du mythe, Anubis est le fils de Seth et de Nephtys ou de Rê et de Bastet, la déesse de l'embaumement; selon Plutarque, cependant, Nephtys se serait transformée en Isis et aurait procréé Anubis par ruse en se glissant dans la chambre nuptiale d'Osiris. Isis, de son côté, sera clémente avec elle et l'adoptera comme son fils: pour cette raison, Anubis est parfois considéré comme le fils d'Osiris et d'Isis. Le mythe de la recomposition du corps d'Osiris est lié à cette dernière hypothèse. Après qu'Anubis eut reconstitué le corps torturé d'Osiris à l'aide de bandages et d'onguents, il le garda pour empêcher Seth de l'attaquer - en fait, en plus de résister à son oncle qui s'était transformé en léopard, Anubis le vainquit en marquant des taches noires sur sa fourrure jaune avec un bâton de métal. Il l'écorcha et laissa sa peau sur ses épaules en guise d'avertissement à quiconque voudrait transgresser sa règle et protéger sa force. Anubis accompagna Osiris dans l'au-delà et devint le gardien des morts, les accompagnant dans l'au-delà et les soumettant à la pesée du cœur.

Le moment du jugement divin se résumait à la pesée de l'âme ou du cœur, en quelque sorte, l'une des étapes que l'homme était obligé de franchir après sa mort, pour pouvoir rejoindre le Champ des joncs. La tâche d'Anubis était d'accompagner le défunt au tribunal d'Osiris, la salle des deux Maats, et devant quarante-deux juges, le mortel était soumis au jugement divin: son cœur devait être placé sur un plateau de la balance, tandis que sur l'autre se trouvait le symbole de la déesse Maat, une plume. Lorsque le mortel récitait sa confession devant Osiris et les autres juges, la tâche d'enregistrer le résultat du jugement divin revenait au chancelier Thot.

L'issue parfaite pour mériter le royaume des morts était déterminée par la lourdeur du cœur: s'il était plus lourd que la plume car imprégné de trop de fautes, le défunt était condamné à être dévoré par la déesse Ammit, sinon son âme était admise au Champ des joncs où elle pouvait vivre pour l'éternité. La droiture dépendait également de la mémoire du défunt, car il devait apprendre les formules du Livre des morts, mais son comportement moral en matière de respect des personnes âgées et d'aide aux nécessiteux était également crucial.

Les formes sous lesquelles le dieu Anubis se manifeste de son vivant sont principalement au nombre de trois: une forme animale comme un loup ou un chacal complètement noir ou avec seulement une tête noire pour symboliser la couleur d'un cadavre lorsqu'il est sur le point de se décomposer; sous cette forme, il garde les cimetières et porte sur son dos les deux sceptres et une plume (probablement celle de la déesse Maat). Une forme hybride, la plus habituelle pour la plupart des divinités égyptiennes: tête de chacal et corps humain; enfin, une forme humanoïde trouvée dans la tombe de Ramsès II, unique en son genre, accompagnant le pharaon dans l'au-delà - peut-être pour rappeler que les Égyptiens ne croyaient pas que les dieux étaient réellement des hybrides, mais que cette représentation était censée représenter quelque chose d'aussi indescriptible qu'un dieu puisse être.

Thot: le dieu à tête d'ibis

L'une des plus anciennes divinités égyptiennes était Thot, le dieu de la sagesse. En plus d'être le symbole de la lune, des mathématiques, de la géométrie, de la mesure du temps et de la médecine, il était également le *protecteur des scribes* puisqu'il aurait inventé l'écriture.

Il apparaissait tantôt avec la tête d'un babouin, tantôt, comme nous l'avons déjà mentionné, avec celle d'un ibis, un oiseau au long bec: le lien avec cet oiseau provient du fait que l'animal mettait autant de jours à couver ses œufs que la lune met de jours à accomplir ses phases. Les mathématiques et l'astronomie ayant un lien étroit avec la voyance et la magie, du moins selon les Égyptiens, Thot était également considéré comme un grand magicien, un rôle qui lui a valu l'épithète de *seigneur des mots divins* en tant qu'inventeur des hiéroglyphes. Étant le dieu de la sagesse, il a également pris place aux audiences du tribunal de l'au-delà en compagnie d'Anubis pour aider à la pesée de l'âme et en tant que scribe, car il devait écrire tout ce qui se passait - dans les représentations de la salle du jugement, on peut le voir avec un calame et une pagaie à la main.

De nombreuses divinités sont liées au dieu Thot, dont la déesse Isis, qui a emprunté un minimum de son savoir et de sa sagesse pour retrouver le corps d'Osiris; une autre déesse qui lui est liée est Seshat, la femme scribe ou déesse de l'écriture mais aussi de la comptabilité, de l'architecture et des mesures. Elle est représentée comme une belle femme enveloppée dans une robe en peau de léopard. Sur sa tête, Seshat portait un diadème doré avec une fleur stylisée et une étoile à sept branches placée sous ses cornes pointant vers le bas, symbolisant le croissant de lune. Thot, son équivalent masculin, était considéré comme son mari.

Maat: la déesse de l'ordre universel

En opposition à tout ce qui est injuste et mauvais, il y a la déesse égyptienne Maat qui représente l'ordre universel, la structure morale du cosmos tout entier. Enveloppée dans une robe moulante, la belle déesse avec la plume d'autruche sur la tête exprimait tous les concepts les plus éthiques du monde, notamment l'équilibre, la vérité et la justice. La déesse Maat est née au début de toutes choses, quand Atum devait encore penser à créer d'autres formes de vie et quand Isefet s'est éteint. La déesse est le principe de l'ordre et sépare la mort de la vie, le chaos de l'ordre. C'est uniquement grâce à elle que le dieu Atum parvient à donner vie à la création.

L'ensemble de la création était dans un état de tension constante et éternelle entre l'ordre et le chaos, une agitation qui menaçait le monde entier. Afin d'éviter que le chaos ne l'emporte sur l'ordre ou, mieux encore, qu'Isefet ne l'emporte sur Maât, la fonction de Pharaon était précisément de satisfaire les dieux en annihilant le chaos. Il était en effet le seul intermédiaire entre les hommes et les dieux et le seul à avoir le pouvoir de posséder le maat. La première tâche du pharaon était de préserver l'ordre et pour cela, il devait veiller au bon déroulement de la vie religieuse du pays: rituels, sacrifices quotidiens, prières, restauration des temples... tout devait être parfaitement exécuté.

À l'intérieur des temples égyptiens, sur les murs, se trouve l'image du pharaon sur le point de faire des offrandes aux divinités. La scène qui se répète est toujours la même: une riche table de libation flanquée de la statue du dieu se trouve devant le roi qui offre des fleurs, de la nourriture et des boissons à la divinité. Une autre image récurrente possible est celle du souverain offrant au peuple une statuette de Maât, symbole de la nourriture des dieux, de la stabilité et de la justice. La déesse Maat, en effet, était la patronne de l'ordre et était importante à la fois au niveau cosmique et pour chaque individu: chaque Égyptien devait porter la Maat comme une justice morale, afin de pouvoir mériter sa place dans l'au-delà. Chaque homme devait donc vivre avec la Maât dans son cœur, et pour comprendre si, une fois décédé, l'individu avait fait ce qui était juste, son âme était amenée devant le juge suprême Osiris et d'autres démons qui faisaient partie du jury divin. Sur la fameuse balance à deux plateaux était placée la plume de la déesse Maat ou une statuette de celle-ci, et de l'autre côté le cœur du défunt: d'un côté nous avons donc la vérité et de l'autre les sentiments, deux concepts abstraits mais très proches de nous. Si le cœur était plus léger qu'une plume, alors l'âme pouvait voyager dans l'au-delà, sinon l'organe était dévoré par une déesse qui le condamnait à la damnation éternelle, un aspect qui rappelle l'enfer de Dante.

Sobek: le dieu alligator

Sobek était une divinité agressive et féroce, à tête de crocodile, qui faisait partie de la triade Horus, Osiris et Isis au Moyen Empire: c'est en effet le dieu qui a réussi à guérir le corps d'Osiris après que Seth l'ait brutalement massacré.

Bien que de nombreux égyptologues pensent que son nom dérive du mot imprégner, d'autres supposent qu'il vient de unire, compris comme celui qui fusionne les membres d'Osiris. Grâce à cette association, Sobek était considéré comme une divinité protectrice et son agressivité était capable à la fois de conjurer le mal et de protéger les innocents. Les alligators étaient souvent momifiés pour être apportés en cadeau à Sobek, ainsi que des œufs de crocodiles empaillés pour accentuer la nature cyclique de ses attributs. De même, les crocodiles étaient élevés comme des humanisations vivantes de Sobek, une pratique qui avait lieu dans le temple principal de Crocodilopolis, un lieu où l'on trouvait des bébés crocodiles dans les mâchoires des adultes et sur leur dos, précisément pour souligner les aspects nourriciers et protecteurs du dieu crocodile féroce.

Taweret: la maîtresse des talismans

Sous la forme d'un hippopotame, Tawaret représentait la conception, la fertilité, l'accouchement, mais aussi le monde souterrain et la vengeance. Son corps était constitué d'une collection de créatures féroces: un hippopotame, un crocodile, un lion et.... une femme enceinte. On trouve des images d'elle partout en Égypte: sur les lits pour protéger le dormeur des serpents et des scorpions, mais aussi des mauvais esprits, des récipients remplis de lait versé par un trou percé dans ses mamelons pour assurer la conception et protéger la mère.

Son image a deux effets: d'une part, elle doit être terrifiante pour faire fuir les mauvais esprits et, d'autre part, elle doit montrer qu'elle n'oublie jamais sa fertilité. Ses seins tombants et son ventre énorme indiquent sa fertilité actuelle et les succès qu'elle a rencontrés lors de l'accouchement. La forme arrondie montre à tous qu'ils peuvent concevoir, allaiter et supporter la douleur.

Khnoum: le dieu bélier

Le bélier représentait la fertilité pour le peuple de Kemet et c'est pour cette raison que Khnoum était représenté avec une tête aux cornes en tire-bouchon caractéristiques. Le peuple égyptien, selon le mythe, ne prêtait plus attention au dieu Khnoum et cessait de le remercier en lui apportant des offrandes; pour se venger, le dieu provoqua une famine pendant sept longues années, jusqu'à ce qu'un prêtre dévoué à Thot comprenne la raison de sa colère. La colère

70

de Khnoum ne fut apaisée que par un pharaon de la 3e dynastie qui lui fit de généreuses offrandes, dont de vastes terres.

La famine a donc cessé et la vie a refleuri sur les rives du Nil: le dieu Khnoum a rendu la terre fertile. En remerciement de sa bienveillance, l'un des pharaons les plus puissants et les plus célèbres de tous les temps, Chéops, se fit appeler Khum-Khufuweii, ce qui signifie *Khnoum me protège*.

Sekhmet: la déesse lionne

La doctrine de Memphis avec sa cosmogonie nous a appris que la déesse lionne Sekhmet était l'épouse de Ptah et la mère du dieu Nefertum. Sekhmet est la patronne de la vie car elle est capable de guérir de toutes les maladies - un phénomène qu'elle a mis en évidence par sa colère. Cette grande capacité curative était convoitée par le pharaon Amenhotep III, qui entreprit de rassembler des centaines et des centaines de statues de la déesse pour son temple.

Les conséquences de sa fureur sont illustrées dans un récit très particulier sur la destruction de l'humanité qui figure dans le Livre de la vache céleste, un texte du Nouvel Empire. À l'époque lointaine où les hommes vivaient avec les dieux - cela semble impossible à croire, pourtant - Rê était leur souverain jusqu'à ce qu'il y ait une rébellion avec l'intention de renverser le pharaon lui-même parce qu'il était maintenant vieux et faible. En effet, Rê n'était plus utile au peuple et n'avait pas encore commencé son éternel voyage dans les cieux. Les hommes avaient donc décidé que le temps était venu de changer de pharaon.

« Cela s'est passé au temps de Rê, celui qui s'est créé lui-même, alors qu'il régnait déjà ensemble dieux et hommes depuis de nombreuses années [...] Le peuple n'était pas satisfait et les rebelles osèrent conspirer contre leur roi [...] Rê commença à penser à quitter l'Égypte et à se retirer dans les eaux du Noun. Mais il avait d'abord besoin de conseils ».

Après que les différentes divinités soient venues voir Rê pour lui donner des conseils et des suggestions, ce fut le tour de son père, Noun, l'océan primordial d'où tout est parti, qui lui dit: « Mon fils, tu es un roi prodigieux. Garde ton trône et souviens-toi toujours de la peur des gens lorsque ton œil les surplombe. Laisse ton œil libre afin qu'il puisse frapper les rebelles à ta place. Libère Hathor et les mauvaises intrigues seront détruites ». Rê suivit le conseil de son père: il libéra Hathor, transformée en Sekhmet à cause de sa grande colère. La déesse Sekhmet déchaîna alors sa colère en terrassant les hommes et en ravageant ses ennemis grâce à la chaleur dévastatrice du soleil. L'œil tourmentait, poursuivait et massacrait tous ses ennemis jusqu'à ce que toutes les dunes soient recouvertes de leurs cadavres. Une fois cette « mission » terminée (du moins temporairement), Sekhmet est retourné triomphalement chez son père, se vantant de ses prouesses et de ses réalisations.

Après un premier moment de satisfaction, Rê a commencé à s'inquiéter sérieusement des conséquences que cela aurait pu avoir. Étant donné le grand nombre de victimes, le dieu a décidé qu'il était temps d'y mettre un terme et a donc décidé de gracier les survivants (c'est-à-dire le reste de l'humanité encore en vie), que ce soit par compassion ou par peur de n'avoir personne sur qui régner, nous ne sommes pas sûrs. Il a alors ordonné à Sekhmet d'arrêter, mais elle avait maintenant goûté à la chair humaine et l'aimait. Elle était maintenant impossible à arrêter. Ne sachant comment l'arrêter, Rê concocta un plan infaillible: puisque la déesse Hathor-Sekhmet aimait boire et que, de fait, la fête de l'ivresse célébrée en Égypte et caractérisée par de la musique et des danses mêlées à une consommation exagérée de boissons alcoolisées lui était dédiée, son père décida de lui offrir une bière. Pour brasser cette bière, on importait à Memphis un pigment rouge du désert, qui était ainsi broyé et transformé en une poudre très fine. Ce pigment était ensuite mélangé à de l'orge pour fabriquer jusqu'à sept mille chopes « couleur sang ». Pendant ce temps, la déesse Sekhmet continuait à exterminer le peuple, ignorant complètement les supplications de son père; ce n'est qu'à un certain moment qu'elle se rendit dans le désert où les sept mille cruches de bière avaient été vidées. Le désert était devenu une mer rouge écumeuse et Sekhmet a d'abord pensé que c'était du sang humain. Sa boisson préférée.

> *« En se baissant, elle vit son beau visage se refléter dans le liquide et tomba en transe. Oubliant l'humanité, l'Œil de Râ but la bière, fut confus et retourna chez son père, ivre et satisfait. Rê accueillit sa fille en paix ».*

Bien qu'il ait été trompé par l'humanité elle-même, Rê décida de pardonner et de ne pas oublier: il parvint à la sauver, mais il ne voulait plus régner sur la terre. Le dieu du soleil se transforma donc en une vache céleste appelée Mehet-Weret et, sur le dos de la déesse bleuâtre Nout, il parvint à s'élever jusqu'au firmament. Sans le soleil, toute l'Égypte tombait dans l'ombre et, poussés par la peur, les humains commençaient à le supplier, mais Rê ne voulait rien savoir: il était trop occupé à voyager dans le firmament. La raison de ce mystérieux voyage est que, chaque jour, il se laissait engloutir par Nout qui le ramenait à la vie le jour suivant. La nuit, il était remplacé par le sage dieu de la lune, Thot.

Rê ne voulait plus régner sur l'Égypte, mais ses habitants avaient besoin d'un souverain; le dieu du soleil nomma donc Osiris et lui confia la tâche de gérer les offrandes qui arrivaient quotidiennement. Dès lors, le pharaon devint le seul intermédiaire entre les hommes et les dieux, et le seul capable de préserver la Maât (l'ordre cosmique).

Osiris fut le premier souverain qui apporta la prospérité au pays du Nil, et si les hommes le vénéraient pour cela, ils avaient absolument peur de lui: ils savaient qu'il valait mieux éviter de contrarier Hathor-Sekhmet et qu'offrir des sacrifices rituels serait une bonne idée pour l'apaiser. C'est probablement la raison pour laquelle tant de statues de la divinité ont été conservées: nous parlons d'une déesse capable de faire des ravages et de massacrer toute forme de vie qui se trouve sur son chemin, mais aussi de prendre soin des malades.

CHAPITRE 4

LÉGENDES ET CONTES

Au cours de ce chapitre, nous avons rassemblé les mythes et légendes concernant les divinités que nous n'avons pas encore réussi à raconter en entier.

Isis et le nom personnel de Rê

Le puissant dieu du soleil, qui s'auto-générait sans cesse, était aussi celui qui donnait vie aux éléments tels que nous les connaissons - l'eau, l'air, la terre, le feu - aux humains, au bétail, aux reptiles et aux divinités. Rê était le souverain des hommes et des dieux, et ses appellations étaient si nombreuses et disparates que même les dieux ne les connaissaient pas toutes. Isis était la femme rusée à la voix habile et expérimentée, bien plus qu'un million d'hommes réunis, doués pour la dialectique. Isis était consciente de tout ce que savait Rê, omnisciente de tout ce qui concernait le ciel et la terre, la création des dieux et des hommes; mais elle ne connaissait pas le nom secret de Rê. Il faut dire, en effet, que chaque divinité avait un nom secret qui ne pouvait être prononcé à voix haute, de peur que le grand pouvoir qu'il dissimulait ne soit dispersé. Dans son esprit malicieux, Isis échafauda un plan pour découvrir le nom secret du dieu Soleil afin de pouvoir diminuer son immense puissance.

Pour terminer son voyage à travers le ciel, le grand dieu du soleil Rê se tenait à l'est de l'horizon à bord de son bateau, puis replongeait à l'ouest de l'horizon, là où le soleil se couche et teint le ciel en rouge. Les voyages de Rê étaient interminables et, jour après jour, le vieux dieu devenait un peu plus faible: sa tête pendait d'un côté à l'autre, sa mâchoire infirme tremblait comme une feuille, et il laissait tomber du coin de sa bouche la bave qui rendait fertile la terre d'Égypte, en l'irriguant. Isis, voyant ce triste spectacle, décida de recueillir la salive à mains nues, en la mélangeant à de la terre. Elle façonna ainsi un serpent, le premier cobra du monde. Cette création ne nécessitait aucune magie car, comme vous pouvez le deviner, son âme renfermait la substance divine du grand dieu Rê. Grâce à sa grande ruse, Isis plaça le cobra sur la route que Rê empruntait chaque jour d'est en ouest, dans l'intention de le faire mordre. Jamais le choix n'a été plus judicieux: le serpent s'est dressé dans toute sa stature, aussi rapide que l'éclair, dans un mouvement sinueux et a mordu la chair du dieu, transmettant tout son venin en une seule morsure.

La voix de Rê a atteint toutes les parties des cieux, alertant l'Ennéade et les dieux mineurs: « Que se passe-t-il, monsieur? » se demandaient-ils tous, alarmés. Incapable de répondre, alors qu'il était le grand dieu qui a donné naissance à tout ce que nous connaissons, chaque être vivant et chaque plante, chaque animal et chaque divinité, il n'avait plus une once d'énergie. Ses mâchoires n'étaient plus aussi fermes qu'avant, et maintenant que son corps était inondé par le venin du serpent, ses autres membres aussi étaient malades. Tout comme le Nil, qui, en avançant, s'empare de tout par son cours incessant, le poison s'est également emparé de la santé du dieu Rê. Après avoir arrêté son cœur, le grand dieu du soleil se tourna vers ceux qui le suivaient et le vénéraient, en disant:

« Venez à moi. O vous qui êtes venus au monde de mon corps! Vous, les dieux qui êtes nés de moi! Que l'on vous fasse connaître ce qui m'est arrivé sur la terre. Une créature mortelle et venimeuse m'a blessé. Mon cœur le sait, mais je ne sais pas ce que c'est, car mes yeux n'ont pas pu la voir, et mes mains ne l'ont jamais modelée. C'est une créature inconnue parmi tout ce que j'ai créé. Je n'ai jamais ressenti une telle douleur, je ne connais rien d'aussi maléfique et mortel. Je suis le gouverneur et le fils d'un gouverneur, le fluide produit par un dieu. Je suis un Grand, le fils d'un Grand. Mon père a inventé mon nom. J'ai de nombreux noms et une multitude de manifestations, et mon Être se trouve dans chacun des dieux qui existent. Je suis connu sous le nom d'Atum et d'Horus de la louange. Mon père et ma mère ont prononcé mon nom caché dans mon corps avant ma naissance, afin que personne ne puisse jamais avoir de pouvoir sur moi par les mots. Lorsque je suis sorti pour voir mon travail et que j'ai avancé à travers les Deux Terres, quelque chose m'a ému, mais je ne sais pas ce que c'est car je ne l'ai pas remarqué. Ce n'est pas le feu, ni même l'eau, mais je sens le feu brûler dans mon cœur, mes membres tremblent sans cesse. Venez, mes enfants, dieux, venez à moi, ceux qui connaissent la gloire des mots et ceux qui connaissent leur prononciation magique, ceux qui ont une influence puissante qui s'élève jusqu'aux cieux ».

Tous les dieux accoururent donc à l'appel puissant de Rê, ainsi que la grande sorcière Isis, qui dit: « Que t'est-il arrivé? Père divin, est-ce peut-être un serpent qui t'a transmis cette douleur insupportable? Une de tes créatures a-t-elle élevé son cœur contre le tien? Si c'est le cas, je vais expulser ta douleur et la détruire avec ma magie ».

Rê, dans un élan d'énergie, répondit: « Alors que je voyageais sur mon chemin, désireux que mon cœur perçoive ma grande œuvre, un serpent que je ne pouvais pas voir me mordit. Je sens le froid dans mon corps comme de l'eau, je sens la chaleur du feu, mais ce n'est ni de l'eau ni du feu. Je sens tous mes membres trembler et la sueur couler dans mon corps. Mon œil n'est plus sûr et je ne peux plus distinguer les cieux ». La voix d'Isis était maintenant réconfortante et chaleureuse: « Viens, dis-moi ton nom, ton vrai nom, le secret que toi seule connais, car seul celui qui est appelé par son vrai nom vivra ».

Rê, sans perdre de temps, répondit avec tous les noms qu'il possédait: « Je suis le créateur des Cieux et de la Terre, je suis celui qui a posé les montagnes et créé tout ce qui existe et que tu peux voir. Je suis celui qui a donné naissance aux Eaux, qui a fait naître le Grand Déluge. Je suis celui qui a cultivé les cieux et les vides cachés des Deux Horizons, dans lesquels j'ai placé les âmes des dieux. Je suis celui qui, lorsqu'il ouvre les yeux, donne naissance à la lumière et qui, lorsqu'il les ferme, provoque les plus noires ténèbres, à l'ordre duquel les eaux du Nil montent. Je suis celui qui a créé les heures, donnant vie aux jours. Je suis le créateur du flux des eaux et du feu, afin que le travail des hommes puisse être achevé. Je suis Képhri le matin, Rê à midi et Atoum le soir ».

Isis connaissait déjà tous ces noms, tout comme le reste de l'Humanité. Rê continuait à garder son nom privé en elle alors que la douleur augmentait hors de toute proportion et que le poison coulait dans ses veines comme de la lave. Isis, imperturbable, retourna vers Rê et lui murmura: « Ce ne sont pas les noms dont j'ai besoin, tu dois me dire ton nom le plus secret, celui que toi seul connais, afin que le poison puisse être expulsé. *Seul vivra celui qui manifeste son vrai nom* ». Convaincu par la douleur qu'il ressentait, et pas tant parce que cela lui semblait être une bonne idée, Rê dit: « Approche-toi chère Isis, regarde ici et laisse mon nom passer de mon corps au tien. Moi, le plus divin des dieux, je l'ai toujours caché afin que mon trône dans la Barque Divine puisse être étendu. Quand il sortira de mon cœur, communique-le à ton fils Horus, après qu'il ait juré par la vie du dieu, et mis le dieu dans ses yeux ». Après ces sages paroles, le grand dieu a révélé à la déesse le nom que personne d'autre ne connaissait.

Alors Isis, satisfaite, a opéré sa magie: « Sors, venin! Sors de Rê! Œil d'Horus, sors du dieu qui a donné naissance à la vie par ses paroles! Je suis la déesse qui exécute ce sort, je suis celle qui envoie le puissant poison, afin qu'il tombe sur la terre. Rê vivra et le poison mourra! Le poison mourra et Rê vivra! ». Ces mots doivent être répétés sur une image d'Atum, ainsi que sur une image d'Horus de la Louange, une figure d'Isis et une image d'Horus. Ces quatre figures sont présentes dans le papyrus de 1993 du Musée égyptien de Turin comme modèles à reproduire dans les sorts contre le venin de serpent ou, plutôt, contre sa morsure. Le papyrus représente Atum en position assise, avec une barbe fictive et une double couronne. Derrière lui se trouve Horus de la louange avec la tête de faucon et la double couronne; plus loin se trouve Isis avec la tête humaine et derrière elle, Horus avec le sceptre Uas, la double couronne et la tête de faucon. Pour en revenir à nous, il faut réécrire cette incantation et la faire avaler à la personne d'une manière ou d'une autre, voire l'écrire sur un morceau de lin et le placer ensuite sur sa gorge. Elle peut être mélangée à de la bière ou du vin et ensuite bue par le patient qui a été mordu par le serpent.

Horus et Seth se disputent l'héritage d'Osiris

Ce mythe est devenu célèbre grâce au papyrus Chester Beatty du règne de Ramsès V. Il s'agit d'un récit irrévérencieux qui décrit néanmoins avec un vocabulaire ordinaire le monde des dieux, divisé par des luttes sordides. L'auteur du conte veut mettre en évidence les défauts et les faiblesses des dieux, en utilisant un ton insolent mais aussi familier. L'origine de tout cela est une ancienne légende sur la rivalité historique entre Horus et Seth, qui se disputent le trône royal qu'Osiris avait préparé sur terre, avant de devenir le seigneur des enfers. Cette rivalité s'est déroulée lors d'un très long procès, qui a duré plus de quatre-vingts ans, tenu devant l'ennéade. L'affrontement voyait Horus comme le vainqueur, une victoire parallèle à celle du bien sur le mal.

Essayez de vous mettre dans l'ambiance de l'époque: des années et des années d'une dispute pour prendre le trône, qui a commencé à cause de la jalousie de Seth et s'est poursuivie grâce à la persévérance d'Horus. Le jugement des deux dieux a commencé devant un dieu jovial assis devant le seigneur de l'univers, avec de l'autre côté Ptah illuminant l'ouest ct le sage Thot exhibant l'œil d'Udjat au grand magistrat. Devant ce dernier, Rê-Horakhty, situé à Héliopolis, Shu s'exprima ainsi: « La justice domine toujours la force! » Il le précisa encore plus en disant: « Donne la charge à Horus! » Et Thot ajouta, devant toute la grande Ennéade: « Je le tiens un million de fois pour juste! ».

Isis se tint alors devant le Seigneur de l'Univers et cria d'une voix forte: « Que le Vent du Nord aille vers l'ouest et t'apporte la nouvelle pour Unnéfer Vie, Santé et Force! », Puis Shu dit: « Celui qui présente l'Udjat semble fidèle à l'Ennéade! », Le Seigneur de l'Univers, cependant, objecta: « Quelle est donc cette manière de décider d'un verdict uniquement par vous? ».

Et il resta silencieux pendant un long moment, car il était profondément irrité par l'Ennéade entière. Seth, fils de Nout, déclara alors: « Laisse-moi l'emmener avec moi. Je te ferai voir que ma main l'emporte sur la sienne en force, en présence de l'Ennéade, car aucune clause légale ne peut être invoquée pour le rejeter ». Thot objecta immédiatement qu'ils devaient vérifier par eux-mêmes qui était l'imposteur. Rê se mit alors dans une colère extrême, car son plus grand souhait était d'attribuer cette fonction à Seth, le fils de Nout. Onuris protesta devant l'Ennéade en disant: « Que devons-nous faire alors? » Le Grand Magistrat d'Héliopolis, le puissant Rê, dit: « Faites venir le grand dieu vivant Banebdjedet pour qu'il juge les deux jeunes gens une fois pour toutes ».

Banebdjedet fut amené devant Rê en compagnie du grand Ptah; le dieu du soleil lui ordonna d'évaluer les deux jeunes hommes, afin que le combat prenne fin. Mais le grand dieu vivant n'a pas répondu comme on aurait pu l'attendre de lui: « Ne nous précipitons pas dans des décisions dictées par l'ignorance. Envoyez une lettre à la grande mère Neith et nous ferons ce qu'elle ordonne ». La grande ennéade, à ce moment-là, devait faire remarquer au grand dieu Banebdjedet que les deux challengers, Seth et Horus, avaient déjà été évalués et jugés dans l'unique salle de justice; Thoth devait écrire une lettre à sa mère Neith au nom de Rê, le seigneur de l'univers, qui ne pouvait certainement pas se réduire avec un calame à la main. Thoth dit: « Je n'hésiterai pas à le faire, je le ferai » et bientôt il fut sur le point d'écrire la lettre, qui disait:

> « *Le roi de la Haute et de la Basse Egypte, Rê-Horakhty, apprécié de Thot; le grand déluge qui inonde les terres, Rê-Horakhty, le Seigneur des Deux Terres, l'Héliopolitain, le disque solaire qui illumine les Deux Terres de son éclat; à Neith, la mère divine qui a réjoui le premier visage alors qu'elle était vivante, saine et jeune. Le Ba vivant du Seigneur de l'Univers, le Taureau d'Héliopolis, c'est-à-dire le bon roi d'Égypte, dit ce qui suit: Moi, ton humble serviteur, je passe toute la nuit au nom d'Osiris à consulter*

quotidiennement les Deux Terres, tandis que Sobek est stable à jamais. Qu'allons-nous faire de ces deux hommes qui sont devant le tribunal depuis quatre-vingts ans, et personne ne sait comment les juger? Veuillez nous écrire ce que nous devons faire ».

Alors Neith, la mère divine, répondit à son tour par une lettre adressée à l'Ennéade: « Accordez le trône d'Osiris à son fils Horus et ne commettez pas de grands actes d'iniquité complètement déplacés, sinon je m'irriterai au point que les cieux s'écraseront contre la terre. Et que ce qui vient d'être dit se rapporte au Seigneur de l'Univers, le taureau Rê: plie-toi à Seth dans ses possessions et place Horus sur le trône de son père Osiris ». Lorsque la lettre est arrivée à l'Ennéade, tout le monde était présent dans la grande salle d'Horus Khenty Aboy. Thot la lut devant tous, qui à la fin de l'écoute dirent à l'unisson: « Cette déesse a raison! ».

Malgré cela, le Seigneur de l'Univers s'est mis en colère contre Horus et lui a dit, en l'offensant: « Tu es faible de corps et cette tâche est bien trop grande pour toi, petit garçon à l'haleine fétide! ». Après cela, Osiris et toute l'Ennéade devinrent si furieux qu'ils insultèrent Rê, prétendant que son Naos était vide. Rê fut stupéfait, s'allongea et ne prononça pas un mot. Après un certain temps, Hathor se tint devant son père Rê et lui montra ses seins. La divinité retrouva alors sa bonne humeur et retourna régner avec la Grande Ennéade. Puis, se tournant vers les deux prétendants, il s'écrie: « Allez, exposez vos arguments! ».

Seth, fils de Nout, déclara: « Je suis Seth dont la force est grande parmi toutes les grandes Ennéades. Je tue chaque jour l'ennemi de Rê en voyageant sur la proue du bateau et aucun autre dieu n'est capable de le faire ou n'est en puissance. Je suis donc plus méritant et dois recevoir le trône d'Osiris ». Une rumeur se fit entendre, un murmure, Seth, fils de Nout a bien raison! Osiris et Toth s'empressèrent d'objecter: « Quelqu'un donnera-t-il le trône à son oncle alors que son fils est encore vivant ici? », Banebdjedet, le grand dieu vivant, rétorqua pour sa part: « Le trône sera-t-il donné à un jeune homme barbu alors que Seth, son frère aîné, est ici parmi nous? ». Il ne pouvait pas l'accepter. Horus fils d'Isis ajouta: « Il n'est pas bon que je sois trompé devant l'Ennéade, et que le trône de mon père Osiris me soit enlevé sous le nez! », Isis devint furieuse contre la grande Ennéade et devant elle jura par le dieu:

> « Pour la déesse Neith, ma mère, pour Ptah-Tatenen aux plumes dressées qui subjugue les cornes des dieux, si tu fais arrêter ce procès devant Rê-Horakhty, le Grand Magistrat, il arrivera la même chose à son bateau! »

Alors l'Ennéade, effrayée, lui dit: « Ne t'irrite pas Isis! La justice sera faite et exactement ce que tu dis sera fait! ». À ces paroles enflammées, Seth se mit en colère contre les dieux de l'Ennéade, qui ne parvenaient pas à se décider et changeaient d'avis comme le vent change la direction d'un drapeau. Il déclare: " Je vous tuerai tous les jours avec ma massue qui pèse quatre mille cinq cents nemi ", et se tournant vers Rê, il jure qu'il ne restera pas un instant de plus dans la cour tant qu'Isis y sera. À ce moment-là, le grand Rê n'eut d'autre choix que d'ordonner à tout le monde de se rendre sur l'Île du Milieu pour délibérer, suggérant au batelier Nemty qu'aucune femme ressemblant de près ou de loin à Isis ne devait s'approcher du bateau.

L'épisode de l'île du milieu

L'Ennéade se rendit en bateau sur l'île du Milieu et s'assit pour manger du pain. Mais Isis arriva comme le tonnerre et s'approcha furtivement de Nemty, le passeur, alors qu'il se détendait dans son bateau. La déesse rusée s'était transformée en une vieille femme marchant toute voûtée. La femme portait un petit anneau d'or dans sa main et se tourna vers Nemty en disant: « Je suis ici pour que vous m'emmeniez à l'Île du Milieu, je porte ce pot de farine pour le petit garçon qui surveille le troupeau dans l'Île du Milieu depuis cinq jours et qui a très faim ». Nemty, méfiant, lui dit qu'il avait reçu l'ordre du Grand Seigneur de l'Univers lui-même de ne croiser aucune femme. La vieille femme lui rappelle aussitôt les mots exacts de Râ: « Cher Nemty, on t'a dit de ne pas faire traverser une femme qui ressemble vaguement à la déesse Isis ». Nemty a alors répondu: « Alors, que me donneras-tu en retour pour t'avoir emmené jusqu'à l'île du Milieu? ». Isis répondit qu'elle lui donnerait le pain qu'elle portait. Mais que pouvait bien faire l'homme avec ce misérable pain? Voyant son expression peu convaincue, la femme lui promit l'anneau d'or qu'elle portait au doigt.

C'est ainsi qu'elle le lui donna et qu'il l'emmena joyeusement sur l'Île du Milieu. Isis a toujours su élaborer des plans astucieux pour tromper les autres afin d'en tirer un petit profit personnel. En passant sous les arbres, il remarqua que toute l'Ennéade était assise en train de manger du pain devant le dieu Rê, qui se trouvait à ce moment-là dans son pavillon sacré. Le sixième sens de Seth l'incita à regarder vers l'horizon, où il vit une belle femme s'approcher à bord d'un bateau: la vieille femme s'était transformée en une jeune fille aux courbes harmonieuses qui fit tomber Seth follement amoureux au premier regard. Désespéré, Seth se leva de son siège sans que personne ne le remarque et se précipita dans les feuillages en l'appelant à grands cris. *« Je suis là pour toi, belle demoiselle! »*.

Elle lui répondit, avec un sourire narquois:

> *« Réfléchissez à ceci, mon seigneur: j'étais la femme d'un berger. Je lui ai donné un fils, mais mon mari est décédé, et le garçon a pris soin des bêtes de son père. Mais quand un étranger est venu de loin, il s'est assis dans mon étable et a dit à mon enfant: je te vaincrai, je prendrai le bétail de ton père, puis je te jetterai dehors; voilà ce qu'il lui a dit. Deviens maintenant, si tu le peux, son défenseur »*.

Alors Seth pensa à haute voix: « Quelqu'un confiera-t-il le bétail à l'étranger alors que le fils de l'homme est ici? On frappera le vagabond avec un bâton, on le jettera dehors, et on mettra le fils à la place de son père ». En un instant, la belle fille fut transformée en un milan, l'oiseau d'Égypte, et se mit à voler autour et à se percher au sommet d'un énorme acacia. Du haut de son nid, elle cria au méchant Seth: « Pleure donc! C'est ta propre bouche qui l'a dit et c'est ta propre sagacité qui t'a jugé! Que te faut-il de plus? »

Il resta là à pleurer et intervint à l'endroit où se tenait Rê, qui le vit et l'interrogea: " Que t'est-il arrivé cette fois? " Seth lui répondit: « Cette femme diabolique est revenue pour me tourmenter. Elle m'a trompé, s'est transformée sous mes yeux en une belle fille et m'a dit: J'étais la femme d'un berger ». « Je lui ai donné un fils, mais mon mari est mort, et le garçon s'est mis à garder les bêtes de son père. Mais un homme étranger est venu dans mon étable avec mon fils et je lui ai aussi offert du pain. Quelques jours plus tard, ce vagabond a dit à mon fils qu'il le vaincrait en emmenant les bêtes avec lui et qu'elles ne répondraient qu'à lui; c'est ce qu'elle m'a dit ».

Fou de rage, Seth cria à la face de toute l'Ennéade: « Mon trône sera-t-il donné au plus jeune des frères alors que je suis encore en vie? Est-ce là ce que vous voulez? » Pendant ce temps, la couronne blanche avait été placée sur la tête d'Horus. « Tu enlèveras la couronne blanche de la tête d'Horus et tu la jetteras dans l'eau, où je l'affronterai directement », propose Seth. Et Rê, pour la énième fois, changea d'avis et accepta.

Seth a donc proposé à Horus de se transformer en deux hippopotames et de prendre un bain au milieu de la mer. « Viens avec moi, plongeons, et celui qui remontera avant que les trois mois soient écoulés n'aura pas le trône », dit-il au jeune homme. Et c'est ainsi qu'ils plongèrent ensemble. Mue par une colère surnaturelle, Isis s'écria: « Seth va tuer mon fils dans l'eau! Est-ce ainsi que tu veux l'aider? ». Guidée par une force intérieure, Isis le fit elle-même: elle chercha une pelote de fil et créa une corde, la fusionna avec un dében de cuivre et créa une arme aquatique parfaite. Une sorte de harpon fut lancé dans l'eau à l'endroit même où l'on pouvait voir les bulles d'air d'Horus et de Seth qui venaient de s'immerger.

Quelque chose ne va pas: le harpon s'enfonce dans la poitrine d'Horus, qui se met à crier: « Au secours, Isis ma mère! Ordonne à ton harpon de se détacher de moi! Je suis Horus! » La mère Isis demanda résolument au harpon de se détacher, et après l'avoir rejeté à l'eau, il s'enfonça inopinément dans le corps de Seth. « Que t'ai-je fait, Isis, ma soeur? Je suis ton frère maternel, Isis! » Émue par la compassion, Isis ordonna au harpon de se détacher de lui aussi. Alors Horus, outragé à mort, se mit en colère et sortit de l'eau, le visage féroce comme un puma, le couteau aussi lourd que seize deben serré dans sa main. Aveuglé par la rage, il décapita sa mère et porta son corps sans vie au sommet d'une montagne où la déesse fut transformée en silex.

Rê demanda alors au sage Thot, en se référant à la statue, ce que pouvait bien être cette chose sans tête. Thot répondit qu'il s'agissait en effet de la grande mère Isis, transformée en une statue sans tête parce que son fils, aveuglé par la rage, venait de la décapiter. Ulcéré par un acte aussi injustifiable, malgré sa colère et malgré le fait qu'il était un dieu, Rê décida d'imposer une punition exemplaire au dieu faucon Horus. La grande Ennéade gravit les montagnes à la recherche d'Horus, le fils de la grande Isis qui, entre-temps, était resté couché sur le sol, caché sous un arbre shenusha. Selon la loi de Murphy, qui veut que lorsque quelque chose peut mal tourner, cela tourne mal, c'est Seth lui-même qui l'a trouvé, l'a attrapé, lui a arraché les yeux de leurs orbites et les a séparés au sommet de la montagne afin d'illuminer la terre entière. Ses pupilles devinrent alors une magnifique fleur de lotus.

Une fois de retour au navire, Rê demande des nouvelles d'Horus mais Seth ment et dit qu'il ne l'a trouvé nulle part. Hathor, la fille de Rê et maîtresse du Sycomore du Sud, partit également à la recherche d'Horus jusqu'à ce qu'elle le trouve gisant désespérément dans le désert. Elle traya une gazelle et versa le lait obtenu dans les orbites d'Horus jusqu'à ce que ses yeux soient complètement guéris.

Hathor se rendit donc chez son père et lui rapporta qu'elle l'avait trouvé privé de ses yeux. Seth avait été l'auteur de la pièce et ne pouvait cacher sa fierté. L'Ennéade a donc voulu les juger pour la dernière fois. Ils furent amenés devant le Père de l'Univers et l'Ennéade. Épuisés par toutes ces épreuves et ces luttes, pour la énième fois, Rê dit à Horus et Seth de s'arrêter, d'aller boire et manger, mais de les laisser seuls.

Seth a donc invité Horus chez lui pour y passer une journée agréable (et paisible). Naïf au possible, Horus accepta et ils se rendirent ensemble à sa résidence. Le soir venu, ils préparèrent un lit pour dormir, s'allongèrent ensemble et, pendant la nuit, Seth essaya d'avoir des rapports sexuels avec Horus qui, décontenancé, se prit les mains dans les mains et recueillit le sperme de son rival. Les mains encore pleines, il court vers sa mère Isis et lui raconte ce qui s'est passé; Isis, folle de rage et d'angoisse, sort un couteau et coupe les mains de son fils, qu'elle jette dans le Nil. Ne voulant pas le laisser sans membres, elle lui donna de nouvelles mains et décida de penser à la vengeance: elle fit éjaculer son fils dans un bocal et le lendemain matin, elle l'emmena avec elle dans le jardin de Seth et, avec toute l'innocence dont elle était capable, demanda au jardinier quel était le légume préféré de Seth. Il répondit que le seul légume qu'il aimait était la laitue et, ainsi, sans être vue, Isis répandit le sperme de son fils sur toutes les laitues qu'elle put trouver dans le jardin. Seth rentra chez lui après sa promenade matinale et, ignorant tout, mangea la laitue qu'il trouva dans son assiette, comme c'était son habitude. Et, ainsi, il conçut une partie de la semence d'Horus sans même s'en rendre compte.

Désireux d'être proclamé souverain d'Égypte, Seth alla convoquer Horus et ensemble ils se présentèrent devant le tribunal. Convaincu qu'il gagnerait parce que, selon lui, il s'était comporté comme un garçon, Seth plaça sa cause devant toute l'Ennéade, qui répondit par des cris et des crachats au visage du jeune homme. Mais Horus savait bien se défendre et se moqua: « Tout ce que Seth a dit est faux! Que la semence de Seth soit appelée, et nous verrons d'où elle répond. Puis, que l'on appelle la mienne, et nous verrons d'où elle répondra ».

Le scribe le plus digne de confiance et le plus sage de toute l'hénée fut Thot qui, posant sa main sur l'épaule d'Horus, prononça à haute voix les mots magiques suivants: « Sors, semence de Seth! », mais celui-ci lui répondit de l'eau, plongé dans le bourbier. Confus, Thoth posa alors sa main sur l'épaule de Seth et énonça: « Sors, semence d'Horus! ». La semence, d'une voix lointaine, demanda d'où elle devait sortir, et Thot lui ordonna de sortir par son oreille. « Dois-je sortir de son oreille, moi qui suis une semence divine? » Alors Thot, levant les yeux au ciel, suggéra qu'il sorte de son front. Et ce fut ainsi, du front de Seth sortit la semence sous la forme d'un disque d'or. Furieux et incrédule, Seth tenta de s'emparer du disque solaire, mais Thot l'en empêcha, le plaçant comme une couronne sur sa tête. L'Ennéade trancha alors, donnant à Horus le droit et à Seth le tort. Seth devint alors encore plus fou de rage et lança un nouveau défi: « On ne lui donnera pas ce trône, du moins jusqu'à ce qu'il soit sorti avec moi. Nous construirons des bateaux de pierre et ferons la course l'un contre l'autre ».

Horus, digne fils de la malicieuse et rusée Isis, se laissa inspirer par la ruse de sa mère et fabriqua une embarcation en bois de pin; il la recouvrit de plâtre pour lui donner l'apparence de la pierre et la jeta dans l'eau au coucher du soleil. Seth tomba dans le panneau et, pensant que le bateau d'Horus était en pierre, il en fabriqua un semblable avec des pierres prises dans la montagne. Les deux hommes arrivèrent devant l'Ennéade avec leurs bateaux, mais seul le bateau d'Horus resta à flot à cause de la matière dont il était fait, bien sûr. Seth se mit alors en colère et lorsqu'il vit son bateau couler lamentablement, il se transforma en hippopotame et mangea le bateau d'Horus d'un trait. Horus, furieux et blessé, prit son harpon et le lança sur Seth. La dispute n'était toujours pas terminée.

Il prend alors ses harpons et navigue vers Sais, pour demander à Neith de juger qui est digne de prendre le trône en tant que successeur d'Osiris:

> « Permettez-moi d'être jugé avec Seth, car cela fait déjà quatre-vingts ans que nous sommes devant le tribunal, mais ils ne savent pas comment nous juger. D'ailleurs, il n'a pas été déclaré juste contre moi, mais jusqu'à présent mille fois mon droit a été reconnu

contre lui, jour après jour. Mais il ne tient pas compte de ce que dit l'Ennéade. Je l'ai affronté dans la salle de la Vérité, et j'ai été déclaré juste contre lui. Je l'ai affronté dans la salle de Horus Khenty Abou, après quoi j'ai été déclaré juste contre lui. Je l'ai affronté dans la salle du Champ des joncs, après quoi j'ai été déclaré juste contre lui. Je l'ai affronté dans la salle de l'étang de la campagne, et j'ai été trouvé juste contre lui. De plus, l'Ennéade dit à Shu, fils de Rê: La vérité éclate dans tout ce qu'il dit, Horus, fils d'Isis »

Thot, sachant ce qui allait se passer, dit à Rê, le Seigneur de l'Univers: " Envoie une lettre à Osiris, afin qu'il puisse juger ces deux jeunes gens. Et Shu, fils de Rê, commenta: "C'est un million de fois juste, ce que le sage Thot vient de dire". Le Seigneur de l'Univers ordonna donc à Thot: "Assieds-toi, et écris une lettre directement à Osiris, afin que nous puissions entendre ce qu'il a à dire".

Thot a ensuite écrit à Osiris:

« Le Taureau, le Lion qui chasse pour lui-même, Celui qui protège les Dieux, Celui qui règne sur les Deux Terres, Inventeur de l'humanité au Commencement, Roi de la Haute et de la Basse Egypte, Taureau qui habite dans l'On, Vie, Santé et Force, fils de Ptah, Le plus Glorieux des Deux Flèches qui apparut comme le père de son Ennéade, Qui se nourrit d'or et de toutes sortes de bijoux magnifiques, Vie, Santé et Force. Ecris-nous ce que nous devons faire concernant ton fils Horus et Seth, de peur que nous n'exercions notre autorité guidés par l'ignorance ».

La lettre mit longtemps à parvenir au maître des enfers, mais lorsqu'elle lui fut lue, Osiris explosa de rage, poussa un cri perçant et expédia en toute hâte la lettre de réponse. Le message était le suivant:

> « *Pourquoi faites-vous du mal à mon fils Horus, alors que c'est moi qui vous ai donné votre force? C'est moi qui ai créé l'orge et le blé pour que les dieux puissent vivre, ainsi que le bétail qui suit les dieux, alors qu'aucun dieu ou déesse existant ne pouvait le faire* ».

La lettre d'Osiris arriva à l'endroit où le dieu soleil Rê était assis avec la grande Ennéade sur la colline blanche de Xoïs. La lettre fut lue devant tout le monde et Rê remit Osiris à sa place en dictant la réponse à Thot le scribe: « Envoie une réponse de ma part à Osiris et parle-lui de cette lettre: Si tu n'étais pas venu à l'existence, si tu n'étais même pas né, l'orge et le blé existeraient encore ».

La réponse de Râ n'a pas du tout plu à Osiris, seigneur du monde souterrain:

> « *Tout ce que tu as fait est plus que parfait, merveilleux, toi qui as inventé l'Ennéade, mais tu as fait entrer Ma'at dans le monde souterrain! Contemple-le aussi, alors. Le pays où je suis est peuplé d'anges aux visages hideux qui ne craignent aucun dieu ou déesse, et, si je les laisse sortir, ils s'en prendront aux cœurs de tous ceux qui commettent de mauvaises actions, et ils resteront ici avec moi. Pourquoi est-ce que je reste ici, me reposant à l'ouest, alors que vous restez tous dehors? Qui parmi eux est plus puissant que moi? Regardez! Ils ont inventé le mensonge! Lorsque Ptah le Grand, qui est au sud de son mur, seigneur d'Anj-Tauy (Menfis), créa le ciel, n'a-t-il pas dit aux étoiles qui le peuplent: C'est à l'ouest, où demeure le roi Osiris, que vous irez chaque nuit. Et après les dieux, tous les hommes iront aussi se reposer là où vous êtes?* ».

Après de nombreux jours, la lettre du seigneur du monde souterrain arriva chez Rê, le seigneur de l'univers, qui la fit lire au sage Thot.

Horrifiée, toute l'ennéade déclara: « La vérité, la vérité est dans tout ce qu'il dit, Lui qui est grand dans la générosité, Seigneur des provisions, de la vie, de la santé et de la force ». Alors Seth, déconcerté et mortifié, a proposé à tous de se rendre sur la fameuse île du Milieu, afin de pouvoir avoir une discussion directe avec lui, un tête-à-tête sans lettres de correspondance inutiles et chronophages. Il se rendit donc sur l'île du milieu et Rê ordonna à Isis de l'attacher solidement à un poteau, comme un prisonnier. Dans cette condition pitoyable, Rê lui demanda pourquoi il avait refusé d'être jugé, usurpant le trône d'Horus.

Seth, en souriant, lui répondit: « Non, ce n'était pas cela, mon bon seigneur, dieu de l'univers. Convoque Horus, le fils bien-aimé d'Isis, et j'ordonne qu'on lui donne le trône de son père Osiris ». La couronne blanche fut alors placée sur la tête d'Horus, qui devint ainsi officiellement roi d'Égypte, prenant le trône qui avait appartenu à son père Osiris. L'Ennéade proclame à l'unisson, devant toute la création: « Tu es le bon roi d'Égypte, tu es le bon seigneur, la Vie, la Santé et la Force, de toutes les terres pour l'éternité ». Isis prononça alors les paroles suivantes à son fils Horus: « Enfin, tu as été proclamé bon roi: mon cœur ne peut que se réjouir. Et tu réjouiras la terre de ta présence, j'en suis sûre ».

Personne ne se demandait ce qu'il adviendrait de Seth qui était toujours attaché à un poteau comme on le faisait avec les esclaves et les prisonniers de guerre. C'est alors que Ptah le Grand, le seigneur d'Anj-Taui plus connu sous le nom de Menfis, demanda: « Que ferons-nous de Seth, maintenant que Horus est assis sur le trône de son père Osiris? ». Rê répondit au nom de tous: « Que Seth, fils de Nout, me soit confié. Il s'assiéra auprès de moi, comme mon fils; il tonnera dans le ciel et tous auront peur de lui ».

 Puis, en chœur, ils crièrent tous: « Horus, fils d'Isis, est souverain, Vie, Santé et Force! ». Rê alors, heureux et joyeux, dit à toute l'Ennéade: « Criez de joie! Criez de bonheur, penchez-vous vers le sol pour Horus fils d'Isis! ». Et Isis, des larmes de joie coulant sur ses joues, dit: « Horus est Souverain, Vie, Santé et Force. L'Ennéade est en fête, les cieux en liesse. Prenez des guirlandes en voyant Horus, fils d'Isis, Grand Souverain, Vie, Santé et Force de l'Égypte. Les cœurs de l'Ennéade se réjouissent, La terre entière se réjouit! ».

L'épisode que nous venons de narrer, celui de l'île du Milieu, est le plus réussi, puisque toute l'ennéade, du début à la fin, espère être réunie sur la fameuse île en l'absence d'Isis. La déesse rusée, qui a d'abord pris la forme d'une vieille femme innocente pour tromper et acheter le passeur avec une grosse bague en or afin qu'il puisse l'emmener en voiture, puis s'est transformée en une belle jeune fille capable d'ensorceler n'importe qui, parvient à atteindre Seth, sa cible principale. Arrivée à la divinité, Isis a recours à sa ruse et trompe Seth, lui racontant une histoire de veuvage et d'un étranger qui a profité de son moment de faiblesse pour s'emparer de tout le bétail qui appartenait en fait à son fils. Entre les lignes, il parlait de sa propre histoire et *Seth s'indigne d'une telle injustice sans se rendre compte qu'en agissant ainsi, il ne fait que s'accuser lui-même devant l'Ennéade entière.* Dans l'histoire, d'une part, nous avons Horus qui est décrit comme un enfant faible de caractère et de constitution, mais très rusé et intelligent, digne héritier de son père, le seigneur du monde souterrain Osiris; d'autre part, nous avons Seth qui est présenté comme un être fort et brutal, une caricature du parfait rustre tout en muscles et sans cervelle, facile à tromper. Toutes les autres divinités ne sont pas des protagonistes, mais seulement des lumières passagères, des météores gravitant autour de ces deux personnages principaux, à l'exception peut-être du dieu soleil Rê qui est celui qui est le plus mis en évidence par son irritabilité et son orgueil, son incapacité à prendre une décision parce que, après tout, il craint Seth. Autre non-protagoniste mais néanmoins digne d'intérêt, la déesse Isis, qui fait tout son possible pour aider son fils. Apparaît également pour compléter le tableau le scribe Thot, aussi habile que sage, toujours au service des dieux qui ont prouvé leur ignorance.

CHAPITRE 5

RITUELS

Comme la majorité des autres cultures, les Égyptiens de l'Antiquité croyaient fermement qu'il y avait une vie après la mort, ce qui est évident dans tout ce qui reste de leur civilisation aujourd'hui, puisque seuls les temples et les tombeaux ont été préservés en raison de leur architecture durable et des matériaux utilisés. Le *ka* jouait un rôle prépondérant dans la religion de l'époque: c'était la force qui animait la forme concrète et visible d'un individu (ou d'une statue) que le *ba* avait choisi, lui donnant vie. Il n'existe pas de traduction de ces deux termes, mais nous pouvons l'associer à l'esprit ou à l'âme d'une personne. Comme le ka devait survivre même dans l'au-delà, les Égyptiens prenaient toutes les précautions possibles pour assurer la préservation du corps en le momifiant et, au cas où la momie ne resterait pas intacte, ils avaient un plan B: commander des statues du ka, c'est-à-dire des statuettes représentant le défunt qui étaient enterrées avec lui dans la tombe.

La position d'importance qu'occupait le pharaon dans la société faisait de la survie du ka un facteur clé, à tel point que pour affirmer son pouvoir, le souverain avait l'habitude de *sacrifier ses serviteurs*. Malgré le peu de preuves en notre possession, la plupart des égyptologues soutiennent que ces sacrifices ont eu lieu car les tombes trouvées et prises comme objet d'étude sont remplies de morts enterrés au même moment. Cette pratique macabre a été abandonnée après la fin de la 1ère dynastie car, probablement, de nombreux pharaons ne soutenaient plus la nécessité que les serviteurs continuent à les servir dans l'au-delà, sans compter que les statuettes ushabti ont été créées à cette époque. Les ushabti, construits précisément pour remplacer les serviteurs même après la mort, étaient initialement des sculptures grossières et imprécises, puis, au fil des siècles, ils se sont affinés au point de ressembler de plus en plus à de véritables momies. Des formules magiques précises étaient gravées sur les corps des ushabti pour les réveiller dans l'au-delà, afin qu'ils puissent accomplir les tâches qui leur étaient assignées et continuer à servir le pharaon après sa mort dans la vie terrestre. Le côté macabre de cette histoire est que, très probablement, le même traitement était réservé aux corps des serviteurs pendant la 1ère dynastie.

La momification

La momification est un processus qui se déroule dans certaines conditions externes et internes et implique un cadavre qui subit une déshydratation immédiate telle que les tissus du corps deviennent fixes et solides. Ces conditions dont nous parlons sont un climat sec qui empêche la putréfaction, des moisissures qui assèchent le corps, et l'enterrement dans un sol sec qui absorbe les liquides en quantité massive. Le corps d'une momie présente une peau aussi dure que du cuir, bien adhérente aux os et de couleur brunâtre, avec des traits bien conservés. L'entretien du corps dans la société égyptienne est devenu un véritable art, si l'on peut dire, et sa diffusion s'est étendue du souverain à la noblesse et aux riches en général. Certains spécialistes pratiquaient la technique de momification dans des laboratoires spécifiques dispersés autour du Nil. L'ensemble du processus d'embaumement impliquait plusieurs lavages et une durée d'environ soixante-dix jours.

La première étape consistait à exporter tous les organes internes -
cerveau, poumons, estomac et intestins - à l'exception du cœur,
considéré comme le siège de l'âme; les organes étaient stockés dans
des récipients spécifiques appelés jarres *canopes* à l'effigie des
quatre fils d'Horus. Ensuite, les vases étaient déposés avec le défunt
pour la nouvelle vie éternelle lors des rites funéraires. Plus tard, les
vases (qui étaient de toute façon enterrés avec le défunt) ne
contenaient plus d'organes, car ils étaient eux aussi momifiés et
enveloppés dans des bandes de tissu. Après l'exportation des
organes, le corps était déshydraté par immersion dans du sel iodé
pendant quarante jours, puis lavé et désinfecté avec du vin de
palme, choisi parce que sa forte teneur en alcool empêche la
prolifération des bactéries. Des bandages imprégnés de sciure de
bois et de morceaux de lin étaient ensuite placés à l'intérieur de
l'abdomen, et enfin le corps entier était recouvert de sel et d'huiles
balsamiques. A ce moment-là, le cadavre était encore
reconnaissable bien que complètement déshydraté et l'incision de
l'abdomen faite pour retirer les organes était recouverte d'une
plaque de métal, *l'Oeil d'Horus*. Une fois le processus terminé, le
corps était enveloppé de bandes de toile de lin imbibées de résine,
afin de le conserver en bon état. C'est précisément sur les bandages
qu'étaient inscrites les formules magiques destinées à protéger le
corps et, en outre, diverses amulettes étaient insérées, comme
l'Ankh, les scarabées et le pilier Djed: le premier est également
appelé la clé de la vie (☥) et symbolise précisément l'union des
organes génitaux humains pour représenter la vie, les scarabées
étaient le symbole de la résurrection et, enfin, le pilier Djed
représente l'épine dorsale d'Osiris, siège du fluide vital et symbole
de stabilité.

Le mythe le plus important de l'histoire de l'Égypte antique est celui
d'Osiris, et on peut dire qu'il recèle plusieurs lectures: Seth était
vénéré en Haute-Égypte, tandis qu'Osiris était vénéré en Basse-

Égypte, et l'affrontement entre les deux symbolise peut-être la lutte entre les deux parties du pays avant l'unification. Mais ce qui ressort du mythe, c'est la croyance des Égyptiens en l'existence d'une vie après la mort. L'âme du défunt, en effet, rejoignait le royaume d'Osiris à condition que *le corps soit bien conservé*. C'est la raison pour laquelle les cadavres étaient momifiés: les viscères étaient retirés ainsi que tous les organes, à l'exception du cœur (parce qu'il devait être pesé par Anubis, vous vous souvenez?) qui était considéré au même titre que le cerveau, siège de toutes les émotions et de la mémoire. Le corps, après avoir été traité avec des produits chimiques, était enveloppé dans des bandages de lin.

Outre le corps, les personnes étaient également composées de cinq éléments imperceptibles qui devaient trouver un nouveau foyer après la mort de leur contenant. Le corps était donc considéré comme une simple coquille à changer. C'est la raison pour laquelle les Égyptiens prenaient tant de précautions pour tenter de conserver intacte l'enveloppe abritant les cinq éléments spirituels: si le corps se décomposait après la mort, les âmes ne survivraient jamais et le défunt serait condamné pour l'éternité, incapable d'atteindre le Champs d'Ialou.

Les âmes qui formaient l'individu étaient au nombre de cinq: ib, ka, ba, ren et shut.

- Ib était le cœur, siège de l'intellect, qui devait rester à l'intérieur du corps pour que le défunt, une fois arrivé à la cour des dieux où son sort était décidé en fonction du poids de son cœur par rapport à la plume de Maat, soit digne de vivre éternellement dans l'au-delà.

- L'énergie est représentée par Ka et Ba: on parle de l'énergie impersonnelle, vitale et de l'énergie personnelle dans le second cas. Ka est un hiéroglyphe formé de deux bras pointant vers le haut et représentant l'énergie vitale qui devait être nourrie pour permettre au défunt de continuer à vivre dans l'au-delà. Cette nourriture provenait des offrandes faites dans les chapelles funéraires. Le Ba, un oiseau à tête humaine, tournait en rond à la recherche des personnes qu'il aimait car il symbolisait la volonté de comprendre ce qui se passe après la mort tout en restant connecté au monde des vivants.

-   Ren, le nom qui résume l'identité et l'essence de la personne, a été transcrit dans chaque élément du mobilier funéraire.

-   Le dernier élément spirituel, Shut, est un parasol, une ombre immatérielle projetée par le corps humain. Avoir une ombre qui nous suit partout, en fait, c'est exister, au point qu'elle disparaît avec la mort et qu'on la voit dans l'au-delà.

Un dernier élément spirituel n'était acquis qu'après la mort, dans l'au-delà: Akh était représenté par un ibis touffu et est l'esprit lumineux qui pouvait monter au firmament pour participer aux mouvements de l'univers ou apparaître aux vivants pour communiquer avec eux. Une sorte de fantôme qui n'effrayait personne la nuit mais qui, au contraire, apparaissait à midi lorsque les vivants étaient seuls, privés de leur esprit, le soleil n'ayant aucun moyen de projeter des ombres.

En conclusion, afin d'être certain de gagner la seconde mort si le corps se décomposait, une statue sur laquelle était gravée la Ren était placée sur la tombe: elle avait pour but de remplacer la coquille contenant l'âme, devenant ainsi la nouvelle résidence de l'esprit du défunt.

Rituels magiques

Dans l'Égypte antique, la magie avait une telle valeur que le terme égyptien *Heka* était le nom de la divinité qui la personnifiait, celle qui détruisait l'ennemi de Rê, Apopi le serpent. Les Égyptiens croyaient qu'en invoquant l'aide d'Heka, ils pouvaient influencer le monde des dieux, obtenir protection et ascendant. Heka signifie littéralement celui qui active le ka, l'un des aspects de l'âme et en particulier celui qui incarne la personnalité.

Le rite des quatre veaux liés à Osiris

À l'origine, la cérémonie était liée à un rite de bénédiction de la récolte de céréales et était accomplie par le souverain en présence d'un dieu. Le souverain devait tenir deux bâtons, formés des deux moitiés d'un serpent, l'animal le plus dangereux qui pouvait menacer le bétail à l'époque (en fait, les cas de morsures de serpents pendant le battage étaient fréquents). Par la suite, le rituel a subi un processus d'« *osirisation* », et son but est alors de faire en sorte que les animaux piétinent la terre au-dessus de la tombe d'Osiris afin de la dissimuler et d'empêcher sa violation.

Le rituel des dix harpons contre Seth

Il s'agit certainement de l'un des rituels les plus célèbres et les plus significatifs de tout le monde égyptien, et nous le retrouvons dans les *Textes dramatiques d'Edfou*, c'est-à-dire une série de onze reliefs gravés sur les murs du temple qui étaient exécutés chaque année pendant la *fête de la victoire d'Horus sur Seth*. Il s'agissait d'une représentation sous forme théâtrale, et le rituel consistait pour Horus (avec l'aide d'Isis) à plonger son harpon dans dix parties différentes du corps d'un hippopotame, représentant Seth.

Le rite contre Apopi

On peut appeler ce rituel un rituel contre le mauvais œil. Au cours de cette cérémonie, le roi tient une sphère de la main gauche et une massue de la main droite, et détruit simplement la sphère avec la massue qu'il tient dans son autre main. Aussi simple soit-il, ce rituel a une signification profonde: il s'agit en effet d'une des actions magiques par lesquelles Apopi (le serpent qui voulait nuire au dieu Rê) devait être éliminé. La sphère représente l'œil d'Apopi.

CHAPITRE 6

LES EGYPTIENS ONT-ILS SEULEMENT CONSTRUIT LES PYRAMIDES?

La société égyptienne se distinguait de toutes les autres par ses admirables innovations dans les domaines de la science, de la littérature et de la médecine, sans oublier son égalitarisme sans pareil. L'Égypte antique a toujours été entourée d'un nuage de mystère qui nous fascine: nous parlons de la civilisation la plus prospère que l'humanité ait jamais connue.

Après la Mésopotamie, l'Égypte a été la deuxième enclave à accueillir la langue écrite ou, plutôt, son développement: nous parlons des hiéroglyphes. Le terme dérive des mots *hiero* signifiant sacré et *glyphe* signifiant gravé, littéralement *mots du dieu* référant à Thot auquel on attribue l'invention de l'écriture. Les hiéroglyphes se composent de trois types de caractères: déterminatifs, phonétiques et idéogrammes. Leur orientation varie, car les Égyptiens écrivaient soit en ligne comme nous, soit en colonne, et selon l'orientation des chiffres, ils peuvent être lus de droite à gauche ou inversement. Bien que l'interprétation de ces symboles soit tombée dans l'oubli pendant des siècles, il n'est pas rare de trouver des passionnés de hiéroglyphes grâce à la revalorisation de la culture égyptienne due à la mondialisation et, dans une large mesure, aux réseaux sociaux.

Outre le système d'écriture, les papyrus, la charrue et le calendrier, les Égyptiens ont également été les inventeurs du maquillage des yeux: ils utilisaient de la suie associée à de la galène, un minéral qui donnait la consistance du kajal, encore utilisé aujourd'hui pour donner un regard plus défini. En matière de construction, en revanche, les Égyptiens sont célèbres pour avoir parsemé le pays de temples, de tombes monumentales et de pyramides.

La maison de Dieu: le temple

Le mot temple, en égyptien *hut* (enceinte) *necer* (dieu), désignait la demeure du dieu qui, en fait, résidait dans ce même édifice et était incarné par la statue qui le représentait - selon les Égyptiens, en effet, la statue n'était pas une simple représentation du dieu, mais le dieu lui-même, à tel point que pour dire sculpture, les Égyptiens utilisaient le mot donner naissance: une véritable création selon ce sens. En outre, la préservation de la statue était une condition préalable à la sauvegarde du monde entier: un prêtre était chargé de la laver, de l'habiller et de la nourrir.

Le temple lui-même n'était pas visible de l'extérieur, car un mur de briques en terre séchée au soleil en masquait la vue et délimitait la zone, soulignant le caractère sacré du lieu. Il ne s'agissait donc pas d'un lieu public où les fidèles pouvaient entrer pour prier, mais plutôt d'une forteresse dont la fonction était de protéger et de cacher le dieu.

Comment ont-ils pu adorer leur dieu, alors? On se le demande naturellement. Eh bien, les fidèles laissaient une petite statuette dédiée au dieu à l'extérieur de la cour pour assurer leur présence continue devant la divinité - ces ex-voto devinrent si nombreux que des fosses appelées cachettes furent creusées pour stocker les anciens, afin de laisser la place aux nouveaux. Une autre façon d'être proche du dieu était d'assister à des cérémonies festives, événements au cours desquels la statue était portée en procession hors du temple, sur un bateau à l'intérieur d'un tabernacle. Au cours de ces cérémonies, les fidèles pouvaient poser des questions directement à la divinité et recevoir une réponse: à haute voix, la question était posée aux prêtres portant la barque et si la barque s'inclinait vers l'avant, alors la réponse était positive, sinon elle était négative.

Que représentait le temple?

Le temple était la représentation du cosmos, le passage en pierre de la colline primordiale, celle qui a été déposée pour donner lieu à la création de l'ensemble. Il s'agissait d'un véritable microcosme en miniature, avec le sol noir pour symboliser la terre d'où pousse la végétation, aussi noir que le limon fertile que le Nil déposait avec ses crues; les colonnes étaient une reproduction de papyri, caractérisées par des chapiteaux floraux et, enfin, le plafond représentait la voûte céleste et était donc décoré de scènes astronomiques et d'étoiles. L'intérieur du temple était recouvert de couleurs vives qui, malheureusement, sont aujourd'hui perdues mais que l'on peut encore admirer dans les dessins réalisés lors de l'expédition de Napoléon en 1799 - par exemple, les œuvres de Vivant Denon et de David Roberts qui ont rendu éternels les paysages et les temples qu'ils ont rencontrés le long du Nil. À l'extérieur, juste devant le temple, se dressaient les statues du pharaon, symbole garant de l'ordre universel sur terre, mais aussi protecteur du temple. Comme il était le seul prêtre de toute l'Égypte, il était le seul à veiller sur la statue du dieu, mais comme il ne pouvait pas être présent dans tous les temples en même temps - il s'agissait d'un rituel à accomplir le matin, à midi et le soir - il déléguait cette fonction à un prêtre.

À mesure que l'on progresse dans le temple, la pente du sol s'élève progressivement, comme s'il s'agissait d'une petite colline, tandis que le plafond s'abaisse, donnant la forme de télescope typique des temples égyptiens. De plus, des grandes cours ouvertes baignées de lumière, on passe à la pénombre des cours fermées où la lumière pénètre faiblement par d'étroites fentes sur les côtés des murs, jusqu'à atteindre les dernières pièces du temple qui n'ont aucune ouverture.

Quelle était la fonction du temple?

Les temples étaient des forteresses caractérisées par des remparts et entourées de murs impénétrables pour protéger le dieu qui y résidait et le nourrir, fonctions qui devaient être accomplies à des moments précis de la journée: le matin, il y avait le rituel du réveil, le plus important car il représentait la création du monde, l'obscurité du chaos étant chassée de l'ordre. Après les chants du matin, le prêtre brise les sceaux placés la veille en ouvrant le tabernacle divin; ce bris représente l'union de la divinité avec son image terrestre dissimulée dans le tabernacle. Il s'agit donc d'une métaphore de la descente quotidienne du dieu sur terre pour donner naissance à la création, une sorte de *renouvellement de la vie sur terre*. Après le rituel du soir, le tabernacle était scellé pour défendre le dieu des pièges que la nuit lui réservait.

Le temple avait donc une fonction pratique et ne devenait qu'en de rares occasions un lieu de recueillement et de prière; en son sein, des activités séculières étaient menées à bien, comme l'administration des terres appartenant au temple ou la collecte des impôts de l'État. Les Maisons de la vie, où les gens devenaient scribes en apprenant à lire et à écrire, les bibliothèques, les studios de sculpture et les ateliers de fabrication d'objets funéraires étaient également liés au temple. Le temple était également un lieu de science et d'art, puisque c'est là qu'ont eu lieu les premières représentations théâtrales; il a fait partie intégrante de la diffusion de la culture sur tout le territoire.

Où peut-on leur rendre visite aujourd'hui?

Chaque ville avait un ou plusieurs temples dédiés à Isis, et les plus importants étaient répartis dans toute l'Égypte: File sur le Nil, Abydos où se trouvait la nécropole des pharaons, à Memphis où se trouvait la nécropole des taureaux sacrés, et le Serapeion à Alexandrie. Aujourd'hui, il en existe cinq, les plus importantes:

- *le temple de Louxor*, sur la rive orientale, a été commandé par Amenhotep II mais a été agrandi par la suite par Ramsès II. Au moment de sa construction, il était dédié à la triade Amon, Mout et Khonsou.
- *Le temple d'Hatchepsout,* près de la Vallée des Rois, est dédié à Amon-Rê et fut construit pour l'épouse de Tuthmosi II, à qui revenait le titre de pharaon. Il s'agit d'un temple en terrasse, composé de trois niveaux soutenus par d'imposantes colonnes: le niveau supérieur est celui où se trouve le sanctuaire dédié au dieu.
- *les temples de Fila,* classés au patrimoine mondial de l'UNESCO, se dressent sur une petite île dans le Nil.
- *le temple d'Abou Simbel,* également inscrit au patrimoine mondial de l'UNESCO, est marqué par quatre statues du pharaon Ramsès II et sa particularité réside dans l'orientation du bâtiment calculée par des calculs astronomiques précis: deux fois par an, les statues du pharaon sont éclairées par le premier rayon du soleil.
- *le complexe du temple de Karnalk* se dresse sur la rive orientale et comprend trois enceintes sacrées.

106

Les portes des étoiles: les pyramides

Depuis des siècles, les voyageurs et les plus grands curieux sont captivés par les pyramides et tentent par tous les moyens de pénétrer à l'intérieur pour chercher (et dévoiler!) leurs secrets. Dans l'imaginaire commun, les pyramides sont des édifices remplis de pièges et de labyrinthes pour tromper les pillards - peut-être pour les jeux vidéo Lara Croft - mais, en réalité, elles ne comportent que quelques cavités en leur sein, sans aucun piège pour les voleurs. Les seules découvertes ressemblant à des pièges sont des puits peu profonds qui étaient en fait utilisés pour empêcher les inondations. L'intérieur des pyramides est constitué d'éléments simples mais en même temps difficiles à interpréter, car à partir de la 6e dynastie, leur disposition est devenue standard: pour protéger les momies qui étaient pillées, les pharaons ont dû faire appel à la royauté et ont créé un long couloir d'entrée traversant tout le bâtiment - ceci s'appliquait à toutes les pyramides sauf celle de Khéops.

La structure interne des pyramides change à l'apogée de la IIIe dynastie: la chambre funéraire est située au niveau du sol et non plus en profondeur sous la structure. À ce moment-là, les réserves disparaissent, laissant place à deux petites pièces précédant la crypte, comme à Meidum: ce temple, en effet, était situé dans un endroit optimal pour recevoir le corps du défunt, car il se trouvait en aval et constituait un point d'atterrissage parfait sur le Nil. La voie d'entrée correspondait au lieu où se déroulait le culte du pharaon, suivi de la pyramide secondaire et de la pyramide principale où était placée la momie du souverain défunt afin que son âme puisse rejoindre les étoiles circumpolaires.

À partir de la 5e dynastie, la structure intérieure des pyramides est ornée de formules funéraires, les fameux textes pyramidaux. Les matériaux pour construire ces structures pyramidales étaient transportés par des bateaux qui descendaient le Nil et les travaux commençaient dans des zones surélevées pour éviter que la pyramide elle-même ne soit inondée. Le temps de construction était infini, presque aussi long que la force de travail humaine employée. L'intérieur des pyramides se composait d'un couloir qui menait à une petite pièce suivie de quelques blocs de granit - généralement trois - puis à une antichambre qui donnait sur les entrepôts d'un côté, les fameux serdabs, et la chambre funéraire de l'autre.

Que représentaient les pyramides?

En plus d'avoir inventé l'écriture et le papier, les Égyptiens se sont révélés être de grands astronomes: ils avaient développé un remarquable système d'observation et de mesure du temps, qui a également donné naissance au calendrier que nous connaissons tous. L'observation du firmament était liée à la religion de manière si indissociable que les Égyptiens l'ont entièrement cartographié, alignant les temples à la recherche de l'ordre de Maat.

Le pharaon avait le désir de voyager à travers le firmament pour se transformer en une étoile immortelle ou circumpolaire, qui ont la caractéristique d'être toujours visibles comme l'étoile polaire. Les plus brillantes des Ursa Major étaient représentées par une patte de taureau, également vue comme une hache, un outil qui était utilisé lors de la cérémonie d'ouverture de la bouche, un rituel qui permettait à la momie de recevoir les sens.

Cette relation intime entre ciel et terre se manifeste dans l'orientation même des pyramides; en effet, les pyramides de Gizeh font face aux quatre points cardinaux. On ignore encore comment ils sont parvenus à ce résultat extraordinaire. Après tout, c'est l'une des questions les plus débattues en égyptologie.

Quelle était la fonction des pyramides?

La fonction de la pyramide était d'abriter et de préserver pour l'éternité les nobles et les pharaons décédés qui étaient enterrés avec leurs richesses, lesquelles étaient rapidement pillées par des pilleurs, bien que le pillage des tombes soit puni de mort. Les pilleurs étaient des hommes sans scrupules qui utilisaient des momies d'enfants comme torches, déchiraient les bandages recouvrant les corps des rois et des nobles juste pour chercher de l'or, même s'ils devaient pour cela arracher des membres et des têtes.

Où peut-on leur rendre visite aujourd'hui?

Quatre-vingts pyramides existent encore en Égypte, mais les trois plus célèbres appartiennent à la nécropole de Gizeh:

- *La pyramide de Khéops* ou Grande Pyramide est la seule des sept merveilles du monde antique qui soit parvenue jusqu'à nous. Elle a été érigée comme tombeau pour le pharaon régnant Khéops pendant la 4e dynastie. Sa hauteur au moment de la construction était de 146,6 mètres et aujourd'hui, en raison des intempéries, elle a été réduite à 138,8. Aucun cercueil ou objet funéraire n'a été trouvé à l'intérieur, mais cela n'est pas surprenant car presque toutes les sépultures étaient déjà pillées dans l'Antiquité.

- *La pyramide de Chephren,* considérée comme la deuxième plus grande avec ses 143,6 mètres de haut, est dédiée au fils de Cheops qui a régné pendant la 4e dynastie. Sa particularité est qu'elle est la seule à avoir conservé une partie du calcaire blanc de Tura qui recouvrait à l'origine l'ensemble de la structure.

- *La pyramide de Mycerinus,* fils de Chephren, est la plus petite des deux autres pyramides avec 65,5 mètres de haut. Cette pyramide est restée inachevée en raison de la mort prématurée du souverain et fut la dernière à être érigée avec habileté, les pyramides ultérieures ayant été retrouvées sous forme de tas de gravats.

CHAPITRE 7

CE QUI RESTE DE LA CIVILISATION ÉGYPTIENNE AUJOURD'HUI

Une histoire de plus de trois mille ans ne s'oublie pas aussi facilement que le visage d'une personne: aujourd'hui encore, d'époustouflants musées égyptiens sont disséminés dans le pays et à l'étranger.

Vous savez maintenant que les Égyptiens ne sont pas seulement devenus célèbres pour leurs papyrus, l'invention de l'écriture et l'embaumement: un autre point central de leur histoire est la religion. Les dieux vénérés étaient vraiment infinis et il est réellement difficile d'en dresser une liste avec des noms et des caractéristiques précises, notamment parce que même eux ne l'ont jamais créée à l'époque! Mais la religion n'a pas été enterrée sous le sable: aujourd'hui, nous avons le *Kémitisme*, une religion néo-païenne qui reprend, en partie ou en totalité, les croyances de l'Égypte antique. Commençons par l'étymologie du nom: l'origine vient de l'ancien égyptien qui signifie terre noire, synonyme de fertilité et de vie - le terme était utilisé pour désigner l'Égypte à l'époque des pharaons, par opposition au désert, terre rouge ou *deshret*. Cette religion s'est développée précisément autour des mythes, des croyances et des divinités de l'Égypte antique dans une clé moderne: les groupes adeptes du Kémitisme acceptent la recherche personnelle, laissant aux croyants un espace et une liberté d'expérimentation.

Comme on le sait, les Égyptiens étaient polythéistes et vénéraient donc de nombreux dieux; les groupes Kémitiques actuels interprètent ces dieux selon une conception moniste: alors qu'ils symbolisaient autrefois la multitude des forces qui permettent la vie et les fonctions de la nature, une sorte de facettes différentes, nous avons maintenant le dieu des dieux, une divinité suprême qui les englobe tous, tout comme les différentes facettes constituent un seul diamant. Cette divinité suprême pouvait être appelée Amon ou Atum, le caché, Rê lorsqu'elle était comprise comme la lumière créatrice ou Ptah lorsque la physicalité était déjà créée.

Le culte est né dans les années 1980 à Chicago grâce à une femme wiccane qui a soudainement abandonné cette voie car elle a ressenti l'appel des divinités égyptiennes à être un intermédiaire entre elles et l'humanité. À ce moment-là, elle a rassemblé des experts et s'est qualifiée en égyptologie, a fondé sa conviction et grâce à Internet, le Kémitisme a été reconnu comme une véritable religion. Sa structure cléricale est très proche de celle de l'Antiquité: les prêtres sont consacrés à une ou plusieurs divinités mais peuvent encore participer aux différents rites en l'honneur des autres Neteru, les dieux. Le culte personnel mentionné plus haut est fondamental, car les chants, les prières et la méditation que l'on peut apprendre grâce aux séminaires online font partie de la religion pour atteindre le divin; des divinités qui, elles, peuvent atteindre l'homme de différentes manières, par exemple à travers des visions et des rêves particuliers - la transcription du voyage onirique est une pratique largement utilisée pour mieux s'en souvenir et comprendre ce que les dieux veulent communiquer.

Les rites du Kémitisme peuvent être quotidiens, des consécrations, des processions, des nominations et sont pratiqués dans des temples ouverts à tous par un prêtre ou peuvent être suivis en ligne. Le rite du nom est peut-être le plus important dans cette religion, car le nom est un élément sacré pour chaque individu et il est confirmé dans le rite d'initiation.

Cette religion a été scindée en deux courants de pensée: d'une part, nous avons le Kémitisme orthodoxe et d'autre part, l'hétérodoxie. Le premier est monothéiste et monolâtre: il croit que tous les dieux sont constitués par le Neter ou Atum et qu'ils sont tous inférieurs au suprême. Toutes les divinités sont nées du Neter et peuvent être perçues dans toutes les sphères, car elles sont les forces qui font bouger l'univers entier. Les animaux sont considérés comme des créatures sacrées qui servent de médiateurs entre les humains et les divinités. Le Neter, le dieu supérieur, ne se trouve pas à travers la mort ou en voyageant dans l'au-delà, mais par une profonde recherche intérieure; nous pouvons donc tous le trouver en nous-mêmes. Le divin est en nous, tandis que les dieux ou Neteru sont partout car ils constituent les différents aspects du dieu suprême. Le Kémitisme hétérodoxe, en revanche, est polythéiste et n'attache pas une grande importance au dieu suprême qui imprègne toute l'existence.

Selon la cosmogonie Kémitique, l'origine de l'univers n'est pas un événement aléatoire né sans raison apparente, mais un processus éternel dérivé de Neter, le dieu suprême, en qui tout se reflète: du plus petit atome de l'univers entier au plus grand. Tout est une manifestation divine et l'idéologie du Kémitisme est précisément de faire comprendre à ses croyants que le suprême est la vie elle-même et que l'homme est toujours en contact avec elle. C'est ainsi que l'on met en avant l'individu, ses vertus et ses qualités pour se sentir bien dans sa peau afin qu'il apprenne à être en accord avec le divin.

Même la vie après la mort est perçue de deux manières différentes: un courant croit en la réincarnation, tandis que l'autre reste fidèle à la conception plus ancienne selon laquelle la mort n'est qu'un voyage à faire pour affronter une série d'épreuves qui conduiraient l'âme du défunt aux enfers où Osiris, Anubis et Thot pèseraient son cœur sur une balance en le comparant à la plume légère de Maat. Là encore, si le cœur est plus lourd que la plume représentant la vérité, la justice et l'ordre, le défunt ne peut atteindre le monde des morts. C'est précisément sur ce fil conducteur que repose l'éthique Kémitique, qui suit servilement les principes de Maat: harmonie, vérité, justice et équilibre. Si l'homme respecte ces lois, il pourra alors entrer en contact avec le dieu suprême.

La religion dont nous parlons célèbre les cycles lunaires et solaires, vénère les Sabbats et les Esbats, et a également hérité des fêtes du passé, comme le Wep Rompet, la fête de l'Opet, la fête de l'amour et de la vallée. Sans oublier les jours consacrés à la déesse Isis et à Osiris. Enfin, le Kémitisme possède également des objets sacrés comme la clé de la vie appelée ankh que l'on retrouve souvent dans les représentations d'Isis, mais aussi dans celles des autres dieux: il s'agit d'une croix ansée qui symbolise le ventre, les organes génitaux humains, le nœud des sandales, le lever du soleil, l'union entre le ciel et la terre, le contact entre la divinité et l'humanité. En bref, ce symbole est profondément lié à l'univers et à sa globalité.

CONCLUSION

Nous sommes arrivés à la fin de notre voyage au pays du Nil. J'espère vraiment que vous avez apprécié ce livre et qu'il vous a enrichi intérieurement - qui sait, peut-être avez-vous eu envie de faire une croisière ou simplement de visiter un musée égyptien!

Il est toujours intéressant d'apprendre et de revoir certains sujets que nous n'avons qu'effleurés ou vus de loin à l'école: après tant d'années, la mémoire peut nous jouer des tours, après tout. Aujourd'hui, une histoire longue de 3000 ans ne peut se réduire à une expression comme *l'écriture en hiéroglyphes* en référence à l'écriture des médecins ou aussi *longue qu'un papyrus* en référence, peut-être, à une rédaction scolaire ou à un e-mail trop pédant.

Aviez-vous déjà entendu parler du Kémitisme ou de la mythologie égyptienne? Ou vos connaissances sur l'Égypte étaient-elles restées dans les livres d'école?

MYTHOLOGIE NORDIQUE

Un voyage à travers les mythes et légendes des peuples nordiques

INTRODUCTION

Nous sommes conscients du fait que, contrairement à la mythologie classique, où les récits gréco-romains étaient transmis par écrit, les mythes nordiques n'ont commencé à suivre ces traces que lorsque les Vikings se sont rapprochés du christianisme, alors que le paganisme était souvent lié à la superstition. Le mot « *viking* » a été utilisé par les Européens pour désigner les habitants de la Scandinavie, précisément à l'époque où, entre le VIIIe et le XIe siècle, ils faisaient du commerce sur les mers et les fleuves d'Europe, avec l'intention de coloniser de nouvelles terres. Dans les sources écrites du Moyen Âge, l'histoire des Vikings est souvent associée à des événements de pillage ; bien que cela soit tout à fait vrai, il est également juste de souligner leurs travaux expansionnistes entre l'Espagne et la Grande-Bretagne. En s'approchant du christianisme, cette population plutôt versatile a commencé à s'adapter et à se mouler aux croyances et aux coutumes chrétiennes. Cette polyvalence complique encore la possibilité de catégoriser les Vikings d'un point de vue religieux.

La religion des Vikings

Les relations entre les nombreuses religions nordiques sont loin d'être simples, même celles avec leurs divinités ne sont pas claires. Ce que l'on sait, c'est que tout comme Odin, Freyja et Thor sont les dieux de la mort et de la guerre, Aegir, Rán et Njörd sont liés à la mer. Les toponymes trouvés dans la région scandinave montrent clairement qu'il n'est pas si douteux que les Vikings vénéraient les dieux rapportés dans les récits mythologiques. Souvent, des lieux comme Odense, une ville du Danemark clairement liée au nom d'Odin, ou Torsö, une île de Suède indubitablement inspirée par le nom de Thor, ont également été nommés d'après le culte des dieux. D'autres villes ou îles doivent leur nom à d'autres divinités moins connues par les écrits mais qui étaient tout aussi vénérées dans le passé, comme par exemple le dieu Ullr. Grâce à des sources écrites, nous savons qu'Ullr a inspiré plusieurs noms de lieux appartenant à la fois à la Suède et à la Norvège. La question peut donc être légitime : la mythologie nordique a-t-elle été inventée par les prêtres chrétiens du Moyen Âge, et n'est-elle pas liée à la religion des Vikings ? La réponse est non, comme le prouve la datation de l'Edda poétique antérieure à la date des transcriptions. En fait, le paganisme a coexisté pendant et au-delà du Moyen Âge. Sinon, on peut aussi dire que ces événements qui nous sont parvenus par les mythes peuvent être attestés par des vestiges archéologiques tels que les fameuses pierres runiques. Par runes, nous entendons une méthode d'écriture utilisée par les peuples d'Allemagne et les Vikings aux alentours de 140 après J-C. La plupart des pierres qui ont été trouvées datent de l'époque viking et conservent des références à ceux qui ont participé aux expéditions commerciales et aux pillages. Ils ne comportent presque toujours que l'inscription et pratiquement aucun élément décoratif, tandis que dans des cas plus atypiques, on peut discerner des symboles chrétiens et païens combinés. C'est le cas, par exemple, de la pierre Ledberg en Suède ou de la croix Thorwald sur l'île de Man, au milieu de la Grande-Bretagne et de l'Irlande ; elles sont censées représenter le moment du Ragnarök où Fenrir, le loup, frappe Odin.

Valhalla et Ragnarök

Mis en lumière par Richard Wagner sous le titre *Le crépuscule des dieux*, le Ragnarök comprend plusieurs événements rapportés par diverses sources et rassemblés plus tard dans l'Edda poétique. La fin de la pièce, qui implique un affrontement, a sans doute été influencée par l'apocalypse chrétienne. Elle entraînera la destruction totale des dieux et la naissance d'une nouvelle génération de dieux. Le Ragnarök implique l'affrontement entre des créatures mythologiques, principalement des dieux et des guerriers, choisis pour le Valhalla et leurs ennemis, menés par Loki et les géants. Le fils de Loki, le loup Fenrir, s'est battu à ses côtés pour tuer Odin. Les informations les plus ordinaires de la tradition viking quotidienne nous parviennent par le biais d'études archéologiques qui, sans aucune difficulté, peuvent confirmer le culte de divers éléments, dont le Valhalla. En ce qui concerne le paradis du peuple nordique, on peut dire qu'il était idéalisé comme un bâtiment haut et large dans lequel, pendant la journée, les guerriers morts pendant la guerre sélectionnés par Odin, appelés einherjar, s'entraînent pour affronter chaque confrontation qui les attend. Ceux qui perdent la vie lors d'une bataille reviennent à la vie pendant la nuit et se joignent aux célébrations du seigneur des cieux. Odin a choisi les meilleurs hommes et femmes qui sont morts au combat. Dans ce choix ardu, il fut aidé et encouragé par les Valkyries, les déesses de la guerre, dotées d'ailes, qui offraient de l'hydromel aux guerriers qui se présentaient au palais au moment de la célébration nocturne.

Le culte funéraire des Vikings

Des aspects d'une importance fondamentale, concernant l'aspect religieux des Vikings, étaient l'existence d'une vie après la mort et l'existence de certaines prières funéraires qui incluaient le rite du sacrifice d'êtres vivants, incluant souvent des humains. Ces pratiques ont été mises en lumière et décrites grâce aux découvertes archéologiques. Nous reconnaissons l'œuvre de Snorri Sturluson, celui qui a écrit l'Edda en prose, comme l'une des principales sources. Dans cet ouvrage, le Heimskringla, de nombreux épisodes concernant les rois de Scandinavie sont relatés, et dans cette partie du texte, le dieu Odin édicte une loi en faveur de la pratique de la crémation des corps des morts avec leurs biens afin qu'ils puissent les accompagner au Valhalla. Quant aux cendres, elles devaient être jetées directement dans la mer ou enterrées. Les hommes illustres n'étaient pas traités de la même manière, en effet, des tombes monumentales étaient érigées pour les commémorer et pour les plus respectables, des monuments en pierre étaient même réalisés. Une autre des sources les plus importantes est Risala ; il s'agit du journal de bord d'une expédition d'Ahmad ibn Fadlan, un habile écrivain arabe qui a effectué plusieurs voyages au Xe siècle et qui, après être entré en contact dans la région de la Volga avec les Vikings, peut décrire sans hésitation un rite funéraire typique. Ahmad ibn Fadlan parle des morts pratiquement dans le même style que Snorri ; dans ce cas, il s'agissait du cadavre d'une personne illustre, celle-ci recevait donc une célébration qui durait dix jours avant de rejoindre le navire, où avec ses biens et ses richesses, il ne serait pas seul : il y avait aussi le cadavre d'une esclave qui avait été violée et assassinée. Les deux cadavres ont été incinérés et leurs cendres enterrées.

Il faut souligner que toutes les pratiques funéraires étaient très importantes pour les Vikings, sans être nécessairement liées au fait que la croyance en une vie ultérieure était liée au Valhalla. Nous savons également que le culte des divinités n'était pas sans rapport avec la nature et le paysage. Les runes réalisées pour la célébration des morts seront plus tard considérées comme des lieux où les morts peuvent se retrouver et se rencontrer, et c'est là qu'ils ont l'occasion de régler des situations qu'ils ont eues avec des personnes encore vivantes, ou même de régler des amours confuses, comme le rapporte une composition de l'Edda. Les vestiges archéologiques rapportent également que le culte funéraire relaté par Snorri et ibn Fadlan coexistait avec différents rituels tels que l'enterrement des navires. Parfois, les niches funéraires pouvaient être placées sous des tombes entourées de pierres, ou l'inhumation, c'est-à-dire l'enterrement du corps, était privilégiée.

Outre les différents types de sépulture, il y avait également des différences dans le culte des dieux, dont les noms sont le seul aspect éclairant qui permet de mieux comprendre la religion viking. Le reste des caractéristiques appartient aux mythes, complètement différents des rites originaux. Les mythes nordiques offrent la possibilité d'obtenir des explications sur les temps anciens, mais la connaissance des dieux les plus anciens provient de ce que des écrivains islandais, de religion chrétienne, ont rapporté au 13e siècle. Les Vikings ont écrit des histoires sur leurs ancêtres. Les histoires d'Odin, de Thor et de Loki fascinent encore aujourd'hui, mais le sens profond qu'elles avaient pour les Vikings ne représente pas une vérité historique absolue, mais est sujet à une libre interprétation.

CHAPITRE 1

APERÇU HISTORIQUE DES PEUPLES NORDIQUES

Les peuples nordiques

Entre 800 et 1100 après J.-C., les peuples vikings ont quitté leurs territoires d'origine, la Scandinavie et le Danemark, et se sont déplacés ailleurs pour des raisons socio-économiques. Les Vikings étaient considérés comme d'habiles marins ct des guerriers rapides, des pirates capables de surprendre leurs adversaires avec des méthodes aussi inattendues qu'efficaces. Ils s'enrichissent en colonisant et en pillant les côtes et les monastères des îles britanniques. Ils étaient réputés pour leurs talents de commerçants et de marins, toujours prêts à étendre leurs visées expansionnistes. Au cours des trois siècles qui ont suivi, les Vikings sont également devenus de bons commerçants et colonisateurs. Beaucoup d'entre eux ont laissé une trace indélébile dans toute l'Europe, en Russie, en Islande, au Groenland et jusqu'à Terre-Neuve en Amérique.

Le nom *Vikings* provient de la langue nordique. Dans les temps anciens, il n'était cependant pas utilisé pour nommer un peuple mais une profession. Ce nom, en fait, vient du mot *vik*, qui signifie baie ou anse, et ce terme rappelle la prédisposition de ce peuple à être marin. Une autre théorie explique que ce nom dérive de *vikja*, qui est la traduction du verbe s'éloigner, se déplacer. On ne sait pas exactement ce qui a motivé les Vikings à quitter les territoires qu'ils avaient habités jusque-là. Motivés par une forte augmentation de la population, on suppose qu'ils étaient à la recherche de richesses. Leurs navires, appelés drakkars, étaient réputés pour leur rapidité et leur facilité de manœuvre.

Il est possible de classer la langue nordique dans la catégorie des langues germaniques, tout comme les langues allemande et anglaise. Les peuples germaniques, les Francs, les Saxons ou les Lombards, qui peuplaient le continent européen depuis des siècles, venaient de Scandinavie et, comme les Vikings, vénéraient des dieux tels qu'Odin. Peu de temps après, cependant, les Vikings ont commencé à être considérés comme des païens, des gens féroces et dangereux. Le mot Viking décrivait ces hommes très habiles dans le pillage de la mer, c'est pourquoi ils ne possédaient pas d'identité ethnique précise. Ils auraient pu être danois, norvégiens ou lapons. Ce qui différenciait les Vikings de ceux qui vivaient déjà en Europe centrale et méridionale était de nature culturelle ; en effet, les Vikings ne connaissaient pas la culture civilisée des peuples germaniques qui avaient reçu l'influence chrétienne et romaine. Au cours du 8e siècle, les Vikings avaient déjà eu quelques contacts commerciaux avec eux, principalement en matière de fourrures. Lorsque cette population a atteint l'Europe continentale, elle savait déjà qu'elle était habitée par des peuples en conflit, qui possédaient tous divers trésors à piller. Comme mentionné précédemment, les navires des Vikings, les Drakkar, étaient de petite taille et donc plus rapides. Ces navires avaient une voile carrée et étaient propulsés par un minimum de 24 à un maximum de 50 rameurs, clairement réglementés en fonction de la taille du navire. Ce dernier dépassait les 20 km/h et pouvait atteindre les baies les plus étroites sans aucun problème. En cas de mer agitée, grâce aux récits des sagas nordiques, nous savons que si sept hommes ramaient, six devaient vider l'eau du pont.

Vikings d'outre-mer

Les Vikings, vers 790, ont décidé d'envahir et de frapper Lindisfarne, une île sacrée située sur la côte du Northumberland, précisément dans le sud de l'Angleterre ; il y avait là un important monastère. Cet événement a presque marqué la pleine entrée du peuple viking dans l'histoire européenne ; pour la première fois, en effet, une attaque viking a été décrite dans une chronique. Des Vikings navigateurs venus de Norvège ont assiégé le monastère, qui n'a pas été détruit. Ce qui a rendu cette attaque surprenante, c'est la façon dont ils ont agi, car avant cette époque, les monastères de cette envergure avaient toujours été respectés ; c'était un avantage pour les Vikings car, pour cette raison, ils n'étaient pas particulièrement gardés. Les attaques vikings contre d'autres monastères se poursuivent quelques années plus tard. Cette fois, il s'agissait de monastères dans les Hébrides et en Irlande. La première attaque vers l'Europe continentale a lieu en 799, au monastère de St Philibert à Noirmoutier. Pendant plusieurs années, les Vikings ont continué à faire des raids dans des endroits clés des îles britanniques, en particulier en Irlande, et en Europe, se concentrant sur plusieurs zones d'interaction pour le commerce, comme Dorestad, à moins de 100 km de la mer du Nord. Après la mort de l'empereur carolingien Louis le Pieux, les Vikings ont commencé à s'intéresser, puis à intervenir dans la guerre civile entre les héritiers du trône carolingien. Soudain, l'un d'entre eux, l'empereur Lothair Ier, demande l'aide des Vikings. Ce n'est qu'en l'an 800 que la population viking s'installe véritablement en Europe.

124

La conquête de l'archipel britannique

Nous examinons la colonisation de l'Irlande, de l'Écosse et de l'Angleterre par les Vikings. Vers le milieu du 9e siècle, les Vikings nordiques ont commencé à s'installer dans le Royaume-Uni et l'Irlande d'aujourd'hui. Ils ont fondé de grandes villes comme Dublin, Waterford et Limerick dans la région côtière de l'Irlande. En réalité, il s'agissait essentiellement de bases pour des raids en Angleterre et dans l'arrière-pays irlandais, ou simplement de grands comptoirs stratégiques. Ils contrôlaient également de vastes zones du nord de l'Écosse et de ses îles : Shetland, Orkney et les Hébrides. Vers 865, les Danois, avec une énorme armée, ont décidé d'essayer de conquérir toute l'Angleterre. Les récits anglo-saxons de l'époque la désignent comme la "grande armée du Danemark", une armée païenne qui ne manquera pas de conquérir la majeure partie de l'Angleterre à la fin du IXe siècle. On a entendu parler de l'équilibre des sept royaumes anglo-saxons, de quoi s'agit-il ? L'Angleterre est alors séparée en sept royaumes anglo-saxons ; cet équilibre est rompu par les Danois qui, en quelques années, conquièrent l'East Anglia en 870, la Northumbria en 867 et Mercia, qu'ils démembrent ensuite. Il n'y avait qu'une seule armée capable de les affronter avec un système de défense plutôt fonctionnel, à savoir le Wessex, situé dans le sud de l'île. L'armée du Danemark a donc dû s'installer dans le nord, plus précisément dans la région de Northumbria, faisant de York un grand comptoir commercial stratégique. Au milieu du Xe siècle, le royaume de Wessex, qui était alors le plus fort des royaumes anglo-saxons, a conquis une partie des régions assiégées par les peuples scandinaves et a réussi à ramener l'Angleterre sous un seul royaume, en expulsant définitivement le roi Eric de Northumbrie.

Les Normands

En même temps que les conquêtes de l'archipel britannique par les Vikings, d'autres d'entre eux ont décidé de s'installer en Europe au 10ème siècle, ce sont les Normands. Nantes a été saccagée en 842, puis ils ont atteint l'intérieur des terres et ont saccagé plusieurs autres villes comme Paris, Orléans et Tours. Cependant, lorsqu'ils se déplacent en Espagne, ils prennent pour cible Séville, précisément en 844 ; tandis qu'en Italie, ils attaquent la ville de Pise. Les Vikings, en 911, obtiennent du roi des Francs, Charles le Simple, une portion de territoire : c'est le premier épisode de l'histoire. C'était exactement un morceau de la Neustrie, précisément la ville de Rouen et ses territoires environnants en France. En échange de cette cession, le commandant Hrolfr a pour mission de protéger le cours de la Seine, en empêchant éventuellement l'entrée de nouveaux Vikings. Un an plus tard, il décide de se faire baptiser afin d'obtenir le poste de souverain de Rouen. Ils ont ensuite pris le contrôle de la Normandie. Dans les années qui ont suivi l'an 1000, les Normands, qui faisaient partie de la famille Altavilla, sont arrivés jusqu'au sud de l'Italie pour conquérir des terres situées entre Capua et Melfi. Vers 1050, Robert Guiscard devient duc des Pouilles et de Calabre, et Roger Ier, son frère, prend la Sicile aux Arabes et la conquiert. Quelques décennies plus tard, Roger II, un descendant de Roger Ier, reçoit la couronne en tant que roi de Sicile, unifiant le sud de l'Italie sous la domination normande.

126

Au-delà de l'Europe

Entre le Groenland et le Vinland, les terres viticoles, les Vikings norvégiens ont commencé, vers le IXe siècle, à coloniser l'Islande, une île presque totalement inhabitée à l'époque. Les Islandais rapportent dans certains manuscrits datant des 14e et 15e siècles qu'au 10e siècle, les Vikings sont venus d'Islande jusqu'au Groenland. Parmi eux, le célèbre Erik le Rouge, père de Leif Eriksson, en l'an 1000, qui a même atteint Terre-Neuve (aujourd'hui au Canada). Ce qui confirme la véracité de ces sagas, c'est la découverte de vestiges d'une région colonisée par les Vikings.

L'Orient

Les pirates scandinaves, probablement originaires de l'actuelle Suède, se sont déplacés vers l'est, atteignant les pays slaves et Byzance. Ces derniers se sont rapidement transformés en marchands et mercenaires ; ils ont attaqué Constantinople en 860 et 941, et plus tard aussi la Perse. C'est précisément de ces populations, appelées Rus, que semblent descendre Novgorod et Kiev, les États dont est issue la Russie.

L'Angleterre entre deux feux

Au milieu des années 900, le roi Harold II, également appelé Dent bleue, devient chrétien et unifie ainsi le Danemark et la Norvège. Cela a marqué le début d'un nouveau moment historique pour les

Vikings : ils se sont tournés à nouveau vers leurs anciens objectifs pour l'Angleterre. Sven à la Barbe fourchue, le fils de Harold, conquiert l'Angleterre en 1013 et exile le roi Æthelred II. Son fils, Knut le Grand, a régné sur tout l'empire composé de : Angleterre, Danemark et Norvège.

L'Anglo-Saxon Édouard le Confesseur reconquiert l'Angleterre en 1042 ; le dernier roi anglo-saxon d'Angleterre, Harold II, lui succède en 1066. Ce dernier est resté sur le trône pendant moins d'un an et, au cours de cette courte année, il a réussi à défendre l'Angleterre contre une nouvelle invasion viking, dirigée par le roi Harald III de Norvège. Le duc de Normandie Guillaume, prestigieux seigneur féodal du roi de France, pense au même moment profiter de cette situation et envahit donc l'Angleterre. Quand les Anglo-Saxons ont-ils été définitivement vaincus ? Cet événement s'est produit pendant la guerre d'Hastings : les Normands y ont vaincu les Anglo-Saxons en assassinant le roi Harold II le 14 octobre 1066. À cette époque, Guillaume Ier le Conquérant, duc de Normandie, qui peut être considéré comme un descendant, bien que lointain, des Vikings, trône en Angleterre. À partir de ce moment, l'histoire anglaise devient doublement liée à l'histoire française : le roi d'Angleterre est également duc de Normandie, donc également vassal du roi de France. Les royaumes scandinaves avaient conquis leur place dans l'Europe médiévale, même si l'époque des pillages par les Vikings était révolue depuis longtemps. Avec Harold II, les royaumes scandinaves deviennent des royaumes presque entièrement chrétiens, appartenant à l'Europe médiévale.

La culture viking, à cette époque de l'histoire, a été absorbée par les coutumes européennes-chrétiennes, ne restant vivante et intacte que dans les sagas islandaises et dans la toponymie de certains lieux en Europe.

Un soupçon de Ragnar Lothbrok

Ragnar Lothbrok peut être décrit brièvement comme un roi danois, ainsi qu'un guerrier viking, appartenant au 9ème siècle. Aucun témoignage ne permet de confirmer totalement son existence, mais sa personne a été mentionnée dans pas moins de trois cycles d'écrits : la Saga de Ragnarr Loðbrók, le Conte des fils de Ragnarr, raconté en norrois, et aussi en latin, dans un livre des Gesta Danorum. Il était le père de Halfdan, Inwear et Hubba, qui, selon les récits anglais, sont venus en Angleterre vers la fin du IXe siècle pour achever une entreprise commencée par leur père Ragnar, qui avait auparavant tenté une invasion du territoire pour le conquérir. Le savant Saxo Grammaticus rapporte qu'au cours des batailles de Ragnar, il y a eu un affrontement avec l'empereur Charlemagne ; les légendes saxonnes, quant à elles, expliquent qu'il a été fait prisonnier par le roi britannique Aella de Northumbrie et qu'il a ensuite été tué. Une saga irlandaise rend toutefois la figure de cet homme plus intéressante en abordant le sujet de son mariage avec la fille aînée de Siegfried et Brunhilde.

Islande

L'Islande a été initialement habitée par des moines irlandais au 8e siècle. Ils considéraient l'île comme un ermitage jusqu'à ce que des colonies arrivent de Norvège au début du 9e siècle. C'est à cette époque que commence l'ère de la colonisation, vers la fin du neuvième siècle et le début du dixième. Au cours de ces années, de nombreux conflits politiques dans la péninsule scandinave ont conduit de nombreux habitants à fuir. 40 000 étaient les habitants de l'île au début du Xe siècle, aux premiers moments de l'immigration scandinave, poussée par le roi norvégien Harfager Ier avec la volonté de se débarrasser de certains souverains. Lorsque les moines sont partis au 11ème siècle, le paganisme a commencé à se consolider mais ce moment n'a pas duré longtemps car le christianisme a lentement pris le dessus. L'Islande est devenue presque entièrement chrétienne en 999, ce qui a donné l'illusion qu'il pourrait y avoir une période de répit et d'unité après quelques luttes internes. Le pays a connu son apogée au siècle suivant, les luttes internes ont pris fin et le pays a pu se développer économiquement aussi. L'Islande devient un point de départ pour toutes les expéditions de l'Atlantique Nord : Erik le Rouge, après avoir grandi en Islande, décide de coloniser le Groenland en 982. Le fils islandais d'Erik, Leif Eriksson, pourrait être considéré comme la première personne d'origine européenne à avoir exploré la côte de l'Amérique du Nord, qu'il a nommée Vinland le Bon. Une saga islandaise bien connue suppose que Leif Eriksson connaissait le nom du Vinland quelque temps auparavant, par l'intermédiaire de Bjarni Herjolfsson : un autre Islandais. Bien que la vérité ne soit pas connue avec certitude, ces expéditions ont contribué à l'un des plus grands épanouissements littéraires de l'Europe. La première tradition littéraire florissante est la poésie, qui traite de sujets héroïques. Elle a toutefois perdu de sa valeur à l'époque des sagas, entre la fin des années 1100 et les années 1200, période durant laquelle les poèmes d'origine légendaire basés sur des récits dramatiques et des aventures fictives se sont répandus. Ce matériel littéraire a donné au peuple islandais quelque chose de distinctif, leur donnant des récits d'aventures fascinants à raconter pendant les nuits glaciales islandaises. Dans un premier temps, nous savons que le gouvernement était soutenu par une assemblée de libres : elle s'est réunie pour la première fois en 930 à Althing. En 1262, le roi Haakon IV de Norvège impose enfin sa souveraineté. Au début du XIIIe siècle, la paix qui avait persisté pendant près de deux cents ans a pris fin. Le pays entre dans la fameuse ère Sturlung : une période peu glorieuse caractérisée par la violence et la tromperie politique. Le roi Hakon Hakonarson décide de ne pas négliger cette opportunité et envahit donc l'Islande, qui devient rapidement une province de la Norvège où il peut effectuer des raids. Le volcan Hekla est entré en éruption en 1300, ainsi qu'en 1341 et 1389, ce qui a entraîné de nombreuses destructions et de nombreux décès, ne faisant qu'aggraver une situation déjà dramatique. En outre, des épidémies récurrentes ont balayé le pays et la peste noire, dont la Norvège a été victime en 1349, a considérablement restreint le commerce et l'approvisionnement. L'union de la Norvège et du Danemark en 1380 a encore précipité la situation ; la réforme de Luther a été brutalement imposée en 1550 ; et à différentes époques, les explorations barbaresques sur la côte ont rendu la vie beaucoup plus difficile aux pêcheurs de morue néerlandais et français. Par la suite, d'autres événements négatifs tels que la variole en 1707, les éruptions volcaniques en 1765, 1783 et la crise de 1785, provoquée par les dirigeants de la Compagnie danoise d'Islande (fondée en 1732), ont considérablement réduit la population. Dans les dernières années du 18e siècle, Reykjavik, la ville qui allait devenir la capitale de l'Islande, s'est transformée d'un village fermé et exigu en une ville plus grande et plus ouverte, malgré des difficultés dramatiques. L'Islande a tenté d'obtenir sa pleine indépendance en 1809, mais l'île, même après la paix de Kiel en 1814, est restée sous la domination du Danemark, qui lui a toutefois accordé l'admission de deux députés islandais au sein du parlement danois en 1834. En 1843, l'Althing est alors reconstitué et un conseil de dix personnes est établi. À l'automne 1918, l'Union entre le Danemark et l'Islande a été réalisée et c'est à partir de là que l'île peut être considérée comme totalement autonome et indépendante, bien que faisant partie du royaume danois. Pendant la Seconde Guerre mondiale, l'Islande, en raison de sa position stratégique, a joué un rôle important. Dans un premier temps, la population germanique se dirige vers le Danemark, puis, en 1940, l'Islande est occupée par l'armée britannique et ensuite, en 1941, par l'armée américaine, qui commence à y construire ses bases. Le 17 juin 1944, l'union avec le Danemark est dissoute et l'Islande peut devenir une république indépendante. En 1949, l'Islande, bien qu'à regret, renonce à la neutralité et accepte la protection de l'OTAN. À cette époque, elle adhère au Pacte Atlantique et accorde aux États-Unis la possibilité d'utiliser la base aérienne de Keflavik. La population, cependant, totalement opposée à de telles mesures, a exigé que la base soit libérée en 1956. Au tout début de la seconde moitié du 20e siècle, les dirigeants islandais ont pris la décision d'élargir l'espace territorial alloué à la pêche à 13 miles, et c'est pour ces raisons que certains conflits ont éclaté avec la Grande-Bretagne, qui a décidé d'assurer immédiatement la protection de ses navires de pêche contre les navires de guerre. Ces derniers ont risqué la colère islandaise en refusant de connaître l'extension des droits de pêche. Les conflits entre les Islandais et les Britanniques au sujet de la pêche à la morue se sont poursuivis pendant un certain temps, jusqu'en 1962, lorsque la Finlande, le Danemark, la Suède et la Norvège ont conclu un accord. Après les années 1960, l'économie islandaise a connu des difficultés en raison de la diminution des quotas de pêche et de la perte de valeur de la couronne, la monnaie nationale, qui en a résulté. L'affrontement entre les écologistes et l'industrie baleinière en Islande, qui s'est séparée de la Commission baleinière internationale en 1992, a également aggravé une situation déjà compliquée.

En 2000, dans l'espoir d'inverser la tendance négative de l'économie, le gouvernement a décidé d'approuver un accord appelé « deCODE Genetics », qui prévoit la création d'une base de données contenant les informations génétiques les plus détaillées, c'est-à-dire le code ADN des habitants de l'Islande. Le grand nombre d'individus présentant des caractéristiques telles que les yeux bleus et les cheveux blonds, descendants d'un petit nombre de colons vikings, permet d'observer la génétique différemment, assurant ainsi un revenu économique important au pays. La Constitution du 17 juin 1944 stipule que l'Islande est une république indépendante et souveraine. Le pouvoir exécutif est entre les mains du gouvernement choisi par le président de la république, élu tous les quatre ans au suffrage universel. Le pouvoir législatif, quant à lui, appartient au Parlement, qui se compose de deux chambres : la chambre haute et la chambre basse ; le Parlement est également élu tous les quatre ans.

CHAPITRE 2

L'ORIGINE DES MYTHES ET LÉGENDES NORDIQUES ET ISLANDAIS

La mythologie nordique, qui coïncide avec la mythologie scandinave, consiste en un vaste ensemble de récits remontant à l'époque préchrétienne. Plusieurs civilisations sont reconnues dans ces récits, mais la plus connue est sans doute la civilisation viking. Ils avaient une grande foi en leurs dieux et étaient également très attachés au culte des offrandes de sang afin d'apaiser la colère des dieux ou simplement pour la bénédiction d'une récolte. Les Vikings étaient reconnus pour être d'habiles navigateurs et constructeurs de navires, notamment de petits navires rapides et indestructibles. Certaines études décrivent les Vikings comme des hommes à la carrure puissante : forts, grands et brutaux, liés par l'honneur et leur forte culture guerrière. Les mythes nordiques ont été transmis de génération en génération et mettent en lumière différents mondes gouvernés, à tour de rôle, par différentes races. Ces différentes sociétés étaient représentées et distinguées par un symbole très significatif : l'arbre de vie (Yggdrasill). L'Yggdrasill, très probablement un frêne, soutient les neuf mondes avec ses branches, qui s'étendent à travers le monde et couvrent le ciel. L'arbre est soutenu par trois énormes racines, chacune dirigée vers trois endroits différents : la première racine est dirigée vers Helheimr (le royaume des morts) ; la deuxième racine vers Jotuheimr (le pays des géants) ; la troisième racine vers Miðgarðr, le monde dédié aux êtres humains. Une légende raconte l'existence, avant la naissance de l'univers, d'un abîme cosmique appelé Ginnungagap, sans la présence de la terre et du ciel, ainsi que des animaux, des plantes et de l'eau. Ginnungagap était divisé en deux régions : Múspellsheimr, un monde de flammes, au sud ; Niflheimr, au nord, un monde d'eau, de brouillard et de froid arctique. De l'union de la glace et du feu, le premier géant de glace de l'histoire est né à Ginnungagap : Ymir, qui a ensuite donné naissance à d'autres géants du Lotun. Le premier géant né de Ymir fut Þrúðgelmir ; le second, Auðhumla, naquit d'une vache et enfin un autre géant naquit : Buri. Borr, le fils, a eu trois fils avec la géante Bestla. Nous parlons d'Odin, Vili et Vé. Les trois frères ont tué Ymir, le réduisant en pièces. C'est ici que les neuf mondes ont pris naissance, à partir de chacune de ces neuf pièces.

Contrairement à la croyance populaire, Odin était uni par le mariage à Frigg, déesse de la fertilité et de la fécondité. Thor était son fils aîné, qui était considéré comme un guerrier puissant, digne d'estime par les peuples scandinaves. On dit aussi que Thor est né de l'amour entre Jordh, la mère de la terre, et le chef des dieux. Il est intéressant de voir comment les mythes nordiques racontent la création des neuf mondes. Fondamentalement, selon eux, chaque partie du corps du géant donnait à son tour naissance à de nouvelles existences et formes de vie. Les cheveux, par exemple, ont créé des forêts, le cerveau a été divisé en de nombreux petits fragments qui ont ensuite été projetés contre la voûte céleste et transformés en nuages. Plus tard, les trois frères ont donné naissance à la race humaine en utilisant quelques arbres que le courant avait rejetés sur la plage. Ils les ont façonnés jusqu'à ce que l'homme et la femme soient nés. Odin s'est chargé de les doter d'une âme tandis que Vili les a dotés d'une intelligence et, enfin, grâce à Vè, ils ont également possédé les sens. L'homme prit le nom d'Askr, qui signifie frêne, et la femme fut appelée Embla, qui signifie orme ou vigne. Askr et

Embla habitaient à Midhgard et c'est d'eux qu'est née la race humaine.

CHAPITRE 3

COSMOLOGIE DU MONDE NORDIQUE

Lorsque l'on parle de mythologie nordique, on entend l'ensemble des récits relatant les actes de bravoure de la population viking. Peu de traces de ces mythes ont survécu, car toutes les informations les concernant proviennent de sources orales. Les sources qui ont été transmises par écrit sont essentiellement deux œuvres islandaises : l'Edda en prose et l'Edda poétique. Ils représentent les documents historiques les plus pertinents et les plus importants de la mythologie nordique. Parallèlement à ces écritures, d'autres éléments témoignant de la vie nordique sont les traditions folkloriques que l'on retrouve encore dans les régions d'Europe du Nord. Les mythes les plus célèbres sont : le Valhalla, le paradis des guerriers, le mythe des Valkyries, et enfin le mythe de l'arbre de vie, témoin du lien étroit entre la Terre-Mère et l'univers, ainsi que les principaux dieux : Odin, le seigneur des dieux, et Thor. Parmi les mythes les plus importants figure celui de l'arbre cosmique nordique. Dans ce conte, grâce au soutien de ses frères, Víli et Vé, Odin a créé un monde composé non seulement de neuf mondes, mais aussi de cinq disques, divisés entre eux par un vide ; ici régnaient les Asi : les dieux guerriers. Ce dernier vivait dans un palais bien connu appelé Válaskjálf, à l'intérieur du palais il y avait un trône destiné uniquement à Odin et Frigg, son épouse. Cette demeure a été décrite comme ayant une grande salle où pendaient des boucliers et des pièces d'armure. Il y avait aussi un autre palais à Ásgarðr : le Valhalla, qui, selon la tradition nordique, abritait les âmes des guerriers tombés à la guerre. Ces guerriers mouraient pendant les batailles mais étaient réveillés pendant la nuit pour retourner au paradis des guerriers et festoyer. Un autre monde qui fait partie de l'arbre cosmique est Iötunheimr : c'est le monde des géants, qui comprend également la Forêt de Fer, une zone considérée comme sauvage, où se réfugiaient les Trolls, des femmes monstrueuses capables de donner naissance à des créatures féroces sous forme de loups. Helheimr, quant à lui, était la demeure de Hel, une femme à l'allure monstrueuse qui incarne à la fois la vie et la mort. Sa demeure est caractérisée par de puissants murs, des portes entièrement en pierre et un chien féroce à l'entrée, prêt à défendre toute la demeure. La pièce de cette maison était d'un froid glacial mais il s'agissait d'une zone de protection pour ceux qui allaient mourir de vieillesse ou de maladies mortelles.

Si l'un de ces derniers avait commis des péchés et des fautes au cours de sa vie, il était immédiatement servi comme repas au dragon Nidhogg. Alfheimr, un royaume comprenant 12 territoires, était considéré comme le royaume des elfes de lumière. Óðinn en était le chef et, immédiatement après dans cette hiérarchie, il y avait un collège de douze prêtres : tous étaient soumis à la fois au jugement et au sacrifice. Après la mort du souverain, les habitants ont été convaincus qu'il était retourné à Ásgarðr pour attendre les morts de la guerre. Vànaheimr était la demeure des Vani, décrits comme les dieux de la fertilité et de la paix. Ce nom est issu de la racine "ven" ou "vinr" qui signifie "désirer" ou "aimer". Svartalfheimr était la demeure des elfes des ténèbres et se trouvait sous terre. Midhgardhr, tel que raconté dans la mythologie germanique, est le monde central également connu sous le nom de terre du milieu. Sa fonction principale est l'accueil des hommes. Niflheimr, décrit dans les récits scandinaves, est l'univers d'où dérive tout ce qui inspire la peur, y compris le gel et le brouillard. Enfin, Múspellsheimr, le monde du feu, est situé au sud ; c'est là que se trouvent les descendants de Múspell, ceux qui ont détruit le monde.

Certaines étincelles de ce monde ont été transformées par les dieux en soleil et en étoiles. La résidence fixe des dieux se trouvait à Asgard, parmi les mondes supérieurs, partiellement fusionné avec Midgard, considéré comme le monde concret. Dans l'Asgard, il y avait plusieurs habitations avec les deux lignées de dieux. Les deux lignées sont souvent entrées en conflit, bien que l'harmonie soit ensuite souvent rétablie. Les "Aesir", guerriers par nature, vivaient dans le Valhalla, dirigé par Odin ; les "Vanir", inférieurs par nature aux premiers, vivaient à Vanaheim. Cette division des dieux est tout à fait caractéristique car elle ne se retrouve dans aucune des autres théogonies. Différents personnages étaient vénérés dans la mythologie nordique. Il est bon de reconnaître, cependant, certains des visages les plus marquants parmi eux. Odin, par exemple, est le père des dieux, habitant du Valhalla ; du trône d'Odin, il est possible de contempler les neuf mondes. Ensuite, nous voyons deux corbeaux, incarnant l'esprit et la mémoire : Huggin et Munnin. Ils accompagnent Odin, le tenant informé de tous les événements survenant dans les neuf mondes. Odin est le dieu le plus sage, mais gagner sa sagesse n'est pas une mince affaire. Il est souvent représenté avec un seul des deux yeux sur les sculptures ; on dit, en effet, qu'à sa naissance il a choisi d'atteindre un certain niveau de sagesse et que, lorsqu'il a trouvé cette sagesse à l'intérieur d'un puits situé juste à côté des racines de l'arbre sacré, la tête de Mimir, la déesse décapitée, lui a promis cette sagesse uniquement s'il faisait don d'un œil. Sans hésiter, Odin a décidé de sacrifier l'œil afin de puiser dans la fontaine de sagesse. Le dieu de la magie et des runes était également l'inventeur de la poésie, du temps et de l'univers. On raconte qu'il est resté suspendu neuf jours entiers au frêne Yggdrasill, la tête en bas. Sa poitrine a été percée par une lance et c'est ainsi qu'il a pu voir les runes, décidant de les donner aux hommes pour qu'ils les utilisent comme moyen de communication avec les dieux. Il présente des caractéristiques étranges : il s'exprime en vers poétiques, change constamment d'apparence et porte de nombreux noms. Lorsqu'il ne voyage pas avec son singulier cheval à huit pattes Sleipnir, il a une apparence que les hommes visualisent comme austère, porte une cape bleue et un chapeau qui couvre une partie de son visage. Heimdallr, gardien des Asis et des Vans, est la divinité représentant la communication non verbale. Tout comme Odin, il a décidé de sacrifier quelque chose qui lui appartient, quelque chose de strictement nécessaire : l'oreille ; "ses sens sont si aigus qu'il peut entendre l'herbe pousser et voir la fin du monde". De la même manière qu'Odin a reçu la clairvoyance, Heimdallr a reçu la clairaudience. Heimdallr est le médiateur entre Asgard et Midgard, entre le ciel et la terre ; lui aussi a la capacité de transmettre des connaissances secrètes. Tyr incarne la bonté et la justice et, étant conscient de la véritable composition des choses, il est capable de maintenir la stabilité de chaque district de l'existence. Outre l'activité de création d'Odin, il a pour tâche de façonner les formes ; il possède également le pouvoir de la logique, du jugement et de la rationalité. Thor a toujours été défini comme le dieu de la guerre ; il a le pouvoir de contenir les forces du chaos : la foudre, le tonnerre et toutes ces forces naturelles capables de balayer ce qui est vieux afin de purifier l'atmosphère. Il était souvent représenté avec un marteau dans les mains, même lorsqu'on le lui jetait, il restait toujours dans ses mains. Ainsi, il n'était pas considéré comme un instrument de conflit réel, mais plutôt comme un symbole de la force masculine. Thor incarne donc bien la constance, la loyauté, la force et la protection contre la destruction. Le dieu de la fertilité et de l'abondance était Frey. Le plaisir, l'abondance, la paix et l'amour lui appartenaient. C'est un dieu bon, qui s'attache à protéger le monde, et en particulier les forces naturelles de la végétation. Comme le dieu précédent, Freyja représente la beauté féminine. Cette déesse incarne l'amour sexuel et la beauté. Baldur, dieu de la lumière et de l'illumination, est absolument associé à la joie et à l'éloquence. Les Norns, en conclusion, étaient concernées par l'évolution, le changement. Ces déesses se présentaient sous une apparence féminine. En outre, ils étaient considérés comme ceux qui tissaient les fils du destin, ne négligeant pas de faire passer le message que l'individu est toujours responsable de son propre destin et que, même si des événements inattendus et aléatoires peuvent se produire, il est toujours entre ses mains de déterminer son propre destin.

CHAPITRE 4

LE CHRISTIANISME ET LES PEUPLES DU NORD

Avant d'examiner spécifiquement les personnages qui ont laissé leur empreinte sur la mythologie nordique, il est crucial de se rappeler que cette dernière, contrairement au judaïsme, au christianisme et à l'islam, n'était pas une religion entièrement révélée, ce qui signifie que chaque histoire a été transmise par l'homme plutôt que par une entité supérieure.

Il est intéressant de noter que ces récits ne proviennent pas d'auteurs païens, mais plutôt de moines chrétiens qui ont permis à ces récits de ne pas tomber dans l'oubli. Les mythes appartenant à la tradition religieuse des peuples scandinaves, dans la période précédant leur christianisation, étaient entièrement transmis oralement. Les runes gravées sur la pierre, en revanche, n'étaient pas une méthode de transmission efficace pour les histoires longues et détaillées telles que celles dont nous allons parler. Pour cette raison, il a fallu attendre la diffusion du christianisme qui, outre les croix, a apporté une nouvelle tradition : l'écriture à la plume. Une ébauche de cette nouvelle tradition avait déjà été mise en lumière par les bardes, qui racontaient de longs poèmes sur les histoires des dieux.

Le principal texte qui nous permet d'en savoir plus sur la mythologie nordique est l'Edda. Ce dernier a été écrit par le savant islandais Snorri Sturluson en 1220. Il a pris soin de s'informer également auprès de sources païennes, sans négliger et éliminer l'héritage religieux de son peuple pour céder aux influences chrétiennes. Snorri raconte des faits et des événements concernant les dieux nordiques, se rebellant indirectement contre l'image maléfique et démoniaque dont ils étaient auparavant décrits par les chrétiens. Thor, selon Snorri, pourrait avoir été le petit-fils de Priam, le dernier roi de Troie ; il trouve ainsi le lien entre la Grèce antique et la mythologie nordique.

Afin de décrire et d'expliquer la nature de ce dernier, il est essentiel d'analyser le paganisme dans le nord-ouest de l'Europe.

À l'époque de l'Empire romain, des tribus barbares et germaniques résidaient dans les régions voisines de l'Empire, ce qui, bien qu'exerçant une forte influence sur elles, ne pouvait affecter aussi profondément leur langue ou leurs croyances. Au cours des quatrième et sixième siècles de notre ère, l'empire commence à vaciller : les tribus se lancent donc à la conquête des terres sans plus de conditionnement.

Les royaumes appartenant à la période précédente sont démembrés, et la croissance de grandes puissances telles que l'Angleterre anglo-saxonne et la France mérovingienne suit.

Le christianisme a réussi à se répandre très rapidement, et presque tous les peuples européens ont mis de côté le culte des anciens dieux au profit de celui de la religion biblique.

Le peuple norvégien est devenu chrétien entre le 10e et le 11e siècle. La domination de la nouvelle religion a entraîné une persécution brutale des païens. En effet, à partir de ce moment, leurs lieux de culte ont été brûlés, et les adeptes de cette religion ont été persécutés et tués. Certains d'entre eux ont été sauvés en s'installant en Islande, où il n'y avait ni rois ni persécutions ; cela n'a toutefois pas suffi à maintenir la religion en vie : quelques années plus tard, elle s'est éteinte.

Peu de temps après, le Danemark est également devenu un pilier important du soutien au christianisme.

Pendant une courte période, les Suédois ont réussi à maintenir en vie leurs traditions originales, mais malgré cela, en 1164, le pouvoir de l'Église s'est imposé, conduisant même à la conquête d'Uppsala, un grand centre païen suédois.

Avant que le christianisme ne se répande partout, le Nord a continué à vénérer ses dieux pendant plus de mille ans et, aux alentours des dernières années du paganisme scandinave, les Vikings norvégiens ont terrorisé l'Europe. Au cours de cette période, le paganisme s'est façonné puis décomposé en différentes formes et rituels. Pourquoi cela s'est-il produit ? Principalement parce qu'il n'y avait pas de foi universelle ou de véritables textes sacrés mis par écrit. Le panthéon scandinave a été influencé par le paganisme méditerranéen, mais aussi par l'Europe de l'Est et le christianisme.

Le panthéon nordique désigne un mélange de cultures appartenant à une période historique allant du troisième millénaire avant Jésus-Christ jusqu'à la diffusion totale du christianisme. Ils ont conservé des traits communs, notamment sur le territoire comprenant l'Europe du Nord, les pays des Balkans, la Scandinavie et l'Allemagne.

Curieusement, on constate que certaines traditions qui ont précédé le christianisme se reflètent encore dans nos vies. Tyr, par exemple, appelé le moine, a apporté sa contribution lorsque les jours de la semaine ont reçu des noms. En anglais, "Thursday" signifie jeudi et en norvégien, le même jour est appelé "Torsdag". Ce nom a été inspiré par Thor, dieu des tempêtes. Le culte de ce dernier s'étant répandu, il a conduit à traduire le nom du jour qui lui est consacré par Dies Jovis, lui donnant ainsi la même importance que Jupiter. Quant au vendredi, il est appelé "Friday" en anglais et "Fredag" en norvégien. Cette désignation est inspirée de la déesse de la fertilité Frigg, une divinité aux caractéristiques assez proches de notre Vénus.

Pour une compréhension plus détaillée de la mythologie nordique, on ne peut ignorer les histoires des Vikings, pillards de la France, de l'Allemagne, de l'Espagne et de l'Angleterre qui ont grandement effrayé les chrétiens. Pour cette raison que nous venons d'expliquer, les chrétiens de l'époque étaient convaincus qu'il s'agissait d'hommes violents et avaient donc toujours tendance à les décrire comme un instrument utilisé par Dieu contre les hommes qui commettaient des péchés.

L'imaginaire collectif associe en effet les Vikings à l'épithète de "diables du Nord". Il est également vrai que ce peuple commettait des razzias plus souvent que les autres ; habitant principalement les îles et les côtes scandinaves, il n'avait aucune possibilité d'étendre ses territoires et, étant pauvre en ressources et en nourriture, il a trouvé son propre moyen de faire face à la croissance démographique. Les objectifs des Vikings étaient principalement de deux ordres : s'installer dans des territoires plus prospères et plus riches que les leurs et obtenir tout ce qu'ils pouvaient difficilement obtenir en Scandinavie. Au départ, les Vikings retournaient dans leurs territoires après leurs raids. Plus tard, cependant, ils ont commencé à établir de véritables zones commerciales dans des régions qui leur étaient favorables et stratégiques, par exemple l'Angleterre et l'Irlande. Au IXe siècle, les Vikings nordiques se sont installés définitivement en Irlande, où ils ont fondé la ville que nous appelons aujourd'hui Dublin ; cela montre qu'à partir d'une colonie, ils ont pu ériger une grande ville prospère. Leur séjour dans la région ne dure cependant pas longtemps ; les Irlandais et les Danois forment une alliance visant à les chasser du territoire. Les Danois et les Irlandais, contrairement aux Suédois et aux Norvégiens, préparent donc le royaume à l'attaque de l'Empire carolingien, qui commence à ébranler leur tranquillité.

La France, l'Angleterre, l'Allemagne, les pays baltes et l'Espagne, en raison de leur proximité géographique, sont rapidement devenus des cibles faciles pour les Vikings.

Malgré ce qui a été décrit jusqu'à présent, il est limitatif de décrire les Vikings uniquement comme des barbares assoiffés de sang. Ils étaient sans doute assez brutaux, mais en vérité, bien que la culture viking ait été façonnée dans un contexte résolument hostile, elle est moins bourrue qu'on pourrait le croire.

Qui a dirigé ce peuple ? Il s'agissait très souvent d'hommes cultivés, dotés d'un grand bon sens, amateurs d'art et d'histoires de héros, constructeurs et adorateurs de leurs longs bateaux et de leurs épées, esthétiquement beaux et utiles lorsqu'ils étaient utilisés à la guerre. Les Vikings étaient également des commerçants habiles et organisés : ils étaient capables de construire de vastes réseaux commerciaux. Bien qu'ils soient de courageux individualistes, ils sont toujours restés fidèles à leurs chefs. Ils s'opposent rapidement à ceux qui tentent de restreindre leur liberté et sont en même temps très disciplinés. Pour leur culture, tout homme, ami ou ennemi, s'il était mort sur le champ de bataille, ils s'en seraient souvenus avec admiration et un immense respect.

Ces aspects fondamentaux sont souvent mis en évidence par les récits de la mythologie nordique, où, dans un contexte de conflits et de batailles constants, l'accent est toujours mis sur les forces du Mal. Le héros nordique incarne donc la figure du guerrier fort, capable de participer à de grands exploits même si cela signifie, dans de nombreux cas, ne pas pouvoir échapper à la mort. Selon les Vikings, rien ne peut être considéré comme éternel, c'est pourquoi ils attendent l'accomplissement de leur destin, voulu par les dieux, sans crainte ni hésitation. Même les dieux nordiques ne sont pas considérés comme immortels, contrairement aux dieux grecs. En effet, selon la grande bataille soutenue par les récits de la mythologie nordique, presque tous les dieux mourront et le monde sera détruit pour ensuite renaître.

CHAPITRE 5

LES DIEUX

À propos des dieux qui habitent Asgardh, Snorri parle de 12 personnages masculins, sans compter Odin et Loki : Thor, Balder, Njord, Frey, Tyr, Bragi, Heimdall, Hoder, Vidar, Ale, Ullr, Forseti.

Examinons plus particulièrement certains des plus importants d'entre eux.

Odin, considéré comme le père des dieux, est capable d'accomplir n'importe quel exploit et est d'ailleurs le roi de tous les Asis. Il possède une grande beauté et une grande force, ce qui lui permet d'être à la fois très bon et très brutal en cas de guerre. Il s'exprime en parlant en vers, comme un poète ; il change souvent d'apparence extérieure et a donc acquis de nombreux surnoms au fil du temps. Odin domine tous les dieux et le monde, en tant que créature merveilleuse et sage. Il utilise la figure de deux corbeaux, Huginn et Munnin, définis comme l'esprit et la mémoire, pour connaître et recevoir des informations sur tout ce qui se passe quotidiennement sur terre. Les autres figures qui encadrent Odin sont les loups : Geri et Freki, ceux qui incarnent la fureur combattante.

Odin a dû sacrifier un œil afin d'acquérir la capacité de comprendre et de visualiser l'essence des choses derrière les apparences, c'est-à-dire la sagesse. Son amour de la connaissance et son désir d'aller au fond de tous les mystères de l'univers le poussèrent à un autre rituel extrême, décidant de se blesser avec sa lance, se pendant à une branche d'Yggdrasil, où il resta pendant neuf longs jours. Grâce à ce sacrifice, il a pu devenir maître dans l'utilisation des runes magiques, dans lesquelles se trouvaient toutes les écritures concernant la connaissance de l'univers, y compris celles capables de remplir un but même mortel, qu'il soit bénéfique ou maléfique.

Odin a également choisi d'acquérir l'art de la poésie, grâce à une potion magique placée par un géant sous terre.

Le roi des dieux, en outre, ayant désiré tenir tout le pouvoir entre ses mains, commit un péché : il tua ses deux frères dans le seul but de devenir le souverain absolu d'Asgardh.

Frigg, déesse de la fertilité et de la fécondité, épousa Odin et donna naissance avec lui à tous les autres dieux, à l'exception de Thor. Ce dernier, en fait, était le fils aîné d'Odin et est né de sa longue histoire antérieure avec Jordh, la mère de la terre. Un autre trait commun avec le dieu grec Zeus était précisément cette sorte d'habitude d'avoir des escapades divines et terrestres. Odin a aussi pris le nom de père de la victime. Après chaque bataille, les Valkyries (émissaires féminines) descendent sur les champs de bataille sur des chevaux ailés pour recueillir les corps des combattants tombés au combat et les aider à entrer dans le Valhalla : le paradis des braves. Bien que possédant les arts magiques et la sagesse, Odin mourra lui aussi au Ragnarok : la fin du monde. Il sera englouti par une créature fille de Loki : le loup Fenrir.

Loki, dieu de la ruse et du chaos, maître de la tromperie, bien qu'étant une figure divine, incarne aisément la ruse frauduleuse et l'art sournois de la tromperie. Pour ces raisons, il a joué un rôle important dans de nombreux récits mythologiques.

C'est une figure plutôt ambiguë et solitaire, pourquoi ? Son nom vient du feu, un élément étroitement lié à la fois à la civilisation et à la destruction. Bien que faisant partie des dieux Asis, il possède des liens avec les géants. De plus, dans certains récits, il est un compagnon fidèle pour Odin et Thor, qui sont souvent sauvés précisément par sa ruse. Loki ne peut donc pas être considéré comme un simple dieu maléfique car il se retrouve parfois à aider à la fois les dieux et les géants, jugeant toujours ce qui est le plus avantageux pour lui. Au contraire, il épouse souvent la philosophie du mal, sapant l'équilibre d'Asgardh par ses mensonges. En même temps, il ne cesse de défendre et de préserver le principe de bonté afin de rétablir l'équilibre qui pourrait vaciller. Sa présence ne doit pas être négligée, car il incarne à la fois le mal et le bien, qui, très souvent, vont l'un contre l'autre.

Loki a une beauté physique exceptionnelle, ce qui lui confère une ambiguïté particulière qui inspirera et, en même temps, suscitera la peur chez celui qui le regarde. Il est né de l'union de deux géants : Farbauti, Cruelle Attaque, et Laufey, Île Feuillée. Il a ensuite formé une alliance avec Odin, rappelant à ce dernier ses origines de géant, ce qui lui a valu d'être inclus parmi les dieux Asis.

Il s'agit en outre d'un personnage aux limites sexuelles confuses et indéfinies, et c'est pour cette raison qu'il a pu donner naissance à une progéniture d'êtres impitoyables, des instruments maléfiques conçus uniquement pour détruire et tuer. Il a également engendré Sleipnir : le fidèle cheval d'Odin.

Il est également décrit comme le père d'Angrbodha, une prostituée condamnée au bûcher en raison de ses crimes en tant que géante. Dès que le corps d'Angrbodha fut réduit en cendres, Loki, étonné par le splendide spectacle de mort auquel il assistait, dévora le cœur de sa fille, que les flammes n'avaient pas touché. Ce mauvais cœur a réussi à le féconder et, par conséquent, il a ensuite donné naissance à des créatures monstrueuses, trois pour être exact : une jeune fille, un loup et un serpent. Les trois fils ont grandi à Jotunheim jusqu'à ce qu'Odin réalise la supercherie. Évaluant le danger de la situation, Odin a cherché un moyen de neutraliser les fils maléfiques de Loki.

Le loup, devenu l'énorme Fenrir, vécut un temps avec les dieux, mais l'animal continua à grandir, physiquement et en férocité, en fait, seul le dieu Tyr, têtu et courageux, prit le risque de le nourrir. Soudain, le danger est devenu trop grand, alors le loup a été enchaîné par les dieux. Fenrir ne sera pas libéré avant l'époque du Ragnarok, où, lorsqu'il sera enfin libre, il dévorera Odin par vengeance.

Le serpent qui grandissait sans cesse a été laissé dans l'océan et ses longues et fortes bobines ont saisi la terre comme un étau. Pendant le Ragnarok, il a sauté hors des eaux et a détruit le monde entier avec son poison. Il a ensuite été défié par Thor, qui l'a tué. Thor mourra également, peu après le serpent, à cause de son venin. La jeune fille, appelée Hel par les hommes, représentait le symbole de la douleur et du désespoir car son arrivée dans le monde représentait le début de la maladie pour l'humanité. Mauvaise mine, dans un équilibre indéfini entre la vie et la mort, ou la renaissance et la décadence, regardant vers le bas et toujours tourné vers la Terre. Hel fut immédiatement envoyée en exil et les dieux la nommèrent l'horrifiante dame des enfers. Malgré cela, elle était heureuse, et pour remercier Odin, elle lui donna les corbeaux Huginn et Muninn. Odin, à ce moment-là, lui a donné la capacité d'administrer des tourments et des punitions à ceux qui n'étaient pas acceptés dans le Valhalla. Hel incarne ainsi la reine des morts sans honneur : maladie, accident ou vieillesse, lâches, criminels, traîtres.

Loki a été puni plus tard pour avoir causé la mort du dieu Balder. Il fut transporté dans une grotte de Nifleheim et les dieux décidèrent de transformer l'un des fils de Loki en un loup vorace, qui dévora à son tour l'un de ses frères. Le fils de Loki a été mutilé et une corde a été fabriquée avec ses entrailles pour attacher son père aux pierres. Le poison ne cessait de couler sur sa tête et son visage ; il se serait brûlé mais a été sauvé par sa femme Sigyn qui a recueilli les gouttes empoisonnées. Lorsque ce dernier décide de répandre le poison, celui-ci brûle accidentellement le visage de Loki. Il sera si agité qu'il provoquera des tremblements de terre. Loki restera enragé et compromis jusqu'au moment du Ragnarok, où, une fois libre et du côté des géants, il combattra enfin le gardien de l'arc-en-ciel : Heimdall. L'affrontement s'est terminé par la mort des deux.

Thor, premier fils d'Odin et de Jordh, déesse de la Terre, incarne la figure de la divinité du tonnerre et des orages ; il défend Asgardh, destiné à accomplir de grandes actions et à affronter des géants. Il est possible de voir une similitude avec Hercule dans l'interprétation de Tacite, dans la mesure où Thor avait pour tâche de protéger les dieux des géants et des êtres monstrueux.

Thor est décrit comme un habile guerrier, de loin le plus tenace des Asis. Il possède trois trésors : des gantelets de fer, une ceinture qui double sa puissance, et le marteau Mjolnir, un marteau qui a la capacité de revenir même après avoir été projeté.

Le visage de ce dieu est soigneusement encadré par une très longue barbe de couleur rouge foncé, tout comme ses cheveux. Le tonnerre est ce bruit que l'on entend lorsqu'il arrive, dû au bruit des roues de son char tiré par Tanngnjostr et Tanngrisnir, les deux chèvres. Un jour, il avait tellement faim qu'il a décidé de les manger. Il n'a réussi à les ramener à la vie qu'en posant son marteau sur leurs peaux. Ce marteau symbolise également la foudre, cet avertissement avant la pluie, une information cruciale pour les cultures. Il était vénéré car il était l'époux de la déesse de la fertilité : Sif. Thor et son épouse vivaient dans le plus grand palais d'Asgardh, mais malgré leur cohabitation, il continuait à avoir de nombreuses relations avec des femmes humaines et des géantes.

Lors de la confrontation de Ragnarok, Thor a eu un conflit avec le Serpent du Monde, l'un des fils de Loki. Il réussit à le vaincre mais meurt peu après de ses blessures.

Tyr est l'un des fils d'Odin et Frigg, considéré comme le dieu de la guerre, de la sagesse et de la loi. A l'origine, il tenait le même rôle puissant et important qu'Odin.

C'est à Tyr que tous les guerriers se réfèrent juste avant d'entamer une guerre, car il garantit la juste victoire et la protection. Il ne peut cependant pas être considéré comme un dieu brutal, favorable aux affrontements exagérés. Il considère la guerre comme un dernier recours à tenter. Elle incarne les principes du droit et de la justice, non pas sous la forme d'un accord pacifique mais d'une confrontation enflammée. Ce qu'il fait au tribunal, c'est décréter l'issue du duel et écrire la sentence finale dans le sang du vaincu.

Tyr aussi, tout comme son père, a perdu une partie de lui-même : sa main droite. Fenrir, le loup, fils du dieu Loki, devenait un énorme danger pour les dieux, à tel point que, comme nous l'avons déjà mentionné, ils l'ont enchaîné. Malgré cela, le rusé Fenrir s'est libéré de ses chaînes deux fois de suite. Odin, à ce moment-là, décida d'exploiter les arts magiques des artisans nains et leur demanda un lasso magique pour mieux emprisonner Fenrir, en le mettant au défi de se libérer. Le loup rusé n'a pas reculé devant le défi ; il a fait un compromis et a demandé à l'un des dieux de mettre ses mains dans ses mâchoires alors qu'il était enchaîné. Tyr accepta, mais Fenrir échouait toujours dans sa tentative de se libérer et ainsi sa main fut coupée par les dents acérées du loup. Le sacrifice que Tyr a dû faire a donné aux dieux l'opportunité d'enchaîner Fenrir à un rocher, coinçant une épée entre ses mâchoires qui lui causerait une douleur supplémentaire alors qu'il essayait de se libérer.

À la fin de ces événements, Tyr est tué par Garmr, le chien de garde des enfers.

Balder, le fils préféré de Frigg et Odin, est considéré comme le plus beau des dieux, au cœur le plus pur. Il était apprécié et protégé par tous car son cœur n'était jamais affecté par la méchanceté qui implique souvent d'autres dieux. Ses actes et ses paroles n'ont jamais trahi l'arrogance ou l'autosatisfaction ; au contraire, ils ont laissé entrevoir une modestie sans limite. Tous les autres dieux ont toujours nourri une grande jalousie à son égard, c'est pourquoi ses conseils bienveillants ne seront jamais suivis ou écoutés.

Frigg, sa mère, était convaincue qu'une mort précoce était déjà scellée dans son destin et a fait tout ce qu'elle pouvait pour empêcher que cela n'arrive. Elle a rassemblé toutes les plantes, les éléments de la création et les animaux et a décidé de leur imposer un serment. Ce serment stipulait que personne ne pourrait jamais nuire à Balder. Ravis de la nouvelle, les dieux ont fêté l'occasion et lui ont laissé en cadeau des objets sûrs. Loki, très envieux de Balder depuis quelque temps, s'est transformé en mortelle pour parler à Frigg afin de découvrir quel était le point faible du serment ; il s'est avéré que c'était le gui.

Loki, donc, après avoir obtenu le gui, se rendit chez Hodr, un frère malvoyant de Balder. Il a voulu l'impliquer dans le jeu : il a mis dans sa main une partie de la plante de gui, dont la forme ressemblait beaucoup à une flèche, lui a donné la main pour viser et aussitôt la plante a touché Balder, le tuant.

Balder, comme on peut également le déduire de cette histoire, incarne parfaitement l'innocence pure : différent et traître à la méchanceté des autres.

Les dieux demandèrent à la reine des enfers s'ils pouvaient le ramener à la vie, mais la déesse leur posa une condition pour y parvenir : tous les êtres vivants existants devraient pleurer et montrer au monde et à l'univers leur chagrin. Seul Loki, se transformant en une vieille sorcière lâche, ne versa pas une seule larme, engageant par sa seule volonté Balder à rester dans le royaume des morts. Le caractère tragique de l'existence de ce dernier lui a valu une autre appellation : "Dieu des larmes".

Heimdall se décrit comme le gardien d'Asgardh et de Bifrost, c'est-à-dire d'un pont couleur arc-en-ciel reliant la terre et le ciel, Asgardh et Midhgard, un moment qui n'est visible pour les hommes qu'après un orage. Il est aussi un observateur attentif. Comme Odin et d'autres, il a sacrifié une partie de son corps afin d'obtenir une ouïe et une vue surdéveloppées qui lui permettraient de prévenir de toutes les menaces de l'univers. En fait, il a coupé et enterré une de ses oreilles sous Yggdrasil. Il possède le Gjallarhorn magique, utilisé pour avertir les dieux en cas d'attaque. Au moment du crépuscule des dieux, la corne retentit avec un bruit perçant dans chacun des neuf mondes, convoquant ainsi la force du bien et la force du mal pour un affrontement final. Heimdall sera présent lors de l'effondrement de Bifrost, et s'opposera à Loki. La tentative de le tuer sera réussie et lui permettra de souffler dans la corne une fois de plus avant de mourir.

CHAPITRE 6

HÉROS

Les héros sont ceux qui se battent pour ce qui unit les deux mondes : le monde des dieux et le monde des hommes. C'est précisément en raison de cette union que nous devons nous demander s'il faut les considérer comme des figures humaines ou divines. Ou pourrait-on dire que ces héros ne sont que la version humaine des divinités ? Dans quelle mesure est-il possible de les considérer comme des êtres humains, en termes de caractère et de qualités ? Certes, en ce qui concerne les sagas nordiques, les héros incarnent un rôle idéalisé, comme un modèle. Ils ne doivent donc en aucun cas être considérés comme des récits biographiques. Un exemple est la saga du héros Sigurr et de sa lignée, où la figure de Ragnarr Lobrók est déjà mentionnée à l'avance. Les événements concernant Sigurr sont relatés pour la première fois vers le 10e siècle, et sont ensuite repris dans la Saga de Völsungr et la Saga de Ragnarr (13e siècle). Le conte prédit qu'Aslaug, c'est-à-dire la troisième épouse de Ragnarr, est née de l'union du tueur de dragons Sigurr et de l'héroïne Brynhildr, également appelée Brunilde. Les événements du légendaire Ragnarr se déroulent en Suède au 9e siècle, et c'est au cours de ces événements que le héros se fait confectionner une tenue spéciale pour laquelle il sera étiqueté " Ragnarr aux braies velues ". En fait, son costume comportait un pantalon poilu qui, avec une couche de coton, lui permettait de se protéger des attaques de serpents. Pour cet exploit absurde mais célèbre, il sera reconnu et admiré en Scandinavie.

Sigurðr le Volsung

Ce que tous les héros ont en commun, c'est le contact ou même une sorte de relation avec les dieux. Certains héros en descendent, d'autres entrent simplement en contact avec eux. Presque toujours, les dieux ont une prédilection pour les héros, dans d'autres cas, ils les entraînent dans leur chute. La Saga des Volsungs en est un exemple. Sigmund, le père de Sigurr, bien que vieux, était encore très courageux et a donc décidé de partir en guerre et de charger ses ennemis. Il n'a pas été blessé par les flèches et les lances qui lui ont été lancées, mais "alors que la bataille était déjà engagée, un homme portant un chapeau à large bord et un manteau bleu est apparu. Il lui manquait un œil et il tenait une lance dans ses mains. Il est allé dans la direction de Sigmund et a lancé la lance sur lui. Au moment où le roi Sigmund a arrêté le coup avec son épée, celle-ci s'est brisée au contact de la lance. Cela a déterminé une issue différente pour le conflit ".

La saga ne révèle jamais, même dans le final, la figure du personnage inconnu. À l'époque, cependant, le public soupçonnait qu'il s'agissait du dieu Odin, car il reconnaissait certains de ses traits de caractère. La Saga des Volsungs et la Saga de Ragnarr Lobrók appartiennent toutes deux à une catégorie particulière de sagas appelée "sagas des temps anciens". Toutes les histoires racontées dans ces récits mythiques, héroïques et légendaires se déroulent dans des lieux fictifs ou éloignés. Parallèlement aux actes, les objets magiques ou les créatures fantastiques sont décrits avec tout autant de précision, ce qui rapproche le lecteur moderne du contexte historique et mythologique dans lequel se déroule l'histoire, réduisant ainsi le sentiment de lire un récit fantastique. Certes, la plupart de ces sagas parviennent à combiner les éléments les moins réalistes et les plus fantaisistes avec des données historiques réelles. À l'heure actuelle, nous pouvons compter plus de trente sagas légendaires qui ont été élaborées à des époques antérieures à la colonisation de l'Islande, remontant au 9e siècle.

La saga de la jeune fille guerrière

La Saga de Hervör traite principalement des événements des batailles entre les Goths et les Huns datant du 4ème siècle. L'héroïne Hervör, tout comme Brynhildr, pourrait être considérée comme une skjaldmær, c'est-à-dire une femme guerrière. La Saga de Hervör est la première et la seule à inclure le nom d'une jeune fille guerrière dans son titre. La saga a été écrite au 13e siècle et traite de l'histoire de la jeune fille, de ses exploits en tant qu'héroïne et de sa lignée. La protagoniste est décrite comme une beauté féminine absolue qui, cependant, possède la même force qu'un homme. La jeune fille s'est rapidement mise à pratiquer le tir à l'arc, mais pas seulement : elle s'est également exercée et perfectionnée au bouclier et à l'épée. En plus d'apprendre des qualités généralement réservées aux hommes, Hervör a également très bien appris les tâches féminines telles que le tissage et la couture. Dans la saga, il est dit que la jeune fille s'est déguisée en un individu masculin se faisant appeler Hervard, et a ainsi réussi à prendre le commandement d'un groupe de Vikings dans le but d'atteindre la tombe de son père Angantyr : un berserkr, c'est-à-dire un guerrier très attaché au culte d'Odin. Une fois sur la tombe, elle récite le Hervararkvia, ou le Chant de Hervör, incitant ainsi son père à lui offrir Tyrfing : une épée forgée et maudite par les nains Dvalinn et Dulinn, dont elle était l'héritière. La saga a inspiré J.R.R. Tolkien pour la création des scènes et des personnages de la Terre du Milieu dans Le Seigneur des Anneaux. Par exemple, rappelons le personnage bien connu d'Éowyn, la princesse du royaume de

Rohan. Bien qu'ils ne représentent pas le pourcentage le plus élevé de sagas, des récits ont également été racontés et transcrits au Moyen Âge scandinave dans lesquels les héros ne sont pas issus de poèmes anciens ou dans lesquels leurs événements ne se déroulent pas dans des lieux mythiques. Il n'y a pratiquement aucun être surnaturel dans ces derniers textes, et l'accent n'est jamais mis sur les figures mythologiques ou divines. Alors, quels sont les personnages principaux qui délimitent ces héros sans racines mythologiques ? Une description précise et satisfaisante nous parvient aujourd'hui grâce aux quarante Íslendingasögur, également appelées Sagas des Islandais. Les protagonistes se situent dans une période historique comprise entre l'époque de la colonisation de l'Islande, précisément au IXe siècle, et la diffusion du christianisme, survenue environ deux siècles plus tard. Ce moment historique a été appelé "l'âge des sagas". Presque tous les personnages et, par conséquent, les lieux et les événements racontés ont été transcrits aux XIIIe et XIVe siècles, bien qu'ils remontent en réalité à trois siècles plus tôt. Pour cette raison, ils ont été facilement tracés et comparés aux romans historiques. Il est d'ailleurs curieux de constater que les histoires et les faits ont été reconstitués de manière assez cohérente par les auteurs, ce qui a permis aux lecteurs de s'approcher au plus près de l'histoire sans pour autant la considérer comme loin de la vraisemblance. Dans ce type de sagas, les généalogies et les récits biographiques abondent, à la différence de nombreuses sagas qui commencent le récit par la description des ancêtres des personnages. Parmi ces sagas, il y en a aussi qui sont complètement structurées et basées sur la vie unique d'un individu. On peut citer par exemple La Saga d'Egill Skallagrímsson, La Saga de Gísli Súrsson ou La Saga de Grettir Ásmundarson. Dans certains cas, cependant, ils incluent également les familles, la génération ou les habitants du lieu où l'histoire est décrite, comme c'est le cas dans la Saga des habitants de la vallée du saumon ou la Saga des hommes d'Eyr. Bien qu'il y ait ces différences avec d'autres types de sagas, les protagonistes apparaissent toujours avec des modèles de comportement idéalisés, donc tout comme le héros mythique, ils devront faire face à des condamnations et à des destins tragiques.

Couples de héros

Les héros décrits dans les sagas ont souvent des frères et sœurs qui ont des caractéristiques opposées ou très différentes des leurs, comme pour leur servir de contrepoids. Par exemple, dans la Saga de Bósi et Herraur, Bósi, le protagoniste, apparaît beau mais corpulent, dur et rude, et très doué, en outre, pour s'exprimer et parler ; très différent, cependant, est son frère Smid, pas du tout massif bien que charmant et riche d'autres qualités. Un autre exemple similaire se trouve dans la Saga d'Egill Skallagrímsson, où les frères Egill et Órólfr sont en désaccord flagrant : Egill a les mêmes caractéristiques que son père, tandis que Skalla-Grímr, celles de son grand-père. Órólfr ressemble beaucoup à son père et est, en fait, courageux, joyeux, populaire et gentil, en plus d'être très beau. Lorsque Egill a grandi, on s'est très vite rendu compte qu'il deviendrait aussi laid que son grand-père. Malgré ces descriptions négatives, il avait aussi de très bonnes qualités comme l'intelligence. Il a commencé à composer ses premiers poèmes dès l'enfance, comme beaucoup de héros des sagas. Egill, immédiatement après la mort de ses fils, a lu à haute voix le Sonatorrek, l'un des plus beaux exemples de poésie nordique. Les sagas islandaises ont été racontées précisément comme des histoires, à la fois parce qu'elles incluent des allusions historiques ainsi que des généalogies, et parce que leurs intrigues racontent des

160

actions en se concentrant sur les événements. Dans l'intrigue, on retrouve souvent la même séquence : le protagoniste quitte la Norvège à la suite d'un conflit avec un gouverneur, puis finit souvent par s'installer en Islande, où il sera impliqué dans des affrontements pour des terres ou des héritages.

Le héros tragique

Le héros, dans toutes les sagas, meurt à la guerre. En effet, dans le cas contraire, il apparaîtrait comme un déshonneur de mourir de maladie ou de vieillesse, comme ce fut le cas pour Egill. Dans ce cas, cela signifierait que le héros n'a pas pleinement incarné les caractères typiques qui le définissent généralement, notamment qu'il n'a pas été courageux. La Saga de Gísli Súrsson offre l'exemple classique d'une mort héroïque : les ennemis de Gísli l'ont tué de manière préméditée. Le héros a été attaqué par une douzaine d'hommes qui l'ont frappé avec des lances à plusieurs endroits de son corps. Il s'est défendu avec dignité mais n'en est pas sorti complètement indemne. Il a d'ailleurs été frappé avec une telle férocité que ses entrailles se sont répandues hors de son corps. Gísli a néanmoins réussi à les récupérer en les remettant dans sa chemise et en les bloquant avec son pantalon. Enfin, nous pouvons dire que les sagas ont considérablement façonné la mentalité des guerriers scandinaves à travers l'histoire, en tant qu'exemples de valeurs morales et mentales telles que le courage et le dévouement au combat.

CHAPITRE 7

MONSTRES

Les Nibelungen

Le nom Nibelungen fait référence à une lignée de nains qui furent les protagonistes de récits mythologiques. Ce nom a été donné par les peuples germaniques pour désigner ces nains bizarres qui vivaient sous terre, habiles à travailler et à fondre le fer. C'est de cette lignée que serait issue la lignée royale des Burgondes, qui ont posé les premières bases du royaume barbare romain vers le Ve siècle. On ne sait pas qui a été le premier à relater les événements et les exploits de ce dernier, en les transcrivant. Ce que l'on sait avec certitude, c'est que ces récits des Nibelungen ont été racontés pour la première fois autour du 13e siècle. Au centre de chaque récit se trouve Siegfried.

Elfes

Le terme elfe dérive sans doute du norrois alf[a]r, l'esprit d'un génie, de la mythologie nordique. Les elfes incarnent diverses forces, par exemple celle de l'air, du feu, de la terre et de presque tous les phénomènes atmosphériques. Leur apparence physique rappelle beaucoup celle des humains ordinaires ; ils sont minces et

162

ont un visage propre et serein. Ce qui les distingue, ce sont leurs oreilles légèrement pointues, ainsi que leur force physique et leur rapidité. En outre, ils possèdent une ouïe plutôt sensible, ainsi que la vue. Ils ont généralement une voix claire, des yeux perçants qui peuvent observer une personne si bien qu'ils peuvent comprendre ses pensées, ils n'ont jamais de barbe sur le visage et on dit même qu'ils sont télépathes. Respectueux de la nature et des éléments naturels, ils sont tout à fait harmonieux et intelligents. Rares sont les cas où des elfes capricieux sont rencontrés et décrits, car ils sont généralement très bienveillants et respectueux de l'humanité. Parfois, ils donnent même des objets magiques à ceux qu'ils reconnaissent comme ayant bon cœur et bon esprit. Leurs meilleures compétences comprennent la connaissance de la magie et l'aptitude à forger des épées et des métaux. À l'origine, il semble que les elfes aient été considérés comme les âmes des morts, jusqu'à ce qu'ils soient effectivement reconnus comme des êtres vivants. Il existe deux types d'elfes : les Døkkálfar, ou elfes des ténèbres, et les Liósálfar, ou elfes de la lumière. Ces créatures ont la capacité de se déplacer, de marcher et de bouger sans laisser de trace. Ils ont une résistance anormale aux températures ambiantes et aux maladies. Enfin, ils ont une longue espérance de vie et, même en vieillissant, ils ne montrent aucun signe de vieillissement et leur beauté ne sera jamais compromise.

Trolls

Les trolls ne sont rien d'autre que des géants de l'ancienne mythologie scandinave qui habitaient la région de Jotunheim et se sont affrontés au dieu Thor. Les trolls sont communément et superficiellement décrits comme des elfes malveillants, habitants

163

de huttes précaires et de grottes de montagne. Certains des plus étranges peuvent avoir deux ou trois têtes. Un poème dramatique intitulé Peer Gynt (1867) de H. Ibsen confirme leur existence. Dans le poème, Ibsen décrit les trolls comme des nationalistes, des créatures qui croient ou essaient de croire que leur condition de vie est délicieuse et passionnante, mais surtout que leurs modestes grottes sont en fait des palais.

Sleipnir et les antilopes à six pattes

Parmi les créatures moins communes et plus bizarres, on trouve le cheval d'Odin, Sleipnir. Ce dernier parcourait la terre vêtu de son manteau gris, se déplaçant entre l'air et le monde souterrain ; sa particularité la plus absurde était ses huit pattes. Les antilopes ne sont pas loin de ce genre de particularité : un mythe sibérien illustre que les antilopes primitives avaient six pattes.

CHAPITRE 8

EDDA ET LES ÉCRITURES

Le terme Edda provient clairement de la langue nordique et le pluriel est Eddur. Ce terme fait référence à deux volumes mythologiques : l'Edda en prose et l'Edda poétique. Ils ont été écrits vers le 13e siècle en Islande. Ces deux livres peuvent être considérés comme fondamentaux pour la culture nordique car ils représentent la plus grande source de nouvelles, d'histoire et d'informations relatives à la mythologie nordique. Il existe de nombreuses théories concernant l'étymologie de ce titre : l'une d'entre elles suggère que le sens pourrait se superposer sans hésitation à Rígsþula, un terme présent dans les deux versions des textes et qui semblerait pouvoir être traduit par 'ancêtre'. Une deuxième théorie souligne que Edda signifie óðr, ou poésie. Il existe enfin une troisième théorie, analysée et décrite par Eiríkr Magnússon en 1895, qui montrerait que le mot dérive d'une localité islandaise appelée Oddi ; c'était une école d'enseignement où Snorri Sturluson a également étudié. Actuellement, la théorie selon laquelle le mot Edda vient du latin "edo", "j'écris" et, toujours par analogie avec le latin, "kredda", "superstition", est considérée comme valide. L'Edda poétique, connue sous le nom de Sæmundar Edda ou Elder Edda, rassemble des poèmes de la mythologie nordique extraits d'un ancien manuscrit datant du Moyen Âge islandais : le Codex Regius. Le Codex Regius a été rédigé au XIIIe siècle et, hormis cette information historique, rien de la collection n'était connu avant la fin de la première moitié du XVIIe siècle.

Dans ces années-là, Brynjólfur Sveinsson, l'évêque de Skálholt, a découvert et mis au jour le texte dans le sud-ouest de l'Islande. Le manuscrit se composait de 29 cantos concernant des contes de dieux et de héros. L'évêque a en effet revendiqué le mérite d'avoir trouvé un recueil qui a inspiré Snorri Sturluson dans ses nombreuses citations de l'Edda. Le manuscrit était structuré en 45 folios, avec un espace vierge de 16 pages après le 32e folio. La découverte du Codex Regius a confirmé toutes les hypothèses précédentes. Le manuscrit, au moment où il a été trouvé, n'avait pas de titre et Brynjólfur lui a donc donné le titre d'"Edda" afin de faire écho à l'œuvre de Snorri. À partir de cette époque, les gens ont commencé à considérer cette œuvre comme l'Edda poétique, afin de pouvoir la différencier de l'œuvre de Snorri, connue sous le nom d'Edda en prose. Outre le titre, l'œuvre trouvée par l'évêque manquait également d'auteur et ce dernier a décidé qu'elle pouvait être considérée comme digne du prêtre Sæmundr Sigfússon, célèbre pour sa grande sagesse. Le manuscrit fut copié et transcrit et l'évêque écrivit de sa propre main la pompeuse épigraphe Edda Sæmundi Multiscii. L'évêque Brynjólfur a décidé de donner le Codex Regius au roi du Danemark et le volume a été conservé pendant un certain temps à la bibliothèque royale de Copenhague. Ce n'est qu'en 1971 qu'il a été rendu à l'Islande.

L'Edda en prose peut être décrite comme un manuel de poétique nordique contenant de multiples récits. Le but principal de ce manuscrit était de faire comprendre au lecteur les différences subtiles entre les vers allitératifs : tous ces vers sont répétés, ce qui donne les mêmes sons, permettant de saisir le sens quelque peu mystérieux de certains kenningar, souvent utilisés dans la poésie nordique. Il a été produit en 1220 par l'historien islandais Snorri Sturluson et a ensuite réussi à survivre à la période entre 1300 et 1600, étant transmis dans sept manuscrits. L'Edda se compose d'un prologue, Fyrirsögn ok Formáli, et de trois parties : Gylfaginning, c'est-à-dire la tromperie de Gylfi, d'environ 20 000 mots, Skáldskaparmál, un dialogue sur l'art de la poésie, et Háttatal, un traité sur la métrique. Bien que le livre ait été composé à l'époque chrétienne, Snorri puise scrupuleusement dans certaines sources païennes afin de ne pas disperser la culture et la tradition de son peuple. Le reproche fait à Snorri est d'avoir omis ce qu'il n'a pas voulu mettre en évidence en modifiant irrémédiablement les mythes transmis. En vérité, presque tous les érudits prêtent attention à l'approche de Snorri à l'égard de ses sources ; cette attention pourrait suggérer qu'il a trouvé son inspiration dans des sources encore plus authentiques, encore plus que ce qu'il laisse transparaître à travers l'Edda poétique.

Heimskringla

Heimskringla est le titre d'une œuvre épique, écrite entièrement, ou presque, en prose. Ce n'est rien d'autre qu'une collection de sagas qui ont été rassemblées dans la première moitié du 13e siècle par l'historien Snorri Sturluson. Au début de l'œuvre, il expose plusieurs liens avec le poème épique Ynglingatal (les événements de Ynglingar par Þjóðólfr de Hvinir), incluant même des parties du poème dans l'œuvre elle-même. En ce qui concerne les événements des rois qui se sont déroulés entre 1025 et 1157, l'érudit Snorri s'est référé à Morkinskinna, tandis qu'en parlant d'Olaf II de Norvège, l'érudit est censé s'être référé à Glælognskviða, le récit de la mer calme, de Þórarinn loftunga. Le principal moyen de transmission de ces sources était sans aucun doute la tradition orale. Ce dernier se concentrait sur le récit des exploits des dieux, des rois et des héros nordiques. Cependant, précisément parce que la source primaire était une transmission orale, elle était particulièrement prudente dans l'exaltation des exploits des rois ainsi que des mythes des héros. Bien que le christianisme soit arrivé en Islande deux siècles plus tôt, cette religion s'était déjà implantée et a donc incité Snorri à conserver les anciens mythes de la religion nordique. Le Heimskringla comprend des histoires sur les rois suédois, les rois norvégiens et les dieux, les observant et les décrivant à travers un prisme résolument évergétique. L'œuvre raconte à la fois l'histoire d'Odin et de ses partisans venus de l'est, d'Ásaheimr, ou Asie, et d'Ásgarðr, le royaume des dieux, décrivant l'installation en Scandinavie et la succession de nouveaux domaines qui s'ensuivit. Il a également traité des histoires des dieux et des hommes, en commençant par le dieu Freyr dans Fjölnir, où il a raconté les histoires de chaque membre de la dynastie suédoise des Ynglingar. Il aborde ensuite les exploits de plusieurs souverains norvégiens du Xe au XIIe siècle, jusqu'en 1177, avec la mort d'Eystein Meyla. Dans un premier temps, le thème prédominant est la mythologie nordique ; dans la deuxième partie, les histoires combinent un certain nombre de récits historiques : par exemple, les affrontements entre souverains, la solidification de la Norvège, de la Suède et du Danemark, les raids vikings en Grande-Bretagne et les expéditions vers de nouveaux territoires. Une grande partie de l'ouvrage traite du long règne d'Óláfr Haraldson, qui a duré plus d'une décennie. Il y a une partie consacrée à Harald Hardråde, dans laquelle il parle de l'expédition en Orient, des exploits à Constantinople, en Syrie et en Sicile et des guerres en Angleterre contre Harald II, fils du comte Godwin. Dans ce dernier cas, il a été vaincu, précisément à la bataille de Stamford Bridge en 1066, peu de temps avant la défaite de Harold à Hastings. Cet ouvrage a été traduit en anglais en 1844 par Samuel Laing et a, en fait, été d'une grande importance pour le peuple britannique.

La saga des Völsungar

La Saga du Völsungar, souvent appelée Saga du Volsung, en langue nordique Völsunga saga, est un recueil de légendes transcrites en prose vers le XIIIe siècle par un auteur dont le nom n'est pas connu. Cette saga peut être considérée comme le premier poème du cycle de Völsungr. Il raconte à la fois la naissance et l'ascension du clan des Völsungar, c'est-à-dire des descendants de Völsungr, le mythe de Siegfried et celui de Brunhilde, ainsi que la destruction des Nibelungen. Ces contes sont très inspirés des poèmes de l'Edda. Les contes de Völsungar, à travers la narration d'autres légendes également d'origine nordique, étant liés entre eux, peuvent constituer la base des sagas de héros de l'Edda poétique. Le personnage principal de la saga est, bien sûr, Sigurðr le héros. L'œuvre est divisée en quatre parties, dont les trois premières traitent des vicissitudes des ancêtres du héros, tandis que la dernière porte sur l'histoire de Crimilde et de sa famille. Il existe également une représentation artistique assez ancienne de la Saga des Völsungar, une sculpture de Ramsund trouvée en Suède vers l'an 1000. La saga a une origine très ancienne et met en lumière des événements remontant aux invasions barbares du Ve siècle en Europe continentale, ainsi que la destruction des Huns dans le royaume de Bourgogne. Certains poèmes de l'ancienne Edda sont étroitement liés aux événements légendaires du Völsungar. Cependant, il n'existe qu'un seul manuscrit de la saga, signalé comme "Ny kgl. Saml. 1824 b 4to" conservé à la Bibliothèque royale du Danemark, datant du début du XVe siècle et lié aux événements de Ragnarr Loðbrók. La Chanson des Nibelungen est un poème en moyen haut allemand qui se base sur des événements anciens bien connus des pays germaniques du Moyen Âge, bien que le contenu de la saga soit retravaillé dans un sens chevaleresque.

La Saga des Völsungar a connu un grand succès, immédiatement et plusieurs siècles plus tard. Plusieurs opéras s'en sont même inspirés, par exemple : L'Anneau du Nibelung de Richard Wagner ; L'histoire de Sigurd le Volsung et la chute des Niblungs d'Eiríkr Magnússon et William Morris ; et La légende de Sigurd et Gudrún de J. R. R. Tolkien. L'auteur de l'œuvre n'a jamais été découvert. Ainsi, plusieurs strophes poétiques que l'on trouve également dans l'Edda poétique ont été ajoutées à la saga, qui était principalement basée sur d'anciens cycles de poèmes héroïques. Le protagoniste Siegfried est définitivement plus ancien que toutes les œuvres qui ont suivi dans les siècles suivants. Son histoire est devenue assez connue dans de nombreuses régions où la culture germanique s'est installée, en Norvège et en Scandinavie en général. On ignore si le protagoniste a réellement existé, mais le doute subsiste car certains épisodes ont un contexte historique plutôt réaliste. Certains chiffres rapportent que 75% du matériel de la Völsungar Saga provient de l'Edda. Certains des mots utilisés dans l'œuvre sont souvent mal compris, bien que la partie prose ait toujours cité le poème. Les poèmes héroïques-épiques utilisés pour le poème en prose ont été d'une grande inspiration. L'écrivain avait évoqué un style littéraire proche des sagas islandaises, comme si ces dernières voulaient raconter une histoire presque romancée. Les chapitres qui ne présentent aucune particularité avec l'Edda sont précisément ceux du premier au septième. Les chapitres onze à treize traitent de la naissance de Sigmund et de sa mort au combat. Les chapitres 15, 17, 23, 31 et 42 sont totalement exclus de ces sujets. Le vingt-troisième chapitre, quant à lui, contient des éléments de la Þiðrekssaga, une œuvre de caractère assez similaire à la Saga du Völsungar, à l'exception de quelques paragraphes dont la narration est différente. Le mythe de Siegfried est traité et raconté avec très peu de différences par rapport au mythe de Nornagest. Les sources écrites concernant la mythologie nordique proviennent presque toutes d'Islande et sont rassemblées dans quelques volumes. Les deux auteurs les plus connus de ces derniers volumes sont Snorri Sturluson et Saxo Grammaticus. Ils ont adopté un type d'interprétation qui met l'accent sur les héros, bien que de manière atypique : ils sont considérés comme des souverains humains ou déifiés. L'Edda se compose de deux manuscrits, le premier étant le "Codex Regius", qui comprend 29 poèmes, complets et incomplets, et a été conservé au Danemark jusque dans les années 1980. Plus tard, elle a été rendue à l'Islande. Cette partie de l'œuvre est également appelée l'Edda en poésie ou l'Edda de Sæmundr, car, par erreur, les mérites ont été attribués à Sæmundr le Sage. La deuxième partie de l'ouvrage se compose de sept poèmes, qui couvrent les histoires des héros les plus anciens, les mythes religieux, etc. Ensuite, nous savons que les sagas Edda en prose ont également été idéalement attribuées à un poète islandais qui vivait au 13e siècle : Snorri Sturluson. L'objectif principal de l'auteur était de produire un guide pour les poètes ; pour cette raison, il fallait une grande connaissance de la mythologie nordique et une large connaissance des métaphores poétiques utilisées, qui sont fondamentales dans la poésie nordique. En outre, Snorri a décidé d'ajouter des explications concernant les poèmes eddiques, ce qui a permis une compréhension plus rapide et plus facile des mythes appartenant à cette civilisation. Parallèlement à ces sources, des légendes folkloriques ont également survécu, principalement dans la péninsule scandinave ; à partir de ces découvertes, on peut comprendre que certains lieux de cette dernière région ont pris leur nom des dieux. Grâce à l'Edda, on peut facilement comprendre que la tradition culturelle nordique était très riche et qu'une grande partie de cette richesse a été dispersée au fil des ans. Une grande partie de la mythologie germanique, par exemple, telle qu'elle a été transmise oralement, a été perdue. Avec l'arrivée du christianisme, un certain nombre de fragments appartenant à la mythologie nordique, en particulier à la variante tardive de la mythologie germanique, ont été trouvés et plus tard également préservés. Les deux principaux auteurs, comme nous l'avons mentionné précédemment, sont Snorri Sturluson et Saxo Grammaticus, qui a écrit le Gesta Danorum. Tous deux appliquent aux textes leur vision et leur interprétation évergétique, selon laquelle les dieux nordiques sont soit des souverains divins, soit des héros aux traits humains. L'Edda en prose et l'Edda poétique ont tous deux été écrits au début des années 1200. Cependant, bien que la proximité historico-temporelle soit flagrante, les vingt-neuf poèmes contenus dans l'Edda poétique appartiennent à des périodes bien plus anciennes ; on parle même du 4e ou du 5e siècle. Parmi ces chapitres, 11 ont été confiés à la narration des événements des dieux, tandis que les autres traitent principalement des héros et des légendes. Ces sources comprennent également l'existence, tant en Scandinavie qu'en Angleterre, de pierres runiques représentant des scènes nordiques comme, par exemple, la pêche de Thor, ou Odin chevauchant son Sleipnir, ou encore Hyrrokkin aux funérailles de Baldr. L'une des pierres runiques trouvées au Danemark représente Loki avec une moustache et des lèvres fermées. En outre, certaines des découvertes montrent la figure d'Odin avec un œil, Thor avec le célèbre marteau et enfin Freyr. Völuspá, ou La prophétie du devin, est connu comme le premier et le plus connu des poèmes de l'Edda poétique.

Le principal événement raconté est la création du monde ainsi que sa fin imminente et inévitable, le tout raconté par une völva, c'est-à-dire une voyante qui raconte et explique tous ces événements à Odin. La narration de la prophétie commence par un discours adressé au chef des dieux. La voyante commence son récit en racontant comment elle a obtenu la connaissance, étant également au courant de l'origine de l'omniscience d'Odin, ainsi que d'autres événements secrets appartenant aux dieux d'Asgardh. Le voyant traite des épisodes qui se sont déjà produits dans le passé ou anticipe ce qui se produira dans le futur, complétant le récit par l'inclusion de nombreux mythes nordiques, parlant par exemple de la mort de Baldr aux mains de Hodhr, préméditée par le rusé Loki. Vers l'épilogue de l'œuvre, le Ragnarok, la fin du monde, est raconté.

L'œuvre a été conservée dans le Codex Regius à la fin des années 1200 et dans les manuscrits Hauksbók dans la première moitié des années 1300. Plusieurs parties du poème ont été reproduites dans l'Edda en prose de Snorri Sturluson. Le Codex Regius contient 63 strophes fornyrðislag.

Le poème commence avec la voyante qui exige le silence des êtres humains qui sont les enfants de Heimdallr.

Immédiatement après, elle demande à Odin s'il est d'accord pour que la voyante parle de légendes et de traditions anciennes. Elle commence d'abord par la narration du mythe de la création, racontant que jusqu'à ce que les fils de Borr fassent sortir la terre de l'eau de la mer, le monde était complètement vide. Les Æsir ont donc ordonné le cosmos de manière à pouvoir placer à la fois les étoiles, le soleil et la lune. De cette façon, ils pouvaient initier le cycle du jour et de la nuit. Une époque splendide suivit ce moment et c'est à cette époque que les Æsirs construisirent des temples majestueux, car ils étaient en possession de grandes quantités d'or. Plus tard, trois puissantes géantes sont venues de Jǫtunheimr et, avec leur arrivée, l'âge d'or a pris fin. Les Æsir ont donc décidé de créer les Nains nordiques, les plus puissants d'entre eux : Mótsognir et Durinn. Après cela, nous savons que le poème se compose de 66 parties, après les 10 premières, exactement 6 parties commencent contenant une liste de noms de tous les Nains. Cette dernière partie a pris le nom de Dvergatal, ou catalogue des Nains (elle est souvent considérée comme une interpolation et, pour cette raison, les éditeurs et traducteurs ont tendance à ne pas l'inclure). Après le Dvergatal, il y a le récit de la création d'Askr et d'Embla, le premier homme et la première femme. La voyante met en lumière tous les événements qui ont conduit à la première guerre de tous les temps ; elle raconte également le développement de la bataille entre les Æsir et les Vanir. La voix du narrateur de la voyante révèle à Odin qu'elle est au courant de certains secrets. Elle l'informe qu'elle connaît l'histoire de Mímir et de son œil, et du fait que celui-ci, pour obtenir l'omniscience, l'avait volontairement abandonné. Le voyant prévient Odin que les histoires qui vont suivre seront tristes et terribles. Il parlera du meurtre de Baldr, le dieu de la justice. Il traitera du caractère rebelle de Loki. Jusqu'au récit du moment où tous les dieux livreront la toute dernière bataille contre leurs ennemis et où les eaux submergeront la terre et le ciel. Il s'agit, précisément, d'une prophétie, celle du destin des dieux : le Ragnarok. La description de l'événement est assez détaillée, le meurtre d'Odin et la fin tragique de presque tous les dieux sont racontés. En conclusion, des cendres des dieux morts, un nouveau monde merveilleux va naître dans lequel Baldr aura une nouvelle vie.

Ragnarok

Le Ragnarok est considéré à toutes fins utiles comme un événement symbolique de la fin des temps. À cette occasion, les dieux vont s'affronter aux géants, dans une grande guerre qui les verra tous deux tomber. Parallèlement à cette destruction, le ciel et la terre brûleront également à cause de la guerre entre le bien et le mal. Même le pouvoir des dieux ne leur permettra pas d'y échapper. Grâce au Ragnarok, cependant, il y aura une nouvelle opportunité de purifier l'univers afin qu'un nouveau cycle cosmique puisse commencer. Cela suggère que la fin du monde est cyclique car elle est toujours suivie d'une renaissance et d'une nouvelle création. Par conséquent, un autre Ragnarok suivra toujours. En effet, il est possible, pour mieux comprendre, de visualiser la destruction et la création comme des points situés aux extrémités opposées d'une circonférence ; pour un tel mécanisme, il n'est pas possible d'atteindre l'un en évitant l'autre point. Le Ragnarok a été annoncé par la mort de Baldr. Ce dernier a perdu la vie aux mains de Loki et est resté dans le royaume des morts, obligeant les dieux à ne pas échapper à leur destin. Bien que ces derniers soient des créatures divines, tout comme les humains, ils ne pouvaient échapper à la mort et à leur triste sort. Cet événement inévitable ne les a cependant pas fait se résigner. En effet, même s'ils étaient conscients du sort qui les attendait, Odin et les autres dieux se sont engagés dans l'affrontement final avec les géants, en faisant appel à leurs plus puissants guerriers. Un autre signe de la fin du règne des dieux était la fin du règne des hommes. Il s'en est suivi un hiver froid qui a duré trois bonnes années. Des pluies torrentielles, des vents violents et des chutes de neige incessantes ont tourmenté sans réserve le globe entier. Le dernier signe prémonitoire fut la disparition du Soleil et de la Lune.

Skoll et Hati, les deux loups poursuivants de Sol et Mati, atteignirent le Soleil et la Lune et les dévorèrent, plongeant ainsi la terre dans une obscurité incessante car elle était privée de lumière. Au même moment, les étoiles tombèrent du firmament, s'écrasant et brûlant, semant la perplexité chez les navigateurs de la mer et des océans. Ainsi commence officiellement une bataille annoncée par trois coqs : c'est bien le début du Ragnarok. L'un des coqs se chargeait de prévenir les géants de Jotunheim, un deuxième coq communiquait avec les morts de Hel, et le troisième coq, Víðópnir, situé au sommet de l'arbre Yggdrasil, communiquait avec les dieux. L'univers sera secoué par l'arbre contenant les Neuf Mondes, et ses racines et branches trembleront jusqu'à déchirer les montagnes et la Terre elle-même. Après cet événement, les chaînes seront brisées : Fenrir et son père Loki seront libérés et cette libération entraînera la propagation de la destruction et de la mort. L'autre descendant de Loki, le serpent, resté jusque-là dans les profondeurs de l'océan, ressurgira en provoquant des raz-de-marée, noyant les hommes et inondant les villes. Naglfar, le navire de l'enfer, s'éloignera de la plage des morts dans le but de transporter les combattants du mal. Fenrir est devenu si grand et malin qu'il a même atteint le ciel, détruisant tout ce qui l'entourait. Son frère serpent, quant à lui, l'a soutenu et a répandu de grandes quantités de poison pour empoisonner la Terre entière. Les habitants de Muspellsheim, menés par le géant à l'épée flamboyante, se dirigeront vers le sud, laissant derrière eux l'enfer ardent. Ils atteindront Bifrost, le pont arc-en-ciel relié à Asgardh. Cette dernière s'effondrera sous leurs yeux. En prévision de la bataille finale, les hommes de la terreur seront conduits jusqu'à la plaine de Vigrid, où ils retrouveront leurs complices. Parmi eux, nous verrons Loki, récemment échappé de sa captivité, ainsi que ses fils et les autres prisonniers exilés de Hel. L'ensemble du mal universel se retrouvera enfermé en un seul endroit. Au même moment, Heimdall rassemblera tous les dieux en soufflant continuellement dans la corne ; ce signal est connu des dieux, il signifie qu'ils sont avertis du début d'une guerre. Odin, aux yeux ardents, maniera sa lance et portera son casque. Il convoquera ses meilleurs combattants, les guerriers de Valhalla, fidèles et courageux même à l'article de la mort. L'armée était rassemblée, on pouvait voir une grande quantité d'armures et d'épées. Les regards des combattants ne sont pas remplis de peur, ils sont conscients qu'avec cette dernière guerre, toutes les batailles cesseront ; à cette occasion, tous les héros du panthéon nordique affronteront des géants et des créatures du mal. Leur seul désir n'est pas de gagner la bataille, mais de se battre avec honneur jusqu'au bout.

Odin n'a aucun doute quant à l'ennemi à combattre : le vorace Fenrir. Ce dernier l'attendait avec colère, les mâchoires grandes ouvertes. Le père des dieux sera vaincu par Fenrir lui-même, qui l'emprisonnera et le dévorera. Vidar, le fils d'Odin, dans un accès de rage suite au meurtre de son père, se jettera sur la bête, détruisant la tête du loup, pour venger son père. Thor, à l'aide de son marteau, se fraye un chemin parmi les géants, jusqu'à ce qu'il atteigne le serpent mondial pour se jeter sur lui. Son immense force lui permit de détruire la tête du redoutable serpent, qui retourna dans les profondeurs de la mer, là où il avait fini avant de réapparaître. Malgré cela, Thor, complètement affaibli par le poison, saisit à nouveau son marteau, fait quelques pas puis tombe au sol, perdant la vie. Tyr, lui aussi, n'a pas eu une fin différente ; il a combattu l'horrible chien gardien de Hel. Le dieu a réussi à frapper ce dernier mais a terminé le combat par sa mort. Le duel final opposait Heimdall et Loki et les deux sont morts. Avant de mourir, cependant, Heimdall souffla une fois de plus dans sa corne, puis s'écroula sur le champ de bataille. Le Gardien Arc-en-ciel a été le dernier guerrier à mourir. Surt, le dernier maître du champ de bataille, brûlera la Terre, plongeant les Neuf Mondes dans le brasier. Il a transformé l'univers entier en une sphère brûlante pour le purifier de tout le mal qui s'était produit. À la fin, dans le final, la terre, maintenant détruite et dévastée comme jamais auparavant, tombera complètement dans la mer chaude, jusqu'à disparaître dans les vagues. Il ne restera que le silence et les ténèbres, un espace vide nécessaire avant la nouvelle création. Ensuite, Ginnungagap régnera à nouveau. L'affrontement entre le mal et le bien a trouvé son ultime moment dans la mort. Il n'y a pas de vainqueurs dans Ragnarok, le feu a tout purifié pour que la renaissance puisse avoir lieu. Il est essentiel de se rappeler que pour qu'un nouveau monde puisse naître, il est nécessaire que le monde précédent soit détruit. Lorsque la plupart des dieux et des géants sont morts, une nouvelle

Terre a émergé des cendres de la précédente. À ce moment-là, les aigles volent à nouveau et le blé pousse dans de nouveaux champs qui n'avaient pas été cultivés auparavant. Avant la bataille de Ragnarok, un homme et une femme se sont réfugiés dans l'arbre d'Yggdrasil, et lorsque la bataille fut terminée, ils sont sortis pour voir le nouveau monde. L'homme et la femme ne se sont nourris que de gouttes de rosée et, en procréant, ont pu repeupler la Terre avec leur progéniture : on leur attribue la création d'une nouvelle race humaine. Seuls quelques dieux ont survécu, qui ? Tout d'abord, Vidar, le fils d'Odin responsable de la mort de Fenrir, a été rappelé. Puis son frère, Vali, a également survécu, ainsi que les fils de Thor, Modi et Magni. Ils hériteront du marteau de leur père. Avec la renaissance du monde qui a suivi le Ragnarok, l'âge d'or des dieux nordiques va se développer à nouveau. Les survivants se rendront à Idavoll, une plaine resplendissante où Asgardh s'est élevé dans le monde précédent. Dans ce lieu, toutes les habitations seront reconstruites. Balder, dans cette nouvelle nature, a également trouvé des pièces d'échecs appartenant aux dieux disparus. Les courageux guerriers qui ont perdu la vie pour défendre les dieux pendant le Ragnarok vivent éternellement dans la mémoire des salles de Gimle, un nouveau lieu céleste. À Nastrond, surnommée la "rive des cadavres", le mal trouvera refuge dans un bâtiment hideux, inondé de serpents maléfiques qui déverseront leur venin dans tous les coins. Enfin, bien que le loup Skoll ait privé l'univers entier de lumière, il y avait une jolie petite fille à la tête du char solaire qui, avant sa mort, donna à son tour naissance à une fille. Ce nouveau-né, tout comme sa mère l'a fait dans le monde précédent, a ramené la chaleur et la lumière dans le monde nouvellement créé.

CHAPITRE 9

LES PRINCIPALES SAGAS NORDIQUES

Nous avons maintenant abordé le fait que les mythes nordiques sont originaires d'Europe du Nord, principalement de Scandinavie. La mythologie nordique était à la base de la religion pratiquée au Moyen Âge, avant la christianisation totale. On peut dire qu'il s'agit d'une variante historique appartenant à la mythologie germanique. Ce dernier, par conséquent, appartiendrait à la mythologie de l'Inde et de l'Europe dont sont issues d'autres variantes comme les mythes grecs ou persans. Comme d'autres types de mythes, nous trouvons de nombreux dieux, héros et personnages fantastiques dans la mythologie nordique. Comme nous l'avons vu, ces mythes ont longtemps été transmis oralement, principalement par la poésie scaldique. Certains de ces poèmes ont été transcrits vers le 13e siècle, dans l'Edda poétique. Le savant islandais Snorri a utilisé précisément la culture orale pour la production de l'Edda en prose, également au 13e siècle. Les sources dont nous parlons sont les principales qui nous ont fourni des informations sur la mythologie nordique et ont sans doute été complétées par des sagas provenant également d'Europe du Nord. Ce genre mythologique a été longtemps mis de côté, pour n'être redécouvert que vers le XVIIIe siècle, grâce au romantisme européen. Bien que certains chercheurs aient contesté ces sources comme étant soumises à l'influence chrétienne, elles mettent en évidence un vaste héritage de croyances nordiques très anciennes. La fragilité et l'ambiguïté de ces sources ne permettent cependant pas de reconnaître pleinement cette mythologie. Après une très longue période de transmission orale des preuves, avec l'avènement du christianisme et des premiers croyants dans les terres scandinaves, la transcription plutôt que la transmission orale a commencé ; nous sommes au Xe siècle. Cependant, il n'est pas si absurde que cela que certaines de ces sources soient remises en question, car il est très probable qu'elles aient été modifiées et révisées par des érudits médiévaux et des historiens de la religion chrétienne. On peut donc douter de l'authenticité de la croyance païenne actuelle. Si le christianisme a eu une telle influence, c'est parce qu'avec son arrivée, il a également apporté le latin, une langue qui a permis d'apprendre aux Scandinaves à transcrire sur papier. Jusque-là, on utilisait des runes, mais étant gravées, elles n'étaient pas pratiques pour faire de longues transcriptions.

Quelle est l'origine des légendes nordiques ?

A qui peut-on attribuer la véritable origine de ces mythes complexes ? La tradition veut qu'Odin, poussé par sa soif de savoir, ait décidé d'invoquer l'esprit d'un voyant afin de connaître le passé et de prédire l'avenir de l'univers qu'il dirigeait. L'esprit du voyant lui expliqua qu'à l'origine il n'y avait que la glace et le feu, à savoir le Niflheimr et le Muspellsheimr, divisés par un grand gouffre de vide : le Ginnungagap. Lorsque ces deux éléments sont entrés en collision, ils ont donné naissance au premier géant : Ymir, et à la vache cosmique : Audhumla. Du premier géant est née la lignée des géants, d'Audhumla, en revanche, sont nés les dieux Ases. Avec la troisième génération d'Aesir, Odin et ses frères Vili et Vé ont tué Ymir, et en utilisant le corps sans vie d'Ymir, ils ont pu façonner le monde entier. Le voyant a fait prendre conscience à

Odin qu'il n'appartenait pas à la dernière génération de Aesir qui pouvait régner sur les Neuf Mondes. Le Ragnarok était donc déjà annoncé : il y aurait un épilogue final qui mettrait fin à ses ennemis, comme il l'a fait pour son peuple, en détruisant tout puis en reconstruisant ; exactement comme l'histoire l'a toujours prédit. Les dieux seront confrontés à des créatures monstrueuses qu'ils devront parfois vaincre, avec l'aide des guerriers qu'ils dirigent. Toute cette longue histoire visait simplement à rétablir un nouveau cycle de vie et de mort, d'ordre et de chaos. Ce sont les piliers fondamentaux qui représentent pleinement la mythologie nordique. Yggdrasill est décrit comme l'arbre cosmique, un fil qui relie toutes les planètes nordiques à lui-même. La cosmologie nordique, tout comme l'ensemble des religions et cultures pré-chrétiennes, puisqu'elles sont antérieures à la révolution copernicienne, plaçait incontestablement l'homme au centre de l'univers. Il était le point d'appui de cet arbre cosmique et de lui partaient les branches robustes reliées à chacun des huit royaumes qui, avec le royaume de l'homme, constituaient l'ensemble du cosmos. Il est crucial de se rappeler que les sources rendent compte d'une culture, surtout en ce qui concerne la transmission orale et l'écriture, qui change constamment et radicalement.

Le monde était au centre de l'univers et, selon les principales théories, la Terre du Milieu s'appelait Midgard, tandis que Manheimr était le Royaume des Hommes.

À côté de Midgard, appartenant au tout premier groupe de planètes, se trouvait Muspellsheimr : le pays des flammes. Elle était considérée comme la demeure des géants du feu et de Surtr, celui qui les dirigeait. C'est précisément cette terre qui a donné naissance au Ragnarok. À côté de ce dernier, dans le cercle de Muspell, se trouvait Vanaheimr, ou le royaume des Vanir. Ce sont les dieux qui, à la suite d'une bataille contre les Ases, ont formé une alliance avec eux afin de les transformer en un second groupe de dieux nordiques : exactement comparables aux nymphes et aux muses grecques. Puis nous trouvons Jotunheimr, le royaume des géants de roche et de glace, ennemis brutaux des Ases et des hommes. Enfin, Niflheimr : le royaume du froid et du brouillard.

Le deuxième cercle comprenait Svartalfaheimr, le royaume des Elfes noirs qui, selon différentes sources, coexistait et combattait avec le royaume des Nains et Alfheimr, le royaume des Elfes légers.

Asaheimr, le royaume des Ases, observe d'en haut tous les autres royaumes et en particulier la capitale des dieux nordiques.

Helheimr était situé au sud du cosmos, ici régnait Hel : la déesse de la mort. Elle a été désignée par Odin comme la souveraine des enfers. La structure de Helheimr est loin d'être facile à comprendre par rapport aux autres planètes de la cosmologie nordique. Ce dernier était en effet divisé en trois parties, tout comme le monde souterrain chrétien. Les niveaux supérieurs sont gouvernés par Hel, où l'on trouve à la fois des dieux et des héros, ceux qui ont réussi à gagner leur chemin vers le Valhalla au cours de leur vie. Ils ont été jugés par les Valkyries. Aux niveaux intermédiaires, en revanche, se trouvaient les personnes âgées et les jeunes, précisément ceux qui n'avaient pas réussi à gagner une place dans les salles des dieux. Aux niveaux inférieurs, au contraire, étaient amenés tous ceux qui avaient reçu une sentence de punition ou de torture. On dit que le mot anglais "Hell", qui symbolise l'enfer, dériverait de Hel. Dans le panthéon nordique, il est assez facile de trouver des figures divines très fortes, sortant de l'ordinaire. Il est toutefois important de prêter attention à un aspect, à savoir que contrairement à toutes les autres religions indo-européennes, où le bien et le mal s'affrontaient, ici ce sont l'ordre et le chaos qui s'affrontent. Pour cette raison, la divinité Loki peut être associée au panthéon grec et comparée à Eris, déesse de la discorde, plutôt qu'à Lucifer. Vu sous cet angle, si l'on s'attarde sur la lutte entre les Ases, les Vanirs et les géants et les Jotnar, cet affrontement ne peut être considéré comme une apocalypse dans laquelle le bien triomphe pour rétablir un ordre entièrement nouveau. Au contraire, ce sera la fin d'un cycle et le début d'un nouveau, comme cela se passe dans les religions d'Extrême-Orient.

Dans cette optique, il est donc naturel de mentionner certains dieux tels que Loki, Thor, Hel, Odin, Frigg et Heimdallr. La mythologie nordique peut être considérée comme faisant partie intégrante de la mythologie germanique, qui compte parmi les plus connues et les plus répandues au monde. Thor, Loki et Odin, en effet, sont des noms bien connus même de ceux qui ne sont pas experts en mythologie, car il existe une multitude de romans, de films ou de bandes dessinées fantastiques qui mettent en scène les divinités appartenant au Panthéon de la Scandinavie.

Les sources de la mythologie nordique

Comme nous l'avons déjà mentionné à plusieurs reprises, presque tous les contes nordiques nous sont parvenus par le biais de l'Edda en prose, rédigé par le savant finlandais Snorri Sturluson, aux alentours du 13e siècle. Vu de manière plus spécifique, il peut être considéré comme un manuel de rhétorique, puisque l'auteur y fournit des explications et des instructions aux nouveaux poètes. Il enseigne l'utilisation du matériel nordique en démêlant le sens des kenningar, c'est-à-dire toutes ces phrases dans lesquelles on trouve des noms de choses et de personnes avec des périphrases pour décrire les divinités nordiques. L'Edda en vers, bien que datant de la même période, contient 29 poèmes mettant en scène des dieux et des héros qui n'ont été étonnamment redécouverts que dans la première moitié du XVIIe siècle par un évêque qui a lu le Codex Regius. Avant les sources écrites, nous avons déjà noté l'importance des runes pour la mythologie nordique. Sur ces pierres, précisément, des caractères appelés "runiques" étaient écrits et gravés. La plus grande quantité de pierres runiques a été trouvée en Scandinavie et presque toutes ont été datées de l'époque des Vikings. À cette époque, les contes ne se transmettaient qu'oralement. L'importance fondamentale des pierres runiques réside dans le fait que, sur leur surface, il est possible de trouver non seulement des témoignages historiques, culturels et linguistiques, mais aussi des épisodes et des événements réels liés aux mythes nordiques et aux peuples scandinaves.

Le Ginnungagap : quand tout a commencé

Certains récits rapportent qu'à un stade assez primordial, ni le ciel ni la terre n'existaient, mais seulement un espace vide, presque un abîme, appelé Ginnungagap, ou espace magique. Il a été détaché du royaume de brume et de glace au nord, à savoir Niflheimr, et du royaume de feu au sud, à savoir Múspellsheimr. En leur sein se trouvaient les onze rivières appelées Élivágar ; l'eau de ces rivières était empoisonnée et donna naissance à Ymir, le géant. Il était le chef de la race des géants qui grandissaient et se nourrissaient du lait de la vache universelle : Auðhumla. Cette dernière a mangé le sel contenu dans les roches gelées et a ensuite décidé de donner naissance au premier homme apparu sur terre : Búri. Il était androgyne, de lui est né son fils Borr et de ce dernier sont nés un certain nombre de dieux tels qu'Odin, Vili et Vé. Tout d'abord, les fils de Borr ont tué Ymir afin d'utiliser les composants de son corps pour donner la vie au monde. C'est précisément du crâne qu'est née la voûte céleste, tandis que l'océan est né du sang et qu'enfin, de sa chair, la terre a été faite. Des os sont nés les montagnes, et des cheveux sont nés les arbres. Cette terre a pris le nom de Midgard, d'où la Terre du Milieu, et c'est là que les hommes et les trolls ont trouvé un foyer. Du corps d'Ymir est également né Yggdrasil : le plus grand arbre. Enfin, ses neuf branches avaient pour fonction de soutenir le monde. Voyons les noms des branches :

- Ásahemir, le lieu des dieux célestes ;

- Álfheimr, habité par des elfes de lumière ;

- Midgard, habitée par des trolls et des hommes ;

- Jǫtunheimr, le pays des géants ;

- Vanaheimr, le lieu habité par les Vani ;

- Niflheimr, le royaume de la glace ;

- Múspellsheimr, le royaume du feu ;

- Svartálfaheimr, l'univers des elfes noirs ;

- Helheimr, le royaume des morts.

Sous cet arbre, il y avait des animaux. Plus précisément, on sait qu'il y avait des serpents dans les racines, et que parmi eux se trouvait Níðhǫggr. On lui attribue le mérite d'avoir rapproché l'heure du Ragnarök, c'est-à-dire la fin du monde, en mordant ceux qui l'entouraient.

Au sommet de l'arbre, cependant, résidait un aigle et avec lui fut également introduite la figure du faucon : symbole de sagesse, son nom était Vedfolnir. Dans une position plus centrale se trouvait le cerf Eirkthynir, de ses cornes sortaient les eaux des rivières, en particulier la rivière Hvergelmir. C'est à partir de ce dernier que se sont formés tous les autres fleuves du monde.

Le Panthéon de la mythologie nordique

Un personnage de plus grande importance et pertinence était Odin, considéré comme le géniteur des Nordiques. Le nom d'Odin signifie littéralement "fureur" et est facilement lié à sa force et à sa férocité, dont il faisait preuve au quotidien, incarnant ainsi ce rôle. Cependant, ce ne sont pas les seules raisons pour lesquelles le chef des dieux a obtenu ce rôle prestigieux de dirigeant. Parmi ses meilleurs traits de caractère, on lui reconnaissait une grande sagesse, celle-là même qu'il avait acquise en buvant les eaux d'Hvergelmir, malgré le fait que cela lui ait coûté un œil. Il existe de nombreuses épithètes identifiant la figure d'Odin, dont l'une est "père des morts", décrite en norrois par le mot Valfódhr. Les morts, dans ce cas, sont tous les guerriers qui sont tombés avec respect et honneur au combat. Ils ont ensuite été accueillis dans le légendaire Valhalla. Ce dernier lieu mentionné était la demeure céleste des dieux, située à Asgard. Il s'agissait d'une grande salle dans laquelle les héros continuaient à être vénérés et célébrés après leur mort terrestre, spécifiquement ils étaient transportés par des Valkyries vers ce lieu. Les guerriers germaniques et les Vikings en question tentaient d'être à la hauteur de la férocité sanguinaire de leur dieu lors des combats, c'est pourquoi ils portaient des peaux d'animaux et se jetaient sur leurs ennemis à mains nues, de manière animalisée. Frigg, l'épouse d'Odin, était la déesse de la famille, de l'union conjugale, et pouvait assister aux nouvelles naissances lors de l'accouchement. Odin a eu de nombreux fils, dont le plus connu est Thor : le défenseur, par excellence, des dieux. Thor a toujours été décrit comme un homme aux cheveux roux avec un physique massif et plutôt fort. Il s'identifie comme le dieu des foudres, celles qu'il lance après les avoir prédites grâce à l'utilisation du Mjölnir : un marteau magique et scintillant, son arme principale contre les ennemis et les géants. La particularité de ce marteau est que, bien qu'il soit lancé loin, il revient toujours dans les mains du dieu Thor, tout comme un boomerang. Ce dernier était vénéré par les paysans car il apportait également, grâce à la foudre, les pluies indispensables à la réussite des récoltes. Thor, sans surprise, a épousé la déesse de la fertilité : Sif. Loki, par contre, dans le monde des divinités, peut être considéré comme une figure ambiguë et contradictoire. On l'appelait à plusieurs reprises "la honte des Asis", car il était apparenté aux géants. Il était considéré comme le dieu ambigu de la tromperie, car il satisfaisait ses plaisirs sexuels et donnait parfois naissance à des créatures monstrueuses. Parmi ses enfants figure Angrbodha dont le cœur, lorsqu'elle a été tuée, a été entièrement mangé par son père Loki lui-même afin de donner naissance à une nouvelle créature : le loup Fenir. Souvenons-nous également de la reine des enfers Hel et du très dangereux serpent de Midgard. Les occasions où Loki peut être considéré comme un bon dieu sont beaucoup moins nombreuses que dans le cas d'événements négatifs ; en fait, il n'a que rarement accompagné Odin et Thor dans leurs grandes affaires, apportant sa contribution lorsque cela était nécessaire.

Le Ragnarök et la fin des dieux

Dans la mythologie nordique, tous les événements prennent fin lorsque survient l'épisode tragique du Ragnarök, un terme qui se traduit par "destin des dieux". Cet événement était l'affrontement final entre les géants et les dieux qui entraînera la fin du monde. Ça a commencé par le meurtre de Frigg et du fils d'Odin, Balder. Il était un dieu innocent, dénué de malice, et a été assassiné par le dieu Loki, qui a ensuite été brutalement puni.

Odin ordonna d'attacher le dieu de l'ambiguïté à quelques pierres au moyen d'une corde dans laquelle sa tête était attachée ; au point le plus haut, il plaça un serpent d'où s'écoulait du poison, brûlant le visage de Loki et lui causant une énorme douleur. La description de ce terrible événement démontre que les personnages mythologiques des mythes nordiques sont les plus proches des figures humaines et que, bien qu'ils présentent des similitudes avec les dieux grecs, ils n'étaient pas éternellement jeunes et immortels ; au contraire, la mort les attendait comme pour les humains. À un certain moment de l'histoire, un très long hiver de presque trois ans, le Fimbulvetr, se produit. Il en résultera la ruine totale de tous les liens qui soutenaient la société humaine. Le Ragnarök a été indirectement annoncé par deux événements : la disparition du soleil et de la lune, qui ont été dévorés par des loups. Un tremblement de terre se produira alors, d'où sortiront les monstres et les géants, prêts à attaquer le monde entier. La sortie de Loki, qui sera le premier allié fidèle des géants et des monstres, est presque imminente. Il atteindra Bifrost, le pont arc-en-ciel. Odin, à son tour, se préparera également pour l'affrontement final. Le point culminant est atteint lorsque chaque côté tombe. Odin est avalé par le loup Fenrir, qui est ensuite tué par son fils Vidar. Thor va s'affronter au redoutable serpent jusqu'à ce qu'il réussisse à lui ôter la vie. Surtr, le géant de feu, ne tuera Frigg et mettra le feu au monde entier que lorsque Loki et Heimdalr se seront affrontés et seront morts. Le Ragnarök, vu sous un angle positif, symbolise la fin d'un monde détruit et la renaissance. La nature cyclique du monde est donc une chose à laquelle on ne peut échapper.

CHAPITRE 10

RITUELS ET MAGIE NORDIQUES

Les Vikings sont connus pour deux raisons principales : leur caractère explorateur et leur tendance à la confrontation. Bien qu'ils soient identifiés à ces caractères, il est important de ne pas négliger l'aspect religieux et leurs pratiques rituelles curieuses et intéressantes. Dans leurs croyances religieuses, les divinités n'étaient certainement pas limitées à un cercle restreint, et leur religion était considérée comme non doctrinale. Cela signifie qu'il s'agissait d'une religion plutôt libre ; en fait, chaque rituel accompli et chaque croyance dépendaient strictement de l'individu. Bien qu'ils partageaient tous les mêmes dieux et croyances, ils n'imposaient pas nécessairement des pratiques à suivre ; les gens ne vénéraient que les dieux qui étaient liés et cohérents avec leur vie. Les Vikings ne se limitaient pas non plus au culte des dieux, mais vénéraient leurs ancêtres disparus, parlaient avec les esprits et pratiquaient des rituels funéraires spéciaux. Ils transmettaient leurs connaissances par voie orale plutôt que par écrit. En fait, comme nous l'avons vu, toutes les sources concernant l'ère viking ont été rapportées par des étrangers, qui ont pu donner leur propre interprétation de l'histoire et des événements. En effet, les rituels sont parfois décrits avec une subtile incohérence, certains sont inexacts et d'autres semblent avoir été inventés. Les Vikings ont souvent été présentés sous un mauvais jour, ne serait-ce que dans le but futile de rendre les événements plus intéressants ou spéciaux. Les rituels, bien que n'étant pas les plus courants ou les plus répandus, comprenaient des sacrifices humains. Bien que ces récits ne puissent être considérés comme totalement fiables à tout moment, des vestiges archéologiques témoignent de l'existence de sacrifices humains dans leur culture. Examinons plus particulièrement certains de ces rituels.

- Adam de Brême a écrit quelques histoires sur les Vikings vers le 11e siècle, sur la base de récits déjà transcrits. Il traite, en particulier, d'une pratique : l'Uppsala, dont on retrouve principalement la trace en Suède ; elle est pratiquée tous les neuf ans à l'arrivée du printemps. Le rituel durait exactement neuf jours, il y avait une célébration pour chaque jour et il était toujours associé à un sacrifice. Il y a donc eu neuf sacrifices par jour et 81 sacrifices au total. Le rituel impliquait le sacrifice d'un homme pour chaque jour, accompagné de huit animaux, également mâles. Leurs corps étaient suspendus aux arbres de la forêt sacrée, précisément à côté du temple où se déroulait tout le rituel. Ce type de tradition est destiné à honorer le chef des dieux, Odin. Bien qu'habituellement les hommes donnés en sacrifice pour ce rituel étaient des criminels et des esclaves, il arrivait exceptionnellement qu'un roi soit sacrifié.

- Yule, qui s'écrit "Jol" en vieux norrois, est le terme qui symbolise le temps écoulé entre le solstice d'hiver et le moment qui lui est généralement associé, c'est-à-dire le 12 janvier. La raison pour laquelle Yule était célébrée n'est pas encore tout à fait claire. On suppose qu'elle visait à honorer les morts, mais aussi à porter chance à la nouvelle année. Une autre hypothèse est que le rituel était accompli pour honorer Thor. Même la procédure réelle du rituel n'a jamais été rapportée avec une clarté complète. D'après les textes qui en portent la trace, il semblerait qu'il s'agisse de boire de l'alcool. Ce geste a été accompagné d'une fête qui a duré trois jours et trois nuits, au cours de laquelle des jeux et des chants ont été interprétés. Pendant le Jol, les Vikings prenaient soin de construire une roue solaire à laquelle ils mettaient le feu en la faisant rouler en bas d'une colline ; ils invoquaient ainsi le soleil. De cette façon, ils demandaient également la protection des dieux, et finalement une petite partie de la roue était conservée jusqu'au prochain rituel afin de protéger la famille. Lors de cette fête, les arbres étaient décorés de nourriture, de vêtements et de fragments de pierres runiques, afin d'invoquer les esprits du printemps. Les plus jeunes participants au rituel portaient des vêtements en peau de chèvre pour rappeler les chèvres qui tiraient le char monté dans le ciel par Thor. À la fin du rituel, ils se rendaient dans chaque maison pour chanter, présenter de petits spectacles et obtenir ou échanger des boissons et de la nourriture.

- Les Vikings ont toujours été reconnus pour leur fureur au combat ; rien n'est considéré comme plus effrayant que leurs Berserkers et Ulfhednar. Ces derniers sont le résultat de certains rituels de guerre des chamans. Les Berserkers étaient considérés comme des hommes-ours, tandis que les Ulfhednar étaient une fusion entre un loup et un homme. Le rituel consistait essentiellement à faire porter aux hommes qui partaient en guerre des fourrures et des têtes d'animaux, afin qu'ils affrontent la bataille comme de véritables animaux au lieu d'utiliser des armes et des boucliers. Les légendes rapportent que, plus probablement que les animaux, ces guerriers n'avaient pas non plus de perception de la douleur, ce qui explique pourquoi, bien que mortellement blessés, ils ont poursuivi leur combat sans crainte. Pour devenir ce genre de guerrier, ils devaient d'abord rejoindre les rangs de leurs compagnons de combat et, plus curieusement encore, ils devaient vivre dans la nature exactement comme leur animal totem. Cet aspect les a certainement privés de leur humanité puisqu'ils ont été contraints de prendre les traits et les caractéristiques de l'animal. Il existait certainement diverses techniques pour parvenir à l'accomplissement complet du rituel, par exemple l'exposition à une chaleur extrême, certains types de danses et le jeûne. Cette procédure pourrait aboutir à l'auto-induction d'un état de transe hypnotique qui pourrait conduire à la perte de la sensation de douleur et à la perte de conscience en mouvement. L'utilisation de champignons psychédéliques ou, plus précisément, l'utilisation d'un champignon vénéneux particulier pour atteindre un état délirant peu avant la bataille a également été rapportée. Cependant, dans les sagas, il est très difficile que de tels événements soient rapportés.

- Un autre rituel pratiqué par les Vikings était la décoloration des cheveux au moyen de la lessive : ils se peignaient et repassaient leurs vêtements à l'aide de pierres chaudes. Des études archéologiques plus récentes ont rapporté que les Vikings avaient souvent tendance à modifier l'apparence de leurs dents. Les squelettes de leurs corps montrent des signes de changements intentionnels, donc non naturels. Il s'agissait de lignes horizontales gravées dans l'arcade dentaire. Un type spécial de teinture rouge était également très souvent appliqué sur les sillons. Cette pratique, en Europe, n'a été trouvée dans aucune autre population jusqu'à présent. Ce rituel était probablement exécuté comme un geste visant à susciter la peur chez les guerriers adverses. Toutefois, il ne s'agit que de suppositions valables; il n'existe pas de sources précises pour confirmer ces hypothèses.

Le Blot

Blót est un mot d'origine nordique utilisé pour décrire le rituel au cours duquel le meurtre d'une victime sacrificielle était commis. L'origine du terme est germanique, à savoir blōtą qui signifie " sacrifice, culte ".

Le mot blót compris comme " sacrifice de sang " est à l'origine du mot anglais blood, sang, et du mot allemand blut, de même sens. Ce n'est pas le premier exemple de termes anglais ou allemands inspirés de la langue nordique, c'est pourquoi cette information ne devrait pas être une surprise. La souche d'origine de toutes ces langues est indo-européenne. Si l'on considère le rituel lui-même, on peut dire qu'il est né dans l'Antiquité sous la forme d'un sacrifice d'animaux en l'honneur des dieux, en particulier dans des situations de célébration telles que Vetrablót, Jólablót ou Dísablót. Par un rituel très simple, la victime perdait la vie après avoir été consacrée. Le rituel n'était pas exécuté de manière grossière ou sanglante, il ne comportait jamais d'abattage. Dans le blót, la victime était escortée vers les dieux, jusqu'à ce qu'elle fasse partie de leur plan, et était intégrée à leur corps par l'ingestion de sa chair. Par cette transition, l'individu a pris le caractère et la force vitale de l'âme qui a commencé, à partir de ce moment, à vivre en lui. Ensuite, le sang de la victime était aspergé le long de l'autel, des murs du temple et sur toutes les statues représentant les dieux. Souvent, les personnes assistant au rituel étaient également aspergées du sang de la victime. La viande de ce dernier était ensuite bouillie et, une fois cuite, la partie jugée la meilleure était offerte aux dieux.

Ce qui restait pouvait être consommé dans la communion. Pour faciliter la compréhension de cette pratique, il est utile de faire référence à la fois à la magie et à l'acte pratique et charnel de la chose. Ce n'est pas un mystère que le sang contient la nourriture du corps, c'est pourquoi il était si fondamental pour la réalisation de ce rituel et pourquoi il était souvent offert aux dieux. Elle pouvait également être utilisée pour favoriser la fertilité de la terre et était donc également versée sur le sol. Un dicton dit : "l'eau purifie, le sang consacre". Les blót étaient donc considérés comme essentiels pour nourrir les dieux après leur long sommeil de milliers d'années, mais aussi pour guérir l'ancien lien entre les hommes et les dieux. Dans le blót d'aujourd'hui, il est clair que les corps des animaux ne sont plus offerts en sacrifice, mais des légumes, généralement des pommes, sont utilisés. Il serait intéressant de comprendre pourquoi, parmi les légumes, les pommes sont privilégiées. Ils avaient une importance particulière dans les temps archaïques. En témoigne un conte nordique dans lequel le dieu Loki a volé des pommes à la déesse Idhunn. C'était considéré comme un péché puisque ce fruit avait le pouvoir de garder les dieux jeunes.

- En outre, un autre rite a été mentionné : l'Álfablót. C'était un rituel familial qui avait lieu en novembre. Lors de ce rituel, la coutume voulait que l'on coupe un pommier pour honorer les elfes et recevoir protection et force pour la famille. Nous voyons donc à nouveau l'utilisation de la pomme comme sacrifice, ce qui signifie qu'elle n'est pas moins importante que le sacrifice d'animaux. Le jus des pommes n'est évidemment pas aussi rouge que le sang d'un animal, mais cela n'affecte pas la valeur attribuée à l'acte sacré du sacrifice puisque, bien qu'il s'agisse d'un végétal, c'est un être vivant. Il convient de souligner que pour chaque rituel, il n'y a pas qu'une seule et unique valeur symbolique, un certain lien avec la divinité, l'objet sacrificiel et les croyants entre également en jeu.

CHAPITRE 11

MAGIE VIKINGS

Seidr

Le seiðr, que l'on peut traduire en français par seid ou seidhr, est un rituel magique de la tradition chamanique. Il est originaire d'Allemagne. La mythologie nordique rapporte qu'il s'agit d'une pratique particulière liée au Vanir et enseignée par Freyja à Odin. Presque toute la magie seiðr est basée sur une sorte de dialogue avec les esprits, très similaire au concept mélanésien de Mana. Grâce au seiðr, il était possible d'avoir des prédictions sur l'avenir, mais pas seulement, c'était aussi un moyen ayant le pouvoir de dispenser la malchance, la maladie et la mort. Grâce à la pratique du seiðr, il était également possible de transmettre l'intelligence et la force du corps d'un individu à celui d'un autre. Le mot seiðr dériverait du germanique saiðaz, qui peut être traduit par "signe, prédiction". Il semblerait que des lacets et des cordes aient été utilisés lors de la pratique du seiðr. Le terme finlandais "soida", qui signifie "jouer d'un instrument", y est lié. Cela souligne l'importance de la musique dans tous les rituels et dans celui-ci en particulier. En vieil anglais, les termes apparentés sont siden et sidsa, tous deux connus dans des contextes où des elfes ou des éléments magiques et fantastiques sont présents, notamment dans des situations très similaires à seiðr. En anglais, ce type de magie était décrit par le mot wicca, pour le masculin et wicce pour le féminin, c'est de ces termes que provient le mot witch en anglais moderne. Là encore, il s'agit d'une pratique de sorcellerie qui trouve son origine dans la tradition chamanique. Elle était pratiquée par des individus isolés et était pratiquement toujours féminine. En fait, dans certains récits, il est rapporté qu'il y avait une majorité de femmes dans ces pratiques parce que les hommes avaient honte. C'est pourquoi les prêtresses étaient presque toujours formées à l'exécution du rituel. Dans le récit de Lokasenna, le dieu Loki est accusé par les autres dieux d'avoir pratiqué le seiðr à plusieurs reprises, et le dieu est désormais décrit comme ayant des attitudes plutôt efféminées. Loki a répondu à l'attaque en faisant remarquer qu'Odin avait également accompli le rite de seiðr. Lorsque les hommes exécutaient un seiðr, ils étaient appelés seiðmaðr, ce qui impliquait qu'ils n'étaient pas des hommes virils mais efféminés ; ainsi, les termes "ergi", c'est-à-dire jument, et niðr, étaient considérés comme l'une des pires accusations pouvant être portées contre un individu masculin. Aucune magie bonne ou mauvaise n'est identifiée dans le seiðr, et il n'y a pas de pratique magique des runes. Les personnes qui participaient à ce type de rituel ou le pratiquaient étaient qualifiées de : seiðkona, seiðmaðr ; spákona.

Snorri Sturluson a expliqué les véritables origines du seiðr dans la Saga des Ynglingar. Il relie le seiðr aux dieux Vanir, en particulier il est connu que Freyja a enseigné le seiðr aux Æsir. Le nom de ce rite a également été largement utilisé dans le paganisme Ásatrú moderne, symbolisant une pratique magique de manière plus générique. Le seiðr comprenait également des incantations telles que galðrar, sing. galðr, et parfois aussi certains types de danse. Toutes les femmes qui s'adonnaient à cette pratique appartenaient aux couches sociales supérieures et occupaient certainement des rôles sociaux importants. Lorsqu'il s'agissait d'invoquer des esprits ou des dieux, ils pouvaient toutefois faire appel à une aide extérieure. Certaines sources rapportent que le seiðr était pratiqué surtout dans les périodes d'obscurité et de crise qui pouvaient être résolues par cette pratique, prédisant l'avenir et éloignant les ennemis en exploitant le pouvoir de la malédiction. A ce stade, il est facile de deviner que seiðr avait sûrement aussi une signification positive en plus de la partie destructive. Un objet spécial et important faisait également partie de ce rituel : le seiðstafr. C'était un bâton en métal appartenant au seiðkonar, utilisé tout au long du rituel. Les völva, les femmes prophètes qui ont tiré leur nom de l'utilisation de leur sceptre : le völ, pourraient être liées à ce détail.

Le Seidr et les 9 mondes

Les mondes auxquels on peut accéder par Seidr sont exactement les neuf mondes dérivés des racines dc l'arbre cosmique Yggdrasil, qui symbolise l'inconscient collectif et la conscience cosmique. Il existe neuf mondes de ce type, examinons-les spécifiquement :

I- Niflheim : Royaume de la glace et des brumes

Dans ce monde, on trouve principalement des éléments naturels tels que le vent, la glace et le brouillard. Il représente l'inconscient inférieur, c'est-à-dire le royaume de l'ombre, un endroit où les pulsions et les instincts réprimés ont élu domicile et où il n'est donc pas possible de reconnaître consciemment le bien et le mal. C'est là que se trouvent le désintérêt pour la vie, l'indifférence, la fermeture d'esprit, la douleur aveugle et sourde, le manque d'intention et de volonté, et l'apathie, que l'on peut décrire comme l'incapacité à ressentir des émotions et des sentiments. On se rend généralement à cet endroit dans un but précis : faire face à son ombre. Ce passage est nécessaire pour accéder aux autres mondes.

198

II- Helheim : le royaume de Hel et de la mort

C'est le royaume de Hel, fille de Loki, maître des enfers. Son signe particulier est le curieux dualisme : la femme apparaît comme un être beau avec la moitié de son corps, tandis que l'autre moitié est un cadavre en décomposition. Pour ceux qui n'ont pas la capacité d'aller au-delà des apparences, il est donc déconseillé d'aller à sa rencontre. Ceux qui en sont capables pourront saisir son cadeau : la libération du karma familial et collectif. Cela suggère que dans son monde, il est possible de trouver à la fois nos ancêtres et nos véritables racines d'origine, et qu'il est ainsi possible de se reconnecter avec sa propre personne en guérissant ce que nous portons en nous et qui provient de nos ancêtres et de l'humanité dans son ensemble, ce qui peut être défini comme le karma familial et collectif. En effet, il est nécessaire de résoudre notre destin afin de nous libérer des influences qui ne nous appartiennent pas. Ainsi, pour accéder aux mondes supérieurs en passant par le royaume de Hel, il est essentiel de se débarrasser du passé, en honorant et en remerciant ce qui a précédé ce moment.

III- Jotunheim : le royaume des géants des glaces

Ce royaume incarne totalement le pouvoir grossier et corrompu du sexe masculin. Elle peut être décrite et résumée comme la représentation inconsciente de l'égoïsme et de la fermeture d'esprit, ainsi que du pouvoir illusoire de la société, en se référant notamment à l'individualisme. Ici, il existe une pensée commune selon laquelle l'accumulation de richesses est fondamentale, même si elle implique l'exploitation de toutes sortes de ressources naturelles, quelles qu'en soient les conséquences possibles. Il n'y a absolument aucun respect pour ce qui se trouve autour et il y a un manque total de sensibilité. Le passage par ce monde indique une connexion complète avec son moi spirituel, ce n'est qu'ainsi que l'on pourra s'éloigner de la pensée illusoire du pouvoir.

IV- Muspelheim : le royaume des géants du feu

C'est un royaume assez hostile, tout comme le précédent. On y trouve les sentiments passionnels : haine, vengeance, jalousie, luxure, possession et envie. Pour passer dans ce monde, il est essentiel de pouvoir se libérer des pulsions du monde afin d'être vraiment libre.

V- Nidavellir : Le royaume des nains

Les nains qui habitent ce monde se caractérisent par une volonté et une force de travail inlassables. Ils sont capables de travailler n'importe quelle matière première, de la raffiner pour en faire un objet de grande valeur. Ce royaume représente essentiellement le subconscient, mais qu'est-ce que le subconscient ? C'est un lieu appartenant à la psyché où vous pouvez travailler sur vos connaissances et sur vous-même. La seule façon de franchir ce cap est de persévérer dans la recherche d'une croissance personnelle jour après jour, sans jamais se sentir complet et arrivé, avec la ferme conviction qu'il y a toujours moyen de grandir et d'apprendre.

VI- Midgard : le royaume des hommes

Comme le suggère le nom de ce royaume, il s'agit précisément de notre monde : celui dans lequel nous, les humains, vivons. Ici réside la conscience de l'ego qui, selon certaines théories chamaniques, n'est qu'une illusion. Les êtres humains ne sont convaincus de la véracité de cette dimension que grâce à un facteur matériel : ils peuvent toucher, voir et percevoir ce qui les entoure.

Ils ignorent à la fois le monde supérieur et le monde inférieur, qu'ils considèrent comme non tangibles mais néanmoins réellement existants. C'est pourquoi les chamans aspirent à s'éloigner des plaisirs terrestres qui pourraient les attirer, afin de pouvoir se rapprocher de plus en plus de la dimension spirituelle.

VII- Vanheim : le royaume des dieux Vani

Dans ce royaume vivent les Vani : des dieux liés à la nature. Pour cette raison, ce royaume peut être considéré comme splendide et sans aucune contamination. Les souverains de ce monde sont Freya et Freyr. On ne peut y trouver que la paix, le plaisir et l'harmonie. Il y a des énergies positives et merveilleuses. En fait, c'est précisément de ce royaume que les chamans ont du mal à sortir ; la seule façon de pouvoir continuer sur le chemin est de parvenir à ne pas céder aux sens.

VIII- Alfheim : le royaume des elfes de la lumière

Ce royaume est habité par les elfes de lumière, qui sont dotés d'une extrême sagesse vieille de milliers d'années. Ils représentent un cadeau pour le chaman, qui explore ce monde pour assimiler le plus d'enseignements possible. Comme dans le royaume des Vani, une nature intacte et harmonieuse réside ici, caractérisée, en fait, par de belles énergies. La principale caractéristique de ce royaume est la présence d'activités mentales très sublimes telles que l'art, la créativité, la méditation, l'intuition, la clairvoyance et les pratiques spirituelles. Conquérir tout cela implique la possibilité de passer dans ce monde.

IX- Asgard : le royaume des dieux Asi

Asgard représente la maison des Asis et, par conséquent, également celle d'Odin. L'accès à Asgard n'est possible que par le Bifrost, le pont arc-en-ciel. Ce dernier est toujours supervisé par le dieu Heimdall, et c'est lui qui décide qui peut entrer et qui ne peut pas. Cette permission n'est accordée qu'aux âmes qui ont achevé la réalisation de leur moi transcendant. Il s'agit, en fait, d'un lieu accessible aux chamans qui ont parcouru un chemin, à travers les autres mondes, pour se réaliser. Une fois qu'ils ont accompli ce voyage, ils peuvent être invités à consommer de la nourriture et des boissons avec les dieux, en totale union avec l'esprit.

CHAPITRE 12

CE QUI RESTE DE LA MYTHOLOGIE
NORDIQUE

De nos jours, l'intérêt pour la culture viking et les mythes nordiques s'est considérablement accru, tant chez les jeunes que chez les adultes. Pour quelle raison ? La série télévisée Vikings a certainement eu une influence déterminante. Ce dernier traite des événements en Angleterre et en France de Ragnarr Lodborok, le héros légendaire. La série porte sur Ragnarr et ses fils, avec des personnages tant réalistes que fictifs ou issus de récits légendaires. Une autre raison de l'intérêt récent pour la mythologie nordique est sans aucun doute les films de Marvel Studios sur Thor, le dieu du tonnerre, qui est également le protagoniste des bandes dessinées Marvel du même titre. Ici, la mythologie nordique est également présentée dans les cinémas, bien qu'avec des parties romancées. Un autre moyen de diffuser l'histoire des Vikings a été les livres, par exemple la trilogie pour enfants "Magnus Chase and the Gods of Asgard" de Rick Riordan ou la présence importante de manuscrits comme celui que vous avez entre les mains. Il ne faut pas oublier dans cette liste les jeux vidéo à succès tels que "God of War 4", dont le cadre est déplacé de la Grèce antique à l'Europe du Nord, où le personnage principal, Kratos, est en contact avec des figures de la mythologie nordique. Enfin, nous en arrivons au très récent "Assassin's Creed Valhalla". Bien que tous les exemples que nous venons de citer donnent une perspective ludique du monde, de la tradition et de la culture nordiques, ils nous ont permis, à l'époque moderne, d'apprendre des détails de ce monde. Ils constituent également la base de plusieurs histoires fantastiques, même très célèbres, comme le "Seigneur des anneaux" de Tolkien, qui s'est largement inspiré du poème épique allemand "Nibelungenlied". A ce stade, une question peut se poser : comment les auteurs de ces films ou séries télévisées ont-ils trouvé toutes ces informations ? Outre les découvertes archéologiques en Europe du Nord, les récits des anciens habitants européens concernant les histoires de Vikings et certaines sources nordiques, comme les poèmes épiques du cycle de Völsung, l'Edda en prose, l'Edda poétique, la saga d'Yngvars víðförla, la saga de Ragnars loðbrókar, ou les récits de voyage comme la saga d'Erik le Rouge et enfin le voyage de l'Arabe Ahmad ibn Fadlan vers les terres du Nord, ont certainement joué un rôle important. La chronique d'Ahmad ibn Fadlan est un document d'une grande valeur dans lequel on trouve des descriptions des lieux visités ainsi qu'une étude de la tradition et de la culture des peuples nordiques de cette époque, ainsi que de leurs coutumes et traditions. Sans ce type de documents, aucune information à leur sujet n'aurait probablement survécu jusqu'à ce jour. Ahmad ibn Fadlan était un voyageur arabe à l'origine de ces récits, mais on ne sait pas grand-chose de ses origines. Grand expert en droit islamique à la cour du calife de Bagdad al-Muqtadir, il fut en fait envoyé en expédition sur la Volga par le roi bulgare Almis vers l'an 1000. Ce qui témoigne de ce voyage est la description des détails de tous les territoires asiatiques et scandinaves traversés au cours du voyage. Le but de cette expédition n'était autre que d'obtenir une véritable alliance, de la part des Bulgares, avec le calife de Bagdad. En contrepartie, ils auraient donné de l'argent pour la construction d'une forteresse pour se défendre contre les Cazars. L'œuvre de Fadlan ne nous est pas parvenue telle qu'elle était à l'origine, mais plutôt à travers une version abrégée conservée en Iran dans la bibliothèque de

Mashhad. Les récits d'Ahmad ibn Fadlan ont été partiellement cités par Yaqut al-Hamawi dans son dictionnaire géographique des 11e et 12e siècles. Fadlan et Susan al-Rassi quittent Bagdad le 12 juin 921 et, grâce à certaines routes commerciales, atteignent Boukhara (Ouzbékistan), Khwarezm et Gorgan. Finalement, au cours des premières décennies de l'an 900, après avoir traversé plus de 4000 kilomètres, ils sont arrivés dans la capitale des Bulgares, Bolghar.

Il convient de souligner que les Bulgares de la Volga étaient un peuple différent de ceux que nous trouvons dans la Bulgarie d'aujourd'hui. Arrivé à la cour du roi bulgare Almis, Fadlan lui remet une lettre et quelques cadeaux du calife, mais le roi refuse catégoriquement l'alliance. Dans son journal de bord, Ahmad ibn Fadlan a sévèrement critiqué l'interprétation de l'islam par les Bulgares, soulignant qu'ils ne l'avaient acceptée que dans le but d'obtenir le soutien du califat. En outre, dans son manuscrit, il est rapporté que de nombreux peuples islamiques qu'il a rencontrés au cours de son voyage "sont comme des ânes perdus. Ils n'ont pas de lien religieux avec Dieu, ni de recours à la raison". Une fois à Bolghar, Fadlan a atteint Wisu, une région située au-dessus de la rivière Karma. Il y a vu de ses propres yeux le commerce entre les Bulgares de la Volga et les Variaghi, les tribus finlandaises locales. Ces derniers ont mené diverses activités guerrières sous la forme de pirates et de mercenaires, mais aussi de nombreuses activités commerciales qui ont conduit à la naissance du premier État slave oriental, la Rus' de Kiev. Leur existence n'était pas entièrement nouvelle pour les musulmans. L'impact entre les peuples finniques et les musulmans était très différent de celui entre les Nordiques et les peuples chrétiens d'Europe du Nord. Ibn Fadlan est sans conteste le premier à avoir transcrit les traditions du peuple Rus', dont il parle comme d'une population de marchands et d'explorateurs armés, spécialisés dans les activités commerciales. Les Arabes étaient ceux qui fournissaient aux variagos l'argent pour les peaux, la cire d'abeille, les faucons, les noix, les esclaves, les armes et l'ambre. Ils sont décrits comme étant grands, blonds et rubiconds, pleins de tatouages colorés et toujours armés d'épées. Il valorise également leur apparence extérieure mais les décrit comme maladroits, vulgaires, avec une attitude grossière, de mauvaises habitudes d'hygiène et peu de soins personnels : " Ils sont les plus sales de toutes les créatures d'Allah : ils ne se nettoient pas après avoir déféqué ou uriné et ne se lavent pas lorsqu'ils sont en état d'impureté rituelle, ni ne se lavent les mains après avoir consommé de la nourriture ". Presque toutes les descriptions sont réservées aux coutumes et aux traditions, c'est pourquoi nous connaissons encore aujourd'hui les dieux païens auxquels s'adressaient les sacrifices rituels et les cérémonies funéraires. Il est notamment écrit : "Lorsqu'un pauvre homme meurt, ils construisent une petite barque, y placent le corps et y mettent le feu. Dans le cas d'un homme riche, ils rassemblent ses biens et les divisent en trois, un tiers pour sa famille, un tiers comme dot funéraire et un tiers pour acheter de l'alcool à boire le jour où son esclave se suicidera en étant brûlé avec son maître".

CHAPITRE 13

LIEUX TOURISTIQUES OÙ TROUVER DES TRACES DE LA MYTHOLOGIE NORDIQUE

Si l'on devait faire un voyage métaphorique dans le temps, on pourrait découvrir des navires, des trésors authentiques et divers centres d'expérience viking où leur héritage culturel a été fidèlement recréé. Examinons quelques-unes des principales attractions touristiques appartenant aux Vikings du Nord.

SCANDINAVIE

Norvège

En 2019, un lieu où l'on peut vivre une expérience interactive a été ouvert, c'est un parc d'un peu moins de 2000 mètres carrés situé dans la zone centrale d'Oslo. Il est absolument à la pointe de la technologie, vous pouvez regarder des films de haute qualité et il y a un cinéma à 270 degrés avec une technologie de pointe. *The Viking Planet* est le nom du premier parc en Norvège. Vous pouvez faire un voyage dans le temps, en découvrant les curiosités et la culture des Vikings norvégiens d'une manière totalement nouvelle.

Une autre possibilité pourrait être le musée des bateaux vikings situé sur la péninsule de Bygdøy, tout près des centres nerveux d'Oslo, légèrement en périphérie. Ce musée viking a longtemps été le plus connu et le plus convoité par les visiteurs, car trois des navires vikings intacts découverts en Norvège y étaient exposés : Oseberg, Tune et Gokstad. Ils peuvent être considérés comme les navires les mieux conservés, presque intacts. Depuis quelque temps, malheureusement, le musée est fermé pour rénovation afin de créer le tout nouveau Viking Age Museum ; il devrait rouvrir en 2025. Comme alternative, nous vous recommandons le musée d'histoire d'Oslo, qui expose de nombreux objets liés à l'ère viking. Assez récemment, les archéologues ont mis au jour d'autres navires vikings, plus précisément dans la région d'Oslo, et ces découvertes ont suscité la curiosité du monde entier ; la dernière découverte, datant de 2019, a été faite à Horten, dans la région de Vestfold. Il existe plusieurs musées dans la région qui vous permettront de vous plonger dans l'histoire des Vikings. Au Midgard Viking Centre à Horten, on peut visiter l'impressionnant Gildehallen, une grande salle qui reconstitue la période viking ; des illustrations de la vie quotidienne de la population viking y sont exposées. La salle des Vikings du musée Slottsfjell de Tønsberg abrite le navire viking Klåstad, qui a été retrouvé en 1970. Au port de Tønsberg, en plus de la visite, il est possible de monter à bord du navire Oseberg, construit par les bénévoles de la Fondation du patrimoine viking d'Oseberg. Dans la ville viking de Kaupang, à Larvik, on peut voir l'un des premiers établissements urbains de la Norvège par la population viking. Les musées que nous venons de mentionner sont tous situés à Oslo ou à moins d'une heure de route de cette ville. Les passionnés de l'histoire des Vikings ont de nombreuses raisons de visiter la Norvège des Fjords. Le musée viking Sagastad de Nordfjordeid, l'un des plus récents et des plus modernes, expose le navire Myklebust, long de 30 mètres. En outre, des expositions interactives peuvent être vues. La Viking House, en revanche, située dans le centre de Stavanger, est une autre construction récente et très moderne. Ici, la technologie de la réalité virtuelle a été utilisée et le musée a fidèlement recréé la vie des Vikings dans cette région. Tout près de la Maison des Vikings, près du Hafrsfjord, on peut voir un grand monument appelé Épées dans la pierre ; il est situé exactement à l'endroit où Harald à la Belle Chevelure a unifié toute la Norvège en un seul royaume en 872. Avaldsnes, situé sur la petite île de Bukkøya, non loin de Haugesund, est considéré comme l'un des plus importants centres historiques de Norvège. C'est ici que le premier roi norvégien, Harald à la Belle Chevelure, a fait construire l'une de ses maisons pendant l'âge d'or des Vikings. Aujourd'hui, il est possible d'avoir un aperçu de la véritable culture viking et de la façon dont ce peuple vivait sur terre, ainsi que de profiter de visites historiques interactives grâce à des applications telles que "Time Travel". Le Viking Farm a été reconstitué grâce aux découvertes archéologiques faites dans la région même. Au Nordvegen History Centre, vous pourrez en apprendre davantage sur les chefs et les rois qui, à partir de l'âge du bronze, ont régné sur Avaldsnes pendant plus de 3 000 ans. Le musée raconte comment Avaldsnes est devenue la toute première colonie norvégienne. Un autre site touristique recommandé est le village viking Njardarheimr à Gudvangen, dans la région de Flåm. Vous pourrez y découvrir la vie réelle des Vikings à l'époque de la fondation de Gudvangen. 400 Vikings y vivent actuellement. Ils ont une grande connaissance des détails du passé et, si vous êtes intrigué, ils vous aideront à mieux comprendre la culture viking. Des traces surprenantes de vie viking ont également été découvertes dans le nord de la Norvège. Par exemple, nous pouvons observer de nombreux témoignages dans le musée le plus important des îles Lofoten, le Lofotr Viking Museum : il est situé à Borg, sur l'île Vestvågøya dans les Lofoten, et est une structure de 83 mètres de long datant de l'ère viking qui a été rénovée et ouverte en 1995. Ce dernier musée que nous venons de décrire expose de l'or, des poteries et d'autres importations vikings. Le musée de Lofotr, quant à lui, a la particularité de proposer des expériences interactives très impressionnantes : ici, vous pouvez participer à un festin viking, ramer sur leurs bateaux, tirer à l'arc ou vous essayer à la construction d'une maison en bois.

Enfin, nous tenons à signaler que chaque année, au mois d'août, un festival viking de cinq jours a lieu dans la région de Borg. Vous y trouverez plus d'une centaine de Vikings venus de près ou de loin, leur marché, des concours, des représentations théâtrales, des concerts et bien plus encore.

ISLANDE

Tout le monde ne sait pas que le plus ancien parlement national du monde encore actif et utilisable se trouve en Islande. Elle est située à l'intérieur du GOLDEN CIRCLE, ou Cercle d'or, qui comprend un parc national de l'UNESCO, plusieurs geysers et des chutes d'eau dans de grandes zones. Aujourd'hui, nous pouvons tout répartir dans le parc national de THINGVELLIR, qui s'écrit Þingvellir en islandais, terme nordique-viking signifiant "plaine du Parlement", protégé par l'UNESCO depuis 2004. C'est ici, entouré de rochers naturels, que le premier parlement du monde a été créé de 930 à 1798 ; de nouvelles lois y ont été adoptées, mais aussi des festivals et des compétitions sportives. Les préjugés sociaux voient la population viking comme une bande d'hommes féroces, de guerriers agressifs, destinés à une confrontation constante avec les Valkyries. Ils invoquaient Odin et Thor en essayant de gagner leur place au Valhalla. Contrairement à ce que l'on pourrait penser, ce n'était pas le cas pour les Vikings d'Islande. Ces derniers peuvent être décrits plus comme des paysans que comme des pirates.

L'explorateur Lawrence Millman a déclaré : "La nation créée par les Vikings était un savant mélange d'égalité et d'impitoyabilité. D'une part, elle a abrité le premier parlement démocratique du monde, l'Althing, fondé en 930 ; d'autre part, ces premiers démocrates avaient l'habitude de saler la tête de leurs ennemis et de la porter partout pour l'ostentation". En ce lieu, en l'an 1000, le Parlement a rejeté les dieux les plus anciens et a ainsi marqué le passage au christianisme. Au même endroit, un millénaire plus tard, la République d'Islande a été proclamée le 17 juin 1944, ce qui a assuré l'indépendance du Danemark après 700 ans. Nous vous suggérons également un autre endroit intéressant à visiter en référence aux sagas vikings : Guðrúnarlaug, qui signifie " la piscine de Gudrun ". Il s'agit en fait d'une piscine géothermique située dans la vallée de Sælingsdalur et, comme le rapporte la Saga Laxdæla, Gudrun Osvifursdóttir, le personnage principal, y a vécu pendant plus d'un millénaire et sa coutume était de se baigner dans cette piscine d'eau. La piscine d'origine a été détruite par un glissement de terrain, mais elle a ensuite été reconstruite, en utilisant des matériaux naturels, très proches de l'original. Aujourd'hui, cette piscine est une attraction touristique populaire à Dalasylsa. La Saga qui a donné à ce lieu une telle notoriété traite des événements du premier clan norvégien qui a colonisé l'ouest de l'Islande, dans la vallée de la Laxá, la rivière du saumon. Mais ce qui rend l'histoire de cette saga si captivante, c'est la présence de grands personnages : la matriarche Unnr, celle qui a conduit la famille d'Écosse aux îles Féroé, et l'esclave Melkorka, qui a fait semblant d'être muette tout au long de l'histoire pour ne révéler à personne qu'elle était, en réalité, la fille d'un roi d'Irlande ; nous rencontrons également Gudrún, considérée comme "la plus belle femme qui soit née sur la terre d'Islande", au caractère fier et passionné, reconnue comme l'une des héroïnes les plus remarquables de la tradition viking. Protagoniste d'une tragédie amoureuse, elle a fini par s'enfermer dans une solitude douloureuse, vivant ses derniers jours comme une nonne ermite. Un autre arrêt recommandé pour entrer pleinement dans l'ère viking est la longue maison d'Eiríksstaðir, la reconstruction des ruines originales de ce qui était autrefois la maison du célèbre Erik le Rouge, qui a pris son nom de la couleur de ses cheveux, et de son épouse Thjodhildr. On y raconte la naissance de leur fils : Leif le Fortuné, le premier homme européen à découvrir l'Amérique, bien avant que Christophe Colomb n'y arrive.

Ce dernier a également exploré pour la première fois le Vinland, la partie nord de Terre-Neuve, une île canadienne de l'océan Atlantique. On pensait que l'histoire de la découverte de Terre-Neuve était une légende. Au contraire, des tombes vikings datant du 11e siècle ont été récemment découvertes. Erik le Rouge n'était pas un personnage magnanime et fut en fait exilé d'abord de Norvège pour meurtre, puis d'Islande pour une raison similaire. Enfin, il arrive au Groenland et fonde sa colonie dans un fjord qui recevra plus tard son nom : Eriksfjord. Erik est mort l'hiver même où son fils est parti pour ses explorations et ce dernier n'a appris la mort de son père qu'à son retour au Groenland.

La maison ressemble exactement à une ancienne maison viking et, pour rapprocher encore plus les visiteurs de l'atmosphère viking, un feu brûle à l'intérieur. La présence de guides en costumes vikings qui racontent la saga d'Erik le Rouge et les histoires des Vikings ajoute au réalisme.

CHAPITRE 14

RUNES ET TROUVAILLES

Pour ceux qui ne craignent pas le froid et les très rares heures de lumière du jour, la Scandinavie offre des territoires fascinants, magiques et cristallins. C'est dans ces territoires qu'a débuté l'histoire germanique, dont on retrouve encore les traces et les traditions dans le nord et le centre de l'Europe. Dès le 3e millénaire avant J.-C., les Allemands ont établi leur communauté sur la base d'activités telles que l'agriculture et l'artisanat, mais surtout, ils ont étendu leur territoire à de nombreuses régions d'Europe, d'Afrique du Nord et même d'Amérique. C'est précisément à ces visées expansionnistes que l'on doit toutes les diverses influences linguistiques, présentes surtout dans les lieux d'expansion gothique, où l'on peut trouver aujourd'hui des langues comme l'allemand, l'anglais, et d'autres langues scandinaves comme le norvégien, le suédois, l'islandais, le danois et le frison. Mais pourquoi est-il possible de dire que toutes ces langues différentes dérivent de la même famille linguistique ? Au fur et à mesure que l'on remonte dans le temps, en observant les similitudes entre ces langues, la catégorie qui les regroupe devient de plus en plus étendue. On peut donc considérer qu'il a existé une "phase zéro", c'est-à-dire le proto-germanique, ou germanique commun, qui a initié toutes les autres. Il n'existe cependant aucun document ou texte transcrit dans cette langue germanique, qui ne peut donc pas être considérée comme une langue attestée. En fait, on peut dire qu'elle a été mise en lumière principalement par les autres langues qui en sont issues : les langues filles. Les langues slaves ont la même histoire derrière elles, contrairement au cas des langues romanes comme l'italien, l'espagnol et le français. Dans ce dernier cas, en effet, il est établi que la langue maternelle est le latin. Mais si l'on remonte encore plus loin, on constate que les Allemands, les Latins et les Slaves appartiennent au même groupe de langues indo-européennes. Cette catégorie comprend de nombreuses langues de l'Europe occidentale jusqu'à l'Inde du Nord. C'est pourquoi nous disons que l'indo-européen est la langue qui précède même les langues slaves, latines et germaniques. La partie la plus fascinante de la langue germanique est le monde des runes. Avant l'arrivée des Romains et donc avant l'influence de la langue latine, ces peuples n'utilisaient que l'alphabet runique. Le symbolisme runique a commencé à être utilisé vers le 2e-3e siècle de notre ère et avait essentiellement une valeur épigraphique. Ces symboles étaient gravés sur des objets en bois ou sur des pierres. Même à l'époque moderne, il est possible de témoigner de l'existence de cette langue par la découverte de gravures sur des pièces de monnaie, des armes, des monuments et des bijoux. Le mot anglais " to write " trouve son origine dans le mot anglo-saxon wrītan, c'est-à-dire " graver ", tout comme le verbe " to read " trouve son origine dans le mot anglo-saxon rædan, c'est-à-dire " interpréter ", précisément en référence aux runes. Cet alphabet a également pris le nom de futhark, qui correspond au nom des six premières runes dont il est composé : chaque rune symbolise des actes quotidiens de la vie germanique, voyons-les :

- Fehu : il signifie une vie d'abondance et de richesse, se référant particulièrement au bétail. À cette époque, le bétail était la monnaie d'échange ;

- Ur : indique l'énergie présente dans chaque individu, c'est-à-dire la force d'affronter l'adversité sans renoncer. Il prend également le sens de courage, de santé et de confiance en soi;

214

- Thurs : est le symbole de la puissance du marteau appartenant au dieu du tonnerre Thor, indiquant, en fait, la capacité de se protéger des ennemis ;

- Ass : il est le symbole de l'intelligence et de l'honnêteté, ainsi que de la capacité à communiquer ;

- Raido : est la rune qui symbolise le voyage, qu'il soit compris comme un voyage physique ou spirituel, à la recherche de soi ou de nouvelles découvertes ;

- Ken : symbolise la lumière qui chasse les ténèbres ; c'est la capacité de l'homme à s'exprimer à travers les arts et ses côtés les plus créatifs.

On peut en déduire que les runes n'étaient pas de simples symboles triviaux de l'alphabet. Ils représentaient des concepts, des actions, des caractéristiques ou des qualités réels, liés à la fois au sens pratique et pragmatique et à la spiritualité. Le mot "rune" signifie exactement magie, mystère et enchantement, trois constantes fondamentales de ce peuple. Au fil des années et de l'évolution de la société germanique, les runes ont également commencé à être utilisées dans des épigraphes historiques ou publiques. Un exemple est la célèbre pierre de Jelling, qui date du 10e siècle après J.-C. et a été trouvée dans le Jutland, au Danemark. Elle a gravé l'acte du roi Harald Blåtand, c'est-à-dire Harald aux dents bleues. Ce roi était très connu pour être plutôt diplomate, en effet, il a unifié tout le royaume du Danemark politiquement et aussi religieusement. Plus récemment, en 1997 pour être précis, ceux qui ont créé la connexion Bluetooth ont honoré ce souverain du nom de Blåtand, qui correspond à l'anglais Bluetooth. En outre, le symbole du logo est l'union des deux runes nordiques "H" et "B", les initiales de Harald Blåtand. Pour en revenir aux six premières runes du futhark, l'attention est attirée sur le fait que Thor, le dieu nordique rendu célèbre principalement par les bandes dessinées et le film Marvel, était également mentionné dans les années 1960. Mais quelles étaient les caractéristiques de la religion de ces peuples ? Tacite, dans sa "Germanie" datant de 98, a été le premier à analyser tous les aspects de la tradition germanique, même mythologiques. De nombreux dieux nordiques peuvent être comparés, du point de vue de Tacite, aux dieux de la Rome antique. Odin, par exemple, peut être comparé à Mercure. Il est bien connu que la dénomination des jours de la semaine proviennt des noms propres des dieux de la Rome antique. Exactement comme la culture nordique : mercredi dérive du latin mercurii dies, qui signifie " jour de Mercure ", tout comme l'anglais Wednesday. Il dériverait de l'anglo-saxon Wōdnesdæg tandis que le norvégien Onsdag trouve son origine dans le norrois óðinsdagr. L'historien Snorri Sturluson place Odin au sommet du panthéon des dieux nordiques, tandis qu'il est curieux de souligner que, surtout dans les régions scandinaves, le dieu le plus vénéré était Thor. Selon Tacite, il correspond à Jupiter, pourquoi ? La comparaison entre Thor et Jupiter peut être faite car ce dieu est le seul associé à l'élément de la tempête, en plus d'être le seul protecteur des hommes contre les géants et les démons. Comme nous le savons déjà, le symbole de reconnaissance de Thor est le marteau. Cependant, nous observons également d'autres figures mythologiques qui sont fondamentales pour la culture nordique. Par exemple, Tyr étant le dieu du social et du politiquement correct pour les Allemands, il a été comparé à Mars ; Freya, en revanche, étant la déesse de la bonté et de l'amour, a été comparée à Vénus et conserve toujours sa spécificité et son charme magique. Qu'est-ce qui le rend différent des autres ? La fusion des sentiments, de la spiritualité et de la combativité, voire la recherche d'un équilibre qui permet d'associer poésie, magie, clash et combat. Les pierres runiques, qui portent les gravures, dégagent une aura de mystère qui éveille la curiosité des personnes désireuses de découvrir l'atmosphère scandinave.

CHAPITRE 15

CE QUI RESTE DE LA LITTÉRATURE NORDIQUE

Comment sont nées les premières histoires sur la mythologie nordique ? L'homme a toujours cherché des réponses à tout doute ou perplexité qui ne peut être expliqué par des notions scientifiques. De cette manière précise, grâce à cette recherche continue, des récits sont nés. Les récits abordent différents aspects : le sacré, la naissance des êtres vivants et des êtres humains, l'origine du monde, etc. La tradition de la mythologie nordique se retrouve également dans les récits d'autres civilisations très éloignées, en termes de distances physiques, de la leur. En fait, les peuples de chaque civilisation ont reconstruit leur propre histoire et leurs événements en racontant les héros et les dieux par le biais d'une transmission écrite et orale.

À ce stade, il est légitime de se demander comment les mythes nordiques sont parvenus jusqu'à nous. Au début, nous n'avons reçu que des récits oraux de peuples qui avaient vécu ou vivaient dans des établissements de la péninsule scandinave, mais ces récits ne représentaient malheureusement qu'une partie de toutes les informations nécessaires à la reconstitution de l'histoire nordique. Bien qu'incomplètes, ces sources ont survécu jusqu'à nos jours et représentent un point important pour la compréhension du folklore scandinave et allemand et des peuples de toute l'Europe du Nord. Une autre source importante à partir de laquelle les récits de la mythologie nordique ont été reconstitués sont les artefacts runiques trouvés en Scandinavie et en Angleterre, bien que certains d'entre eux aient été perdus ou détruits. Le dur travail de transcription de poètes tels que Snorri Sturluson, compilateur de l'Edda, ou de nombreux autres historiographes a cependant été précieux. Nous pouvons donc en venir à la question suivante : pourquoi est-il si important de reconstituer l'histoire des peuples nordiques, de quoi parle la mythologie nordique ? Sans aucun doute, la plupart des histoires les plus connues rapportées ont été réinterprétées par des peintres, des musiciens, des écrivains et des poètes, ainsi que par des réalisateurs de films inspirés par une culture et une tradition aussi riches. Parmi les plus célèbres figure le mythe des Valkyries, ces figures divines servantes d'Odin et de Thor. Un autre élément toujours pertinent de la mythologie nordique est l'arbre de vie, qui représente toujours le symbole reliant la Terre et l'univers. Une légende nordique, en effet, traite de l'histoire de l'abîme cosmique : le Ginnungagap. De cette dernière, deux régions ont vu le jour : l'une de glace et l'autre de feu. De l'interaction de ces deux régions est né, à son tour, le premier géant : Ymir. Naturellement, les autres géants sont aussi originaires d'Ymir. On sait, par ailleurs, que le cosmos nordique est constitué de neuf mondes, reliés entre eux par l'Arbre du Monde lui-même : Yggdrasil. Les trois dieux frères, on s'en souvient, étaient responsables de la génération de l'être humain, réalisée par le façonnage de rondins de bois auxquels on donnait ensuite une âme, une intelligence et des sens. Tout comme nous nous souvenons de l'Olympe comme étant la demeure des dieux grecs, les dieux nordiques en possédaient également une. Asgard pouvait être considéré précisément comme cette demeure des dieux : seuls ceux qui étaient considérés comme les seigneurs absolus du ciel y vivaient. Une autre des croyances de cette population était le Valhalla, considéré comme le paradis où pouvaient résider les guerriers qui avaient honorablement perdu la vie au combat. Cette croyance suggère que les Nordiques avaient la conviction que tous les héros et guerriers morts au cours d'une bataille avaient droit au privilège du paradis. Enfin, parmi tous les mondes décrits ci-dessus, il convient de prêter attention à Múspellsheimr, le monde du feu, situé au sud de la Terre du Milieu, auquel nous devons la compréhension et l'explication des étoiles. Il était considéré comme le foyer des "enfants de Múspell", ceux qui ont détruit le monde. Des étincelles de destruction, les dieux ont finalement donné naissance au soleil et aux étoiles.

Les sources des sagas et des contes nordiques ont été manipulées de nombreuses fois par des mains et des interprétations différentes. Cependant, des compositeurs tels que Wagner et d'autres ont pu s'en inspirer pour faire de la musique. Et là encore, des écrivains et des réalisateurs, fascinés par la mythologie nordique, ont produit non seulement des livres, des bandes dessinées et des séries télévisées, mais aussi de magnifiques films. On peut même dire que la mythologie nordique a largement influencé les origines de la littérature fantastique. De Thor à Siegfried, la mythologie nordique nous a transmis quelques-unes des figures les plus emblématiques qui ont caractérisé le genre fantastique depuis ses origines. Au départ, il ne s'agissait que de connaître les histoires, les contes, les mythes et les hauts faits de certains peuples, comme toutes les autres populations historiques ; à une époque moins lointaine, cependant, la mythologie nordique a réussi à se répandre dans le monde entier, clairement facilitée par la création de sagas télévisées, parvenant ainsi à entrer dans tous les foyers. Comment tout cela est-il arrivé et pourquoi suscite-t-il tant de curiosité aujourd'hui ? Le point de départ, parmi les sources écrites, est toujours le premier recueil de mythes nordiques compilé par Snorri Sturluson au début des années 1200 : l'Edda en prose. L'œuvre, divisée précisément en quatre parties, a été créée dans un double but : la première peut être considérée comme éducative, tandis que la seconde relève de la pure tradition ; Snorri tenait à préserver le mythe. Malgré l'importance de l'Edda en prose, on ne peut négliger une œuvre de même importance : l'Edda poétique. C'est ici qu'ont été présentées les informations les plus explicatives et les plus importantes de la mythologie nordique : des personnages tels que les trolls, les nains et les elfes, mais surtout des héros comme Helgi et Sigurðr. Cette œuvre, contrairement à l'œuvre en prose, a été créée dans le but d'informer et de fournir des connaissances sur une partie de l'histoire nordique. En effet, contrairement aux autres Edda, les figures héroïques, légendaires ou un peu plus fantastiques apparaissent beaucoup moins dans celle-ci, mais il s'agit beaucoup plus de sources historiques et réalistes, considérées, en fait, par les historiens, comme des sources pures. Un autre point fort parmi les sources était le Codex Regius, une découverte décisive pour la reconstruction de la mythologie, des sagas et des événements nordiques. Elle n'est, par essence, rien d'autre que le récit de l'histoire d'un peuple. Ce sont les philologues suédois, au XIXe siècle, qui ont recueilli les témoignages et les connaissances des peuples scandinaves afin de comprendre dans quelle mesure ils se souvenaient de la mythologie nordique ; le résultat fut vraiment surprenant. De nombreux dieux se sont en effet perdus entre les pages.

Il était alors nécessaire d'utiliser ces deux croyances pour développer un nouveau genre littéraire, plus ouvert, plus complet et plus large : le conte de fées. Elle avait, pour la première fois, la particularité d'être racontée dans une langue commune : pour honorer les événements et les traditions qui l'avaient précédée. C'est alors qu'un nouveau genre est né : la fantasy, elle était entièrement basée sur la mythologie nordique. Comment le genre des romans fantastiques s'est-il répandu ? Tout d'abord, sans aucun doute, avec les premières œuvres de J. R. R. Tolkien, qui connaissait bien les contes de fées de toutes les périodes historiques, mais plus particulièrement de la période nordique. Il s'est inspiré de ces derniers pour créer les œuvres qui sont devenues les plus célèbres de toutes : "Le Hobbit" et "Le Seigneur des Anneaux", toutes deux créées dans un cadre rappelant la Terre du Milieu et avec pour personnages des nains et des elfes. Ces livres, par contre, en plus d'être transformés en films, ont connu un énorme succès. Ils déforment en partie le mythe et le rendent beaucoup plus proche des temps modernes. À ce jour, en effet, le genre fantastique et la littérature qui s'y rapporte ont fasciné de nombreux lecteurs et de nombreux auteurs, dans le monde entier. Il existe de nombreuses propositions sur le marché : contes de fées, légendes, récits. Dans la veine fantastique, il ne faut pas oublier le personnage du dieu Thor, qui apparaît comme un super-héros dans les bandes dessinées et les films Marvel. L'histoire de Thor, cependant, est complètement retravaillée et différente, mais contient encore certains détails liés à l'histoire originale, comme sa sœur Hela, qui rappelle la déesse du monde souterrain Hel, et l'événement destructeur de la fin du monde : le Ragnarök. Cette reprise de l'histoire de Thor, qui date également du XXIe siècle, a suscité un intérêt encore plus grand pour le genre fantastique, car elle rapproche cette version de Thor de la version "originale" et a renouvelé, au XXIe siècle, la curiosité pour les mythes nordiques en leur donnant un caractère contemporain.

CHAPITRE 16

CURIOSITÉS SUR LE MONDE NORDIQUE

Symbologie

Le symbolisme nordique a joué un rôle fondamental pour les Vikings, tout en présentant des aspects plutôt intéressants. Le peuple nordique, en particulier, affichait sa foi et ses croyances par le biais de symboles, toujours dans un but différent. Que sait-on à ce sujet ? Est-il vraiment possible d'expliquer le symbolisme viking ? Voyons voir.

- Le premier symbole sur lequel nous nous attarderons est le Valknut : le symbole le plus célèbre, le plus répandu et le plus important. Il est également appelé " le nœud d'Odin ", ou " le cœur de Hrungnir ", ou encore " le nœud du guerrier tué " et " le cœur de Vala ", " le symbole de Valknut ". En tout cas, il est lié à Odin : le terme " valknut " provient de deux mots différents, le premier " valr " signifiant " guerrier tué " et le second " knut " signifiant " nœud ". Selon les croyances nordiques, au Valhalla, Odin, en tant que souverain des dieux, pouvait accueillir les guerriers décédés à la guerre. Ainsi, ce symbole, ainsi que celui de nombreux autres animaux sacrés associés au dieu Odin, a été retrouvé dans de nombreuses tombes funéraires. Les neuf coins des trois triangles contenus dans Valknut sont

exactement associés aux neuf mondes de la mythologie
nordique.

- Yggdrasil, le symbole de l'arbre de vie, est non seulement
  d'une extrême importance pour le peuple viking, mais il est
  également considéré comme fondamental pour tous les
  autres peuples nordiques. Cependant, si l'on considère le
  symbole du point de vue de la population norvégienne,
  l'Yggdrasil est le grand arbre qui relie les neuf mondes entre
  eux, à savoir Asgard, Midgard, Muspelheim, Jotunheim,
  Vanaheim, Niflheim, Alfheim, Svartalfheim, Helheim.
  Pour cette raison, l'Yggdrasil était considéré comme la
  connexion interne à l'univers entier. La foi nordique prédit
  que cet arbre naît de la source d'eau, d'où découle toute vie
  existante, d'où son nom d'arbre de vie. Ce symbole est
  présent dans de nombreuses cultures antérieures, bien qu'il
  n'y ait aucun lien entre elles. La deuxième raison pour
  laquelle Yggdrasil est considéré comme l'arbre de vie est
  qu'il produit le type de fruit qui maintient la jeunesse des
  dieux, leur redonnant vie, dans le but de les rendre éternels.
  Le monde prendra fin avec le Ragnarok, et lors de cet
  événement catastrophique, l'homme et la femme qui
  parviendront à se sauver iront se cacher derrière cet arbre,
  qui protégera la vie du Ragnarok.

- Le symbole du Casque de la Terreur, également appelé
  Aegishjalmur ou Aegishjalmr, n'est rien d'autre qu'une
  étoile composée de lignes s'entrelaçant en un point central.
  Il s'agit d'un symbole de protection pour les Vikings. Le
  mot Aegishjalmr est composé de deux autres termes
  nordiques : aegis qui signifie "bouclier" et hjalmr qui
  signifie "casque". À ce stade, il convient de préciser que la
  partie "casque" de Aegishjalmr est en fait la racine du mot
  "helmet" dans la langue anglaise et ne fait pas référence à

un objet physique, mais signifie littéralement "en première ligne". En effet, les Vikings qui ont combattu l'ont toujours fait en première ligne. Ainsi, ces derniers dessinaient Aegishjalmr sur leur front pour susciter la peur chez l'ennemi et se sentir constamment protégés.

- La triple corne d'Odin est également appelée trisquell, triskelion, triskele. Il s'agit d'un symbole composé de trois trompettes en spirale imbriquées l'une dans l'autre. Elles symbolisent les trois cornes du mythe d'Odin et sa recherche continuelle de l'hydromel magique, l'Odhroerir ou Óðrerir, également connu sous le nom d'hydromel de la poésie. Certaines légendes rapportent que les deux nains nommés Fjalar et Galar ont tué une créature mi-humaine, mi-dieu : Kvasir. Ce dernier a été créé à partir de la salive des Vanir et des Aesir, qui étaient des êtres extrêmement sages, capables de répondre à toutes sortes de questions. Les nains mélangèrent le sang de Kvasir avec du miel et le versèrent dans des cornes appelées Óðrœrir ou Odhroerir, Boðn et Són. Le mythe raconte que le dieu Odin a utilisé son esprit pour que la géante Gunnlöð lui donne une gorgée d'hydromel pendant trois jours en échange de son amour, mais Odin en a profité et (sous un faux nom) a volé l'hydromel pour le partager avec les autres dieux. Il a réussi grâce à l'utilisation de la corne, en buvant son contenu : l'hydromel de la poésie. Cela lui a permis de s'échapper en se transformant en aigle. Dans les temps modernes, la triple corne d'Odin n'est pas seulement un symbole nordique, mais peut aussi signifier la sagesse et l'inspiration, surtout lorsqu'il s'agit d'inspiration poétique.

Sexualité et figure de la femme

Le peuple viking jouissait du privilège de posséder une liberté sexuelle assez différente des autres cultures parallèles. Néanmoins, ce type de liberté n'excluait pas l'obligation sociale de procréer. Non loin de l'an 1000, des ambassadeurs chrétiens et musulmans ont observé les corps d'anciens chefs vikings et ont été particulièrement surpris de découvrir les habitudes sexuelles de ce peuple. Aux yeux des étrangers, la société viking était souvent considérée comme excessivement permissive, même à cet égard. Cependant, les choses ne se sont pas passées exactement comme on pourrait le croire. En fait, la liberté sexuelle n'était accordée que tant qu'il n'y avait pas d'échec de la procréation ; tant par les hommes que par les femmes. En connaissant ces informations et en ne les négligeant pas, il est plus facile de comprendre, du moins en partie, certaines des coutumes vikings concernant la sexualité : polygamie, homosexualité. En ce qui concerne les obligations conjugales et les libertés individuelles, selon les chroniques antiques, les ambassadeurs des pays étrangers ont découvert avec surprise qu'une grande importance était également accordée au plaisir féminin ainsi qu'au plaisir masculin. Dans d'autres cultures, cependant, le plaisir des femmes était considéré comme un acte de péché. La conception viking en était totalement différente : les femmes avaient également droit au plaisir, mais celui-ci n'était légitimé que pour le but ultime : la conception. L'importance du partenaire n'était pas à sous-estimer, il existait même un type de magie : les sorts d'amour. Grâce à cette pratique magique, les Vikings et les Nordiques se sont convaincus qu'ils pouvaient trouver le partenaire idéal et parfait. Grâce à ces rituels, on peut également déduire que l'homosexualité n'était pas taboue dans la société viking. En effet, les sorts pouvaient relier à la fois les femmes et les hommes, ou les hommes aux hommes et les femmes aux femmes. Ainsi, le sexe du partenaire choisi n'était pas un problème, à quelle condition ? Celui-là n'a pas manqué l'obligation de procréer. En outre, cela n'aurait pas dû les distraire de leur vie de couple. Ils pouvaient avoir des amants du même sexe, sans manquer à leur devoir : procréer avec l'époux choisi. En outre, les relations entre les femmes et celles entre les hommes diffèrent, par exemple la soumission d'un homme à une autre partenaire du même sexe est considérée comme déshonorante. Si le premier acceptait une position subordonnée dans l'intimité, on supposait qu'il aurait la même attitude dans toutes les autres sphères de la vie et qu'il pouvait donc être considéré comme un individu faible et sans caractère. Pour procréer, la présence d'un homme et d'une femme était nécessaire et les mariages ne pouvaient donc être qu'hétérosexuels. Ce type de responsabilité devait être assumé par les êtres humains : qu'il s'agisse de femmes ou d'hommes. Si l'un des partenaires est stérile, c'est une raison plus que valable pour demander le divorce. La procédure de divorce devait en outre être engagée avec l'accord des deux. Dans la saga de Gísla Súrssonar, qui remonte au XIIIe siècle, on raconte qu'une femme a décidé de quitter son mari et a déclaré que la raison en était que "son pénis est si long qu'il ne prend pas de plaisir avec moi", ce qui implique qu'il était difficile de procréer. Bien que cette citation soit tirée d'un récit littéraire, elle est certainement inspirée de la réalité et d'épisodes courants.

Lois contre la violence sexiste

La société viking a également fait preuve d'une certaine ouverture d'esprit en ce qui concerne les lois qui étaient assez avancées pour l'époque à laquelle ils vivaient. Parmi celles-ci, nous prêtons attention à la loi contre la violence de genre. Il s'agit d'un ensemble de règles et de règlements qui prévoient des sanctions et des punitions pour ceux qui ne les respectent pas, s'ils adoptent un comportement considéré comme harcelant. Qu'il s'agisse d'un "simple" pelotage ou du pire : le viol. La raison pour laquelle les Vikings ont choisi de protéger autant les femmes est le fondement de leur société : la valeur du respect et de l'honneur. Il convient toutefois de noter que les peines infligées en cas de violation de ces lois ont subi des modifications et des différenciations en fonction du statut social de la victime et de l'agresseur. Si une femme libre, mais non esclave, appartenant à un niveau social bas, était maltraitée, l'agresseur était puni beaucoup moins sévèrement que s'il s'agissait d'une victime appartenant à une classe sociale beaucoup plus élevée. De même, si la victime avait été d'une classe sociale plus élevée que son agresseur, ce dernier aurait été puni très sévèrement. La classe sociale de la victime, plutôt que celle de l'agresseur, avait certainement le plus grand poids, et l'évaluation devait donc se faire principalement sur cette base. Même si la victime avait appartenu à l'élite, il aurait été possible de demander la peine de mort pour son agresseur, bien qu'il ait lui aussi fait partie de l'élite. Le fait le plus marquant qui différencie les Vikings de toutes les autres cultures de l'époque est la reconnaissance du crime de viol, même dans le cadre d'une relation conjugale. En effet, dans ce cas, cela pourrait même être considéré comme plus grave et comme un énorme déshonneur puisque ce serait un manque de respect non seulement envers une femme, mais aussi envers sa propre épouse. Les femmes, en effet, étaient les responsables au sein du foyer. Bien que les femmes vikings jouissent de plus de privilèges et de libertés que les femmes du reste de l'Europe du Nord et des régions méditerranéennes, elles n'accomplissent toujours pas les mêmes tâches et rôles que les hommes, même de loin. En fait, ces femmes ont toujours été considérées comme ayant peu d'indépendance car elles étaient sous l'autorité des hommes. Par exemple, avant de se marier, elles étaient sous l'autorité de leurs pères, puis sous celle de leurs maris. Cela a également eu un impact important sur l'aspect économique : leurs possessions étaient plutôt maigres et toujours dirigées par un individu masculin. Ils n'avaient aucun accès à la vie socio-politique, ils n'avaient pas la possibilité de devenir des témoins des processus juridiques, des dirigeants, des chefs, des chefs militaires, des juges. Ils n'ont jamais fait partie des assemblées sociales et politiques. Cependant, malgré cela, elles jouissaient d'un respect extrême de la part des hommes nordiques. Leurs principales tâches étaient strictement administratives : elles géraient l'économie et les finances de leur famille, s'occupaient des tâches quotidiennes simples, même sans rapport avec leur mari, et, en cas de veuvage, pouvaient automatiquement prendre possession des terres qui appartenaient auparavant à leur mari. Comme nous l'avons déjà mentionné, le meurtre d'une femme est un acte totalement coupable, qu'il soit volontaire ou accidentel. Quelle est l'origine des récits sur le caractère pécheur de la violence à l'égard des femmes ? Prenons l'exemple de la saga Droplaugarsona. Dans ce conte, il est dit qu'un homme de Helgi a jeté une boule de neige sur Tordis et a été immédiatement réprimandé parce que frapper une femme était considéré comme stupide et insensible.

Même dans la péninsule scandinave, une loi a été établie pour protéger les femmes. Cette dernière, comme la loi viking décrite ci-dessus, protégeait la figure féminine de toute forme d'attention ou de contact qu'elle ne souhaitait pas.

Dans la saga de Kormáks, cependant, une rencontre entre Kormákr et Steingerðr est relatée. Kormákr s'est assis à côté de la femme et a commencé à l'embrasser à plusieurs reprises sans son consentement. Cela a provoqué la colère extrême et furieuse de Torvaldr. L'homme pécheur s'est vu contraint de payer plusieurs onces d'or pour réparer son acte indiscret.

Parmi les responsabilités confiées aux femmes figurent également les responsabilités ménagères. Elles gardaient leur maison en ordre, faisaient la lessive, préparaient la nourriture pour toute la famille et s'occupaient même du bétail. Contrairement à ces derniers, les hommes de la société nordique effectuaient des tâches purement liées à la force et aux capacités de leur sexe. La magie et les rituels étaient également liés aux femmes, et ce facteur explique pourquoi il y a eu plusieurs meurtres de femmes accusées d'être des sorcières. Les hommes, en revanche, n'ont pas connu ces pratiques car, étant très féminins, ils pouvaient être considérés comme moins masculins s'ils y participaient. Un autre avantage en faveur des femmes était la semi-liberté de choix dans le mariage. En particulier, comme leurs mariages étaient presque toujours arrangés et avaient lieu même à l'âge pré-adolescent, elles pouvaient décider de divorcer si elles considéraient que leur histoire d'amour avec l'homme choisi était terminée. Si, en revanche, l'homme est décédé en laissant la femme veuve, celle-ci a acquis tous les droits de gérer les affaires que son mari décédé n'a pas menées à bien. Enfin, nous savons que la plupart des femmes de la société nordique étaient enterrées avec des objets de culte, et cet aspect souligne l'importance qu'elles avaient atteinte dans leur société.

MYTHOLOGIE GRECQUE

Un voyage à travers les mythes et légendes de la Grèce antique

CHAPITRE 1

INTRODUCTION À LA MYTHOLOGIE GRECQUE

Les mythes et légendes de la Grèce antique ont été transmis tout au long de l'histoire de l'humanité par le biais d'opéras, de poèmes, de grandes et importantes pièces de théâtre, de gravures et de décorations, de sculptures et de peintures, et simultanément par la tradition orale. Pour l'humanité, ils ont toujours assumé une fonction cathartique et d'enseignement moral, signalant les pièges du monde et les imperfections et erreurs des dieux, influençant et façonnant les civilisations et les cultures, du peuple grec aux grands penseurs de l'histoire. Les mythes des Grecs anciens, comme ceux de la plupart des autres cultures, ont toujours été fluides et en constante évolution: passant de bouche en bouche, les récits se transmettaient de différentes manières en fonction du narrateur et de l'époque à laquelle ils étaient racontés. La tradition orale a donc généré une multiplicité de mythes et de versions.

La Grèce antique est considérée par beaucoup comme le berceau de la civilisation occidentale: c'était en fait le centre du monde antique, incroyablement avancé sur le plan culturel et scientifique. Elle a été le berceau de la démocratie, de la philosophie et de la science dans le monde occidental. Un exemple emblématique est celui des Jeux olympiques, qui s'inspirent des Jeux olympiques de l'époque. Tous les quatre ans, de 776 av. J.-C. à 425 ap. J.-C. environ, les concurrents et les spectateurs des Jeux olympiques se réunissaient dans un sanctuaire du sud de la Grèce pour participer à l'un des événements les plus extraordinaires du monde antique. Les Olympiades étaient un festival en l'honneur de Zeus, roi des dieux, qui avait des origines populaires et, dans les premières années, les participants venaient principalement d'Élée, la ville d'Ilia qui contrôlait le sanctuaire d'Olympie. Bien que les Jeux olympiques soient une compétition athlétique, ils comportent également une forte composante religieuse. En effet, les Jeux olympiques commençaient par des sacrifices et des prières offerts à Zeus et se poursuivaient par des rituels et des cérémonies.

La religion jouait en effet un rôle très important dans le monde grec. Contrairement à ce à quoi nous sommes habitués, la religion grecque n'avait pas d'ensemble conventionnel clair et distinct de croyances et de pratiques auxquelles se conformer: les Grecs avaient en fait leur mythologie comme référence - mais sans rigueur particulière et sans livre de référence sacré. Grâce à cet appareil narratif, ils expliquaient le monde, la nature et leur histoire. Les Grecs avaient souvent recours à la pratique de la prière, même si les rituels (comme ceux de la purification) ne manquaient pas. Ce n'est pas un hasard si l'une des figures les plus importantes du monde antique était l'oracle, en particulier celui de Delphes, la Pythie. La raison de la grande importance des oracles est simple: la Pythie apportait des réponses aux questions d'une société qui avait besoin d'un lien visuel et vocal étroit avec les dieux, ce qui explique pourquoi l'oracle était si important et digne du plus grand respect et de la plus grande sainteté.

La particularité de la mythologie grecque est qu'elle ne raconte pas seulement l'histoire des dieux, mais aussi celle des hommes. Les récits humains se mêlent en effet aux récits divins, notamment ceux des douze dieux qui résident sur l'Olympe: Zeus, Héra, Héphaïstos, Athéna, Apollon, Artémis, Arès, Aphrodite, Hestia, Hermès, Déméter et Poséidon.

Mais qu'est-ce que le mythe ? Le mot, du grec ancien mỳthos (μῦθος), c'est-à-dire le mot, désigne, précisément, le conte ou, mieux encore, la fable: il s'agit d'une narration de grandes actions accomplies par des dieux, des héros, des créatures semi-divines et extraordinaires, qui se sont déroulées dans un temps extrêmement ancien, dans une époque archaïque, qui, cependant, semble suspendue dans une dimension intemporelle, avec une intemporalité qui confère en fait à cette narration une dimension anhistorique qui devient, par conséquent, universelle - pour tout le monde et pour tous les âges. La configuration même du mythe, nous le verrons dans les chapitres suivants, est fonctionnelle au mode de développement de la communauté et sert à renouveler la mémoire des modèles de l'activité humaine en dictant sa ligne de conduite. Le mythe, lorsqu'il devient littérature, devient mythologie. La mythologie manifeste sa pertinence grâce à une affinité avec les activités spirituelles et identitaires, en vertu desquelles les gestes de la vie sont revêtus de sacralité et de religiosité: sans ces éléments, la force de ce collectif serait certainement destinée à succomber.

La principale caractéristique du mythe est qu'il appartient au départ à la tradition orale et qu'il se diffuse et se propage de bouche à oreille avant même d'être immortalisé dans des textes écrits: son objectif premier reste la perpétuation des valeurs fondatrices et traditionnelles d'un peuple, entendu au sens plus large de civilisation. La mythologie rassemble donc tous les thèmes indispensables à l'existence de la communauté: elle transmet des visions et des valeurs concernant les origines du monde et de la nature, les peuples, les institutions. La mythologie, en effet, ne cherche pas à développer une explication au niveau des causes et des effets, mais se limite à légitimer et à sanctionner, en projetant la réalité racontée dans un intervalle temporel qui, étant le temps d'activité des êtres mythiques, fournit et met à disposition à la fois une valeur sacrée et religieuse et une sorte de garantie d'immuabilité.

Mais s'il s'agit avant tout d'une tradition orale, comment pouvons-nous en profiter ? Si la plupart des contes ont été transmis oralement, c'est à partir du VIIe siècle que se sont développées les grandes œuvres de la tradition écrite que nous connaissons tous: pensons aux productions homériques, avec ses épithètes, attributions formelles récurrentes qui qualifient des personnages ou des dieux de manière continue, avec une redondance impressionnante.

Les Grecs aimaient raconter les événements mythologiques antiques, en les épaississant autour de noyaux cycliques, des histoires en poésie reliées entre elles, du grec kyklos - un terme qui suggère sémantiquement l'idée de circularité - et liées par des éléments communs tels que des événements, des faits ou des lieux, autour desquels un ou plusieurs héros, voire la race entière, ont agi depuis des contextes lointains et ancestraux. Les mythes, regroupés en groupes et en cycles, qui sont parvenus jusqu'à nous ne sont pas des moindres. Le cycle de Thèbes raconte d'abord les exploits du mythique Cadmus de Phénicie, grand-père de Dionysos, qui entreprend un voyage pour tenter de retrouver sa sœur Europe, la défaite d'un monstre, la fondation de Thèbes et son mariage avec Harmonia, y compris le récit des rois légendaires et le conflit provoqué par l'héritage d'Œdipe. D'autres mythes regroupent des exploits collectifs de personnages appartenant à d'autres groupes mythiques, comme l'histoire des Argonautes et des Achéens contre les Danaens d'Ilium, coupables d'avoir volé la reine Hélène au roi de Sparte Ménélas.

Les chapitres suivants aborderont plus en détail les sources, les personnages et les cycles de la mythologie grecque. Enfin, le dernier chapitre donnera un aperçu de l'héritage de la mythologie grecque jusqu'à nos jours.

Le contexte historico-géographique de la mythologie grecque

La Grèce antique est considérée par beaucoup comme le berceau de la civilisation occidentale: c'était en fait le centre du monde antique, incroyablement avancé sur le plan culturel et scientifique. En effet, son ordre peut être considéré comme le fondement de la société occidentale en matière de politique, de philosophie et de théâtre, ainsi que des Jeux olympiques, de l'alphabet latin et de l'historiographie.

D'un point de vue géographique, la Grèce se caractérise par la prédominance de hautes et majestueuses montagnes, mais aussi par des plaines fertiles et son célèbre littoral accidenté. Les déplacements par voie terrestre, surtout dans l'Antiquité, n'étaient certainement pas faciles et les Grecs ont toujours préféré le transport par voie maritime, plus rapide et plus agile. Cette géographie très particulière des lieux a fait que les communautés se sont souvent retrouvées isolées: accessibles uniquement par la mer, des cités-états le plus souvent indépendantes ont vu le jour - généralement construites autour d'un promontoire (l'acropole), lieu crucial pour la défense du territoire.

Mais quand commence l'histoire de la Grèce antique ? Selon des études archéologiques, les premiers établissements dans cette région remontent à la période néolithique, à la suite de migrations à travers la Russie. Puis, au fil des siècles, les civilisations minoenne (2700 à 1500 av. J.-C.) et mycénienne (1650 à 1200 av. J.-C.) se sont développées: ces deux cultures ont constitué une base importante pour la civilisation grecque et son panthéon de dieux -

à tel point que le mythe de la création avec la guerre et la victoire des dieux de l'Olympe sur les Titans a commencé à se répandre à cette époque. Après l'époque mycénienne vient le Moyen Âge grec (1100 à 800 av. J.-C.), une période peu documentée. La période archaïque commence en 800 avant J.-C.: le nom de l'oracle de Delphes apparaît - guide divin et fondamental pour les décisions des dirigeants des différentes cités-États en matière de guerre et de politique - et quelques années plus tard, en 776 avant J.-C., les premiers Jeux olympiques sont organisés. La période archaïque a vu une augmentation importante de la population de la Grèce antique, qui a commencé à se déplacer et à coloniser la mer Égée et l'Asie mineure (où se trouvent aujourd'hui les territoires de la Turquie). Plus tard, l'expansion coloniale a également touché les territoires du sud de l'Italie (y compris la Sicile), les côtes de la mer Noire et même certaines parties de la péninsule ibérique et de l'Afrique. Dans les mêmes années, sur le continent grec, les cités-États ont connu une phase de grand changement: les premières républiques antiques se sont développées en Grèce. Deux d'entre elles se distinguent particulièrement: Athènes et Sparte. Les deux grandes cités-États, Athènes et Sparte, ont commencé à monter en puissance à cette époque: Sparte est devenue célèbre pour sa société fortement militariste, se vantant d'avoir créé les soldats les plus forts; Athènes, en revanche, est considérée comme le berceau de la démocratie et de la philosophie. Vient ensuite la période classique, une sorte d'âge d'or au cours duquel d'importants édifices (tels que l'Acropole et le Panthéon à Athènes) ont été construits et où les grands esprits de Socrate, Platon et Aristote ont travaillé. Mais c'est aussi une période de guerres. On se souvient en effet des affrontements gréco-perses et de la guerre du Péloponnèse - qui vit s'affronter l'armée spartiate et l'armée athénienne. L'unification commence à se manifester au IVe siècle av, sous le règne de Philippe de Macédoine, et plus encore avec son fils Alexandre le

Grand: Alexandre le Grand a en effet donné naissance à un vaste royaume englobant non seulement les territoires de la Grèce, mais aussi les régions aujourd'hui occupées par la Macédoine, le Kosovo, la Bulgarie, la Turquie, la Syrie, la Jordanie, Israël, le Liban, Chypre, l'Égypte, la Libye, l'Irak, l'Iran, le Koweït, l'Afghanistan, le Turkménistan, le Tadjikistan, l'Ouzbékistan et le Pakistan, ainsi qu'une partie de l'Ukraine, de la Roumanie, de l'Albanie, de l'Arménie et de l'Inde. Un vaste royaume qui, grâce à ces nombreuses conquêtes, devint bientôt le plus grand empire de son temps - et jeta les bases de la croissance de l'Empire romain: environ cent ans après la mort d'Alexandre le Grand, en effet, au IIe siècle avant J.-C., le territoire grec fut incorporé et soumis à la puissance militaire de Rome. Bien que Rome ait été un envahisseur, elle a beaucoup absorbé des Grecs: une grande partie de la culture romaine, à commencer par le panthéon des dieux, a été empruntée à la culture hellénistique.

Bien que l'absorption par l'Empire romain ait marqué la chute définitive de la Grèce continentale, une petite communauté de culture hellénique a réussi à survivre: il s'agit de la dynastie des Ptolémées en Égypte, qui a survécu jusqu'en l'an 30 après J.-C., après la bataille navale d'Actium. Nommée d'après le général macédonien Ptolémée, la dynastie est tombée avec la reine Cléopâtre, qui s'est suicidée avec son amant, Marc-Antoine.

Vie quotidienne

Mais comment les habitants du monde grec antique vivaient-ils au quotidien ? Pour répondre à cette question, on peut se tourner vers les témoignages laissés par les philosophes de l'Antiquité, les poèmes épiques et les découvertes des archéologues qui relatent les activités et l'environnement des protagonistes de l'époque. La ville qui a laissé le plus de traces est Athènes, notamment en raison du grand nombre de découvertes archéologiques qui ont permis aux chercheurs de reconstituer la vie quotidienne et la structure sociétale de cette population. Le principe de la cité-État remonte directement au champ de bataille: pour fonctionner efficacement, la phalange militaire avait besoin d'un grand nombre de soldats - pour lesquels la participation était certainement plus sûre s'ils se sentaient membres d'une même communauté. Lier chaque homme à sa propre phalange - il devait se lier à sa propre ville et à sa communauté, y compris par la participation politique. Le devoir le plus exigeant d'un citoyen de la Grèce antique était de servir dans la phalange pour participer à l'une des guerres fréquentes - mais pas seulement. Les citoyens devaient en effet faire partie de jurys et de conseils et (s'ils en avaient les moyens) étaient tenus de payer des impôts lorsque la ville était dans le besoin.

Mais qui étaient les citoyens grecs ? La citoyenneté n'était certainement pas un privilège très répandu au sein de la population. Seuls les hommes adultes ayant achevé leur formation militaire avaient droit à la citoyenneté. D'autres, comme les Métèques (personnes vivant à Athènes mais nées dans d'autres villes), devaient servir dans l'armée mais n'avaient pas droit à la citoyenneté et ne pouvaient pas voter, exercer des fonctions ou même posséder des terres - bien qu'ils aient eu droit à une représentation légale. Au bas de la hiérarchie sociale se trouvaient les esclaves, qui constituaient un quart de la population de la cité d'Athènes: selon de nombreux spécialistes, le travail effectué par les esclaves permettait aux citoyens d'avoir le temps de participer au système démocratique, même si la propriété d'esclaves se faisait généralement à petite échelle. De nombreuses femmes esclaves, par exemple, étaient employées comme domestiques, préparant les repas et aidant aux tâches ménagères - même si les mauvais traitements infligés par leurs maîtres ne manquaient pas. Les esclaves masculins, quant à eux, parvenaient parfois à gagner suffisamment d'argent pour acheter leur liberté, acquérant ainsi les mêmes droits qu'un métèque.

La situation des femmes était également très intéressante. On peut dire, en effet, que leur condition n'était guère meilleure que celle des esclaves: les femmes grecques (à Athènes, par exemple) n'avaient pas le droit de participer à la vie politique de leur cité et ne pouvaient officiellement posséder aucun bien, car elles étaient considérées comme subordonnées à leur mari, à leur père ou - éventuellement - à un parent de sexe masculin. C'est précisément en vertu de cette condition d'assujettissement que les femmes grecques riches passaient la plupart de leur temps à la maison, à l'exception des petites tâches ménagères (celles qui n'étaient pas effectuées par les esclaves). À Athènes, les seules formes importantes de liberté pour les femmes se situaient dans le domaine de la religion. Athéna, la déesse patronne de la ville, et d'autres divinités servaient de prêtresses - une position très convoitée et prestigieuse dans le monde antique.

Les maisons de la Grèce antique étaient construites autour d'une cour ou d'un jardin. Les murs étaient souvent faits de bois et de briques de terre, avec de petites fenêtres sans vitres, mais avec des volets en bois pour se protéger du soleil brûlant. Il n'y avait pas beaucoup de meubles à l'intérieur des maisons: les gens utilisaient des chaises ou des tabourets en bois et seuls les riches décoraient les murs et les sols avec des carreaux et des peintures colorées. Comme vous pouvez l'imaginer, de nombreuses maisons n'avaient pas de salle de bains. Il existait des bains publics, mais la plupart des gens se lavaient à l'aide d'un seau ou dans un ruisseau. Seules les femmes riches (qui avaient des esclaves pour aller chercher l'eau) avaient le privilège de prendre des bains à la maison. Les lits sur lesquels ils dormaient étaient rembourrés avec de la laine, des plumes ou de l'herbe sèche et ils s'endormaient dès la tombée de la nuit, d'autant plus que la seule lumière disponible provenait de lampes à huile et de bougies peu sûres.

Il est intéressant de noter que les hommes et les femmes vivaient dans des parties différentes et séparées de la maison - bien que les Grecs anciens n'aient pas toujours eu des pièces séparées pour des fonctions différentes - les cuisines pour cuisiner, les chambres pour dormir: les chambres pouvaient changer d'usage au cours de la journée. Une zone pouvait être utilisée pour préparer les repas et, immédiatement après, pour dormir. De nombreuses maisons de la Grèce antique étaient construites autour d'une cour centrale. Dans cet espace ouvert, les femmes pouvaient cuisiner, élever des animaux et construire des sanctuaires religieux. Le reste de la propriété dépendait alors de la richesse de la famille, mais contenait généralement entre 2 et 12 pièces ou espaces.

Quant à l'alimentation dans le monde grec, on peut dire qu'elle était assez variée. Les Grecs se nourrissaient principalement de céréales et de levures, mais ils cultivaient également différentes variétés de fruits et de légumes. Pendant l'hiver, ils disposaient de fruits secs et d'aliments faciles à conserver, tels que les légumes secs. Les Grecs qui vivaient près des côtes disposaient également d'une grande variété de poissons, de crustacés et de fruits de mer. Dans certaines grandes cités-États grecques, ils pouvaient également acheter de la viande, qui était toutefois rarement consommée; l'une des occasions où elle pouvait l'être était lorsqu'ils sacrifiaient une victime aux dieux.

Travailler dans la Grèce antique

Pour la plupart des hommes de la Grèce antique, l'idéal était de passer sa vie dans les loisirs. Libéré de la nécessité de travailler pour gagner sa vie, un riche Grec de l'Antiquité pouvait se consacrer à des engagements politiques et sociaux au profit de sa cité-État, et s'efforcer de s'informer pour devenir un citoyen adapté à la vie de la démocratie directe. Mais cela ne s'appliquait pas à tout le monde. La majorité des Grecs de l'Antiquité n'ont pas eu la chance de pouvoir se consacrer exclusivement à la vie publique sur l'agora.

En effet, la majorité de la population travaillait à la campagne, avec de petites parcelles de terre possédées ou louées à des propriétaires plus riches en échange d'un pourcentage du rendement, et cultivait principalement de l'orge et du blé, mais aussi des olives, des choux, des oignons et de la salade. D'autres, en revanche, travaillaient à l'intérieur des murs de la ville en tant que commerçants et artisans, tels que forgerons, sculpteurs, peintres, charpentiers, etc. Beaucoup d'entre eux avaient le statut de citoyens, même s'ils appartenaient sans aucun doute à une classe sociale inférieure à celle de la noblesse; d'autres étaient des métèques ou des esclaves qui exerçaient le commerce pour le compte de leur maître. Ces esclaves jouissaient d'une certaine indépendance par rapport aux serviteurs, même si tous leurs revenus revenaient directement à leur propriétaire (à l'exception, parfois, d'une petite partie).

Les marchands et les artisans, en particulier ceux qui réussissaient, employaient non seulement des esclaves, mais aussi des personnes plus pauvres, même si, dans la culture grecque antique, être au service d'autres Grecs était considéré comme une gêne, un statut encore plus bas que l'esclavage. Un autre domaine prospère pour de nombreuses cités-États grecques (en premier lieu Athènes) était la navigation: là aussi, de nombreux citoyens pauvres pouvaient être employés comme rameurs.

Le seul endroit où aucun Grec ne voulait finir par travailler était les mines. Les conditions de travail y étaient en effet si horribles que les tâches étaient presque entièrement effectuées par des esclaves.

Les mines d'argent et les mines d'or ont en effet fait de nombreuses victimes et de nombreux morts, y compris des enfants esclaves employés pour ramper dans les puits.

Les Jeux olympiques

Tous les quatre ans, de 776 av. J.-C. à 425 ap. J.-C. environ, les concurrents et les spectateurs des Jeux olympiques se réunissaient dans un sanctuaire du sud de la Grèce pour participer à l'un des événements les plus extraordinaires du monde antique. À l'origine, les Jeux olympiques ne comportaient qu'une seule spécialité sportive: une course sur une distance d'environ 180 mètres (un stade). Il en fut ainsi pendant deux générations, jusqu'à ce que d'autres épreuves et défis soient introduits en 724 av. J.-C., et leur renommée grandit à tel point que la durée des Jeux olympiques fut portée à cinq jours et qu'ils commencèrent à attircr non seulement des athlètes, mais aussi des personnes riches et influentes de la société grecque antique. Même Alexandre Ier, roi de Macédoine, a participé à une compétition olympique en 504 avant J.-C., prouvant qu'il y avait droit en raison de ses origines dans la ville d'Argos, dans le Péloponnèse.

Mais les Jeux olympiques ne rassemblaient pas seulement des athlètes en herbe, ce grand événement attirait aussi des marchands et des négociants en raison de l'affluence et des ventes possibles, mais aussi des artistes et des écrivains. Parmi eux, le célèbre Hérodote, qui lisait son Ἱστορίαι, Historíai (les Histoires), ou encore le célèbre poète Pindare - qui espérait obtenir des commandes de la part des athlètes vainqueurs.

La naissance des Jeux Olympiques remonte toujours aux récits mythologiques, mais avec des histoires différentes. Certains pensent que c'est sur le mont Olympe que Zeus a vaincu son père

Cronos, devenant ainsi le roi des dieux; selon d'autres, Hercule a institué les premiers Jeux olympiques pour célébrer sa victoire sur le roi local Augias (Αὐγείας). Augias, roi d'Ilia - dans le Péloponnèse -, était l'un des Argonautes (groupe mythologique de 50 héros qui suivirent Jason à bord du navire Argo à la recherche de la Toison d'or) qui refusèrent de récompenser Hercule après son cinquième effort; une dispute s'ensuivit qui conduisit à une guerre et à l'assassinat du roi Augias. Pour d'autres, en revanche, le fondateur des Jeux est Pélops (Πέλοψ), prince ionien de Phocée et fils de Tantale et de Dion. Ayant appris que le roi grec Oenomaus avait décidé d'offrir sa fille, Hippodamia, à quiconque le battrait dans une course de chars, Pélops décida d'y participer, notamment grâce à ses juments Arpina et Psilla, les plus rapides de Grèce. Son aurige Myrtilos (fils d'Hermès), lui-même amoureux d'Hippodamie, trafiqua les roues du char en remplaçant les chevilles par de la cire. Pendant la course, les roues se détachent, provoquant la destruction du char et la mort d'Oenomaus. Mais

Myrtilus ne fut pas récompensé comme promis, mais jeté du haut d'une falaise. C'est pourquoi le fantôme de Myrtilos hantait Pélops et n'était apaisé qu'en organisant des jeux funéraires en son honneur, les premiers Jeux olympiques.

Ces mythes fondateurs ont eu une grande influence à Olympie. Le temple de Zeus abritait en effet une magnifique statue du roi des dieux, réalisée sur place dans un atelier construit à cet effet par le sculpteur athénien Phidias, haute de 12 mètres et recouverte d'or et d'ivoire; c'est la seule des sept merveilles du monde antique située en Grèce continentale (les autres étant les jardins suspendus de Babylone, le temple d'Artémis, le mausolée d'Halicarnasse, le colosse de Rhodes, le phare d'Alexandrie et la pyramide de Khéops). La magnificence de cette œuvre était telle que le philosophe stoïcien Épictète écrivait que "les gens considéreraient comme un grand malheur de mourir sans l'avoir vue". Transportée plus tard à Constantinople par les Romains, la statue fut détruite par un incendie en 462, mais nous pouvons encore apprécier son immense beauté: les iconographes byzantins l'ont utilisée comme modèle pour le visage de Dieu.

Mais ce n'est pas tout. À deux pas du temple de Zeus se déroulait en effet l'une des cérémonies les plus solennelles de la fête: le tumulus de Pélops, où un bélier noir était sacrifié au héros - et le premier à accomplir ce rite fut Hercule. Et Hercule lui-même a été rappelé et loué pour quelque chose - même si ce n'est pas un fait poétique. Grâce à son sacrifice, en effet, Hercule a libéré Olympie des mouches, insectes certes gênants à toutes les époques.

Sous l'Empire romain, les Jeux olympiques ont continué à être organisés et sont restés un événement de grande importance, même si l'empereur pouvait en modifier les règles à sa guise. En 67 après J.-C., par exemple, Néron a non seulement reprogrammé les Jeux afin d'avoir une chance d'y participer, mais il les a également utilisés à son avantage dans le but de démontrer son habileté à conduire un char à dix chevaux; son biographe Suétone rapporte cependant: "Il tomba de son char et fut aidé à revenir dans la course, mais il ne put continuer et abandonna avant la fin. Mais même après ces événements, Néron remporta la couronne de vainqueur".

Mais la fin des Jeux olympiques a été sanctionnée par le christianisme. En effet, étant une fête dédiée à une divinité païenne, les Jeux olympiques ont été interdits en 391 par l'empereur chrétien Théodose et ont définitivement disparu en 425.

Bien que les Jeux olympiques soient une compétition athlétique, la composante religieuse de ce festival n'a jamais été oubliée. Les Jeux olympiques commençaient par des sacrifices et des prières offerts à Zeus. Ensuite, tous les concurrents prêtaient serment devant l'autel et la statue de Zeus. Le non-respect de ce serment entraînait une lourde amende, voire la disqualification. Deux autres sacrifices publics ont ensuite été organisés pendant la cérémonie, l'un le jour de la pleine lune et l'autre le dernier jour de l'événement olympique.

Il y a donc quelques curiosités concernant les Jeux olympiques dans la Grèce antique, qui peuvent être un peu étranges et particulières pour nous. Tous les athlètes, par exemple, concouraient nus et couverts d'huile, et des châtiments corporels étaient infligés à ceux qui se rendaient coupables d'un faux départ sur la piste. Les compétitions comprenaient la course à pied (les distances couvertes étaient de 192 mètres - la longueur du stade -, 384 mètres et une course de fond de 1344 à 4608 mètres, tandis que dans l'épreuve la plus exigeante, les coureurs couraient entre 384 et 768 mètres dans une armure pesant entre 50 et 70 kilos), les combats (les boxeurs s'enveloppaient les mains de cuir et de métal, ce qui rendait les combats brutaux et sanglants, également utiles pour l'entraînement militaire), l'équitation (avec des chevaux et parfois des chars, ils se déroulaient dans une arène séparée appelée hippodrome) et enfin l'épreuve la plus prestigieuse, le pentathlon (combinaison de cinq épreuves différentes: le lancer de javelot, le saut en longueur, la lutte, la course à pied et le lancer de disque).

Lors des Jeux olympiques, les vainqueurs recevaient des couronnes de feuilles d'olivier (devenues par la suite un symbole de paix), d'importants prix en espèces, mais aussi des repas gratuits pour le reste de leur vie. Les citoyens et les dirigeants de la cité-État étaient très fiers de leurs athlètes et ont fait connaître leurs exploits au plus grand nombre. En effet, les Jeux olympiques voyaient également se réunir des hommes politiques et des dirigeants, qui discutaient souvent de questions politiques et économiques importantes pendant les jeux, ce qui était une nouveauté: dans le monde antique, les principaux dirigeants se réunissaient rarement au même endroit et au même moment pour discuter ensemble. À l'approche des Jeux, une période de paix est également observée: la trêve olympique est généralement acceptée par tous et les guerres cessent. Les athlètes et les spectateurs bénéficient également d'une immunité pour se rendre aux Jeux olympiques et en revenir.

Les Jeux olympiques étaient si importants pour le monde grec que Paul Christesen, professeur d'histoire de la Grèce antique au Dartmouth College (États-Unis), a déclaré: "L'une des choses qui font de vous un Grec, c'est de faire du sport et d'aller aux Jeux olympiques". Selon le professeur Christesen, la plupart des cultures anciennes ont toujours été géographiquement compactes (par exemple, les Égyptiens ont toujours vécu sur un petit tronçon du Nil), mais les Grecs étaient assez particuliers à cet égard, car dès la première période de leur histoire, ils étaient dispersés sur plusieurs territoires, de sorte que même à partir de 600 avant J.-C., des Grecs vivaient dans des régions aujourd'hui représentées par la France, l'Espagne, l'Italie, la Libye, la Turquie et la Russie. La question a donc souvent été posée: qu'est-ce qui fait de vous un Grec ? C'est aussi la raison pour laquelle les Grecs prenaient les Jeux olympiques si au sérieux - la compétition olympique est en fait devenue un indicateur culturel clé pour eux.

Religion et mythologie

Contrairement à ce à quoi nous sommes habitués dans le monde moderne, la religion grecque n'avait pas d'ensemble conventionnel clair et distinct de croyances et de pratiques auxquelles se conformer. Les Grecs, en effet, avaient pour référence leur propre tradition de récits mythologiques, dont beaucoup étaient partagés dans tout le pays, mais sans rigueur ni discipline précises. On ne peut en effet parler de textes sacrés, ni même d'un ensemble commun de règles et de récits: il n'y avait en effet pas de distinction nette entre ce qui était réel et ce qui pouvait relever de la fiction. Les mythes, souvent racontés et transmis sous des formes différentes selon les régions ou les narrateurs, expliquaient l'origine et l'histoire des dieux, la naissance de la nature et du monde. Ce n'est d'ailleurs pas un hasard si les Grecs n'avaient pas de terme spécifique pour désigner la religion: celle-ci faisait tout simplement partie de leur vie quotidienne. Les rituels religieux accompagnaient tous les événements publics et privés les plus importants de la ville, et les gens célébraient souvent un événement heureux de leur vie par une offrande votive à une divinité, des vœux de remerciement ou toute autre forme de reconnaissance publique à la divinité qu'ils considéraient comme responsable de leur succès.

Les principales divinités grecques étaient au nombre de douze et chacune avait ses propres prêtres ou prêtresses. Ces divinités résidaient sur le mont Olympe et Zeus les gouvernait, tandis qu'Héra, son épouse (et sœur), était leur reine. Ils étaient accompagnés d'Aphrodite, déesse de l'amour, du dieu Apollon et de sa sœur Artémis la chasseresse. Il y avait aussi Déméter, déesse de la nature, des cultures et des récoltes, ainsi qu'Athéna, déesse de la sagesse et protectrice des héros. Sur le mont Olympe, on trouve également Héphaïstos - dieu du feu, des forges et de l'ingénierie -, Arès - dieu de la guerre sanglante - et Poséidon, qui régnait sur les mers et leurs créatures. Dionysos, dieu du vin et des grands festins, complète le panthéon olympien.

Mais les Grecs ne se limitaient pas à l'adoration de ces douze divinités qui résidaient sur l'Olympe. Outre le panthéon olympien, les Grecs avaient en effet des centaines d'autres divinités mineures - souvent acquises au cours de leurs voyages et surtout de leurs conquêtes: leur ouverture d'esprit faisait en effet que leur religion acceptait des divinités et des personnages d'autres cultures, qui venaient s'ajouter au panthéon grec déjà connu. Les pratiques religieuses étaient prises très au sérieux, mais leur ouverture d'esprit leur a aussi apporté plusieurs avantages politiques et culturels.

Les Grecs avaient souvent recours à la pratique des prières. Les principales parties d'une prière étaient l'invocation, dans laquelle la personne invoquait la divinité par son nom, son titre et sa demeure; l'argumentation, dans laquelle le suppliant expliquait au dieu pourquoi il devait l'aider, souvent en ne manquant pas de préciser ses propres bonnes actions; suivie, enfin, de la prière elle-même, qui était une demande d'une certaine forme d'aide divine (comme, par exemple, la fin d'une famine ou d'une maladie).

Un autre rituel très important était le rite de purification. La purification était souvent effectuée avant une action importante ou même en fonction du calendrier et pouvait se faire par le lavage ou l'aspersion; parfois, la purification pouvait se faire par le sang d'une victime sacrificielle, comme celui d'un porc. Les sacrifices ont également joué un rôle important dans la dynamique de la société grecque antique. Les victimes sacrifiées étaient soit des plantes, soit des animaux. Dans ce dernier cas, les sacrifices se déroulaient après une procession et la coupe des poils de l'animal, en priant et en invoquant le dieu auquel s'adressait le rite. La victime sacrifiée était ensuite égorgée et la viande divisée en portions, la première étant destinée au dieu, la seconde - les entrailles - étant rôtie et consommée par les participants au sacrifice, tandis que le reste de la viande était ensuite bouilli et distribué aux personnes présentes lors du rituel.

Ces rites étaient souvent associés à des célébrations et à des festivals spéciaux. Des centaines de fêtes religieuses publiques étaient organisées chaque année par les différentes communautés de la Grèce antique: environ un jour sur trois était consacré à une célébration quelconque et, bien que des particularités et des différences apparaissent d'une ville à l'autre, la religion était un élément distinctif important entre les Grecs et les non-Grecs. Parmi les festivals les plus importants, citons les Dionysies, célébrations dédiées au dieu Dionysos qui se tenaient à Athènes et au cours desquelles des représentations théâtrales étaient mises en scène dans le cadre d'un concours et jugées par un jury spécial. À Athènes, en particulier, les célébrations étaient si nombreuses que certains pensaient que la ville accueillait deux fois plus de festivals que les autres.

L'inquiétude des Grecs de l'Antiquité face à l'avenir les a également conduits à développer la pratique des oracles. Le plus important d'entre eux était l'oracle de Delphes, où la Pythie, prêtresse d'Apollon, prononçait ses déclamations au nom du dieu: selon Apollon lui-même, le but de la construction de son temple était d'en faire un lieu où donner et dispenser des conseils infaillibles par le biais de réponses prophétiques. Communiquer avec un dieu n'est pas une mince affaire, et n'importe qui n'est pas autorisé à le faire. Il a été décidé qu'une jeune vierge pure, chaste et honnête serait la figure la plus appropriée pour un tel rôle divin. Cela présentait toutefois un inconvénient: les belles jeunes vierges pouvaient attirer l'attention des visiteurs masculins et, malheureusement, la violence ne manquait pas. C'est pourquoi, à un certain moment, des femmes âgées d'au moins 50 ans ont commencé à occuper cette fonction - en portant les robes virginales d'antan, en souvenir des coutumes du passé. Ces femmes âgées étaient choisies parmi les prêtresses du temple de Delphes, mais ce n'était pas nécessairement le cas: des femmes nobles et éduquées, ainsi que des paysannes, ne manquaient pas de remplir ce rôle prestigieux. Ceux qui étaient auparavant conjoints devaient renoncer à toute responsabilité familiale et même à leur identité individuelle: devenir oracle signifiait assumer un rôle ancien et d'une importance vitale, qui transcendait avant tout le moi et entrait dans la légende. La Pythie était si importante pour la civilisation grecque qu'il était essentiel qu'elle ne soit pas une personne mais une tabula rasa; les enfants, les maris, les amitiés et tous les liens avec sa vie antérieure devaient être rompus en faveur de ceux avec Apollon et les autres divinités.

Mais pourquoi les oracles ont-ils joué un rôle aussi important ? La raison de l'importance croissante des oracles est simple: comme nous l'avons vu plus haut, la Pythie apportait des réponses aux questions des Grecs. Pour une civilisation ambitieuse et religieuse, ce lien visuel et vocal avec les dieux était très important et méritait le plus grand respect et le plus grand caractère sacré.

L'oracle de Delphes recevait une multitude de visiteurs pendant les neuf jours où il était accessible, qu'il s'agisse de paysans désireux de connaître le résultat de la récolte ou d'empereurs demandant s'ils devaient ou non faire la guerre à leurs ennemis - mais les réponses de l'oracle de Delphes n'étaient pas toujours claires. En fait, les réponses, ou leurs traductions par les prêtres du temple, semblaient souvent délibérément formulées de telle sorte que, quel que soit le résultat, l'oracle avait toujours raison. On raconte par exemple que lorsque Crésus, roi de Lydie, demanda à l'oracle s'il devait attaquer la Perse, il reçut la réponse suivante: "Si vous traversez le fleuve, un grand empire sera détruit". Il y vit un bon présage et procéda à l'invasion. Malheureusement, le grand empire détruit était le sien. Ainsi, l'oracle - tout comme les dieux qui parlaient à travers lui - était infaillible, et sa réputation divine s'est accrue. Interroger l'oracle, c'était interroger les dieux, ce qui était impensable dans le monde antique, à tel point qu'aucune décision radicale et importante n'était prise sans consulter l'oracle. Pendant des siècles, aucune décision importante n'a été prise sans consulter la Pythie, et c'est ainsi que, pendant près de mille ans, la plus grande influence politique et sociale du monde antique a été détenue par une femme. Si l'on parle de religion grecque, il ne s'agit pas d'un système précis de croyances et de pratiques auquel chacun pourrait se référer. Il n'y avait en effet pas de système organisé strict: les croyances liées

250

à la religion et à la mythologie pouvaient présenter des différences selon les lieux et les traditions - jusqu'à la contradiction.

Pour les Grecs de l'Antiquité, le mont Olympe, la plus haute montagne de Grèce, qui s'élève à 2918 mètres au-dessus du niveau de la mer, était le siège de leur panthéon de dieux. Au centre de la mythologie grecque se trouvait le panthéon des dieux, dont on disait qu'ils vivaient sur le mont Olympe. Depuis leur refuge, ils régissaient tous les aspects de la vie humaine et personne n'avait accès à eux. Les dieux et les déesses de l'Olympe avaient une apparence humaine (bien qu'ils puissent se transformer en animaux ou en d'autres choses) et étaient - comme le racontent de nombreux mythes - vulnérables aux faiblesses et aux passions humaines.

La particularité de la mythologie grecque est qu'elle ne raconte pas seulement les histoires des dieux. De nombreux héros humains (comme Hercule, qui accomplit 12 exploits impossibles pour le roi Eurystée) sont tout aussi significatifs.

Le lieu le plus important de l'Olympe était le palais de Zeus. Une grande salle au sol doré occupait le centre du palais et servait de lieu de rencontre pour les fêtes et les débats des dieux. Depuis son palais, Zeus permettait d'observer les événements sur terre.

Mais il n'y avait pas que le mont Olympe. On raconte que les frères de Zeus, Poséidon et Hadès, se sont partagé le cosmos par tirage au sort. Hadès a reçu les Enfers, mais il semble qu'il n'en était pas particulièrement heureux: si nous considérons l'Olympe comme l'idéal d'une vie parfaite (la nourriture la plus savoureuse, la musique la plus agréable et les dieux les plus forts, les plus beaux, les plus sages et les plus heureux parmi les mortels - sans mort et sans réels soucis -), les Enfers étaient l'exact opposé de cet idéal. Dans les Enfers, il n'y avait que la mort: dans la perspective de la Grèce antique, les morts continuaient à exister plus ou moins comme ils l'avaient fait dans leur vie, mais sans joie, sans couleur ni sentiment, et sans véritable lien ou communication avec les autres fantômes qui les entouraient. Ils n'avaient ni force, ni intelligence, ni vigueur, et étaient enclins à l'oubli. C'était un monde sans joie, sans couleur, sans air et sans mémoire.

À quelques exceptions près, les habitants divins du monde souterrain étaient des créatures étranges, froides, sombres et terrifiantes, mais ils avaient tous un rôle à jouer. Bien que le monde souterrain soit le pays des morts, il comporte également des éléments botaniques vivants dans la mythologie grecque. Le royaume d'Hadès est caractérisé par des prairies, des fleurs, des arbres fruitiers et, entre autres éléments géographiques, par les cinq fleuves du monde souterrain. Ces cinq fleuves étaient le Styx, le Léthé, l'Achéron, le Phlégéton et le Cocyte. Chacun de ces cinq fleuves avait une fonction unique et reflétait une émotion ou un dieu associé à ce monde.

- Le Styx. Le plus connu, le Styx est le principal fleuve de l'Hadès, celui qui entoure sept fois le monde souterrain, le séparant de la terre des vivants.

- La Lèthe. La Léthé est le fleuve de l'oubli ou de la perte de mémoire.

- L'Achéron. L'Achéron est le fleuve du chagrin ou le fleuve de la misère; dans certains contes, il est le principal fleuve des enfers, évinçant ainsi la renommée du Styx.

- Le Phlégéthon. Le fleuve de feu, baigné de flammes, qui s'enfonce dans les profondeurs du monde souterrain.

- Le Cocyte. La rivière des pleurs, où l'on n'entend que des cris et des gémissements.

CHAPITRE 2

MYTHE, MYTHOLOGIE ET CULTURE CHEZ LES PEUPLES GRECS. SOURCES ET PREUVES ARCHÉOLOGIQUES.

Qu'est-ce que le mythe ? Le mot provient du grec ancien, mỳthos (μῦθος), qui signifie parole, par extension conte ou plutôt fable: il désigne une narration d'actes exceptionnels accomplis par des dieux, des héros, des créatures semi-divines et extraordinaires, dont l'occurrence remonte à un temps extrêmement ancien, à une époque archaïque, celle des ancêtres vraisemblablement, et pour cette raison suspendue dans des limbes intemporels, ce qui la renvoie de fait à une dimension anhistorique et, pour cette raison, universelle.

Quand on parle des peuples grecs, on se réfère à cette civilisation qui a vécu en Hellas entre le XIIe et le IIIe siècle av, qui, malgré l'interminable et exaspérée autonomie paroissiale de la polis, a magiquement trouvé la force de se reconnaître dans une sorte d'identité diffuse: cette volonté unificatrice a pu s'exprimer grâce à un immense effort mythographique qui a cimenté tant de complexité autour des aspects cruciaux de l'identité culturelle, mais surtout du sacré, en transmettant les racines et les nécessités des mystères d'une part, des cultes civils (et politiques) et du sens civique (et éthique) d'autre part. Le mythe est en effet investi d'un rôle clé, d'une valeur supérieure à celle même des autres civilisations de la Méditerranée orientale: les peuples qui, sous l'égide d'une langue à forte matrice indo-européenne qui, malgré les nombreux dialectes, les variations, les influences et la persistance de reliques phonétiques archaïques, présentait une racine commune évidente, se reconnaissaient comme participants d'un même souffle culturel enraciné dans des époques et des civilisations lointaines, trouvaient dans la richesse de ces récits et dans le sens de ces images communes un sens religieux auquel ils pouvaient se consacrer, dans lequel ils pouvaient se reconnaître et duquel ils pouvaient puiser leur force. On parle de l'Egée, autrefois dominée par les Peuples de la Mer, qui avaient vu passer les Pélasgiens, géniteurs mythiques de l'âge d'or, les Minoens, les Achéens ou Mycéniens, et plus tard les barbares de Colchide, les Doriens et les Sarmates. C'est toujours grâce à cette mer, qui a projeté ces peuples de bergers dans la pratique de la navigation et de la piraterie, et qui a envahi ces terres, que les nombreuses et encombrantes civilisations d'Asie et du Proche-Orient ont établi sur la terre des Grecs un nœud à partir duquel établir leur influence hégémonique sur le jeune Occident: et que l'Orient mésopotamien a tenté à plusieurs reprises de faire plier ces quatre bergers prêtés à la navigation, sans jamais y parvenir. Tout cela n'a fait qu'accroître la notoriété de ces mythes, en les actualisant pour des temps nouveaux, dont notre monde moderne et contemporain s'inspire également: l'intrigue des récits s'est élargie, de même que les riches connaissances qui ont trouvé un synchronisme au-delà de l'Hellespont. Ces cités aux allures austères et militaires, toutes différentes les unes des autres et fermement fières de leur propre spécificité, se tenaient désormais avec arrogance sur le rebord de l'Histoire, fières de leur unité et de leur richesse conscientes qui, dans cette rude discontinuité de paysages, leur permettaient de s'appeler Hellènes et de juger les autres peuples comme des bègues (βαρβαρος, barbaros), donc imparfaits.

Le mythe constitue ainsi la trace sur laquelle construire ce réseau, souvent à peine réciproque, sur lequel se dresse solide et discrète, à l'instar d'une fortification mycénienne, l'acropole (la place forte), une identité culturelle irréductible: fondement des savoirs et des rituels, elle exprime à la fois la particularité territoriale et l'universalité, la volonté de s'unir sous un seul horizon, le pan-hellénique.

À la lumière de ces éléments, il devient facile d'identifier les nuances que les légendes peuvent prendre en fonction des différentes influences ou expériences locales, qui finissent par modifier ou mieux qualifier les spécificités des personnages et des événements par le biais d'attributs. Pensez à la diversité des épithètes formelles, c'est-à-dire récurrentes, que les dieux portaient localement: à Délos, son île natale, Apollon était appelé Delio, ce qui soulignait également sa nature solaire (helios); dans la ville de son oracle, Delphes, il devenait Pythius; dans les poèmes homériques, il est connu pour ses talents d'archer infaillible, tirant des fléchettes de loin, il était alors Phoebus.

Pensons donc à l'effort de synthèse et de recherche de ceux qui ont participé à la rédaction des poèmes homériques, qui ont délibérément mis en évidence les formes, les attributs, les qualités et les éléments les plus communs des dieux, afin que le sens de l'histoire soit clair pour tous, de Chypre aux colonies occidentales des terres italiques ou marseillaises, de la Thessalie au Péloponnèse.

Le nom et la qualité que ces dieux exprimaient étaient liés à des valeurs et à des événements communs à l'ensemble de la zone géographique hégémonisée par ces peuples, mais en même temps, les noms et les attributs distinctifs étaient particularisés et cristallisés, s'adaptant aux développements et aux influences spécifiques de chaque district régional: dans ce cas, il est plus correct de parler de mythologie ou de mythographie, en mettant davantage l'accent sur la valeur générale du riche complexe d'élaborations narratives, en limitant les caractérisations particulières.

Tout cela n'est pas aussi paradoxal qu'il n'y paraît à première vue: il y a eu, et il y a toujours chez l'homme, un désir de célébration ou de propagande pour souligner certains événements plutôt que d'autres, pour mettre en évidence un fait précis plutôt que de le passer sous silence. Le collectif agit ici en quelque sorte sur une tonalité individualiste et subjective et trouve dans l'exaltation de certains actes ou faits un lien avec ses origines, ou avec ses ambitions, visant à l'eschatologie des phénomènes: il ne s'agit pas de vanité, mais exprime un désir précis de se retrouver sous le triomphe de son ascendance, de ses ancêtres et de la qualité de sa semence. Une affirmation identitaire. Pour les Hellènes, tout finit par être inextricablement lié à l'épopée et au récit sacré, constituant l'épine dorsale de la tradition et de l'identité d'un génie. Si le mythe permet d'appréhender des phénomènes dans les différentes sphères du savoir, de la cosmogonie à l'eschatologie, de l'étude des événements naturels aux questions gnoséologiques et philosophiques, de l'histoire et de l'origine des peuples, des valeurs, des idées, des archétypes et des divinités, ce n'est pas, comme on le prétend aujourd'hui, pour chercher à légitimer des pratiques rituelles ou des institutions sociales. L'homme antique, et le Grec constitue l'un des derniers exemples d'excellence, ne s'exprime pas avec la précision de la pensée contemporaine, son expression ne connaît pas de valeur rétroactive: sa façon de s'articuler est encore analogique, au sens de prélogique. Pensons à la valeur du mythe dans les traités socratiques et platoniciens. Là où le raisonnement n'arrive pas, il faut arriver avec l'intuition.

La caractéristique principale du mythe est qu'il appartient, au moins à l'origine, à la tradition orale. Il a en effet été diffusé et propagé oralement avant d'être cristallisé par écrit: son objectif premier restait la perpétuation des valeurs fondatrices et traditionnelles d'un peuple, entendu au sens plus large de civilisation. La mythologie englobe tous les arguments indispensables à l'existence de la communauté: elle inspire et transmet des visions sur les origines du monde, des peuples et des institutions, elle ne cherche pas à offrir une explication causale, mais se limite à légitimer et à sanctionner, en projetant la réalité racontée dans un intervalle de temps qui, étant le temps d'activité des êtres mythiques (dieux, héros, ancêtres, etc.), lui confère à la fois une valeur sacrée et religieuse et une sorte de garantie d'immuabilité.

Ainsi, la nature du mythe est fonctionnelle aux formes d'existence de la communauté et renouvelle en même temps la mémoire des modèles d'activités humaines en dictant leurs lignes de conduite, comme le faisaient les êtres mythiques au temps des origines, établissant une sorte de "mos maiorum". Le mythe est fixé par la littérature, ainsi naît la mythologie. La mythographie manifeste sa pertinence par une affinité avec les activités spirituelles et identitaires, en vertu desquelles les gestes de la vie sont revêtus d'une sacralité et d'une religiosité sans lesquelles la force de ce collectif est destinée à succomber.

La collecte et l'étude des mythes, on l'a déjà écrit, constituent un sujet que la mythologie aborde nécessairement: tout ce qui appartient à l'identité, à la culture et au caractère sacré (religieux) de la Grèce antique et qui concerne, en particulier, ses dieux, ses héros et ses ancêtres, s'y retrouve. Plusieurs cycles recueillent les vicissitudes de ces êtres exceptionnels, chacun provenant ou se rapportant à différentes régions du monde hellénique et au-delà. Le trait commun est la présence d'un panthéon composé d'une hiérarchie de figures divines personnifiant la nature dans de nombreux cas. Les universitaires d'aujourd'hui enquêtent et examinent souvent les récits du passé pour se faire une idée plus précise des sociétés grecques, de l'organisation de la religion et de la politique - mais aussi des autres territoires bordant la mer Méditerranée: mais pour mieux pénétrer au cœur de ces événements, le savant doit abandonner les paradigmes d'observation de l'œil contemporain, dépasser la limite du binarisme inductif-déductif par un processus intuitif, s'abandonner à la capacité synthétique (et beaucoup plus élastique) de la pensée de l'Antiquité, où la figuration et l'analogie étaient employées avec beaucoup plus d'aisance et de liberté.

La mythologie grecque est un vaste recueil de littérature, allant des cosmogonies et théogonies, qui racontent comment la nature et le monde sont nés et racontent des épisodes dont les protagonistes sont des dieux, et qui parlent des fonctions et des forces de la nature, depuis leur origine dans le Chaos primordial, aux sagas de héros et d'héroïnes et d'autres créatures mythologiques rares.

La plupart des récits se sont diffusés sous forme orale, mais à partir du VIIe siècle, ils ont commencé à circuler sous forme écrite - qui nous est parvenue - dans les grandes et importantes œuvres littéraires: pensons aux productions homériques, avec ses épithètes, attributions formelles récurrentes qui qualifiaient des personnages ou des dieux de manière continue, avec une redondance impressionnante. Ainsi, l'aède, l'ancien conteur, maintenait vivante et participait à l'attention même de ceux dont les capacités intellectuelles ou éducatives n'auraient pas pleinement saisi ou suivi autour du feu tout le développement de l'intrigue. Même la métrique, celle tonique et rythmique de l'hexamètre dactylique, nous donne l'idée d'une réalisation dans laquelle le chantre (et non un simple récitant de vers) devait entrer au cœur du récit, même par des artifices rhétoriques et dialectiques, il devait jeter un enchantement, où les spectateurs n'auraient jamais à douter de la véracité des faits, mais séduits et convaincus, ils éprouveraient de la joie et de la peine, non pas dans une qualité émotionnelle, superficiellement animale, mais dans le pathos, celui de "souffrir pour apprendre", qui porte la conscience de l'aède à un niveau si élevé qu'on croirait qu'il a vécu et expérimenté toute sa vie les développements qu'il a chantés. C'est le principe du pathei mathos (πάθει μάθος) qu'Eschyle nous a légué. C'est également à Eschyle, originaire d'Éleusis en Attique près d'Athènes, poète et tragédien qui vécut entre le VIe et le Ve siècle avant notre ère, que nous devons la transmission des mythes et des sagas de héros tels que Prométhée et l'Orestie. L'Orestie, en particulier, constitue une trilogie qui est à ce jour la seule du théâtre grec classique à avoir survécu dans son intégralité: elle est composée des pièces sur Agamemnon, Cœphoras et les Euménides et se terminait autrefois par le drame satirique de Protée, qui n'a pas survécu jusqu'à aujourd'hui.

Son histoire est en fait tripartite et rappelle les mythes du monde hellénique archaïque: les événements se déroulent toujours autour de la chute de l'Iliade, c'est-à-dire le meurtre d'Agamemnon par son épouse Clytemnestre, la décision d'Oreste de venger son père en massacrant sa propre mère, les Furies qui le punissent, puis sauvé et acquitté par le tribunal de l'Aréopage, qui transforme les malveillantes Erinyes en Euménides.

Les sources mythologiques originelles sont donc les deux œuvres homériques, l'Iliade et l'Odyssée: toutes deux se concentrent et se développent sur les événements entourant la célèbre guerre de Troie. Mais elles ne sont pas les seules. Il y a en effet aussi la Théogonie et les Travaux et Jours d'Hésiode, presque concomitants, qui développent des thèmes plus proches de l'eschatologie. Ces thèmes trouvent leur référence et leur pertinence dans la culture initiatique, celle des mystères éleusiniens, dionysiens et orphiques pour être précis.

Il faut aussi rappeler les Hymnes homériques où les mythes semblent presque évoqués à travers quelques traits significatifs, de telle sorte qu'ils semblent émerger de manière fragmentaire mais significative, tout comme l'évocation d'une image onirique qui se fixe par sa force et impressionne et influence notre intellect: cela se produit aussi dans d'autres fragments des poèmes du Cycle épique et à partir du Ve siècle av. J.-C., dans les poèmes lyriques grecs, dans les tragédies antiques, dans les œuvres postérieures des auteurs de l'époque hellénique (par exemple Plutarque et Pausanias). Mais beaucoup de ces récits seront loin de l'authenticité de l'ancien, plus enveloppés par le baroquisme de l'artifice littéraire, la recherche du sanglant, du macabre et du théâtral. Il s'agit d'un produit conditionné pour exacerber l'émotivité pure, plus proche en quelque sorte d'une pulsion consumériste contemporaine, c'est-à-dire visant à la satisfaction de besoins primaires, de programmations instinctives ou liées au psychisme, qui ont très peu à voir avec le sentiment identitaire et le potentiel actif d'un peuple (entendu ici dans un sens très large et non dans un sens romantique ou nationaliste).

Bien qu'indo-europoïde, ce panthéon hellénique montre toute l'influence qu'il a reçue de l'Anatolie, alors domaine hittite, et de l'Orient mésopotamien ainsi que de l'Égypte des pharaons: Zeus, par exemple, dans sa manifestation en tant que divinité céleste, est typiquement indo-européen dans ses attributs naturels, ceux du tonnerre, de la foudre, de l'aigle (pensez pour la proximité aux qualités du Thor nordique) mais son expansivité et sa fécondité débordante sont tout à fait inhabituelles, de même que sa volubilité punitive dans certains récits, mettant en évidence une vibration orientalisante sous-jacente, et le déroulement du mythe prométhéen en est un excellent exemple.

Mais sur cette oscillation, la fluctuation de cette identité de la civilisation hellénique entre l'Ouest et l'Est, jouent les poèmes homériques: ce contraste de civilisations et ces volontés continentales en conflit pour exprimer leur puissance et leur hégémonie, étaient considérés comme de simples fictions, des jeux d'adultes qui n'avaient jamais grandi, de pures fantaisies. Cette fiction courtoise a perduré jusqu'à ce que Heinrich Schliemann restaure les vestiges d'Ilion "avec de puissantes murailles", et qu'il ne trouve pas moins de neuf stratifications, c'est-à-dire autant d'anciennes avec leurs reconstructions. Le Troy-Ilium que chante le poète aveugle a une base historique concrète et réelle. Selon toute vraisemblance, la citadelle est celle de la 6e ou 7e strate: située en Troade, en Anatolie, en position de contrôle sur le détroit des Dardanelles, la place forte des Danaïdes a connu autant de dévastations et de tentatives de reconstruction au cours de l'histoire, à partir du 4e millénaire avant notre ère.

A la lumière de ces faits historiques et archéologiques aux racines concrètes, si les récits eschatologiques d'Hésiode peuvent nous fasciner par leur valeur théologique quant au sens des choses, y compris les principia de cet univers ou de la vie sur notre planète, ou la réflexion sur la qualité des valeurs et des fonctions fixées dans les archétypes divins, celui d'Homère est sans doute le plus significatif de tous les cycles mythologiques occidentaux, parce qu'il est le mieux construit, le plus touchant anthropologiquement, parce qu'il parle de près, qu'il montre les pas de l'homme dans un passé qui n'est pas du tout récent, presque anhistorique: Bref, si la cause humaine vous passionne, la recherche homérique est clairement liée à l'empirique, précisément parce qu'elle part de lui pour développer un thème expérientiel, didactique et existentiel que le Grec ancien apprécie, puisqu'il lui permet d'entrer dans cette dimension pathétique, celle du pathos de l'humain. Pour revenir aux paroles d'Eschyle, auxquelles il a été fait allusion plus tôt, dans son Agamemnon, à la ligne 160 de l'Hymne à Zeus, il écrit ce vers qui souligne la profondeur fixe de la conscience mature: "Zeus a établi ceci comme une loi puissante: seul celui qui souffre apprend". Souffrir pour apprendre, expérimenter pour fixer, ce n'est que dans l'exercice du cœur, par son ouverture au passage des sentiments, qu'il nous est permis d'apprendre. Il s'agit donc, dans la dimension initiatique, de permettre à l'individu de grandir et de se développer. Le darwinisme et le positivisme ont plombé l'homme contemporain qui préfère désormais dire: évoluer.

CHAPITRE 3

LES PROTAGONISTES: LES PERSONNAGES PRINCIPAUX DE LA MYTHOLOGIE GRECQUE. L'ÉMERGENCE DES DIVINITÉS DANS LA VISION GRECQUE.

La naissance de la nature, des forces archétypales et primordiales qui ont émergé du chaos originel, c'est l'histoire qu'Hésiode met en vers dans sa Théogonie, un poème mythologique écrit à la fin du VIIIe siècle avant J.-C. en 1022 hexamètres.

La Terre, Gaea, le Tartare, l'Amour ou Eros, participent à un jeu de rencontres qui voit naître une génération d'anciens géants, les Titans, fils du Ciel enflammé, Uranus, dans le nom duquel on reconnaît *péh2ur, une ancienne racine indo-européenne afférente à la sphère sémantique du Feu dans sa qualité d'élément. Il convient ici de s'arrêter mais non de s'appesantir, précisément pour souligner la grande capacité du poète archaïque à imprégner son récit, apparemment si simple, d'un contenu profond qui, déjà dans sa sémantique, devient porteur de grandes valeurs communicatives allant de l'étymologie à la métaphysique. C'est le cas du feu: dans le cas de *péh2ur, il indique une énergie fixe, immuable, stable, différente du feu mobile, matériel ou terrestre, dont les flammes sont changeantes, dévorantes, liées à la capacité destructrice de l'énergie ignée, qui consomme de la matière pour alimenter ses flammes. Cette dernière est exprimée par une autre racine *hₙg2nis dont le latin tire ignis, le feu (en sanskrit *àgni*). D'une part, il y a le feu créateur, *Ur, afférent à un ciel générateur, assimilable à une étoile, le Soleil ou un centre galactique, qui par analogie devient en grec le palais cosmique, la voûte céleste, qui n'a rien à voir avec le feu consommateur de la matière: le concept créatif, celui proche du concept d'un Soleil qui brûle mais ne brûle pas (notation alchimique-astrologique Q) a été démontré plus tard dans la réalité physique par la Parker Solar Probe, qui a traversé l'atmosphère solaire entre avril et décembre 2021 sans dommage, en partie grâce à une certaine raréfaction des particules qui ne peut condenser l'énergie des millions de degrés de l'étoile. Un feu très chaud, mais à cette proximité, il ne brûle pas comme on s'y attendrait, des millions de degrés affligent une matière de l'ordre de milliers de degrés centigrades.

Il est intéressant de noter que ces divinités archaïques dont les origines peuvent être retracées dans les panthéons de peuples proches de la grécité, comme certaines divinités anatoliennes, hittites ou sarmates, conservent déjà dans leurs racines un caractère exotique qui exprime la proximité d'une langue archaïque, antérieure à l'helladique.

Il est intéressant de noter que ces divinités archaïques dont les origines peuvent être retracées dans les panthéons de peuples proches de la grécité, comme certaines divinités anatoliennes, hittites ou sarmates, conservent déjà dans leurs racines un caractère exotique qui exprime la proximité d'une langue archaïque, antérieure à l'helladique.

L'empire de Kronos est bien plus cruel que le précédent, à tel point que le père dévore presque tous ses enfants pour ne laisser aucune chance à la succession. Le terme Kronos n'a rien à voir avec Chronos, le temps, même si par analogie il est facile de rapprocher l'image du père dévorant ses enfants de celle du Temps consommant les minutes: l'étymologie de ce nom réside dans les multiples indices du verbe kràino (κραίνω), accomplir, réaliser, faire dans le sens d'exécuter, établir, gouverner, posséder mais aussi achever, accomplir. La racine est la même que celle de kratos (κράτος), le pouvoir ou la domination, ou la racine sanskrite de kar ou Kr-, indiquant l'action, l'acte, d'où Kar-ma(n) ou le kwer indo-européen (acte sacré) que l'on retrouve plus tard en latin dans le verbe cre-o, créer, produire, d'où le nom de Cérès, déesse de la fertilité.

Qu'on le considère comme un Créateur ou un Dominateur céleste, c'est une volonté centripète que Saturne, aspirant à concentrer le pouvoir entre ses mains, ambitionne de rester le Seigneur incontesté du cosmos, il personnifie l'ambition démesurée d'un parent qui ne se soucie pas de l'avenir de sa progéniture. Lui seul coïncide avec l'être, voire avec l'avenir. Il en est ainsi jusqu'à ce qu'une mère y mette à nouveau sa main divine: mais cette fois, Rhéa n'arme pas son fils d'une faucille, mais par une affaire plus longue et plus complexe, elle arrache subtilement son fils Zeus aux mâchoires saturniennes, confiant l'enfant emmailloté aux soins des Dactyles du mont Ida et de la chèvre Amalthée sur l'île de Crète, après avoir déjà nourri l'appétit cannibale de son père avec un gros minéral. Que ce soit en Crète ou en Arcadie, le jeune homme a été laissé dans un berceau suspendu à un arbre, pour vivre sans trace dans une dimension suspendue, hors de tout cadre de référence, hors de l'espace-temps, ni sur terre, ni dans l'air, ni même dans les eaux.

Rhéa, dont le nom dans les civilisations préhelléniques et anatoliennes était associé aux cultes de la Mère, une matrone coiffée d'un turban semblable à Kybele, Ops ou la grande mère des dieux, est née parmi les Titans, fille d'Uranus et de Gaia: dans le couple royal avec son frère-époux Chronos, elle est le symbole de la royauté pré-cosmique et la mère des divinités olympiennes, et pour cette raison elle est assimilée au culte de l'Ancienne Déesse-Mère. De son époux, elle a engendré trois filles, Estia (lat. Vesta), Déméter (lat. Cérès), Héra (Iuno), et trois fils, Hadès, Poséidon et Zeus.

En mangeant sa progéniture, Kronos essayait en même temps de concentrer en lui les forces jeunes et vitales de sa progéniture et de les empêcher de se développer pour ne pas être blessé. Métaphore de l'avenir des générations, passant de l'utérus à l'obscurité dans le ventre paternel: de l'obscurité des eaux génitrices, avalées tout entières dans la caillette maléfique, repas cruel d'un père qui a peur du temps et de la chaîne des générations futures. Mais la jeunesse, comme nous le savons, est poussée à la vie et remplacera ceux qui dominent ou se croient éternels: Zeus met fin au pouvoir cannibale de son père en vainquant les Titans et en l'exilant sur une île de l'Atlantique ou dans une grotte du Latium, non sans avoir fait vomir tous les rejetons avalés et les avoir ramenés à la vie dans une sorte de seconde naissance.

Ce récit est imprégné d'un symbolisme parfois magique qui vise à construire une conscience philosophique et réfléchie chez son utilisateur et, pour cette raison, il place certainement le traitement sur un plan différent par rapport à la jouissance de l'épopée, en particulier du cycle homérique: toute cette métaphysique, qui ne pouvait certainement pas être comprise par n'importe qui, a permis à l'Ancien qui en a intuitionné les sens et les significations de se plonger dans sa sphère imaginative peuplée de liens et d'impressions pré-logiques et d'images analogiques.

C'est également Hésiode qui décrit plus tard tout le processus de la chute progressive de l'homme, les époques qui, jusqu'à l'âge classique, étaient appelées l'âge d'or, l'âge d'argent, l'âge de bronze et l'actuel âge de fer (qu'un folklore différent du nôtre, tel que le folklore védique, identifie sous le nom évocateur et exotique de

266

Kali-Yuga). Pour l'amour du ciel, Homère aussi fait des références sur les mêmes sujets, mais il s'en soucie peu, il les laisse dans la littérature, seules de petites allusions plutôt nébuleuses.

Zeus, ayant grandi dans l'ombre de son encombrant père, décida de l'affronter, lui faisant rejeter ses frères et sœurs un par un: on cracha d'abord le rocher, grâce auquel le futur chef du panthéon olympien échappa à l'horrible repas. Jetée au loin, cette lourde pierre s'est retrouvée à Delphes. En effet, on croyait que Delphes était le nombril du monde, et c'est ainsi que cette pierre est devenue le fameux Omphalos (ὀμφαλός, nombril), qui, par désignation figurée dans l'Antiquité, en est venu à désigner tout objet de nature minérale ayant une haute valeur rituelle et religieuse.

De l'union avec Héra est né Arès, le feu martien, archétype de l'unidirectionnalité, de la réalisation de soi même à n'importe quel prix, le feu de principia, de tout commencement qui insuffle le courage ferme de la raison dans l'âme des hommes, en l'opposant à la turbidité sombre du chaos de la violence. Il est la personnification de l'élan, de l'action combative, celui qui est soudainement capable d'augmenter son énergie, qui génère de la rage, une grande magie et un pouvoir qui, s'il n'est pas géré, se transforme en colère et en violence.

Mais pour lui inculquer la force de la discipline, de l'autodéfense, il y a en fait toujours lui.

Il hérite de la vigueur indomptable de sa mère Héra, de la capacité impétueuse de son père Zeus dont il recevra aussi la puissance de son physique: ce physique qui, puissant et valeureux, fera de lui la proie et l'amant d'Aphrodite, épouse d'Héphaïstos. Cet événement déclencha un deuil, puisqu'il incita l'époux trahi à déclencher le fameux sanglier qui allait s'attaquer à son beau-fils Adonis.

Dans les traditions postérieures à celle d'Homère, on tend à croire que le dieu a été engendré par sa seule mère, en raison d'une hostilité ouverte avec Zeus, qui ne manquait pas de le lui reprocher en vertu d'une fureur définie comme indomptable. Mais il est bien connu qu'il n'y a pas toujours de bons rapports entre le père et le fils, surtout lorsque les qualités masculines sont exubérantes chez l'un et chez l'autre et que les deux sont contraints de vivre sous le même toit: du point de vue des archétypes incarnés, si Zeus représente la primauté de l'expansion vitale qui conduit à la générosité, à l'exubérance, à ce que l'on appelle la jovialité, Arès représente en revanche l'incisivité essentielle, synthétique et unidirectionnelle, le déterminisme très souvent sec, le sacrifice à tout prix, le caractère desséchant.

Le dieu Apollon a été désigné comme le dieu grec par excellence, à la fois en raison de la diffusion de noms théophores, dont certains ont déjà été vus, qualifiant le dieu, et en raison de la grande popularité du culte, attestée par la présence de nombreuses villes coloniales qui lui sont dédiées sous le nom d'"Apollonia". Mais l'idéal apollinien est aussi l'idéal grec par excellence de la beauté, du koûros (κόρος, jeunesse), qui caractérise de manière extrêmement particulière la culture de la Grèce antique dans son ensemble.

Apollon est l'un des nombreux fils naturels de Zeus, né d'une paire de jumeaux conçus hors mariage avec Héra: il représente en quelque sorte le champion des dieux de l'Olympe, en particulier pour son père Zeus. Lui et sa sœur Artémis, déesse de la chasse, sont les descendants de Léto et Latone, fille des Titans Ceo et Phoebe, la brillante, épithète dont héritera plus tard Phoebe Apollo, chef du char solaire. Les puerpérales possédées par Zeus, tourmentées et persécutées par l'épouse céleste, n'ont pas eu de mal à accoucher sur cette minuscule île nommée Délos, peut-être parce qu'elles étaient menacées par la volonté d'Héra, peut-être parce que leur mère était tombée en disgrâce auprès de tous les dieux de l'Olympe, elles sont nées dans un lieu qui n'existait pas auparavant.

En fait, l'îlot de Délos était un petit rocher qui n'était même pas ancré au fond de la mer. Seul un événement d'une ampleur exceptionnelle, comme la naissance des jumeaux luminaires, permettait à l'île de rester ancrée au sol, comme l'écrit Callimaque dans l'Hymne à Délos, citant le grand poète Pindare dans l'un de ses rares fragments célèbres parvenus jusqu'à nous, au moyen de 4 colonnes adamantines.

Mais Apollon et Artémis cachent dans leur nature de chasseurs consacrés à la dévotion des deux luminaires, respectivement au Soleil et à la Lune, une origine hyperboréenne, origine vraisemblablement liée aux peuples du Nord, liée aux cultes solaires: lui, l'Éclatant, lié à la sacralité d'Hypérion dont il conduit le sompteux char, est un archer infaillible; elle, la terrible déesse de la chasse, vierge illibataire sacrée au culte lunaire et protectrice des accouchements, puisqu'elle assista divinement sa mère Latone dans l'éducation de son jumeau.

Une déesse accompagnée de nymphes, constamment en chasse: il est facile de la trouver nue lorsqu'elle se baigne dans les sources des forêts, pour se purifier de ses travaux. Cependant, quiconque croise son regard finit par être puni. C'est ce qui est arrivé au malheureux fils d'Arès, Càlidone, qui l'a regardée sans le vouloir et a été transformé en rocher. Elle a une épithète chez les Hellènes: c'est Artémis Agrotéra, la sauvage.

Son origine ancienne, antérieure à l'émergence de la civilisation agricole et urbaine, est attestée par sa pratique dévotionnelle: comme le raconte Euripide dans le cycle de l'Orestie, sur la mer Noire, en Tauride, ancien nom de la Crimée, les autels de la déesse ruisselaient du sang des étrangers qui y débarquaient, qui étaient égorgés, décapités et dont les membres étaient exposés comme des trophées dans les sanctuaires. Une polarité exclusivement féminine, aussi changeante que le rythme des phases de la lune, faite de hauts et de bas, consacrée à la pureté absolue: vouée à la pratique de la chasse, à la vie sylvestre, Artémis fuit la vie urbaine, les activités citadines, en quelque sorte la civilisation. Bien que consacrée au culte de la lune, à la protection des sages-femmes et des femmes en couches, elle est l'ennemie jurée d'Aphrodite: elle rejette l'Amour, la coutume du mariage, la progéniture et la perpétuation de la vie.

La mythographie d'Apollon se déploie aussi immédiatement à partir des événements qui suivent sa naissance, lorsqu'il rejette les langes et qu'une volée de cygnes royaux, qui lui sont sacrés depuis lors, prend son envol. Il choisit donc les objets qui lui sont sacrés: l'arc et la cithare. Le petit garçon connaît bien des vicissitudes, traqué avec sa pauvre mère, non seulement par la jalousie d'Héra, mais aussi par la fureur de Python, le serpent sacré géant, fils de Gaea, gardien de l'oracle du mont Parnasse. Seule la naissance dans un lieu suspendu et non ancré à la solidité de la Terre, comme l'îlot de Délos, a permis au reptile de renoncer à dévorer Léto avant qu'elle ne mette au monde les jumeaux. Une autre légende raconte que Poséidon, pour protéger la naissance de ses petits-enfants, recouvre l'île de vagues. Le résultat est le même, Python ne peut pas retrouver l'endroit où le couple divin voit la lumière car il existe en tant que lieu suspendu.

Quatre jours séparent la naissance de Phoebus et l'accomplissement de la vengeance: le dieu atteint les pentes du Parnasse, et engage le combat contre l'ancien reptile. Frappé par une centaine de fléchettes divines, le dernier coup a marqué la victoire de l'harmonie et de la beauté des nouveaux dieux, marquant la fin convulsive d'un monde monstrueux dépourvu d'équilibre ordonné et d'harmonie. La putrescence de cette énorme carcasse (puthein) et le nom même du dieu, ont donné à l'endroit le nom de Pythie, où furent consacrés les fameux jeux sacrés d'Apollon, les jeux pythiques, que nous connaissons comme l'organisation de jeux gymniques et athlétiques sur le modèle olympique, mais qui avant le VIIe siècle avant J.-C. étaient des concours musicaux.

C'est ainsi que Phoebus Apollon prit possession de l'ancien oracle de Delphes, là où il vainquit son ancien gardien, là où Cronos recracha l'Onphale, la pierre avalée à la naissance de Zeus: les anciens cultes des Cthons, voués à la Terre, firent place au culte du Soleil, d'un dieu dont la qualité est d'être beau, harmonieux, guerrier, porteur de santé et de vaticine.

Il n'a jamais eu d'épouse, car la seule femme aimée par le kouros, éphèbe inexpérimenté de l'univers féminin, s'est transformée en plante ou en arbre.

Elle s'appelait Daphné, nom végétal en grec signifiant laurier, et Apollon dut la poursuivre longtemps, mais comme c'était une femme rebelle, indomptée dans le langage érotique grec, dès qu'il l'atteignit, elle commença sa transformation en légume, ses membres supérieurs et ses mains se transformèrent en branches, ses pieds prirent racine. Son manque d'humanité a pris une forme végétale, celle d'une rebelle refusant le lien de l'éros, aussi éloignée de l'élan civilisé qu'elle était considérée comme non mûre en raison de sa haine puérile du sexe masculin. Le dieu n'a donc eu d'autre choix que de lui offrir son seul cadeau d'amour: il l'a prise comme arbre sacré, le laurier.

La particularité des Grecs est qu'ils ont cherché en Apollon non pas la bonté, non pas la justice, non pas l'invincibilité ou l'éternité: ils ont fait une synthèse de toutes ces instances, les versant dans le canon de la beauté apollinienne.

Homère dit des héros valeureux qu'ils ressemblent aux dieux: il n'y a pas de différence somatique substantielle entre les dieux et les humains, ils sont perçus comme semblables aux hommes. Celui qui excelle parmi les mortels doit nécessairement s'élever dans la qualité esthétique du divin. Il possède l'exceptionnalité et donc un degré de perfectibilité proche de l'absolu. Nous avons encore des traces de ces kouros, simulacres virils de jeunes hommes aux cheveux encore longs, akersekomes aux cheveux non coupés. Epithète typiquement apollinienne, éternel jeune homme qui joue de la cithare inspirée par les Muses et tire avec son arc, bras infaillible de Zeus. Bilieux, trempé dans le feu, il sème les épidémies, la peste, mais en même temps il est éduqué à la musique et c'est un guérisseur. Auliquement sacré mais de dimension très terrestre.

Parmi les enfants de Zeus, il en est un en particulier qui naît par parthénogenèse: c'est Athéna, née de la puissance de la pensée de son père. Une naissance sans fécondation apparente, du front du Père, après qu'il ait avalé le Meti océanique (le Conseil), transformé en goutte d'eau. Elle est également liée par son nom aux affaires de l'Attique et à sa capitale, Athènes.

Régions à vocation maritime et commerciale, leur règne est contesté par Poséidon, le frère de Zeus, et par la déesse de l'intellect, également appelée Parthénos, la vierge pure.

La bibliothèque d'Apollodore nous apprend qu'un souverain régnait en Attique: il s'agissait de Cécrope, une figure semi-divine portant un corps à la double nature d'homme et de serpent, rappel évident d'un monde ancien, peut-être antédiluvien, représentant le lien avec les anciens cultes cthoniens de la Terre. Son arrivée en Grèce est estimée à environ 400 ans avant l'expédition troyenne. Originaire de la côte africaine, probablement du Nil égyptien, il fut non seulement le premier roi de l'Attique, mais il amena cette terre, où les hommes vivaient encore à l'état sauvage, à la civilisation.

C'est ainsi que la région d'Acte prit le nom de Cecropia. Au moment où les dieux décidèrent de s'installer dans les villes, où chacun d'entre eux aurait son culte personnel, Poséidon fut le premier à se rendre en Attique, pour reprendre sa domination: avec son célèbre et inséparable trident, il fit vibrer un puissant coup au milieu de l'Acropole et fit apparaître une mer que l'on appelle aujourd'hui Erechthéide.

Après lui vient Athéna, qui prend Cécrope à témoin de son installation et fait germer un olivier.

Les dieux en viennent aux mains: un différend oppose Athéna et Poséidon au sujet de la possession du territoire, et Zeus veut régler l'affaire en faisant juger les douze dieux, c'est-à-dire Zeus, Héra, Héphaïstos, Athéna, Apollon, Artémis, Arès, Aphrodite, Hestia, Hermès, Déméter et Poséidon.

C'est précisément le conseil du Dodécathéon qui a décidé de confier le territoire à Athéna, puisque Cécrope a témoigné que c'est la déesse qui a fait germer l'olivier la première fois.

Athéna transmit ainsi son nom à la ville. C'est ainsi que Poséidon, furieux, décida de submerger la plaine de Tria et toute l'Attique.

Il y aurait tant à dire sur Poséidon, et le sujet s'élargit également grâce à la confusion générée par les récits sur sa naissance: ces récits sont souvent contradictoires ou, dans une certaine mesure, conflictuels, témoignant que l'origine du dieu est plus ancienne et plus profonde que la façon dont il est présenté dans les récits liés à son statut d'élémentaire de l'eau. Sa nature ancienne de frère aîné de Zeus rend cette confusion plausible. Bien qu'évincé du trône olympien par le puissant Zeus, il lui apporta toute son aide dans la lutte contre les Titans: il participa au banquet des douze Olympiens, choisissant toutefois de résider dans les profondeurs des eaux où les Grecs croyaient qu'il possédait un véritable palais, où il résidait avec son épouse Amphitrite, d'où est issue la progéniture des Tritons.

Triton est une forme collective désignant le genre d'une qualité élémentaire de la mer, une sorte de semi-divinité ichtyque, parfois comparée à un dragon, manifestant des caractères à la fois animaux et humanoïdes. À Isthmia, le port de Corinthe, on a trouvé des milliers de tablettes d'argile, aujourd'hui conservées au Pergamon Museum de Berlin, représentant Poséidon et Amphitrite, autrefois propriété de potiers et de marchands: ces derniers espéraient l'aide du dieu de la mer dans le commerce pour contrer la concurrence d'Athènes, car cette ville, entre le VIe et le Ve siècle avant J.-C., jouait un rôle hégémonique dans le commerce et la production de céramiques.

Poséidon, dont le nom présente des variations régionales dans l'étymon du nom, apparenté à potòs, potamòs (fleuve), est un dieu courroucé et vengeur, dont les actions impliquent généralement l'invocation de monstres qu'il utilise contre ses adversaires. Ce fut le cas, par exemple, de Laomédente (qui n'avait pas payé comme convenu la construction des murs autour de la ville de Troie) mais aussi de Cassiopée - épouse de Céphée et mère d'Andromède - pour s'être vantée de son apparence par rapport aux nymphes des Néréides.

Comme les autres divinités, Poséidon prend également une part active dans les événements des récits d'Homère: dans l'Iliade, il négocie en fait pour le peuple grec, même s'il éprouve une certaine sympathie pour Énée et sa famille, au point d'intervenir pour sauver le héros Danaos d'une mort certaine, avant l'affrontement contre le Pélide Achille. Dans l'Odyssée, Poséidon incarne le persécuteur divin par excellence qui amplifie les malheurs du héros d'Ithaque: Ulysse est en effet puni pour ses actes et pour avoir rendu aveugle le propre fils du dieu, Polyphème. Mais Ulysse n'est pas le seul à subir les châtiments des dieux; un autre personnage grec, Ajaxus Oleus, sauvé de la guerre de Troie et après avoir fui la ville, n'a pas remercié la déesse Athéna - qui a déclenché contre lui une tempête maritime qui l'a emporté et l'a tué.

Cette volubilité de la mémoire dionysiaque nous permet de rappeler qu'à l'instar d'autres personnages divins, Poséidon portait lui aussi les signes d'une certaine infirmité et instabilité. En effet, le célèbre médecin Hippocrate fait remonter à sa figure le trouble épileptique, c'est-à-dire l'état qui, dans la phénoménologie hippocratique, est décrit lorsque le début de la crise commence par le cri initial, c'est-à-dire lorsque le sujet émet des voix plus aiguës et plus intenses, comparables à des hennissements de chevaux.

Les attributions divines qui lui sont conférées sont Enosigeus, Agitateur de la Terre, et Gaiaoco, c'est-à-dire celui qui embrasse la Terre, la possède, en vertu de sa domination sur les eaux, qui lapent et atteignent toute la terre.

La relation spéciale entre le dieu et l'équitation est inexplicable avec la nature élémentaire fluide: par exemple, le dieu lui-même, dans le défi pour la domination de l'Attique, a généré un magnifique cheval blanc à partir d'une source miraculeuse, tandis que de Méduse, la monstrueuse, il a généré Pégase, le célèbre cheval ailé, tandis qu'en possession de sa sœur Déméter, il a généré Arion, le plus rapide des chevaux, compagnon d'Héraclès dans le concours contre le Cyclope martien.

Poséidon pourrait donc avoir une origine beaucoup plus lointaine, dans le temps et dans l'espace, de sorte que sa position parmi les divinités chtoniennes et les prédécesseurs de la civilisation historique que nous connaissons pourrait être évaluée. Ou tout au moins être rattaché à une origine continentale, liée aux peuples indo-européens, sarmates, hyperboréens, etc.

Les matériaux fictifs où le dieu est représenté comme l'époux de Gaea, la terre, ne sont pas rares, et il est également facile d'imaginer la possible qualité hypostatique du dieu à Zeus, ou inversement: l'un de ses attributs, le trident, ne serait rien d'autre que l'assimilation de l'éclair, tandis que le cheval, n'indiquerait pas les vagues de la mer mais rappellerait le monde souterrain auquel cet animal est souvent lié. Il est considéré comme le plus important des dieux de Pylos, sur la côte ouest du Péloponnèse, en Messénie, où le nom de la divinité de la mer PO-SE-DA-WO-NE est plus fréquent que DI-U-JA, l'appellation phonétique de Zeus.

Poséidon règne sur les Eaux, un lieu peuplé de populations entières d'êtres surnaturels: le plus important est l'Océan Titan, un nom issu de l'étymologie akkadienne, Uginna, l'anneau, comme l'anneau d'eaux qui entoure la terre. Une énergie ancienne qui, indifférente au temps et aux vicissitudes de l'espace, coule, nourrissant toutes les branches, les cours d'eau qui innervent la Terre. En somme, la nature est bienveillante, et dans le mythe d'Eschyle, elle abandonne son siège pour chercher une conciliation entre le pauvre Prométhée, enchaîné sur le Caucase, et l'intransigeant Zeus.

Une autre fille de Kronos, sœur de Zeus, est Déméter, la déesse des moissons, forme évoluée de la fertilité, figure féminine terrestre et maternelle: elle est la vénérable et solennelle déesse de la fertilité et constitue une référence bienveillante, contemplée et vénérée par tous ses pairs. Même le nom de Déméter, probablement d'origine indo-européenne, évoque son origine chtonienne comme le culte de la Mère Noire, de la Terre Noire, marquant cette relation avec la matière fertile, exprimée par son féminin. C'est une déesse qui apporte le renouveau, à ne pas confondre avec les archétypes de l'âge des géniteurs: elle est unanimement considérée comme l'apporteur de la civilisation, ses dons apportés à l'humanité selon l'Athénien Isocrate sont ce qui distingue les êtres humains des bêtes sauvages et des cultes à mystères, qui projettent sur l'homme des visions différentes, des présages et de nouvelles possibilités, tant pour les événements du monde que pour la condition après la mort. Les Mystères peuvent être considérés comme la cause qui a ouvert l'humanité à la recherche eschatologique dans une clé collective, systématique et donc plus profonde. Pour les Grecs, nous l'apprenons du Sicelien Théocrite, l'un des pères de la poésie bucolique occidentale, "...Dans ses mains, il tenait des bottes de blé et de coquelicots..."

Dans les hymnes homériques, elle est souvent invoquée comme "celle qui apporte les saisons", ce qui laisse supposer qu'elle était déjà vénérée bien avant que le culte des Olympiens ne soit établi en Grèce. Il est à noter que l'hymne à Déméter date très probablement du VIIe siècle av. Les personnages de Déméter et de sa fille Koré Perséphone sont essentiels aux cérémonies des cultes à mystères éleusiniens, rituels datant d'une période archaïque et antérieure au Dodécathéon.

Un rôle particulier, dû à une genèse différente, doit être réservé à la déesse de l'amour, du désir amoureux, de l'harmonie et de la beauté, mais aussi de la bonne navigation. On parle d'Aphrodite. Déesse d'origine orientale, provenant du Proche-Orient, probablement du pays des Phéniciens ou des Philistins qui ont transféré ses cultes dans les îles de la mer Égée. L'étymologie du nom est peu parlante, car son association étymologique avec le mot Afros (ἀφρός), c'est-à-dire l'écume de la mer, serait d'origine populaire. Dans la cosmogonie d'Hésiode, sa genèse est en effet centrale: son importance est pour la culture grecque et plus généralement occidentale. La culture minoenne ne contient aucune trace d'une telle divinité; cependant, à l'époque homérique, son culte est complètement absorbé par le panthéon hellénique: comme preuve de son hellénisation, Homère lui-même, dans l'Odyssée, fait remonter son culte à l'île de Chypre, dans le sanctuaire de Paphos. Ce complexe est antérieur à la domination phénicienne de l'île et remonte au XIIe siècle av.

Aphrodite est le fruit né en conséquence directe de l'émasculation paternelle. Cronos, en privant Uranus de ses gonades, les fait tomber dans les eaux génitrices. Et de la réaction mousseuse, au-dessus des vagues, se matérialise ce petit luminaire qu'est Vénus. Ses symboles sont la colombe, le moineau, le dauphin, le peridion (pas la pomme), l'abeille, le myrte et la rose. Son nom a donné naissance au lemme aphrodisiaque, qui désigne tout artifice ou composant administré pour augmenter la libido et avoir un impact positif sur les performances érotiques, en surmontant les gênes et les aversions et en ayant une influence positive sur le désir ou en assurant de meilleures performances. Protecteur des amoureux, épouse d'Héphaïstos, autre dieu à l'apparence singulière auto-engendré par dépit par son épouse céleste Héra, technologue et forgeron des dieux, dieu du feu et de la métallurgie: peut-être à cause de son apparence, il fut abandonné à plusieurs reprises par son épouse, qui préférait se consacrer à des liens qui transcendaient sa relation matrimoniale. De son union avec Arès, elle engendra le bel Adonis, qui fut plus tard victime de la jalousie d'Héphaïstos, un rare, voire le seul marié de la mythologic hellénique à rester fidèle au pacte de mariage.

Elle fut la mère d'Énée, qui fut engendré par Anchise, prince des Danaïdes, et donc lié aux origines ultérieures des Latins, les jumeaux de Rome, dont le nom occulte pourrait bien être Amor.

En effet, il est à l'origine de la dispute autour de la fameuse pomme de discorde, à l'origine de l'expédition mycénienne aux Dardanelles, approchant la princesse spartiate Hélène, épouse de Ménélas, à Paris, dont il est récompensé de l'amour en tant que juge du célèbre concours pour choisir la plus belle des trois déesses.

Le fait d'être mariée au dieu du feu, dédié à la technologie et aux forges métallurgiques, est assez emblématique, surtout sous les traits d'Héphaïstos, un dieu né de l'impétuosité d'Héra pour se venger de la polygamie de Zeus: Homère raconte dans l'Iliade comment sa mère, horrifiée, l'a chassé d'elle-même en le précipitant de l'Olympe. Il a roulé pendant des jours sur les pentes des montagnes jusqu'à ce qu'il atteigne les eaux de la mer où il a trouvé un remède auprès des Néréides, principalement de Thétis. Outre sa laideur, le dieu était également infirme, mais pas stupide, comme en témoigne son admission au trône des douze, qui a eu lieu grâce à l'action indirecte de Dionysos. En effet, Héphaïstos avait forgé et assemblé un artefact pour sa mère, une sorte de trône mécanique en or, lorsqu'elle s'assit, attirée par tant de magnificence, elle resta définitivement bloquée sur le siège. Dionysos réussit alors à l'enivrer et à l'emmener ligoté sur le dos d'une mule et convainquit le vil Héphaïstos, toujours moqué de tous, de libérer la déesse. Bien sûr, il n'accepta de libérer Héra qu'à condition qu'on le reconnaisse comme un dieu.

Une figure assez intéressante est celle du dieu Hermès, dont la mythographie rapporte qu'il est né dans une grotte de Cilène, la montagne où Maia, sa mère, fille d'Atlas, le titan détesté par Zeus, a rejoint le roi des Olympiens. Le petit Hermès, né dans l'ignorance d'Héra, était un enfant qui, par sa précocité, rivalisait avec son frère aîné Apollon: dès le premier jour de sa vie, il inventa l'instrument de musique qu'est la lyre en tuant une tortue, considérée depuis comme un animal sacré pour lui, tandis que la nuit suivante, il alla voler un troupeau de bovins sacrés pour Phoebus. L'offrande du troupeau en sacrifice aux dieux signifiait qu'à partir de ce moment, il était élevé, entre autres titres, à celui de gardien et de surveillant des criminels, et non plus seulement à celui d'ambassadeur et de messager des dieux, anghelos en grec ancien.

Comme nous l'avons déjà mentionné, le petit Hermès a sacrifié aux dieux deux des troupeaux qu'il avait abattus, car il était tenté de les manger. Lorsqu'Apollon, expert dans l'art de l'haruspice, accuse Hermès du cambriolage (fait qu'il a découvert et confirmé en observant le vol des oiseaux), sa mère Maia se range de son côté, arguant de l'incongruité du fait: Hermès n'a pu commettre aucun vol puisqu'il a passé toute la nuit avec elle.

Comme à son habitude, Zeus ne reste pas neutre. En effet, il admet la possibilité qu'Hermès ait été impliqué dans le vol du troupeau et que dans ce cas il serait juste qu'il le rende, mais il admet aussi qu'Apollon ne peut pas abuser de sa position de plus grande ancienneté vis-à-vis de son jeune frère. Ainsi, pendant que la discussion avec Apollon faisait rage, Hermès commença à jouer avec l'instrument de la lyre: cet instrument inconnu fut tellement apprécié par Apollon qu'il accorda à son frère le troupeau volé en échange de cette nouveauté musicale. L'histoire se poursuit jusqu'à l'été suivant, jusqu'à ce qu'Hermès construise la première flûte de Pan, avec laquelle il fait ensuite un échange avec le dieu Apollon pour recevoir le fameux bâton de berger. Hermès fabriqua également d'autres instruments de musique, dont l'accordéon, qu'il ne manqua pas d'échanger, plus tard, avec son frère qui, pour le récompenser, l'initia à la lecture des présages dans le vol des oiseaux, pratique divinatoire que les Hellènes appelèrent Ornithomancie. Hermès devient ainsi le gardien et le défenseur des musiciens et le protecteur de tous les pâturages et troupeaux (il sera d'ailleurs le père du dieu satyre Pan), ainsi que le protecteur des échanges et du commerce et, comme nous l'avons déjà mentionné, des voleurs: en tant qu'Agoràios, il est le patron des places et des marchés, et le dieu du profit astucieux.

Mais les qualités d'Hermès vont bien au-delà de ces simples faits anecdotiques: de toutes les divinités de l'Olympe, il est la première divinité qui se distingue véritablement par ses qualités lunaires, étant le premier dieu à manifester une âme de créature nocturne. Rappelons que sa mère Maia le met au monde dans une grotte obscure, dans l'ombre et l'obscurité de l'épouse de Zeus. De même et analogiquement, pour l'Ancien, il est le souverain ou le seigneur de l'ombre, au point de guider les âmes des individus dans le monde des rêves, d'être le promoteur des rêves, d'accompagner les âmes des morts dans la maison de l'Hadès. Sous son patronage, des opérations nocturnes sont menées dans l'ombre, où des gains licites et illicites (vols) sont réalisés.

Une autre figure emblématique sur laquelle il est assez facile de s'attarder est la figure dionysiaque: là aussi, il s'agit de l'élaboration d'un culte, d'origine asiatique, du Proche-Orient. En fait, Dionysos possède une origine phénicienne, ou philistine, puisqu'il est le fils de Sémélé, petite-fille du Phénicien Cadmus, métallurgiste et fondateur de Thèbes. L'étymologie de son nom a fait l'objet de nombreuses spéculations: la plus intéressante et la moins banale, bien que pas nécessairement authentique, est fournie par l'helléniste du IIIe siècle av. Apollonios Rhodius, contemporain et condisciple d'Ératosthène, grand spécialiste de la poésie épique et auteur des Argonautiques. Le nom de Dionysos, selon ce point de vue, viendrait de *di-genes*: en fait, il s'agit de l'enfant de la double porte, c'est-à-dire celui qui est né deux fois. Cette figure divine se distingue des figures olympiennes voisines, tant par la quantité de significations et d'archétypes qu'elle semble stratifier dans son intériorité que par les événements auxquels elle est nécessairement amenée à faire face.

Une certaine fluidité inhérente à une nature multiforme qui glisse du masculin au féminin, de l'animal au divin, qui se lie par la clé de la folie, de la tragédie et de la comédie, Dionysos est l'incarnation du délire mystique par lequel il exprime de manière synchrone les qualités de l'intellect et de l'âme avec une étincelle instinctive typique du monde animal; il est cette partie que l'homme civilisé réprime comme sa partie originelle et irrépressible, mais qu'il est amené à considérer comme inférieure dans la nature. C'est ici qu'elle réapparaît et explose violemment si elle est sous-estimée et si elle n'est pas traitée correctement. Une connexion avec le soi, pas nécessairement la plus élevée souhaitée par les écoles ésotériques et de mystère, mais une sorte de conscience chthonique, une boîte de Pandore où les forces obscures de l'humain se tapissent et cherchent un prétexte pour s'évacuer.

Il existe en effet de nombreux mythes et rites inspirés par le dieu, à valeur apotropaïque, où la mort et la renaissance semblent liées à des cultes à mystères et à des rites initiatiques. Le balancement et l'oscillation sont des caractéristiques de cette figure divine, dont la conception est en elle-même assez horrifiante et dérangeante. La princesse Sémélé, femme d'une beauté indicible, amante évidente de Zeus, portait le fruit de cette hiérogamie féconde, comme le sont toutes les amours divines dans la mythographie. Mais Sémélé fut également victime de la jalousie d'Héra, qui prit l'apparence d'une servante, la vieille nourrice de la fille du roi, et la convainquit de demander à son amant de manifester sa puissance et son apparence divines, comme si elle était sa divine épouse. Probablement victime d'adulation, ou submergé par des pulsions érotiques, Zeus change de forme, sans trop y penser, cesse d'apparaître comme un nuage et se manifeste comme un être divin dans la splendeur de ses éclairs, de manière à foudroyer et incinérer tous les spectateurs. De ces cendres, le roi de l'Olympe a tiré un fœtus d'environ six mois et, reproduisant une sorte de couveuse, il a cousu le fœtus de ce futur fils dans sa jambe jusqu'à ce qu'il soit mûr pour sa venue au monde. Dionysos est le fils d'une mère décédée, et le fait qu'il nourrisse des héros, des nymphes ou des dieux aboutit à chaque fois à la même condition: la folie. On ne sait pas si c'est à cause d'une malédiction ou de la simple jalousie de l'épouse céleste. Zeus dut le cacher avec les iades, les nymphes de la pluie, dans un lieu indéterminé appelé le mont Niso. Rien de plus approprié que la future déesse du vin ait été élevée par les Nymphes de la pluie.

Les souffrances du jeune garçon n'étaient pas terminées, Héra, persistant à poursuivre ce fruit de l'amour qui lui était étranger, le rendit fou, et il erra donc en Orient dans sa jeunesse, jusqu'à ce qu'en Anatolie, parmi les montagnes de Phrygie, il rencontre la

Grande Mère, Rhéa sa grand-mère, qui lui révéla les secrets de sa nature, le guérit et d'elle il apprit les secrets de ses rituels: en lui donnant le tambourin, elle l'initie à la tradition chamanique des danses extatiques typiques des cultes dionysiaques et bacchiques. Il se mit donc à la tête d'un cortège de satyres et de folles que les Grecs appelaient Maenads et les Latins Bacchae. Tel un nouvel Alexandre, il arrive aux portes de l'Inde, à Paropamis ou peut-être à Uttarpradesh, d'où il retourne ensuite en Grèce, entraînant cette foule encombrante et répandant le don du vin. Une mise en œuvre mystérieuse, peut-être orphique, du mythe incluait une nouvelle mort de l'enfant divin, rendant l'histoire encore plus proche de celle des initiés des cultes solaires, parmi lesquels on peut reconnaître quelques traits communs avec le culte judéo-chrétien, mais aussi avec le culte védique de Krishna. En effet, l'envie aveugle et impétueuse d'Héra a poussé certains géants, les Titans, à se déguiser et à séduire l'enfant en l'approchant avec des toupies et des jouets, exécutant une danse macabre déguisée en plâtre. Après avoir ensorcelé l'enfant, ils le démembrèrent, le rôtirent et le dévorèrent. Seule Athéna put intervenir pour sauver le petit cœur battant, qui fut ensuite rendu à Zeus, lequel, désemparé après avoir puni à nouveau les Titans en les électrocutant, reconstitua à partir de sa relique le corps de ce malheureux fils, déjà mort deux fois et ressuscité trois fois. C'est l'une des nombreuses séquences qui ont circulé sur sa venue dans le cosmos.

L'histoire de Dionysos constitue dans la mythologie grecque une exception, un tournant: cette histoire particulière met en avant la conduite d'une existence de souffrance, ou d'une existence qui passe par différents degrés de souffrance et se termine à chaque fois par la mort du dieu. Certes, en tant qu'humains et acteurs de la vie terrestre, il est bon de s'associer à l'histoire et au destin de Dionysos pour comprendre la complexité du cosmos dans sa dimension matérielle, mais dans la vie nouvelle que propose le dieu, il n'est pas conseillé de s'attarder sur le tourment de l'enfant, car le divin se manifeste aussi par la beauté, la joie et la lumière, la célébration de la vie. Il y a ici le motif d'une élaboration, d'un passage culturel, qui partage une condition avec le cœur de la pensée christique, ou du moins il y a aussi dans le culte du Christ des bases et des valeurs initiatiques visant à révéler et à nourrir des aspects et des valeurs de notre vie intérieure.

Le divin, ici, se réjouit de voir que nous cessons de préférer le côté négatif, d'embrasser la poussière et de nous agenouiller devant les tombes, parce qu'il nous destine à un avenir plus grandiose, fait de lumière et de chaleur. Comme le soleil, comme l'emblème de la vigne et de la grappe. S'il y a des morts dont il faut s'occuper, ils n'ont rien à voir avec la dépouille mortelle: ils sont incinérés, ou démembrés, et il ne reste que le cœur, point d'appui et siège des valeurs authentiques, celles qui sont cachées dans notre monde intérieur: nos vieilles habitudes, nos vieilles conceptions, nos peurs sont les erreurs qu'il faut éteindre, comme une vieille cosse. Une vision certainement nouvelle dans le panorama de la mythologie grecque, mais aussi dans le développement mythographique qui s'était répandu jusqu'alors, où pour la première fois elle se permet d'impliquer le vaste public auquel elle s'adresse, en lui permettant de franchir une porte qui, bien que naturelle et évidente, renferme une substance difficile à accepter, puisqu'elle est liée à la compréhension et à la contemplation de la valeur de l'authentique. Un concept eschatologique de la fin est introduit, qui va au-delà du discours religieux commun sur la fin des temps.

CHAPITRE 4

MYTHES DE CRÉATION ET COSMOLOGIE DANS LA MYTHOLOGIE GRECQUE: LA COSMOGONIE HÉSIODIQUE ET LA VALEUR DES ÉLÉMENTAIRES.

Celle du monde grec est une genèse dépourvue d'actes créateurs au sens strict. C'est plutôt à travers Hésiode que nous comprenons que l'origine du connu participe d'actes de procréation ou de génération.

Dans la culture et la pensée grecques anciennes, c'est-à-dire entre l'époque préclassique dont Homère fait le récit à partir du 14e siècle avant J.-C. et l'époque socratique du 5e siècle, un concept de nature, physis (gr. Φύσις), s'est développé à l'origine. En clair, il ne s'agit pas de la nature au sens commun d'aujourd'hui, c'est-à-dire au sens univoquement matérialiste ou chrétien-occidental: elle constitue la réalité originelle et essentielle, la cause efficiente ou l'élément premier et initial de toute chose. La physis établit un vaste domaine ou champ d'existence au sein duquel les fonctions et les archétypes sont accomplis ou se produisent de manière nécessaire. Les Anglo-Saxons dans leur simplification ou les abus informatiques contemporains feraient référence au concept de "sandbox", c'est-à-dire un monde ouvert dans lequel on peut expérimenter ou préparer le développement de fonctions d'application.

Pour utiliser une image communicative, il est certes facile d'assimiler cette entité à une grande cellule ou, toujours par analogie, à une grande matrice que les forces divines et leurs pouvoirs ne songent même pas à dominer: il est possible de remarquer que les forces divines et les archétypes y sont également soumis, comme c'est le cas pour toute loi de la nature ou les langages des mathématiques dont les entités restent ordonnées sous son emprise. Mais celle dont les Grecs ont eu l'intuition est une réalité dans laquelle l'homme constate que les forces et les conditions que la nature met à sa disposition n'établissent pas la qualité de l'action mais son champ d'acceptabilité.

Cette façon d'étudier la nature est appelée physique à partir d'Aristote, et les penseurs qui ont jeté les bases de cette étude sont appelés "physiciens" ou "physiologistes", c'est-à-dire des spécialistes de la nature, les naturalistes. Dans le sens commun académique et scolaire, notre culture croit que les disciplines de la philosophie originale et actuelle commencent par celles-ci.

En français, le mot nature désigne l'ensemble des choses et des êtres existant dans l'univers, et provient de la racine latine gna- (du grec gen-, comme dans genèse), indiquant la "génération". De même, l'expression grecque physis dérive de la racine phyo (φύω), "j'engendre", "je grandis": le mot physis met donc l'accent sur le caractère global de tout ce qui existe dans le monde, et donc de tout ce qui a un début et une fin.

En ce sens, ce lemme indique ce que nous pouvons voir, ce que nous pouvons expérimenter chaque jour, en englobant à la fois l'humain et le sensible.

Cette réalité doit être comprise comme le devenir du monde, c'est-à-dire que le récit d'Hésiode chante le monde de la vie sur notre Terre, dans le contexte d'une Nature immuable: à l'origine du tout, nous n'avons donc pas de volonté, aucun esprit ordonnateur n'est décrit. Il y a quelque chose au début qui est difficile à expliquer à la rationalité qui donne naissance à notre esprit, qui à son tour est naturellement limité par l'espace-temps.

C'est le concept de l'absolu ou de l'éternel: en effet, pour les Grecs anciens, la physis est la transformation de rien d'antérieur. C'est pourquoi il existe une mécanique tout à fait écrasante, qui subjugue même le surhumain et le suprasensible: étant un complexe de choses, elle englobe le commencement qui donne vie à l'univers et les choses elles-mêmes qui en sont l'émanation. On peut considérer qu'il s'agit d'une hypothèse étrangère à la pensée chrétienne commune, présente cependant dans la pensée hermétique ou dans certains courants gnostiques, dont l'origine peut en tout cas être attribuée ou retracée au monde helléno-égyptien, enfant des cultes à mystères de l'époque antique et classique.

Pour le Grec, les origines du cosmos ne peuvent donc pas être étudiées avec les sens et le langage binaire de la déduction et de l'induction: le récit transcende les causes et l'intelligence poétique se concentre sur la description de la nécessité d'un univers qui est par nature obscur. Tout commence donc dans une puissance primordiale violente, sans pitié: mais la succession des événements aboutit progressivement à une accommodation et à une atténuation graduelle qui adoucit les aspérités à la perception du sensible. Chaque générativité divine se rencontre au début d'un nouvel ordre, jusqu'à l'établissement d'un ordre harmonique universel dont le panthéon olympique est le garant et le promoteur.

Ainsi, avec l'affirmation du pouvoir de Zeus, est né le Kosmos, ou cosmos, qui ne doit pas être compris dans le sens spatial avec lequel l'astrologie le traduit, c'est-à-dire comme unité galactique ou universelle: le cosmos est l'ensemble des structures qui harmonisent et ordonnent la réalité que le vivant perçoit. Le monde grec ancien, comparé au monde égyptien, est beaucoup plus transcendant, il est l'enfant du chamanisme indo-europide; néanmoins, il est déjà prédisposé à la qualité de l'enquête rationnelle, à la qualité de la dissection qui vise à rechercher des éléments séparés de leur unité et de leur contexte. Le scepticisme des présocratiques et des sophistes en tant que méthode d'investigation est imprégné d'un pessimisme sous-jacent à partir duquel l'immanentisme matérialiste qui imprègne la culture occidentale contemporaine sera généré. Il faut aussi rappeler que la Grèce classique a légué à l'Occident l'aristotélisme, une sorte de naturalisme à tonalité rationaliste: le rationalisme grec n'excluait en effet pas la reconnaissance de la recherche des dieux, il impliquait la reconnaissance et la normalisation systématique de nos rapports avec leurs forces.

C'est Aristote qui énonce l'axiome de l'existence d'un espace vide et absolu. Un concept étranger à la dimension initiatique de Platon: il est conscient qu'il ne peut pas argumenter ou mettre en relation une réalité étrangère au processus de connaissance dialectique, c'est-à-dire étrangère au système d'expression binaire inductif-déductif. Il va jusqu'à utiliser le mythe pour développer un récit qui met en branle des processus prélogiques, analogiques ou imaginatifs. Exactement comme le faisaient les Égyptiens, ou les iatromanciens, figures chamaniques répandues en Hellas, également communes aux peuples d'Orient, jusqu'aux steppes d'Asie centrale. Les Egyptiens, par exemple, malgré leur extrême sens pratique et leur relative absence de mysticisme, développent à travers leurs profondes articulations du langage une vision polythéiste plutôt discutable, une sorte de monothéisme articulé où le multiple est l'expression d'une articulation de l'Un, ils font naître un équilibre sacré où chaque figure, aussi autonome qu'elle puisse paraître, est l'expression de la totalité de la force unique, de l'inexprimable, de l'insondable, du Sans Nom, où l'image particulière du dieu est hypostatique de l'Absolu, c'est-à-dire une représentation détaillée de l'Abstrait, de l'Œuf Totipotent. Cela témoigne du fait que dans l'Antiquité, le concept d'altérité, d'Autre que moi, n'existait pas: la séparation rationnelle n'avait pas encore eu lieu.

La valeur de la narration dans les cultes à mystères.

Dans les rites d'initiation de la Grèce antique, il y a toute une pratique religieuse qui, en fait, n'est pas une religion ou, du moins, n'était pas identifiée comme telle. Eusébeia, εὐσέβεια, la belle révérence, est aussi le nom de la personnification divine des pìetas et définit une pratique spirituelle par laquelle l'Ancien s'approche du divin. Désignant la "piété intérieure", l'intériorité, l'obligation envers les dieux qui vient de l'intérieur, l'Eusebeia représentait dans les cercles initiatiques platoniciens la connaissance de la manière dont les dieux doivent être adorés, tandis que pour les stoïciens, elle correspondait à la bonne conduite envers les dieux: bientôt, les pratiques de guérison ont été organisées selon différents rituels et formes appelés cultes à mystères. Aujourd'hui, si l'on se réfère à quelque chose de mystérieux pour parler d'un événement ou d'une présence qui n'est pas pleinement intelligible ou démontrable selon les canons du binarisme rationnel, on utilise un terme qui, dans le monde antique, se rapportait uniquement à ce domaine de célébration et d'intériorité: les Mystères (Mysteria). À l'origine, les Mystères désignaient uniquement la célébration organisée à Éleusis en l'honneur de la déesse Déméter et de Coré, la jeune fille, nom de Perséphone avant son mariage chtonien avec Hadès.

On pense que les rites d'Éleusis doivent leur fondement à Déméter elle-même, dans le mythe de laquelle ils trouvent leurs racines et leur fondement. D'inspiration homérique, l'un des célèbres hymnes a été composé en l'honneur de la déesse, "À Déméter", qui raconte le départ de la déesse du mont Olympe. Se faisant passer pour la gouvernante de l'enfant et pour le prince Demofoon, subjuguée par la joie de l'enfant, reconnaissante de l'hospitalité du roi, la déesse ne réussit pas tout de suite à réfréner sa nature et tente de le rendre immortel, en l'aspergeant quotidiennement d'ambroisie et en le plaçant dans le feu de l'âtre. Après que la reine et mère Metanira eut appris son secret, Demeter, effrayée, révéla qui il était vraiment et interrompit le rituel, laissant l'enfant être consumé par les flammes. Irata quitta Éleusis, interdisant aux cultures de pousser. Ce n'est qu'après que Zeus eut autorisé le retour de sa fille dans le monde des mortels que Déméter permit à la terre de refleurir. Et à l'enfant Demofoonte d'être élevé au rang d'immortel. Mais la vitalité de la Terre restait limitée à deux saisons de l'année, correspondant au retour de Perséphone en tant que Koré, qui, ayant mangé la nourriture des morts, les graines de la grenade infernale, devait retourner à son mari dans l'Averne pendant les mois d'hiver. C'est ainsi que Déméter établit les rites d'Éleusis, pour montrer une nouvelle voie, donner un nouvel espoir.

Les rites des déesses laissent entrevoir la prospérité dans les champs et de bons espoirs pour la vie après la mort, bien qu'avec le temps tout glisse progressivement vers la superstition, qui, on le sait, est facile dans les pratiques spirituelles, enveloppe tout de manière méphitique et le prive de la vision juste. C'est ainsi que l'on a cru plus tard que les non-initiés seraient obligés, dans l'au-delà, soit de se tenir dans le marais stygien, allusion insistante à la condition d'impureté animale, soit de remplir de grains une jarre sans fond, signifiant l'incapacité de conserver un trésor, d'emmagasiner des dons divins.

Les témoignages anciens qui détaillent le rituel du mystère vu de près racontent que l'initiation à Éleusis consistait avant tout en une pratique profonde des émotions: c'est en effet le parcours de l'initié en tant que pathein (sentiment), selon cette maxime homérique, déjà rencontrée, qui nous enseigne: souffrez et apprenez ensuite !

En chemin, le disciple est appelé à retracer et à intérioriser différents moments de l'histoire mythographique des deux dieux, d'abord la douleur et la souffrance de Déméter, puis le plaisir de la découverte de Coré. La première phase du rituel commençait le quatorzième jour du Boedromion, mois à cheval sur septembre et octobre dans le calendrier attique, et se déroulait à Athènes même: les candidats se réunissaient sur l'agora et étaient incités à se purifier par un bain dans l'ancien port de Phalère. Avec le groupe, ils lavaient un jeune porcelet qui devait être consommé en sacrifice. À partir de ce moment, le disciple commençait le jeûne, retraçant le deuil de la déesse Déméter. Le 19, après trois jours d'abstention, il entreprend avec ses compagnons un voyage à Éleusis, au cours duquel ils accomplissent le gephyrismos sur le pont du fleuve Cephysus, avec un rituel comprenant des plaisanteries salaces au contenu même allusif, rappelant la rencontre mythique avec la vieille femme Iambe qui, avec ses devises colorées, réussit à faire rire le cœur désemparé de la déesse. À Éleusis, donc, le jeûne était rompu par le kykeon, la boisson composée d'orge et de menthe, celle-là même que buvait Déméter pour mettre fin à la période de deuil. Le soir même, à l'intérieur du telesterion, lieu désigné pour la finalisation de l'initiation, se déroulait le véritable rite central des mystères, la contemplation ou epopteia: à partir de là, il n'est plus permis au profane de savoir. D'une manière générale, au fil des siècles, nous avons appris que trois passages majeurs caractérisent ce passage: le passage des ténèbres à la lumière, indiquant peut-être la recherche et la découverte de Kore plus tard parmi les lumières, où l'hiérophante révèle une naissance: "La déesse a engendré le dieu, Brimo (le fort) a engendré le fort, Brimos !".

Des témoignages font état d'un fils de Perséphone, identifié par certains au dieu Ploutos, dieu de la richesse agricole, et plus tard même à Dionysos. Mais il est toujours déconseillé de se fier aux conjectures, surtout lorsqu'on s'intéresse aux questions initiatiques et spirituelles, aux corpus littéraires des traditions hermétiques, où l'opinion historique a souvent pour but, sinon d'induire en erreur, du moins de dissimuler et de sécuriser des significations profondes. L'opinion d'aujourd'hui, en revanche, ne vaut souvent pas grand-chose, car elle s'écarte du sens objectif parce qu'elle est trop éloignée du monde de ces significations, du vocabulaire et des références allégoriques et imaginatives, bref, des processus cognitifs de l'Ancien dont nous nous sommes maintenant éloignés dans le temps et dans le sens. L'attribut de Brimo est vocatif pour de nombreuses divinités d'origine chthonique comme Hécate, Perséphone, voire Cybèle. La fin consistait à regarder des objets sacrés, peut-être du hiérophante dans un panier: dans la tradition chrétienne, il s'agit d'un épi de maïs, ce qui a certainement beaucoup à voir avec la figure de Ploutos. L'expérience douloureuse de la mort se transforme en une proclamation pleine d'espoir d'une nouvelle naissance.

Celui d'Éleusis est un complexe de mystères né d'une civilisation à vocation purement agricole: lorsque Koré disparaît, c'est-à-dire qu'elle devient Perséphone, sa figure est assimilée au luminaire lunaire, captant la lumière du soleil pour reproduire en elle le phénomène de luxuriance, de fertilité: en effet, la fille de Déméter préside à la fertilité, au développement végétatif et à la croissance des céréales.

Les deux autres traditions de mystères helléniques, la dionysiaque et l'orphique, s'inscrivent également dans le thème de l'alternance entre la vie et la mort. L'une se concentre sur l'histoire mythique du dieu Dionysos, l'autre sur la figure mythologique d'Orphée, le chanteur mythique de l'Antiquité.

En Béotie, la figure de Dionysos était très célébrée. Dionysos est considéré par les Grecs comme un dieu d'origine étrangère, des sources contradictoires faisant état d'une assimilation aux barbares de Thrace, d'autres soulignant son origine asiatique, probablement de Phrygie. Bien que divinité ancestrale régissant les éléments végétaux, Dionysos dans le panthéon olympien nous parvient plus tard: Homère lui consacre un hymne fragmentaire dans ses Hymnes aux dieux, mais il n'apparaît pas plus de deux fois dans l'Iliade, et de même dans l'Odyssée, soulignant comment dans le monde archaïque, proche des cultures minoenne et mycénienne, le dieu n'était pas considéré comme prince de peuples, de cités ou d'États.

Dionysos, nous l'avons déjà mentionné, est le fils de Zeus et de Sémélé, une princesse thébaine d'origine phénicienne: c'est dans le deuxième livre d'Hérodote que l'on trouve une mention de Dionysos, décrit comme une divinité préhellénique, acquise auprès des Pélasges, une population qui, selon l'auteur, était antérieure à l'histoire de la Grèce. Et c'est encore le même Hérodote qui raconte que quelque part en Béotie, à Satra ou Sutra, avant l'établissement de la pythie apollinienne de Delphes, c'est toujours dans ces régions, sur les pentes du Parnasse, que l'oracle parlait pour Dionysos, mais aussi comment à Byzance les murs du temple du dieu étaient littéralement recouverts d'écritures en caractères orientaux, probablement d'origine assyrienne.

La découverte de son nom dans les écrits de la civilisation mycénienne permet de penser à une origine sémitique ou orientale, le site des premières découvertes étant lié à l'île de Crète, mais aussi à Chypre, et étant Thèbes, la capitale de la Béotie, fondée selon les traces légendaires par Cadmus, un fils phénicien ou philistin du roi de Tyr.

L'historien d'Halicarnasse rapporte également une autre tradition relative à l'enfance du dieu, qui aurait été élevé à Cinnamomus en

Arabie; à d'autres moments du récit, il est associé à des divinités égyptiennes, thraces et même au culte orphique.

Le fait qu'Homère le mentionne mais n'entende pas l'inclure dans le panthéon des Douze Grands se justifie en effet aussi par le caractère religieux, extatique-orgiastique du culte, qui le rend substantiellement étranger à cette conception de l'équilibre et de la culture de la dévotion, l'eusebeia, qu'exprimait le grand poète et savant du monde archaïque. Il est possible d'affirmer, sans qu'il soit nécessaire de le démontrer, que toute la tradition sur l'histoire troyenne n'est pas racontée par Homère: certains événements détaillés communément acceptés dans le folklore hellénique ne sont même pas épuisés, laissant la narration aux commentaires, aux auteurs mineurs et aux épigones.

Dans son insondabilité et son imprévisibilité, Dionysos exprime un caractère d'authenticité qui refuse d'habiller d'échafaudages posthumes une réalité sombre et complexe: il est le dieu qui meurt et renaît, même plusieurs fois. Une forme d'immortalité inhabituelle, qui conduit à s'interroger sur le concept même d'invincibilité divine.

Toute revendication d'autochtonie de la figure dionysiaque semble plutôt absurde: elle ne pourrait jamais se réaliser, le dieu incarne en quelque sorte l'Étranger en nous, un bouffon fêlé, la manifestation de cette ombre que nous dissimulons avec jalousie et crainte parce qu'elle est la manifestation de forces très puissantes, incontestables, exprimant l'asocialité de la fureur divine.

Une leçon qui va à contre-courant, qui bouscule les normes sociales, qui est folle au sens dantesque du terme parce qu'elle dépasse la mesure ou plutôt la limite du bon sens. Au-delà de la pudeur et de la respectabilité. Aujourd'hui, elle risquerait d'être ravalée au rang de spectacle.

Ivresse, théâtre, processions et danses macabres, excès sexuels, obscénité et orgies sont autant de signes liés à la manifestation de ce caractère nocturne, inconstant et lunaire et, surtout dans les premiers temps, rattachent le culte du dieu à la sphère du féminin. C'est un cortège de femmes possédées, les Maenades, d'origine probablement lydienne ou phrygienne, qui parcourent les forêts et les vallées, se battant, se tordant, sous l'emprise de l'hypnose ou d'un état transcendant, proche de l'extase mystique, un cortège qui vit férocement en se nourrissant d'animaux sauvages déchiquetés et mis en pièces à mains nues.

Les structures institutionnelles transformant la divinité en une entité digne d'un culte à mystères s'affirment autour du Ier siècle de notre ère, lorsque le besoin d'une espérance posthume commence à apparaître dans la culture méditerranéenne, lorsque la recomposition des cultures après les phénomènes hellénistiques et alexandrins apporte d'Orient, de Mésopotamie, mais aussi du Nil, une richesse de symboles et de significations eschatologiques.

Celui de l'orphikos bios, le genre de vie orphique, a une sorte de continuité ou de pertinence avec le mystère dionysiaque: non seulement dans le thème de l'alternance et de la transition vie-mort. Mais il a aussi une relation étroite avec le thème de l'excès, qui n'est cependant ni tempéré ni exalté: les excès sont acquis dans leur contraire, dans leur pleine inversion. Qu'il s'agisse d'une habitude alimentaire ou d'un comportement sexuel, c'est l'abstinence qui devient ici la norme.

Le mythe orphique est centré sur la figure du personnage semi-divin, fils d'un roi mythique des Thraces, Eagro, qui, après son passage sur terre, se transforme en potamos, la déesse des fleuves, et en muse du bel canto, Calliope: Orphée appartient à la génération qui précède l'expédition héroïque de l'Iliade. Une tradition veut même qu'il soit le fils du Titan Atlas, fixant sa naissance à onze générations avant la guerre de Troie.

Joueur de lyre par excellence, il participe avec Jason à l'expédition des Argonautes à la recherche de la Toison, et grâce à l'énergie persuasive de sa musique et de sa voix, il persuade les dieux, calme les animaux agités et donne vie aux minéraux et aux éléments de la nature, réussissant à trois reprises à résoudre des situations que l'histoire qualifie de critiques. Au cours de sa mission, Orphée a démontré la supériorité et la magie de son art en sauvant l'équipe à plusieurs reprises; il a pris la mer avec harpe et chant alors que le navire était toujours bloqué au port de Jorko; il a insufflé du courage aux marins fatigués à Lemno; il a réprimé la colère de Rhéa, épouse de Kronos et mère de tous les dieux; il a évité un effondrement aux Simplegades; il a endormi un dragon; et il a évité le pouvoir des Sirènes.

Mais il est surtout connu pour sa terrible liaison avec sa promise Eurydice, nymphe des bois et des chênes, une dryade, dont il a été séparé par la mort de sa bien-aimée.

Mais Eurydice avait été l'objet de l'amour d'une autre figure semi-divine, Aristeus, dont l'amour n'avait jamais été réciproque. L'insistance obtuse du jeune homme conduisit la nymphe, lors de sa énième fuite, à se mettre le pied dans la bouche: une vipère venimeuse en profita pour mordre la jeune femme, provoquant sa descente aux enfers.

Orphée, ravagé par les larmes, s'enfonce dans les profondeurs de l'enfer pour ramener sa bien-aimée dans le monde des mortels: il atteint les marais stygiens ou le fleuve Styx, où il est également arrêté par le gardien Charon. Mais Orphée, déterminé à franchir la frontière du monde souterrain, enchante le passeur par sa musique et ses chants. Grâce à la musique, il apaise également le chien infernal, Cerbère, le molosse à trois têtes, véritable gardien de l'Hadès. Il arrive alors à l'endroit où Ission a été enchaîné à la roue, coupable d'avoir souhaité l'épouse céleste de Zeus: Orphée, s'abandonnant à ses prières, choisit d'utiliser la lyre pour arrêter temporairement la roue. Une fois que l'enchantement de la musique a cessé, le supplice reprend au même rythme qu'auparavant.

Même Tantale a pu suspendre le supplice infini qui lui a été infligé pour avoir tué injustement son fils Pélops afin de donner sa chair en sacrifice aux dieux et pour avoir pris l'Ambroisie de l'Olympe afin de la distribuer sans autorisation aux hommes. Il était attaché à un arbre chargé de fruits, plongé dans l'eau jusqu'au cou, mais incapable de manger ou de boire: en effet, les eaux se retiraient chaque fois qu'il essayait d'étancher sa soif, et les branches se soulevaient chaque fois qu'il essayait d'atteindre les pommes avec ses mâchoires. Orphée gouverne l'élément artistique et suspend cette torture, mais n'étant pas divin et parfait, sa composition fige aussi le pauvre suppliant, qui de toute façon ne peut ni manger ni boire, étant divinement condamné à l'éternité.

La descente des mille dernières marches le mène directement à Perséphone et à Hadès. Il les déplace aussi, ou plutôt les déchire, pour pouvoir ramener son Eurydice chez elle, à condition de la ramener à la fin de son heure mortelle. Une clause importante est ajoutée: il ne doit pas se retourner pour regarder sa bien-aimée, qui le suivra à pied tout au long du chemin du retour. Mais ici aussi, la nature pécheresse du mortel émerge de manière inattendue, et en posant ses pieds au-delà du seuil du monde souterrain, le poète se retourne par inadvertance et voit un grand tourbillon qui ramène sa bien-aimée pour toujours.

Dès lors, il ne pourra plus aimer personne. Ou du moins, selon certains comme le poète latin Ovide, aucune femme. Mais ce fait contrarie les Maenades qui, dans la meilleure des traditions rituelles, procèdent au sparagmos, le mettent en pièces et dispersent ses membres aux quatre coins du monde.

Au-delà de la vulgate ou de la référence littéraire, l'intrigue subit des variations et des adaptations mineures, en fonction de la popularisation: la première que nous connaissons est celle d'un Grec né dans les colonies italiques de Reggio, en Rhégion, au VIe siècle avant J.-C., Ibikus. Ensuite, Platon écrit sur Orphée, Apollonius Rhodius à l'époque alexandrine et Boèce au début de l'époque médiévale et chrétienne.

La littérature présente toujours cette figure sous deux angles: d'une part, elle montre la grande synthèse entre les éléments apolliniens et dionysiaques, en tant qu'élève du dieu-kouros, dispensateur de justice et d'équilibre, parfait dans sa visée, il est en fait un mécène, dont le but est de promouvoir les arts et les pratiques religieuses; mais en même temps, il entretient une relation privilégiée avec la nature sauvage, possédant une sorte de conscience intuitive qui le conduit nécessairement vers une compréhension intime des cycles de décomposition et de mort suivis de la régénération et de la renaissance de la nature. Des qualités qui font de lui un protégé de Dionysos, qui n'est pas seulement une divinité de l'extase œnologique, mais une entité dont le domaine est l'expression naturelle, en particulier de l'ordre végétatif. D'autres analogies avec la figure dionysienne résident dans le parcours de rédemption d'une femme qui est Eurydice dans le cas d'Orphée, tandis que pour Dionysos, elle est sa mère, la princesse Sémélé, combattue par Héra. Orphée, en tant qu'élémentaire dionysiaque, réussit à dominer la nature sauvage et peut même vaincre temporairement la mort: il possède cependant une nature mortelle, limitée et pécheresse (dans le sens où elle est sujette à l'erreur); en fait, à la fin du conte, il sort quelque peu vaincu, perdant sa bien-aimée, celle qu'il voulait sauver.

C'est là que se joue le contraste intérieur du héros, qui résulte de l'inconciliabilité entre deux qualités divines différentes: la mort d'Eurydice, son épouse bien-aimée, est liée à la culpabilité d'Orphée d'avoir en fait défié le dieu Apollon en contrôlant la nature par le chant; à son retour de l'aldià, Orphée a renoncé à son hétérosexualité et, par conséquent, au culte de Dionysos. Il s'éprit profondément de Calais, fils de Borée, et enseigna l'amour homosexuel aux Thraces. De ce fait, les Maenades de Thrace, ferventes adeptes du dieu, irritées par son image déchue parmi leurs disciples, l'attaquèrent et le démembrèrent, dans une rage féroce, et, le déchirant en morceaux, on dit qu'elles dévorèrent sa chair. Une belle poterie à figures rouges du Ve siècle montre le préambule de l'histoire: à gauche, un jeune homme en costume grec, une cithare ou une lyre dans les bras, éduque, en position assise, un personnage masculin en costume thrace debout au centre. Orphée, missionnaire grec en Thrace, éduque les barbares voisins à la civilisation des Hellènes: l'exclusion des femmes des pratiques rituelles, dans une culture apollinienne jouant exclusivement sur l'esthétique frivole du mâle, est mal vécue. Ce sont les femmes qui réclameront le sang du jeune homme.

Comment décrire alors l'expérience humaine autour des cultes à mystères ?

Cet essai se propose de résumer par une clé analogique un événement lié à une expérience mythique, une épreuve construite sur un modèle mythologique, au sens où elle est incluse dans les appareils mythographiques qui rassemblent la culture et l'identité d'un peuple: le centre de la vénération du mystère est donc constitué par l'épreuve même à laquelle, dans des temps lointains, si lointains qu'ils en sont projetés hors du temps, la divinité a été soumise. De cette hypothèse est née une sorte de communion personnelle avec le divin. Cette eucharistie scellait une relation personnelle avec le dieu, qui se concrétisait par une "vision", accompagnée d'une "illumination" (également au sens littéral), d'objets et de faits mystérieux, qui, dans leur noyau originel, concernaient principalement des phénomènes cosmiques ou agraires. En observant la vision, les adeptes ont éprouvé des sensations et des perceptions qu'ils n'avaient jamais ressenties auparavant, comme la souffrance pure de la vie, ils ont senti et perçu leur propre destin mortel: le "salut" impliquait donc une transformation spirituelle de l'individu. La vision du contemporain a, en raison de sa tendance naturelle à l'abstraction, une propension à la simplification: se référer au but de l'adhésion aux mystères simplement comme une évasion de la prévisibilité de l'existence matérielle serait beaucoup trop limitatif pour une complexion spirituelle d'une telle ampleur. Parmi les réalisations que l'Ancien pouvait compter mener à bien, nous trouvons certainement le discours sur une présence plus sincère et plus consciente dans la réalité civique. Avec le développement de la notion de "psyké", le concept de salut a cependant évolué vers d'autres significations, que le sens commun de cette époque voudrait résoudre uniquement par des significations d'ordre eschatologique et sotériologique. Mais le concept d'un meilleur au-delà chez les Grecs n'est pas envisagé, sachant que de même qu'il n'y a pas de canonicité religieuse helladique, il n'y a pas non plus de vision univoque sur le sujet des morts et des renaissances. Mais ces exemples dépassent les thèmes mythographiques abordés ici.

On peut certainement dire que les cultes à mystères ont des significations très précises et se réfèrent à toutes les institutions capables de garantir une initiation. Il y a une différence substantielle, et à mon avis indescriptible, entre l'initiation contemporaine et celle des anciennes traditions, parmi lesquelles nous incluons les traditions helléniques, parce que les buts et les objectifs de l'associationnisme d'aujourd'hui sont différents de la pratique du passé: d'une part un club, une société à caractère exclusiviste fondée sur les mêmes valeurs de consortium humain, d'autre part un culte avec des ministres et des guides qui accueillent et font évoluer les sens et les valeurs sur lesquels le système civil est fondé. Il n'y a pas de continuité entre l'associationnisme secret moderne, celui qui est né et s'est développé dans l'Europe moderne, dans le continent postconciliaire secoué par le réformisme religieux et le choc contre le colosse ottoman, et le monde de l'associationnisme antérieur au VIIe siècle, moment où nous situons la fin de la civilisation classique en Occident: entre les deux, la parenthèse corporative médiévale est également vantée comme un pont qui relie les deux, mais ce n'est pas le cas.

En y regardant de plus près, il est facile de déceler des paradigmes complètement différents, qui ne correspondent probablement même pas les uns aux autres en termes de langage et d'intention.

Paradigme et allégorie de l'entrée dans la société, celle de l'entreprise et des arrangements économiques du monde actuel, le rituel d'initiation est une pratique qui remplit le rôle d'initier le disciple à son cursus honorum, de le faire entrer dans une société matérialiste, lui ouvrant l'accès à des niveaux et à des rôles qui en réalité appellent à faciliter progressivement des modes de collaboration dans un monde avant tout nécessaire, économique, d'affaires. D'autre part, il y a d'autres besoins: il y a une recherche de soi, un désir de se découvrir, de se connaître pour s'aligner sur les desseins du cosmos.

Il n'y a qu'une volonté d'explorer le mystère du cosmos, qui est alors le mystère de l'homme lui-même: il y a un amour pour la recherche de la connaissance de soi, pour développer une conscience telle que l'on développe sa propre conscience non seulement pour comprendre pourquoi l'homme vit, mais aussi pourquoi l'on vit et ce que l'homme doit être capable de faire par ses actions pour rattraper les desseins de l'univers.

Le kosmos.

Jusqu'à présent, le discours cosmogonique a été éviscéré par la présentation des faits principaux, ou causaux, et des acteurs concernés. C'est à partir de cette réalité que se développent les événements légendaires que nous sommes amenés à écouter depuis notre enfance, sur les bancs de l'école, dans l'étude des textes classiques. En tant que Méditerranéens occidentaux, en vertu de notre éducation européenne, comme les peuples latins, nous avons été soumis à cette culture, en vertu de la fascination qu'elle exerce, nous en avons été agréablement captifs.

Les Grecs appellent le tout, ce que nous appelons "Univers", Cosmos (de Kosmos, c'est-à-dire l'ordre). Le tout est opposé à Kaos, qui semble conserver à distance la même racine sémantique et étymologique, du préfixe Kha, d'où le verbe kháskō, ouvrir en grand. En fait, le chaos est une allusion au gouffre du vide désordonné, non harmonisé, d'où les progéniteurs Uranus, le ciel de feu, et la terre Gea tirent l'ordre avant de dominer avec Kronos et plus tard l'ordre harmonisé avec Zeus et les Olympiens.

CHAPITRE 5

LES PRINCIPALES LÉGENDES ET LES GRANDS CYCLES.

Les Grecs aimaient raconter les événements mythologiques antiques, en les épaississant autour de noyaux cycliques, c'est-à-dire dans un complexe de solutions poétiques unies, du grec kyklos, qui suggère sémantiquement le concept de circularité, planifié autour d'un événement, d'un fait ou d'un lieu, dans lequel un ou plusieurs héros, ou même la race entière, ont agi depuis des temps lointains et ancestraux. De nombreux cycles mythiques ont survécu jusqu'à nos jours. Le cycle de Thèbes, par exemple, raconte les exploits du mythique Cadmus, grand-père de Dionysos, qui entreprit un voyage à la recherche de sa sœur Europe et vainquit un dragon, la fondation de la ville de Thèbes et le mariage avec Harmonia, jusqu'aux premiers rois légendaires et aux conflits nés de la question de l'héritage d'Œdipe. D'autres mythes rassemblent des entreprises collectives de protagonistes d'autres groupes d'histoires, par exemple le voyage des Argonautes et, plus tard, la guerre des Achéens contre les Danaéens d'Ilium, coupables d'avoir volé la reine Hélène au roi de Sparte Ménélas. Chaque district, en vertu du champ de bataille hellénique, se caractérise par ses personnages héroïques, ses différentes histoires et traditions, très souvent des élaborations de traditions antérieures, de ce monde chaotique non harmonisé peuplé d'élémentaires et d'énergies funèbres, lié aux cultes des Cthons, de la Terre Noire et de ses reptiles: le cycle des héros par excellence, celui des 12 travaux d'Héraclée, ou les cycles de mythes contenant des éléments plus folkloriques, se déroulant dans les villes et les lieux les plus célèbres de l'histoire hellénique tels que Mycènes, Thèbes, Argos et la Thessalie.

Les héros vivent dans un monde dominé par une nature humaine brute, imprégnée de pessimisme cosmique, où prolifèrent les conflits politiques, les désirs de domination et l'avidité démesurée pour les richesses, les affrontements pour l'obtention du pouvoir, les conflits civils qui détruisent des populations déjà en guerre avec d'autres peuples, des situations familiales tendues, douloureuses, exaspérées, qui conduisent à l'abandon de la progéniture dans des langes, à des meurtres d'enfants en bas âge, mais aussi à l'inceste, à l'adultère et au meurtre ou à des châtiments sanglants, effrayants, à la limite du grotesque.

Le mythe projette cette réalité dans une dimension intemporelle particulière, conférant à l'aspect de disharmonie et de rugosité une dimension tragique, presque théâtrale, en en faisant un ingrédient essentiel de tout développement eschatologique et en consolidant ainsi tout objectif moralisateur et didactique.

Jusqu'à présent, nous avons résumé les éléments de ce que l'on appelle généralement le "cycle des origines", c'est-à-dire les œuvres et les récits qui traitent des efforts divins. Le poème d'Hésiode, la Théogonie, y occupe une place prépondérante. Il s'agit d'un récit centré sur les causes cosmiques et l'origine des dieux, qui s'étend jusqu'à la guerre entre les Olympiens et les Titans. Il y a ensuite une Théogonie (œuvre qui partage son nom avec celle d'Hésiode), due à des inconnus et également reconstruite sur l'exemple hésiodique, qui raconte l'union d'Uranus et de Gaïa à laquelle on peut rattacher la Titanomachie attribuée à Eumelo de Corinthe.

La prise de pouvoir par les Olympiens, par leur frère cadet Zeus, un nom qui pour Robert Graves indiquait en fait un attribut royal, commence par une émeute, préparée et longuement méditée.

Zeus avait grandi en Crète et, avec l'aide de sa mère Rhéa, il demanda et obtint de devenir, incognito et déguisé, échanson de Kronos: il profita de cette position pour administrer par la nourriture et la boisson un puissant poison, un émétique, à son sinistre père. Kronos se met à vomir et expulse Onphalos, la pierre qui se retrouve au pied du Parnasse à Delphes; les cinq dieux de l'Olympe qu'il a dévorés suivent. Aussi magiquement que du ventre d'un sphinx ou du loup du Petit Chaperon Rouge, les dieux invincibles et immortels sont revenus à la vie, sous une forme adulte et pratiquement indemne. Conscients du sort qui leur était réservé, ils ne pouvaient qu'éprouver une profonde haine pour Cronos et les autres titans, à tel point qu'il était clair qu'entre les deux générations divines, les dieux de l'Olympe et les titans, ce serait bientôt la guerre.

Les Olympiens, certains à contrecœur, mais tous remplis de gratitude, offrent à Zeus le leadership, tandis qu'Atlas, fils de Japet et frère de Prométhée, se place à la tête de la faction titanesque. Il y aurait beaucoup à dire sur Atlas, roi Mauretane. Nous le savons grâce aux historiens du 1er siècle av. J.-C., qu'il connaissait bien les disciplines astrologiques, au point d'être le premier à les avoir étudiées et le premier à avoir représenté la réalité selon un modèle sphérique: ainsi, la représentation d'Atlas comme régent de la sphère de la voûte céleste ou comme noble pilier des cieux témoigne de son lien avec la connaissance des astres.

Le conflit oppose ceux qui se trouvent sur le mont Olympe et les Titans perchés sur le mont Otri, où se trouverait le trône de Kronos. La guerre fit rage pendant dix ans, jusqu'à ce que Zeus suive le conseil prophétique de Gaea: la faction qui gagnerait était celle qui était confinée au Tartare. Zeus alla donc chercher le soutien des Cyclopes et des Hécatonchires, les géants aux cent mains et aux cent bras. Puis, comme dans les meilleures situations cinématographiques, Zeus dirige un commando qui tue Campe, le vieux geôlier, et libère les prisonniers en leur administrant un remède réparateur à base de nectar et d'ambroisie. Par reconnaissance et dévotion, les Cyclopes ont donné à Zeus la foudre, à Hadès le casque qui rend invisible, et à Poséidon son fameux trident.

Subjugués par la pluie de projectiles rocheux lancés par les écatonchires et les cyclopes, par les cris déchirants et désorientants de Pan, les Titans battent en retraite, laissant la domination à Zeus et aux Olympiens: ils sont tous confinés au Tartare, à l'exception de Stygie et de Prométhée, mais aussi d'Océan et de Thétis, éloignés par leur soif de pouvoir.

Grâce à l'intercession imposée par Rhéa, la mère des Olympiens, et Méti, la sage fille d'Océanus qui administre le fameux poison émétique que Zeus donne à Kronos, les Titanides ne seront pas punies.

C'est ainsi qu'avec Prométhée entrant et sortant du siège des palais olympiques commence cette continuité qu'est l'histoire des héros grecs. Prométhée est le fils du Titan Japetus et d'une Océanienne, il a quatre frères, le premier est Atlas, puis le géant Ménétius, enfin, son ennemi juré le frère Epiméthée.

Son nom indique la capacité de celui qui réfléchit avant d'agir; son frère Epiméthée est celui qui réfléchit tard. Figure mythique liée au feu, notamment celui des principia, il est une figure providentielle pour la divinité des hommes, à qui il donne et réserve une multiplicité de découvertes, au mépris des interdits divins. Il est un élément de la civilisation, comprise comme le développement bénéfique et positif de la communauté humaine, et pour cette raison considérée avec méfiance par les divinités.

L'amour qu'il éprouve pour l'humanité, encore à l'état semi-fertile et au développement embryonnaire, Prométhée le manifeste dès le premier instant: lorsque son frère Epiméthée reçoit d'Athéna un nombre limité de bonnes qualités à attribuer aux êtres. Il les distribua de la manière habituelle, sans sens ni planification. Finalement, lorsque les vivants furent épuisés et qu'il n'y eut plus de qualités à attribuer à l'humanité, Prométhée remédia à la situation en dérobant à la déesse le coffre au trésor de l'intelligence et de la mémoire, qu'il rendit immédiatement à l'humanité. C'est également grâce à Prométhée que l'humanité a appris à garder pour elle, lors des sacrifices, la partie la meilleure et la plus nutritive, laissant les os et la graisse brillante à la divinité. Cela irrita Zeus, qui ne voulut pas frapper Prométhée, mais retira le feu à l'humanité. Le reste fait partie du folklore populaire dans tout le monde occidental: le Titan vole une torche du char solaire et la ramène parmi les mortels. Qu'il s'agisse d'un vol organisé ou d'une étincelle échappée de la forge d'Héphaïstos, Zeus décide d'agir. Et comme, dans sa sagacité, Prométhée avait aussi mis en garde son flegmatique frère, on décida alors de le punir de manière exemplaire: on le plaça nu et enchaîné sur un pic au-delà de Colchide, dans le Caucase, où le rapace Eton lui rongerait chaque jour le foie. Ce qui rend le récit fascinant, c'est le savoir de l'ancien helléniste: il sait que le siège des impulsions du tempérament fougueux, dit bilieux, réside dans le foie, dont les tissus sont capables de se régénérer une fois endommagés. L'Occident connaît ces deux qualités à travers le miroir de la médecine traditionnelle orientale, par exemple l'acupuncture, et d'autre part à travers l'étude menée par la science technologique sur les cellules souches et totipotentes.

Il existe d'autres aperçus de cette figure mythique à laquelle Platon, dans un célèbre dialogue, retrace même la genèse humaine à travers les paroles du sophiste Protagoras, ou grâce au célèbre dramaturge Eschyle qui en fait la protagoniste d'une trilogie tragique dont il ne reste que le Prométhée enchaîné.

Prométhée est supposé, à partir du VIIe-VIe siècle avant J.-C., être la conscience active de l'esprit d'action des classes productives et artisanales qui, en vertu d'un commerce florissant dans la zone égéenne et ionienne, conduisent à l'affirmation politique croissante des classes sociales liées à la production: il est en fait la fière personnification de l'énergie humaine poussée vers l'action qui conduit parfois les êtres humains à se heurter aux divinités, qui ne sont pas si inéluctables que cela.

En effet, c'est un demi-homme, aux traits gigantesques, ou plutôt joviens, comme ceux de son père céleste Zeus, qui mit fin à cette désagréable affaire: Héraclès, le plus fort de tous les hommes, ressentant le tourment du Titan, mit fin à ce qui devait être un supplice éternel. C'est ainsi qu'il transperça l'aigle émergeant du repas féroce et put libérer Prométhée. Il lui laissa un de ces enseignements qui, s'il est lu à un enfant, le marquera à coup sûr d'une manière plagiaire. En effet, lorsque le Titan, touchant les blessures de son flanc, lui demanda s'il ne craignait pas la colère des dieux en agissant de la sorte, Héraclès répondit avec les mots de son maître, le centaure Chiron: "Quant à Zeus, souviens-toi (...) de toujours regarder plus haut que lui, ou plus bas !" (d'après Roberto Piumini, Il circo di Zeus, Einaudi Scuola, 1992).

Héraclès est un autre fils naturel de Zeus persécuté par Héra. Il naît d'Alcmena, de la progéniture de Persée, et tout au long de son existence, il se livrera à des travaux pour égaler sa nature à celle du divin et accéder au trône olympique, qu'il atteindra au terme de 12 travaux, après avoir franchi le seuil de la vie terrestre.

La figure d'Hercule est en tout cas une figure tragique liée au cycle thébain, puisqu'il se voit accorder par Créon, roi de Thèbes, la possibilité d'épouser sa fille Mégara après une guerre victorieuse. Lorsque Eurystée, roi de Tiryns (ou Mycènes), demande ses services pour lutter contre le Cerbère, Lico, fils de Poséidon, tente de saper son règne et viole sa femme. Héraclès déjoua cette tentative et le priva de la vie. Cependant, Héra le rendit fou et, sans s'en rendre compte, il ôta la vie à toute sa famille, y compris ses enfants. Le héros ne manquait cependant pas d'accès de colère: une légende raconte que le précepteur Linus, maître du rythme et de la mélodie, fils d'Uranie et professeur d'Orphée, exprimant son désaccord et usant d'une force indéterminée à l'égard du jeune Héraclès en raison de son manque d'engagement et de soin dans l'exercice musical, fut battu par le héros à l'aide d'une cithare jusqu'à l'extrême limite. Hercule est exonéré de l'accusation de meurtre, mais il est envoyé par son père faire paître des troupeaux sur le mont Cyton, confié aux soins et à l'instruction de Chiron. Certes, la vie d'Héraclès n'a pas été faite d'excès et d'abus. Dévoué au devoir et au service des humbles, il pouvait se vanter de n'être jamais le premier à entamer une dispute, mais il a toujours gardé une attitude conforme à celle de ses ennemis.

Au terme des 12 travaux, qui ont en fait une valeur cathartique et expiatoire pour le meurtre de sa famille thébaine, il épouse Déjanire, sœur de Méléagre, qui le conduira à la mort. L'histoire, assez complexe, voit la nouvelle mariée asperger une tunique du sang du centaure Naxos, tué par Héraclès. Elle croyait qu'il s'agissait d'un philtre d'amour. Au lieu de cela, il s'agissait d'un puissant poison qui plongea Héraclès dans le chagrin et la folie.

La mort d'Héraclès par la main d'un mort était une prophétie de l'oracle qui s'est avérée exacte. Les fils, avec Philoctète, érigèrent donc un bûcher funéraire et, après l'avoir brûlé, le héros y entra. Avant d'expirer, il fut amené à monter sur le trône olympien par son père Zeus, qui le confia comme époux à Hébé, l'échanson des dieux.

Avant son mariage avec Megaera, Héraclès participa à l'expédition des Argonautes. Au cours du voyage, les Argonautes s'arrêtent chez le roi Cyzique, vieille connaissance de la famille d'Héraclès, dans la Propontique, entre les Dardanelles et le Bosphore. Ils poursuivent donc leur voyage, qui est cependant interrompu par une tempête qui les fait tomber dans le pays de Cyzique et ils ne sont pas reconnus mais pris pour des pirates (également par les Argonautes) et l'affrontement armé qui s'ensuit voit tomber douze ou treize hommes, dont le jeune roi. Le lendemain, au lever du soleil, les Argonautes se rendent compte du désagrément et, accablés de chagrin et résignés, enterrent les pauvres victimes dans un tombeau majestueux. Le navire atteint alors Misia, où l'écuyer du héros, Ila, descend en patrouille et est immédiatement enlevé par les Naïades locales. Ses compagnons, qui l'attendaient mais ne l'ont pas vu revenir, sont persuadés de partir sans lui. Héraclès, désormais seul, choisit de rester quelque temps à Cyzique et d'élever les enfants du roi assassiné accidentellement par les Argonautes.

La plus ancienne preuve du récit selon lequel Jason aurait conduit un équipage sur le navire Argo à la recherche de la Toison d'or se trouve dans l'œuvre de Mimnermos. La version la plus ancienne qui nous soit parvenue est due au grand lyrique Pindare, dans les Pythiques n° IV.

Les Argonautes étaient un groupe mythologique d'une cinquantaine de héros, une clique de goliards ante litteram qui, menés par Jason, entreprirent le voyage risqué et audacieux sur le navire Argo jusqu'aux côtes de la Colchide pour trouver une toison légendaire et spectaculaire, la Toison d'or. L'habileté des poètes helléniques consistait à cacher la vérité crue aux oreilles et à

310

l'imagination de leur public: il s'agit d'une opération à finalité pirate, précurseur en quelque sorte de ce courant cinématographique hollywoodien ouvert par Frank Sinatra avec Ocean's 11, ou Big Shot, dans lequel un groupe de jeunes gens courageux, experts dans l'art militaire, partent à la recherche d'un trésor dont Ellas est manifestement dépourvu. Les allusions peuvent être nombreuses, comme l'or des peuples sarmates ou les chiites de la mer Noire.

D'une manière générale, ce mythe semble faire allusion aux voyages de ces proto-helléniques, mais aussi des Achéens, qui partageaient cette triple nature de marchands-mariniers-pirates à la recherche de richesses dont la péninsule grecque, à vocation agropastorale, était très dépourvue. On sait qu'aujourd'hui encore, dans les régions montagneuses et proches de la Colchide, des chercheurs d'or vivent au sein de communautés semi-nomades de bergers qui utilisent encore des tamis fabriqués avec la toison d'un bélier, ce qui a pour effet d'incruster les paillettes d'or, témoignant ainsi du lien entre l'or et la toison d'un bélier. À cette époque, le continuum temporel était fixé au moins trois cents ans avant la chute d'Ilium, la Troie que nous connaissons d'après le récit homérique. Les techniques d'extraction n'étaient pas encore connues et répandues, étant l'apanage de quelques-uns comme Cadmus le métallurgiste, il était donc d'usage d'utiliser des peaux de mouton pour filtrer les gisements d'or, ce qui a facilement consolidé l'histoire de la peau de mouton dorée.

Celle du métal blond peut par ailleurs être considérée comme une métaphore inhérente à la généralisation de la culture des céréales, en particulier des champs de blé, qui étaient rares en Grèce et que les anciens Hellènes se procuraient sur les rives méridionales de la mer Noire, où ils avaient de toute façon établi des colonies et des bases commerciales.

L'histoire des Argonautes était déjà connue dans l'Antiquité, au point d'être la source et l'objet de citations dans les poèmes homériques: dans l'Iliade, aux septième et vingt-et-unième livres, Homère parle du fils de Jason, Euneus.

Euneus, souverain de Lemno, était le fils d'Ipsipile, reine de Lemno, première étape du voyage de l'Argo au-delà des Dardanelles, et première victime des sentiments de son capitaine: sur une île maudite par Aphrodite, dépourvue de population masculine, la reine est la première à être séduite et abandonnée par Jason. Euneus était devenu roi de Lemnos bien après le voyage des Argonautes et avait établi un commerce de vin apprécié des Achéens pendant le siège troyen. Mais aussi par Ulysse lors de son nostos, le retour par excellence.

Déjà Hésiode, le grand poète, dans sa Théogonie, rappelait que Jason avait enlevé Médée sur ordre de son oncle Pélias; plus tard, Médée donna naissance à un enfant, Médée, dont l'éducation fut confiée au même précepteur que son père, Chiron.

Il y a beaucoup de choses à dire sur Jason: La critique est ainsi faite qu'au fil des siècles, elle a été l'apanage de professeurs trop tempérants, occupés à protéger une morale de façade, à enrober de valeurs des événements d'origine douteuse, préférant moraliser et moquer la libéralité dionysiaque, mais sans jamais discuter de la fêlure et de la propension au sérialisme d'un héros comme Jason, expert en manquement à la parole donnée, corsaire avec mandat, boucanier à la tête d'une bande de cinquante Mycéniens, prêt à en découdre avec n'importe qui, même avec les rois hôtes, qui, avec Médée, précurseurs de Bonnie and Clyde, font toutes sortes de choses entre la Méditerranée et la mer Noire.

Elle met en pièces son frère Apsirto, qui part avec elle, probablement envoyé par son père, et jette ses restes à la mer, pour accélérer et protéger sa propre fuiteMais même la persuasion avec

312

laquelle il a fait découper le roi Pélias en morceaux par ses propres filles, puis l'a traité comme un plat et l'a fait cuire au four, devrait nous faire prendre conscience, en suspendant notre jugement, des figures impies que nous avons devant nous, de la facilité avec laquelle elles étaient prédisposées au crime dans la poursuite de leurs desseins ou de leurs objectifs personnels et futiles. Derrière cette histoire se cache une morale déformée, fruit d'une culture pervertie.

Enfin, après la énième trahison commise par Jason, qui depuis le début joue à organiser les faits et les personnes pour atteindre des objectifs personnels, le déclin et la déchéance des personnages s'accomplissent lorsqu'il se retrouve à organiser son nouveau mariage avec Glauce, une princesse corinthienne, fille du roi Créon. Médée, furieuse, envoie à Glauce une robe ornée de bijoux en guise de cadeau de mariage.

Porté le jour de son mariage, il a pris feu, causant sa mort ainsi que celle des passants, tels que son père, venu l'aider, et les jeunes Mermeros et Fere, les fils de Médée et Jason.

La fin du héros a quelque chose de cinématographique: il a aussi conquis le trône d'Iolco, grâce à l'exploit de Pélée, le futur père d'Achille, mais il n'est plus le héros qu'il était; méprisé par tous les Olympiens, il perd aussi, à cause de son personnalisme sans horizon, les faveurs d'Héra, divinité féminine agacée par les habitudes de séduction incessante et d'inconstance du mortel, il termine son existence seul et malheureux. Un pirate comme tant d'autres, endormi à la poupe de l'Argo en perdition, splendeur des jours fastes, construite en quelques jours grâce à la faveur des dieux et ornée par Athéna, à la quille apotropaïque, qui pouvait dispenser des oracles. Ainsi, alors qu'il se reposait à l'ombre de sa gloire, probablement imprégné des vapeurs de l'alcool, il a été pris dans l'accident instantané, l'effondrement d'une structure sévère: le poète hellénique considère tout cela comme une damnation divine pour n'avoir pas tenu sa promesse. Peut-être s'agit-il plutôt d'un signe clair d'abandon à la dynamique du destin. Aujourd'hui, à la lumière des propos d'un tragédien contemporain du XIXe siècle, il est plus facile de suspendre toute forme d'évaluation des actions des personnages: il faut embrasser toutes les difficultés et les multiples facettes de ces figures qui, en tant que héros, sont élevées pour avoir néanmoins connu une complétude qui dépasse le sentiment commun. De même que l'Argo a navigué, souvent sur des routes et des itinéraires impossibles à tracer dans la réalité, de même s'est déroulé un voyage qui n'était pas visible: la découverte de soi est une campagne pleine d'embûches, une marche effrayante pleine d'obstacles qui ne peuvent être évités, qui méritent d'être affrontés. Chacun a pris ce chemin, chacun a agi pour atteindre un but, chacun avec son propre viatique. Pour rendre ces mots de Nietzsche pleinement appréciables, même à notre palais peu habitué, et pouvoir affirmer librement que *"...Il faut encore avoir du Chaos en soi pour donner naissance à une étoile dansante..."*

Le cycle argonautique est suivi du cycle thébain proprement dit, fruit d'un vaste ensemble de poèmes aujourd'hui entièrement perdus, concernant l'histoire mythique de la ville de Thèbes et la saga des Labdacides, la lignée d'Œdipe, de ses parents et de tous ses descendants. Une véritable mythologie de la ville de Thèbes.

Thèbes est la ville fondée en Béotie par Cadmus, fils d'Agénor, roi de Tyr. Ce roi était d'origine philistine, les anciens souverains de la mer étant d'origine sémite ou, comme on l'admet généralement, phénicienne. Comment Cadmus se retrouve en Hellas, c'est simple, c'est la faute de Zeus qui, dans son élan d'amour illimité et expansif, décide de posséder sous un déguisement une belle jeune femme: Europe, fille d'Agénor et sœur de Cadmus. Il l'enlève sous sa forme taurine et l'emmène en Crète, où il la possède sous la forme de sa célèbre hypostase, l'aigle. Sous la protection d'Astreus, roi de Crète, Europe engendre trois fils, dont le célèbre Minos.

Le jeune Cadmus part avec d'autres frères pour la Méditerranée à la recherche d'une sœur perdue: aucun des fils d'Agénor ne veut rentrer chez lui. Avec un grand nombre d'associés, il part de la côte phénicienne vers les rivages helléniques.

Le seul moyen connu pour révéler l'emplacement d'Europe était la Pythie de Delphes, sacrée précisément pour le dieu Apollon. Une fois à Delphes, il reçut de la sibylle une réponse assez bizarre: il devait suivre un bovin solitaire qui se trouvait à proximité, suivre ses mouvements et fonder une ville en la nommant Thèbes à l'endroit même désigné par l'animal. La bête de la prédiction, dont la fourrure semblait rappeler un ciel étoilé, était facile à trouver. Ce qui est peut-être plus difficile, c'est de la suivre. La vache sacrée, après avoir parcouru de grandes distances, s'installa sur une colline, une région nommée Béotie. Cadmus, heureux et remerciant les dieux, érige un autel improvisé sur lequel il peut accomplir des rites sacrificiels en l'honneur de la déesse Athéna et la remercier selon la tradition. Ayant besoin de s'approvisionner en produits de première nécessité, les compagnons du corps expéditionnaire sont allés chercher de l'eau à la rivière voisine, et ont été victimes d'un gardien divin: un grand dragon ou serpent, sacré pour Arès. De toute évidence, le reptile, ayant avalé ses compagnons, fut facile à vaincre pour le jeune Cadmus, qui put ainsi fonder Thèbes, après s'être attiré l'inimitié martienne d'Arès. Privé de main-d'œuvre, Cadmus demanda à Athéna comment s'y prendre pour fonder une ville: il lui fut répondu, comme dans une anecdote des Argonautiques, de semer les dents du dragon dans le champ. Cela donna naissance à de nombreux guerriers en tenue, qui effrayèrent Cadmus, lequel se mit à les bombarder de pierres. Pleins d'acuité et de perspicacité, les guerriers se firent la guerre sans savoir de quel côté les pierres étaient lancées. Seuls cinq d'entre eux survécurent et reçurent le nom de Sparti, les nés de la semence. Dotés d'une force surhumaine, ils construisirent la forteresse, l'acropole de Thèbes, le noyau historique et le plus ancien de la polis, qui portait le nom de Cadmée. Bien qu'ayant épousé une fille d'Arès et d'Aphrodite, Harmonia, la colère du dieu obligea le roi à abdiquer en faveur de son neveu Penthée.

Or Penthée, lui non plus, n'a pas eu la vie facile: pendant son règne, qui résulte d'une usurpation et qui le prédispose par nécessité conservatrice à la tyrannie, il doit faire face à la propagation du culte d'une divinité récemment élevée au rang d'Olympien, un jeune garçon fils de sa tante Sémélé et de Zeus. Dionysos est évoqué: impie envers les dieux, oppresseur envers les hommes, Penthée a tenté par tous les moyens de supprimer son culte, condamnant à mort ses prosélytes. Il s'en prend aussi à Tirésias, le devin thébain qui rencontrera Ulysse au seuil de l'Hadès: le vieil homme est emprisonné pour tenter d'enrayer sa tyrannie et, finalement, la solution n'est résolue que par une intervention divine.

Seulement, le dieu était Dionysos, qui provoqua une vague de folie qui affecta toutes les femmes thébaines, qui, en tant que Maenades, se réunissaient sur le Mont Cythérion pour propitier les rites en l'honneur du dieu. Puis, Dionysos inspira à Penthée le désir fou d'aller observer les femmes officiant au culte: il se plaça caché dans les branches d'un arbre, de sorte que lorsque les femmes commencèrent à officier au culte, il fut vu et devint la proie de la fureur des Maenades, parmi lesquelles se trouvaient ses tantes et sa mère. Agave, sa mère, en proie à des pensées et à des sentiments fous et absurdes, a brisé le membre de son fils, et les autres ont achevé le travail en le mettant littéralement en pièces. Dionysos détruisit ainsi la maison royale thébaine et transforma son grand-père Cadmus et Harmonia en serpents, les exilant en Illyrie.

Dans tout cela, le lecteur a peut-être oublié qu'Europa n'a plus jamais été recherchée.

Parmi les nombreux exemples de la mythographie hellénique, protégés plus ou moins longtemps dans le déroulement de leur vie personnelle, celui des Thébains est une lignée assez contrariée. Peut-être parce qu'ils étaient d'origine barbare, parce qu'ils étaient d'origine phénicienne, peut-être parce que l'origine de leurs crimes était considérée comme indicible. C'est ainsi que l'histoire se prolonge dans les guerres de pouvoir et les effusions de sang, même fratricides. L'affaire des Thébains est également bien racontée par le tragédien Eschyle, qui compense en partie les poèmes aujourd'hui perdus que nous décrivons brièvement ci-dessous.

L'Œdipe, un poème de 6 600 vers, dont le développement est proche de l'Iliade d'Homère et dont l'auteur était Cynethon de Sparte, raconte les événements d'Œdipe, qui, sans le savoir, a assassiné par erreur son père Laïos et s'est marié avec sa mère Jocaste; il raconte également comment il a fui sa ville en apprenant la terrible et inattendue réalité. Il est certain que les deux fils d'Œdipe, Étéocle et Polynice, ne sont pas des enfants de l'inceste car ils sont nés d'un précédent mariage avec Eurygane - et non avec leur grand-mère (de facto) Jocaste.

La Thébaïde (ou les Sept contre Thèbes) est, en revanche, un ouvrage peu étendu qui relate les péripéties guerrières entre les fratricides Etéocle et Polynice, fils d'Œdipe comme nous l'avons vu, qui s'affrontent pour asseoir leur pouvoir sur le territoire de Thèbes. L'histoire commence par l'accord fraternel de gouverner la polis en alternance (une année un frère, l'année suivante l'autre frère), mais Eteocles décide de ne pas laisser le pouvoir à son frère à la fin de sa propre année. C'est pourquoi Polynice, soutenu par Adraste (roi d'Argos), attaque son frère et, par conséquent, sa ville bien-aimée. La tragédie est racontée par les voix des assaillants:

alors que les généraux protégeaient les sept murs de la ville, les deux frères se sont entretués, confirmant une prédiction faite des années plus tôt.

Les Épigones, œuvres qui se réfèrent à Antimaque de Théos, mais aussi à Homère (bien que cette dernière théorie semble plutôt incertaine), racontent la deuxième phase de la bataille pour la ville de Thèbes. En sept mille vers, en effet, les Épigones racontent comment, dix ans après la Thébaïde, sous la conduite d'Alcméon, les fils des commandants de l'histoire précédente se sont rendus maîtres de la ville en la conquérant et en la mettant à sac.

Les Alcméonides, d'une plume inconnue, racontent les exploits de l'épigone Alcméon, fils d'Amphiaraeus - l'un des sept généraux - qui, pour se venger de son père, a assassiné sa propre mère (complice de sa décision de participer à la guerre) et s'est retrouvé pour cette raison tourmenté et pourchassé par les dieux de la vengeance pour des crimes terribles et familiers - les Erinyes.

Œdipe est aussi celui qui, dans sa ville, a rencontré et vaincu le Sphinx: une créature monstrueuse, fille de Typhon, avec une tête de femme, un corps de lion, des ailes d'oiseau prédateur et une queue de serpent, et qui a été convoquée par Héra pour s'attaquer à Thèbes. Mais pourquoi était-elle là ? Laïos, en effet, avait enlevé et violenté Chrysippe (le fils du roi). Cet acte profondément impie et cruel avait poussé Chrysippe au suicide.

Dans ce monde d'impies, Œdipe devint roi et époux de sa propre mère, eut des enfants, et tout se passa sans désordre jusqu'à l'apparition d'une urgence sanitaire. Une consultation d'oracles et de devins est alors mise en place pour gérer l'issue de l'épidémie qui sévit dans le démos: personne ne parle, pas même Tirésias n'ose, mais on finit par faire émerger une vérité alambiquée, peut-être grâce à la capacité de déduction des intéressés. Jocaste s'est suicidée.

Et que pouvait faire le roi, sinon abdiquer, privé de la vue ? Peregrinus, assisté seulement de ses filles, finit par débarquer près d'Athènes dans une clairière sacrée des Erinyes, lui qui était sûrement tourmenté par la culpabilité, et c'est là qu'il attendit la mort, à Kolonus, réalisant la prophétie selon laquelle le lieu où reposait la dépouille d'Œdipe deviendrait un lieu béni par le divin.

CHAPITRE 6

LA MYTHOLOGIE GRECQUE DANS LA CULTURE D'AUJOURD'HUI.

La figuration mythographique des Grecs nous apparaît souvent aujourd'hui pleine de contradictions, parfois nous n'en saisissons même pas toutes les nuances et le lecteur contemporain perd ses repères. C'est une condition imposée au savant depuis des siècles, en partie parce qu'en tant qu'Occidentaux, nous avons perdu ce contact, ce flux de continuité, avec la civilisation hellénique: songez qu'une grande partie du matériel que nous possédons aujourd'hui est filtrée par la culture latine, les citations des grammairiens, les fragments cicéroniens et les historiens, la culture arabe, qui a conservé les volumes dans ses bibliothèques, et les humanistes de la Renaissance. Il fut un temps, il y a plus de cinq siècles, où l'Europe oubliait le grec, où une grande partie de la critique littéraire était filtrée par l'œuvre d'Ovide, l'une des sources les plus importantes: ce que nous savons à ce sujet, en fait, nous le tenons principalement de lui et de son héritage. Cependant, il faut souligner la limite critique due à l'approche que l'érudit de Sulmona a de l'histoire. Ovide est un enfant de son temps, à la charnière du Ier siècle av. J.-C. et du Ier siècle ap. J.-C., il adopte des attitudes polémiques certes différentes de celles d'aujourd'hui, mais encore plus éloignées de la façon de penser des auteurs épiques, mais aussi des rhétoriciens et des auteurs qui avaient traité ces questions auparavant. Les récits d'Ovide sont certes riches en détails, mais il est l'enfant d'une époque où la critique et la dialectique cèdent la place au scepticisme rationaliste, et il admet donc qu'il ne croit pas à la mythologie.

Les contemporains aspirent à une approche différente de celle dite ovidienne; ainsi, celle de la mythologie est conçue comme une observation scientifique d'une Histoire, qui n'est pas tant fructueuse et valable d'un point de vue scientifique qu'une aide à la compréhension des us et coutumes d'une société passée. En effet, ce n'est pas tant l'individu qui compte que la représentation du contexte global, le Zeitgeist, qui dans sa complexité socioculturelle et artistique est beaucoup plus pris en compte, car il permet de se mesurer avec les catégories de la comparaison et du jugement, c'est-à-dire les seules choses qui nous guident dans l'acquisition de notions et d'orientation, donc dans la compréhension. Nous pensons que c'est si facile, mais malheureusement ce n'est pas le cas. Nous sommes incapables de développer une capacité de vision semblable à celle que possédait l'Ancien. Nous n'avons plus d'intuition par l'image, nous régissons la connaissance par des notions liées par de pâles abstractions.

L'auditeur moderne, ou plutôt le lecteur, car c'est ainsi que nous apprécions principalement ces œuvres en les lisant dans leur dimension privée, apprécie les cycles épiques dans leur écriture artistique, pour en déduire des informations, des détails, des qualités anthropologiques et des fragments d'histoire.

C'est pourquoi notre civilisation apprécie depuis longtemps Homère et les événements héroïques, alors que les aspects qui nous parlent de tradition authentique sont ceux de la poésie d'Hésiode: ils nous semblent étrangers, nous restons limités aux aspects folkloriques, sans toutefois pouvoir en saisir la signification authentique et actuelle.

Nous ne voyons dans la mythologie de cette époque que des aspects des possibilités instrumentales de cultiver et de faire croître le groupe social dans la direction politique et sociale dictée par le gouvernement du poleis.

La figuration mythographique de cette époque vise à canaliser et à guider les émotions des gens ordinaires afin de favoriser un climat propice à la croissance de réalités grandes et importantes: Athènes, Sparte et Thèbes en Grèce, Rome en Italie. Ainsi, la culture, dont l'art est essentiellement l'expression, guide les civilisations là où les classes dirigeantes doivent les conduire, avec discipline et disposition positive, pour consolider un pouvoir capable d'agir au niveau sociétal et éventuellement de surmonter uniformément toutes ces réalités fragmentées et désunies.

Mais il y a plus: Platon croyait en la réalité objective des mythes et les considérait comme des événements inclus dans la réalité, puisqu'ils la décrivent, voire la capturent.

Il y a au moins quatre fonctions différentes attribuées par Platon au mythe en ce qui concerne son utilisation dans son enseignement. La première est évidente: il s'agit d'une fonction purement philosophique, à savoir l'utilisation philosophique du mythe. Dans son récit, il a recours à des images figuratives qu'il utilise pour mieux illustrer et transmettre le contenu de l'enseignement en question. Cette transmission pourrait également être connue au moyen de concepts, mais il lui manquerait cette transmission intelligible, cette communication par images qui met en mouvement les processus de la conscience, différents du processus mental. On pense au célèbre "mythe de la caverne" avec lequel, dans le livre VII de la République, l'ensemble du processus cognitif est exposé dans sa structure à travers différents niveaux et étapes. Le mythe est l'expression de cette faculté humaine encore intacte d'utiliser l'analogie, de mettre en œuvre la conscience de la pensée au-delà de la simple abstraction. Platon a toujours la racine de l'ancien et ne se déplace pas sur un plan euclidien, mais agit dans un espace tridimensionnel. Il n'abuse donc pas du conceptualisme rationaliste.

Il existe également une fonction que l'on peut qualifier de "métaphilosophique" du mythe de Platon, à savoir l'utilisation du mythe lui-même comme allusion à quelque chose qui dépasse les capacités mêmes de la philosophie, au-delà de la physique: si, par exemple, l'objet du discours est le sort des âmes après la mort, il s'agit de métaphysique. Il n'y a pas de sécurité, il n'y a pas de contrôle sur la véracité totale ou partielle du discours: c'est un beau risque, qu'il faut prendre.

Il y a ensuite un mythe pré-philosophique, lorsqu'il concerne la sphère du sensible; il ne s'agit donc pas de philosophie en soi, mais du développement de la qualité matérielle de la réalité, comme dans le Timée, où sont données les clés descriptives élémentaires.

La quatrième catégorie considère le mythe comme un expédient pour raconter des processus théoriques et des conceptions étrangères à l'auteur, mais qu'il utilise néanmoins pour exprimer des concepts ou illustrer leurs fondements. Aristophane illustre la théorie de l'amour comme une force magnétique entre un principe mâle et un principe femelle, exprimée dans des individus aujourd'hui séparés mais autrefois enfermés dans un seul hermaphrodite. Cela ne fait pas vraiment partie de l'enseignement disciplinaire socratique ou platonicien.

À cet égard, la pensée platonicienne parvient encore à maintenir vivante l'attitude du processus de conscience prélogique.

Il s'agit d'un processus d'actualisation que les initiés, les poètes et les philosophes ont utilisé pour discerner et argumenter sur les connaissances connues à l'époque de la Grèce antique.

En effet, il n'y a pas de religion, pas de canon auquel se soumettre, pas de thème religieux. Il y a cependant le thambos, l'étonnement, le sublime, qui s'exprime dans le rapport avec le conscient, ce que les anciens appellent le "cœur", ne se référant pas proprement à l'activité de l'organe cardiaque, mais opposant le siège propre de l'intuition intérieure au mentalisme, à l'activité cérébrale de la tête: il ne s'agit donc pas d'un processus régressif ou paradoxal, ni d'une réduction à la peur ou à la superstition comme le voudrait le mécanisme matérialiste contemporain, car ceux qui tendent à ramener tout traitement et tout discours sous la cohérence et les nécessités de la raison pure craignent une fantaisie (c'est-à-dire l'état d'émerveillement) habituelle chez les insectes sociaux, par laquelle tout ce qu'ils affirment exige d'être régi par une extrême nécessité mathématique et économique, celle du besoin matériel ou de la santé publique.

L'un des plus grands éclairages contemporains sur la culture mythologique hellénique est celui de Friedrich Wilhelm Nietzsche, qui a identifié de manière créative les deux composantes du développement de la civilisation grecque sur lesquelles nous avons fondé l'éthique de l'Europe occidentale.

D'une part, l'esprit apollinien matérialise la tentative des Grecs anciens de saisir le réel à travers des modèles en ordre dans l'esprit, en évitant ce qui est chaotique même si c'est tout ce qui génère la réalité et ne parvient pas à s'émanciper, en niant en partie la vitalité fondamentale qui soutient l'existence elle-même. L'esprit lié au dieu Apollon est donc l'élément de rationalité ("rationnel et rationalisant") de tout être humain, et cette composante s'oppose et se distingue de l'esprit dionysiaque, qui est son exact opposé. Elle repose sur le fait tragique, sur le sang des victimes sacrifiées qui expérimentent la difficulté de vivre depuis la ligne de front, faite de relations intenses entre les hommes et avec la nature elle-même. Encore une fois, Eschyle enseigne: pathei mathos. La souffrance dans la pensée grecque est fondamentale: la vision douloureuse de l'existence avec une fixation particulière (presque une manie) sur la composante éphémère de l'univers: tout est destiné à se flétrir, tout est destiné à nous quitter et à s'en aller. Mais les deux composantes ont besoin de se superposer, de s'interpénétrer. Après le passage chaotique des Titans, c'est Zeus avec l'aide d'Apollon qui reconstitue Dionysos démembré: pour dissiper cette vision globale de la mort et du caractère éphémère de l'existence, les Grecs ont fait appel à leurs divinités, qui avaient un pouvoir très fort lié à l'ordre. C'est ainsi qu'une touche d'Apollon s'ajoute à une touche de Bacchus. C'est ainsi que les deux dimensions se rejoignent.

Beau est le héros mythologique, fort, imposant, invincible, il se présente même avec justesse, d'un point de vue subtilement élaboré, qui est alors le point de vue subjectif: mais on devine aisément qu'il ne pourrait pas correspondre à la réalité de la vie quotidienne. Mais qu'est-ce que cela nous apporte sociologiquement et humainement parlant, à l'heure actuelle ? L'anthropologie et la sociologie sont essentielles pour comprendre les figures héroïques depuis le début de l'histoire de l'humanité, mais surtout pour comprendre leur signification et leur finalité. Les images des grands héros et protagonistes des mythes anciens ont en effet servi dans le passé à construire une représentation toujours combattante et toujours victorieuse, utile aux spectateurs et aux auditeurs pour avoir un point de référence fort, qui se dresse contre les obstacles du monde et de l'existence, même si les courants qui s'opposent à lui sont de plus en plus nombreux et de plus en plus forts; ainsi le héros persévère-t-il, imperturbable et impérissable, dans des affrontements surhumains, malgré les forces contraires qui agissent à contre-courant.

L'histoire des Argonautes et de leur quête de la précieuse et prestigieuse Toison d'Or n'a pas seulement été populaire dans les références littéraires, elle a aussi marqué l'imaginaire collectif pour les siècles à venir. Ce récit, en fait, était déjà connu à l'époque du poète Homère et constitue l'exemple parfait pour parler de l'impact social du mythe. L'histoire, connue par Homère mais racontée dans Les Argonautiques par l'auteur Apollonius Rhodius quelques centaines d'années plus tard, place au centre de sa narration une histoire similaire à celle du tout aussi célèbre Ulysse, soutenant l'imaginaire hellénique du marin mycénien, mi-marchand, mi-pirate, mi-soldat: plus de cinq siècles plus tard, il occupait certainement une place prépondérante dans l'opinion de l'époque. On disait que les Argonautiques avaient pour principaux protagonistes des personnes de haut rang social, des nobles qui voulaient prouver leurs capacités et qu'ils étaient capables de surmonter tous les obstacles qui se dressaient devant eux et sur leur chemin (ou plutôt, le long de leur navigation). Et ce voyage, en fait, se déroule admirablement. Sans querelles ni tentatives de prises de pouvoir soudaines, les Argonautes se sont révélés être un groupe fonctionnel pour leur objectif et leur but ultime: trouver la Toison d'Or. Un objectif commun à atteindre ensemble grâce à une attitude proactive et collaborative. Et c'est précisément la raison pour laquelle beaucoup pensent qu'ils étaient des marchands ou des marins: appartenant à une classe aisée, ils collaboraient. Ce n'est pas un mauvais trait de caractère, surtout pour les mythes anciens. Qu'Homère ait eu ce récit à l'esprit lors de la composition et de la diffusion de sa plus grande œuvre, l'Odyssée, est presque certain et évident au vu de la similitude des personnages, mais aussi des régions traversées et de la structure narrative et chronologique, qui présente quelques similitudes intéressantes. Argos, par exemple, passe par Scylla et Charybde et les Phéaciens; mais les caractéristiques du sage roi Alcinoos reviennent également dans le poème homérique.

Sur l'île de Crète, les aventuriers ont rencontré Talos, le géant de bronze bestial censé protéger la terre minoenne des étrangers (souvenez-vous du mythe du cyclope Polyphème dans l'Odyssée),

326

puissant mais doté d'une cheville fragile qui l'a conduit à sa perte. La grande différence entre les deux mythes est que dans ce poème, le deutéragoniste devient une femme, Médée, à qui la déesse de l'amour, Aphrodite, a elle-même donné le pouvoir de conquérir le cœur du héros, Jason; celui-ci avait jusqu'alors affronté de grands dangers, des épreuves épuisantes et s'était battu contre de nombreux adversaires, mais il était tombé sous le charme d'un philtre d'amour préparé par la femme, qui avait fait de lui son serviteur.

Si l'on considère ensuite les territoires vers lesquels le navire des Argonautes a navigué, on constate que le voyage n'a pas été sans heurts, même du côté occidental: ils ont en effet débarqué le long des côtes de la Libye et du golfe de Syrte en Afrique, la future terre d'Ausonie des colonies italiques (connue aujourd'hui sous le nom de Grande Grèce), les terres des peuples celtes, en se dirigeant vers la partie nord de la Méditerranée et en suivant le cours du fleuve Rhône, jusqu'à ce qu'ils atteignent le Rhin.

A l'est, en revanche, ils ont sans doute atteint la région du Caucase, entre les actuelles Géorgie et Azerbaïdjan, et même les rives de la mer Caspienne. Ils ont ensuite traversé toute la Scythie, c'est-à-dire les plaines entourant le grand lac salé, puis se sont dirigés vers le sud en direction de l'Assyrie et de la Phrygie, ce qui explique que la Thrace et l'île de Minos semblaient plutôt être une excursion dominicale. Un tel itinéraire était très probablement irréalisable à l'époque des Argonautes, et certainement pas concevable à réaliser sans interruptions ou pauses, principalement pour des raisons logistiques. L'idée que ces terres ont été découvertes par les Argonautes à différentes époques et au cours de différentes missions peut encore être acceptée.

Le mythe s'inspire toujours d'un élément réel qui, tout en constituant la colonne vertébrale du développement, fait néanmoins l'objet d'une adaptation subordonnée aux besoins littéraires. Le voyage de Jason et de ses Argonautes constitue certainement une métaphore intéressante pour un moment précis et véridique de l'histoire: les mouvements des marchands qui parcouraient le bassin méditerranéen à la recherche de nouvelles et meilleures marchandises, ou de trésors à piller aux dépens des peuples sarmates. Précisément, la Colchide, la région caucasienne baignée par la mer Noire, séparant l'Anatolie de la mer Caspienne, qui correspond au territoire géorgien actuel, a été pendant de nombreux siècles avant (et surtout après) un territoire riche en agriculture, un réservoir inépuisable d'esclaves, mais surtout une réserve constante de minéraux, y compris de métaux précieux tels que l'or et l'argent et de métaux à transformer tels que l'étain et le cuivre (à partir desquels on fabriquait le très précieux bronze): sa désirabilité était inhérente à l'émotion de crainte et d'émerveillement suscitée par les récits, surtout pour les marchands qui constituaient la classe sociale hégémonique de cet espace-temps, l'espace hellénique. La classe marchande, c'est bien connu, est souvent gouvernée par les démons de la possession, habituée sans le savoir à la faim, et l'a toujours considérée comme une force motrice dans la recherche de nouveaux lieux de vente ou d'achat.

Nous le voyons aujourd'hui dans la vie de tous les jours. Que devient la mythologie aujourd'hui ? A-t-elle vraiment la même valeur que pour les Anciens ? C'est impossible. Cet humain ne vit pas dans la même qualité que l'être du passé. Si hier la mythologie servait à inspirer une qualité d'être, de vivre en communauté, d'avoir envie de s'immerger dans le même collectif qui avait donné du sens à ces événements, des géniteurs, des dieux, des êtres d'exception dont on pouvait tirer une leçon, pas forcément positive, aujourd'hui la mythographie devient de la chair à canon, un simple outil pour truffer des intrigues et des scénarios à vendre. Du cinéma à la librairie. Tel est le destin de la pop.

On n'arme pas aujourd'hui un pentecomteneur et on ne part pas en mer. Tout au plus, on loue un yacht pour faire une séance photo commerciale sur un réseau social. Cela a aussi ses raisons: ce sont des faits présidés par des logiques commerciales différentes, où le motif inspirateur est toujours le même, celui de joindre l'utile à l'agréable. Aujourd'hui, où le marché est presque mondial, il est d'usage, voire encouragé en raison des retombées économiques qu'il entraîne, de mettre en avant une image qui attire les clients ou d'autres sources d'investissement, alors qu'autrefois la meilleure chose à faire était d'aller chercher des biens et des marchandises afin d'avoir cette singularité à faire valoir sur les marchés locaux.

Si hier Platon utilisait le mythe pour ouvrir la communication de l'Idée, s'égarant souvent dans l'apologique et l'allégorique, croyant préparer une ouverture du discours vers le logos, qu'est-ce que le mythe aujourd'hui ?

Il ne faut pas oublier que Platon propose une mythographie qui ne coïncide ni avec la mythologie traduite par la culture littéraire ni avec la tradition religieuse: une dérivation possible du magisme initiatique, dans une clé ou une inspiration orphique, mais néanmoins une production de son génie, un instrument de recherche extraordinaire nécessaire pour exprimer ces vérités que le Logos rationnel, c'est-à-dire la connaissance discursive qui procède par degrés, semble difficilement capable de saisir si rapidement.

Dianoia contre Nous. La quantité contre la qualité, l'habit contre l'être, l'opposition entre le discours et l'intuition, entre le processus et la gradualité descriptive et cognitive contre l'immédiateté adéquate. En cela, Platon est le maître.

Aujourd'hui, il s'agit d'habiller les choses de notre temps avec des images et des formes appropriées au contenu, Le problème est que nous n'avons pas le temps de sélectionner correctement le contenu, et encore moins de coordonner une vision épistémologique. Le manque de temps signifie que ce n'est pas une priorité. Du moins pas pour ceux d'entre nous qui lisent de bas en haut et se livrent à leur propre réflexion, croyant que la participation sauvage à toute activité de raisonnement est synonyme de haute qualité intellectuelle.

Nous sommes toujours piégés, victimes de la longue suite posthume de la culture pop, qui est essentiellement une question d'étiquetage, mais jamais de valeurs intrinsèques: tout n'est que surfaces, slogans, résumés et mots à la mode. C'est le marketing: les discours, même s'ils sont longs, n'apportent ni contenu ni valeur, mais servent à augmenter la visibilité, la clameur, la diffusion. C'est l'esthétique sans l'esthétisation, elle ne valorise pas l'équilibre, elle préfère le choc, afin de se placer quelques pas en dessous du degré apollinien et nostalgique (parce que décadent et tourné vers le passé) appelé par F. Nietzsche. Il ne s'agit pas d'un réquisitoire, mais de l'énonciation du degré de compatibilité raréfiée entre la qualité du mythe et de la mythologie, en particulier la mythologie classique, et les instances de la contemporanéité qui aspirent encore à déclamer le Pop, confondant l'universalité avec la multitude. Considérer la créativité pour tous au mépris de l'étude et de l'expérience. Pure ichronie pour un adepte d'Eschyle, du "souffrez et apprenez". L'expérience se construit en franchissant la difficulté, le *pathei mathos*, qui ne sera jamais adapté à la publicité d'un complément pour mettre en œuvre une qualité physique.

Aujourd'hui encore, la mythologie ne constitue guère qu'un palimpseste d'histoires, des recueils de fables enfantines, dont l'aspect pédagogique est laissé au postillon moralisateur de fin de chapitre. Des histoires très souvent déformées ou racontées fallacieusement dans leur réduction et sorties de leur cadre de référence, de leur contexte spatio-temporel. Même si l'empreinte originelle de ce message s'est estompée, il reste un fait non plus identitaire mais folklorique, autant et aussi bien que ces aimants que les touristes ramènent chez eux après un voyage. Place donc au colossal cinématographique, aux intrigues et aux scénarios tirés des commentaires de la latinité tardive, aux histoires de Maciste contre tous et aux tankobons des guerriers du kabuki qui aspirent à devenir chevaliers du Zodiaque, au milieu des coups impossibles et des crises de larmes des telenovelas, aux enfants qui demandent à leurs parents une adaptation cinématographique d'un énième sorcier jouant le fils de Poséidon sur la côte est des États-Unis, où Scylla et Charybde se trouvent au large de la Floride, dans le triangle des Bermudes.

MYTHOLOGIE JAPONAISE

Un voyage à travers les mythes et légendes du Japon ancien.

INTRODUCTION

Entre les gratte-ciel à couper le souffle et les paysages urbains futuristes enveloppés dans les néons des kombinis de fin de soirée, Tokyo est une métropole en constante transformation. Une destination de carte postale, charmante et moderne, pour les fans de culture pop, de mangas et de jeux vidéo. Dans les rues imprégnées de l'odeur de la pluie et du bavardage des jeunes étudiants serrés dans un bar de Ponto-chō, il est encore possible aujourd'hui de percevoir la présence de formes intangibles, d'êtres mystérieux et de personnages millénaires. Le regard de la mythologie japonaise veille sur l'agitation urbaine des mégapoles nippones, préservant la mémoire d'époques lointaines. Kyoto, Osaka, Hairaizumi, Tokyo et la région de Shikoku sont certes des lieux extraordinaires et évocateurs - la destination de millions de touristes annuels armés d'un appareil photo autour du cou et d'un chapeau de paille pour se protéger du chaud soleil japonais, - mais ce sont aussi des zones fantastiques et imaginaires à visiter avec la force de l'esprit. C'est la raison qui m'a poussé à m'asseoir à mon bureau - une tasse de thé à ma gauche et quelques brochures de musées récupérées lors de mon dernier voyage au pays du soleil levant à ma droite - pour donner le coup d'envoi de ce projet de publication : un voyage littéraire au-delà du visible, au-delà de l'esthétique moderne et grinçante des gratte-ciels japonais.

Car la vérité est que les traditions de l'Orient exercent une fascination irrationnelle et magnétique sur nous, Occidentaux. Bien que nous soyons à des années-lumière de l'émotivité et de la douceur culturelle du Japon, nous sommes nourris depuis de nombreuses années par les héros japonais projetés sur grand écran, par les jeux vidéo à forte dose d'adrénaline et par les séries animées de renommée mondiale - il suffit de penser à Pokemon ou à l'incroyable jeu de cartes Yu-Gi-Oh - sans oublier les événements de cosplaying organisés dans le monde entier. Maintenant, la question se pose : quelles sont les particularités culturelles qui rendent l'univers japonais si désirable à nos yeux ? La gentillesse proverbiale des Japonais, ou leur tradition culinaire savoureuse ? Est-ce l'ensemble des stéréotypes sur le monde des samouraïs, ou est-ce ce respect de la Nature mêlé à une logique de production extrêmement néfaste pour les poumons verts de la terre ? Inutile de le nier : le Japon est une destination controversée. La tôle des gratte-ciel reflétant la lumière du soleil coexiste avec le bois vermillon des anciens temples shinto et bouddhistes, tandis que l'esprit Shinrin-Yoku, dédié au respect des âmes - ou plutôt des démons - qui reposent dans les forêts, côtoie les violentes stratégies géopolitiques visant à conquérir les mers au détriment de la faune et de la flore locales. Dans ce scénario dynamique et changeant, la curiosité des Occidentaux pour l'Orient et ses phénomènes culturels est une conséquence directe de la pluralité idéologique du Japon: un ensemble de coutumes célébrant la spiritualité sauvage de la nature et une longue liste d'innovations technologiques qui font de l'empire d'Orient l'un des plus avant-gardistes de l'époque contemporaine.

Mon cher lecteur, le livre que vous tenez entre vos mains est une tentative de réconcilier les deux âmes du Pays du Soleil Levant d'une manière inédite; ne plus chercher de justifications rationnelles pour minimiser les simplifications et les idées préconçues souvent (injustement) attribuées au peuple japonais, mais vous accueillir dans les coulisses de la culture japonaise. Les coulisses de Tokyo et de ses quartiers multiethniques sont habitées par des monstres et des fantômes, des démons et des puissances immatérielles qui régissent les lois du cosmos, de l'univers. Vous avez dû les croiser vous-même à un moment ou à un autre : ils vous ont peut-être souri d'un air moqueur depuis le tatouage en couleur d'un amateur d'art japonais, ou vous ont fait un signe silencieux depuis la couverture d'un manga que vous teniez négligemment dans vos mains à la librairie du coin. Plus probablement, ils vous auront chatouillé l'esprit en tant que monstres et héros sur le petit et le grand écran. Les Japonais les appellent *obake, mononoke, bakemono* ou plus simplement *yokai:* des manifestations d'esprits surnaturels se mêlant à la banalité du quotidien pour veiller sur les êtres humains, défendre la Nature ou posséder des objets du quotidien. Les témoignages originaux des monstres japonais figurent au chapitre 1 du livre que vous tenez entre vos mains. Pour l'instant, il suffit de dire que le folklore japonais est en constante évolution et que, bien que des millénaires se soient écoulés depuis les premières sources écrites, les récits des Kami se succèdent dans une forme d'"*encyclopédie orale*" incroyable; de nombreux personnages de mangas et d'anime sont inspirés de précédents obakes, tout comme de nombreuses traditions japonaises entourées d'un voile de mystère.

Vous êtes curieux d'en savoir plus ?

J'espère que la lecture de mon nouvel effort éditorial sera le point de départ pour découvrir que la distance géographique qui nous sépare de l'Orient n'est qu'apparente. Apparente parce que derrière les identités bienveillantes et maléfiques qui régissent l'univers japonais se cachent les espoirs et les craintes exquisément humains que nous partageons tous - indépendamment du sexe, de l'ethnie, du statut économique et des croyances religieuses - avec nos semblables. Par conséquent, les noms, les monstres et les histoires mythologiques qui, à première vue, peuvent vous sembler nouveaux et incompréhensibles, acquièrent avec le temps une certaine familiarité rassurante ; comme lorsque, enfants, nous étions allongés dans notre lit et écoutions l'histoire de *Blanche-Neige* ou de *Peter Pan* racontée par la voix de nos parents.

Enfin, je tiens à rappeler que mon livre n'a pas pour but d'épuiser le vaste univers mythologique japonais ; La catégorie des yokai compte à elle seule plus de mille présences positives et négatives, auxquelles il faut ajouter celles des démons et des monstres des forêts. Il n'est pas dans mon intention de m'attarder sur des informations académiques, des descriptions méticuleuses et des croquis culturels qui n'ont rien à voir avec l'objectif du manuel que vous tenez entre vos mains. Je préfère plutôt partager avec vous ma passion pour la culture japonaise sous une forme nouvelle, divertissante et informative.

Le moment est venu de vous souhaiter un agréable séjour dans les pages qui suivent avec une citation de l'écrivain et journaliste Gilbert Keith Chesterton : "*Les contes de fées ne disent pas aux enfants que les dragons n'existent pas. Parce que les enfants le savent déjà. Les contes de fées disent aux enfants que les dragons peuvent être vaincus*". J'ai adhéré à la même intention pédagogique lorsque, assis à mon bureau ou essayant de trouver une once d'inspiration dans le jardin public de mon quartier, je réfléchissais à la majesté et à la complexité de la mythologie japonaise : *créer un pont entre l'Orient et l'Occident pour nous rappeler qu'au fond, nous sommes tous extraordinairement humains*.

CHAPITRE 1

LA (BRÈVE) HISTOIRE DE LA DÉCOUVERTE
DE LA MYTHOLOGIE AU JAPON

Cher lecteur, les informations contenues dans ce chapitre sont sans doute les plus complexes et les plus difficiles à *"digérer"*. La raison est à chercher dans la nature du sujet traité : *l'histoire du Japon*. Par histoire, je ne fais pas tant référence aux événements, personnages et dirigeants plus ou moins controversés du glorieux passé oriental, mais plutôt à l'ensemble des concepts, cultes, rituels et symboles archaïques dont découlent les manifestations surnaturelles des *yokai*. L'unicité de la culture japonaise est à son tour inscrite dans le terme *shintō* - littéralement, " *la voie du kami* " - dont est issue la religion énigmatique et mystérieuse du *shintoïsme*. Ce phénomène religieux se caractérise par son dynamisme et sa complexité proverbiaux : représente un dialogue permanent entre les forces de la raison et le pouvoir des émotions, conditionnant non seulement les manifestations de la nature, mais aussi la société, la politique, l'esthétique et le concept japonais de vie et de mort. En d'autres termes, la composante surnaturelle du Japon a un impact tangible sur la vie quotidienne des individus et l'espace interpersonnel dans lequel ils agissent.

En tant que lecteurs, chercheurs ou passionnés d'historiographie, il est très important de mettre de l'ordre dans le fatras de monstres, d'esprits, de personnages historiques et de forces spirituelles qui sous-tendent l'univers du Soleil Levant. À cet égard, l'un des premiers essais sur l'histoire du Japon ancien, *Shinto in the Gistory of Japanese Religion* de Kuroda, nous vient en aide ; le livre - imprimé au Royaume-Uni en 1981 - fait office de ligne de partage des eaux entre la composante logique et rationnelle de la mentalité japonaise et les manifestations illogiques et impulsives du *shinto*.

Selon les mots de l'auteur, Kuroda Toshio :

> " La vision du shintō par le commun des mortels comprend généralement les hypothèses suivantes : Le *Shintō* porte les caractéristiques indubitables d'une **religion primitive**, notamment le culte de la nature et le tabou contre le *kegare* (impureté), mais ne possède aucun système de doctrine ; existe sous différentes formes en tant que croyance populaire mais possède en même temps certaines caractéristiques de la **religion organisée**, par exemple des rituels et des institutions telles que les sanctuaires ; joue également un rôle important dans la mythologie japonaise ancienne et sert de base à la <u>vénération des ancêtres et des empereurs</u>. En bref, le shintō est considéré comme la religion indigène du Japon, qui se poursuit en ligne ininterrompue de la préhistoire à nos jours ".

La définition en question résume en quelques lignes le sens ultime du shintoïsme et de la mentalité japonaise : l'équilibre entre deux demandes apparemment contradictoires ; la composante primitive et animiste de la croyance religieuse d'une part, et la sphère organisée et rationnelle du culte oriental d'autre part. Après tout, le shintoïsme est, selon les mots du prêtre Yamakage Mothisa, "[une pratique] qui n'a pas de fondateurs. Elle n'a pas de doctrines. Il n'a pas de préceptes ou de commandements. Il n'a pas d'idoles. Il n'a pas d'organisation".

338

Son histoire documentée remonte au début du 6e siècle de notre ère, époque à laquelle le culte des morts et des ancêtres a évolué vers la célébration des fameux Kami. Ces derniers sont des divinités, des esprits sacrés vénérés universellement, même dans les régions les plus rurales et désolées du Japon. D'un point de vue symbolique, les entités en question sont extrêmement hétérogènes : Certains incarnent le pouvoir des arbres, des fleurs, des pierres, des montagnes, des feuilles et des baies, d'autres soutiennent la voûte céleste ou régulent l'arrivée des saisons. Dans les deux cas, les êtres humains sont libres de se connecter au Kami par le biais de rituels, d'offrandes ou de prières silencieuses destinés à apaiser la colère et la négativité des esprits supérieurs. Pour réussir, les Japonais ont fait confiance à la vérité religieuse inscrite dans le Kojiki, qui se rapproche le plus d'un livre saint dans la pratique shintoïste du Japon. Le Kojiki résume les histoires, les événements, les conflits et les amours des esprits de la nature, fournissant une explication mythologique de la cosmologie (la naissance de l'univers), des mers, des montagnes, des saisons et des manifestations naturelles qui sont à la fois mystérieuses et quelque peu magiques. Cependant, n'oubliez pas que les grands événements relatés dans le Kojiki sont intimement liés aux événements historiques les plus influents de l'histoire du Japon. Un exemple ? Le concept de paradis - l'endroit où les Kami habitent en temps de stase et de paix - était représenté sous la forme de vastes étendues de mer sombre. Au cours des millénaires, les deux Kami générateurs, l'esprit masculin Izanagi-no-Mikoto et l'esprit féminin Izanami-no-Mikoto, ont atteint la Terre en brandissant leurs lances à pointe de diamant et ont formé l'agglomération rocheuse connue aujourd'hui sous le nom de Japon. Armés d'outils longs et tranchants, les Kami jumeaux ont utilisé les matières premières de la terre - l'eau et l'air, l'argile et la roche - pour donner vie aux plantes, aux rivières, aux lacs, aux chaînes rocheuses et aux douces collines. Finalement, ils ont façonné la célèbre île d'Awaji en une nuit de travail intense et y ont placé leur première habitation. Aujourd'hui, on pense que les Kami originels vivent toujours dans les environs immédiats du sanctuaire d'Onokoro, une destination de pèlerinage et de voyage touristique pour découvrir le shintoïsme japonais.

Le noyau mythologique de la création est également mélangé aux croyances dérivées de l'agriculture que les peuples de l'Est avaient développées bien avant le 6e siècle. Les rituels collectifs liés à la pratique des semailles et des récoltes avaient été importés au Japon par les habitants de l'Asie continentale à l'époque Jomon - vers 10 000 av. J.-C. - et mûris ensuite par les tribus locales jusqu'au IIIe siècle de notre ère, sous la dynastie Yamato. Entré dans l'histoire sous le nom de période Kofun, ce dernier a fourni une définition précoce des kami, ujigami et esprits surnaturels organisés par catégories, pouvoirs et attitudes. Comme si cela ne suffisait pas, la famille Yamato a accéléré le processus d'interpénétration entre la composante divine de la Nature et la nature élitiste de la lignée dirigeante : L'empereur est ainsi devenu un substitut du Kami solaire, Amaterasu, et le garant du culte religieux d'Ise. L'influence bouddhiste introduite au Pays du Soleil Levant vers 552 après J.-C. a marqué une deuxième transformation révolutionnaire de la pensée : Le shintō, jusqu'alors considéré comme la norme culturelle des tribus japonaises, a mûri pour devenir une religion à part entière - c'est-à-dire originellement différente de la doctrine du Bouddha. Cependant, les deux expressions religieuses étaient destinées à s'amalgamer en une seule vision du monde : Vers le 7e siècle, les Kami deviennent des manifestations immatérielles impliquées dans les cycles dits naturels du samsara, conformément aux dogmes de la tradition bouddhiste. En outre, la période Nara a marqué un autre tournant culturel, en favorisant la création de cultes hybrides qui allaient jeter les bases du panthéon mythologique complexe du Japon moderne. Parmi les nombreuses transformations sociales et psychologiques liées à la fusion du bouddhisme et du shintoïsme, je souhaite attirer votre attention sur la pratique du *honji suijaku* - dont les premières sources écrites remontent à 937. Selon l'encyclopédie, « [...] dans la terminologie religieuse japonaise, il s'agit d'une théorie largement acceptée jusqu'à la période Meiji, selon laquelle les divinités bouddhistes indiennes ont choisi d'apparaître au Japon sous la forme de Kami autochtones afin de convertir et de sauver plus facilement les Japonais ».

Il poursuit : « L'utilisation du paradigme honji suijaku ne s'est pas limitée à la religion - elle a eu des conséquences importantes pour la société en général, la culture, l'art et même l'économie. Le bouddhisme, par exemple, interdisait la pêche, la chasse et l'agriculture parce que cela impliquait de tuer des êtres vivants (insectes, taupes et autres dans le cas de l'agriculture), mais le concept de honji suijaku permettait aux gens de passer outre l'interdiction. Si l'on a pêché pour soi-même, le raisonnement est approprié, on a été coupable et on doit aller en enfer. Toutefois, si la capture était offerte à un Kami qui était une émanation connue d'un Bouddha, le geste avait une valeur karmique évidente et était autorisé ».

Par conséquent, l'interpénétration entre les Kami et les divinités bouddhistes joue un rôle clé dans la création d'un horizon de pensée dans lequel le peuple japonais est capable de respecter à la fois les règles religieuses et ses inclinations naturelles à la croissance financière, guerrière et géopolitique. Avec l'introduction du shintoïsme aux côtés du bouddhisme indien, vénérer un Kami signifiait vénérer le Bouddha (et vice versa).

Je pense que l'aspect susmentionné est très important à la fois pour comprendre le mystérieux passé japonais et pour se familiariser avec la vision du monde japonaise. Les religions - du moins en Occident - ont été, et sont encore, des motifs de conflits guerriers visant à anéantir les incroyants, les athées ou les agnostiques. Les dogmes du christianisme, en particulier, ont laissé derrière eux une traînée de sang qui pèse sur la conscience des peuples européens et ternit les valeurs d'acceptation et de respect professées par les textes sacrés. Dans le scénario de l'Orient, cependant, le shintoïsme et le bouddhisme ont non seulement proliféré dans une condition de tolérance et de paix, mais se sont complétés pour générer une... *religion à l'échelle humaine* !

Ce n'est qu'à une époque relativement récente (la période Tokugawa, 1603-1868) qu'une crise majeure de nature religieuse a été vécue ; Les préceptes shintō et bouddhistes, bien que contaminés par des millénaires d'interactions, ont suivi une voie de diversification apparente.

Dans un tel scénario, certains penseurs ont tenté de rétablir le purisme de la discipline d'origine. Je fais référence, en particulier, à l'école de pensée *Kokugaku* - souvent désignée dans les écrits de l'époque par le terme *Wakagu*, littéralement « *études nationales* ». Parmi les nombreux représentants du néo-courant religieux se distingue sans aucun doute la voix forte et charismatique de Motoori Norinaga (1730-1801), qui s'est efforcé de rendre accessibles à un public toujours plus large certaines sources classiques écrites dans une langue obscure et difficile à déchiffrer. Les efforts littéraires de Norinaga ont convergé dans le Kojikiden, un long et complexe ouvrage interprétatif et philologique sur le Kojiki dont je vous ai déjà parlé dans les pages précédentes. Ainsi, l'héritage culturel de Norinaga a été utilisé deux décennies plus tard par Hirata Atsutane (1776-1843) avec

342

une intention principalement *xénophobe* et *nationaliste* : Le shintoïsme devient un instrument religieux utilisé pour affirmer la supériorité supposée du commandement impérial précédent, reléguant à un rôle subalterne tous les dogmes pratiqués sur le territoire japonais par les petites communautés locales de bouddhistes et de néo-confucéens. Les *wagakusha* - c'est le nom des militants fascinés par les vues puristes de Norinaga et d'Atsutane - ont élevé l'étude du japonais ancien au rang d'étalon pour les adhérents comme pour les mécréants ; seuls ceux qui acceptaient de se plonger dans les mots originaux du *Kojiki* étaient dignes d'appartenir à la communauté *shintō*. Je tiens à souligner que ce retour au passé a également eu des répercussions majeures sur l'écosystème social et politique du Japon du XIXe siècle. De nombreux intellectuels réclament le retour de l'empire colonial - c'est-à-dire de la politique étrangère agressive et belliciste - qui avait permis au pays de dominer les mers et les territoires voisins. Ce n'est pas une coïncidence si 1868 et la période Meiji qui a suivi - littéralement "gouvernement éclairé", dirigé par le 122e empereur du Japon - ont conduit au triomphe politique momentané des nationalistes et des fondamentalistes religieux. La politique intérieure de l'Empire était en fait définie comme *shinbutsu bunri rei*, avec la division conséquente entre les *Kami* du *shintō* et les forces spirituelles du bouddhisme. Cependant, l'idée de purifier un dogme religieux, le shintoïsme, contaminé par les influences asiatiques les plus disparates dès les premiers stades de son développement était, bien sûr, une illusion que les wagakusha espéraient obstinément et irrationnellement. Et comme dans tous les pires scénarios répressifs, la politique interne du fondamentalisme a conduit à la destruction des monastères bouddhistes, à la persécution ethno-religieuse des communautés hybrides du territoire et à l'interdiction de tous les cultes syncrétiques de matrice nippone-hindoue. Aucune œuvre d'art et aucun texte ancien n'ont été épargnés, qui témoignaient fièrement de l'harmonie que les deux religions avaient facilement atteinte par le passé. En outre, des groupes entiers de moines bouddhistes (et d'autres) ont été dépouillés de leur statut de messagers des Kami et réduits au rôle de simples fonctionnaires, payés par les caisses de l'État et liés au pouvoir impérial. Ascètes, bouddhistes et membres de communautés hybrides ont été persécutés, condamnés, exécutés sur la place publique ou dans le silence des forêts japonaises.

La tempête politique, sociale et culturelle de la période Meiji est sans doute la page la plus noire de l'histoire de l'Orient. Le recours massif à la violence contre les compatriotes nippons peut être considéré, tout bien pesé, comme une forme de répression fratricide visant à briser les petites collectivités hybrides qui vivaient dans les villages de campagne ou dans les banlieues misérables des villes. Comme si cela ne suffisait pas, la figure de l'empereur est devenue une condition indispensable au pouvoir temporel du pays : Le slogan saisei-itchi ("unité du rituel et du gouvernement") rend évident l'élan centralisateur de la régence japonaise. L'empereur n'était pas seulement le chef incontesté du système social, financier et culturel de l'État, mais aussi le dépositaire de la Vérité - celle issue du culte du shintō originel. Tout trouvait en lui une rationalisation et un sens complets. Il faudra attendre la promulgation d'une constitution en faveur de la liberté religieuse pour que le shintoïsme soit déclassé, des années plus tard, au rang de toutes les croyances au Japon. Cependant, l'idéologie nationaliste qui sous-tend la période Meiji - celle-là même qui sera connue sous le nom de *tennoisme* - continue de faire des victimes. D'une part, des rites et des cérémonies sont institués en faveur des soldats tombés à la guerre afin de protéger le caractère sacré de la figure impériale et, d'autre part, l'empereur prend les connotations d'un Kami sur Terre, capable de surveiller les actions de ses sujets avec l'œil jugeant et avisé d'un dieu. Ce n'est pas un hasard si le fondamentalisme shintoïste qui sous-tend les nombreuses transformations de la mythologie japonaise depuis ses origines jusqu'à nos jours s'est enrichi de ce que l'on appelle les kyōha shintō (littéralement, " groupes shintō aux enseignements spécifiques "), qui se concentraient notamment sur la célébration des esprits de la nature liés à la terre. Des chamans et des gourous charismatiques sont apparus sur les places des villages japonais afin de promulguer la nouvelle voix de la vérité shintoïste, celle-là même qui était subventionnée et promue (même financièrement) par l'empereur. Ce n'est qu'en 1945, après la fin de la Seconde Guerre mondiale, que l'administration du gouvernement McArthur a sanctionné la liberté religieuse dans tout le pays, en retirant au shintoïsme son statut de religion d'État. Il est intéressant de noter, à cet égard, que le shintō restera longtemps une côte de la politique japonaise, influençant silencieusement les décisions sociales et financières de la superpuissance orientale. Quoi qu'il en soit, à partir de 1946, la combinaison des institutions religieuses et des organes gouvernementaux perd progressivement de son efficacité : Le shintoïsme redevient une religion japonaise parmi d'autres, tandis que le renouveau du nationalisme suit plutôt des voies ethniques et sociales sans référence au culte d'origine. Une chose est sûre : de nos jours, le Japon est un mélange savamment équilibré d'influences culturelles plus ou moins conditionnées, plus ou moins influencées par les événements historiques des trois siècles allant de la seconde moitié du XVIIIe siècle à la fin de la guerre.

Cependant, il ne faut pas tomber dans l'erreur de croire que la fonction du shintoïsme classique - ce même shintoïsme qui, dans le passé, s'était paisiblement nourri des influences bouddhistes et confucéennes - était initialement asservie à la logique politique. La mythologie originelle (à partir du 6e siècle) est, selon l'historien Yoshie Akio, une tentative d'établir les valeurs de l'identité nationale japonaise. En d'autres termes, le corpus de sources mythologiques n'était rien d'autre qu'une tentative sophistiquée et organisée de souligner la divergence entre le Japon et la puissance chinoise voisine, qui "menaçait" d'empiéter culturellement sur le Pays du Soleil Levant :

> « Face aux autres États d'Asie orientale qui avaient assimilé le confucianisme et le bouddhisme, la monarchie japonaise a su modifier, autant que possible de l'intérieur, sa représentation du pouvoir, pour la faire coïncider avec les idéaux du bouddhisme et ceux du confucianisme. Or, ces courants de pensée déjà très sophistiqués étaient mal adaptés à la société archaïque car, chacun à leur manière, ils exacerbaient l'opposition entre valeurs négatives et positives. […] La monarchie avait en fait un système de valeurs très rudimentaire par rapport aux modes de pensée chinois. Elle a été contrainte de se doter d'une moralité plus ferme, capable de s'harmoniser avec les idéologies venues de l'extérieur. La monarchie entreprend de débarrasser les mythes de leur contenu négatif et, pour ce faire, conçoit une sphère divine imprégnée **de bonheur, de sérénité et de pureté**. A la fin du 7ème siècle, les mythes sont donc construits sur un système de valeurs absolues. Et comme la société résiste à l'acquisition de ce nouveau système de valeurs, la mythologie prend un caractère pédagogique. Grâce aux efforts déployés par les divinités, ancêtres de la dynastie impériale, le monde de la Haute Plaine Céleste avait enfin connu la sérénité et la pureté absolues. C'est au terme d'un long conflit que les divinités célestes l'avaient emporté sur les divinités apportant contamination et impureté. Par ailleurs, si le mythe retrace les difficultés de la monarchie Yamato à

346

s'imposer aux autres potentats régionaux, il lui fournit en même temps un objectif de légitimation et donc d'unification[1] ».

Yoshie Akio nous offre un portrait clair et détaillé de la mythologie japonaise ancienne. Ce dernier vise à enseigner, légitimer et unifier l'empire japonais indépendamment des influences asiatiques de la Chine. Et c'est dans ce contexte que nous, Occidentaux, sommes appelés à nous plonger dans le microcosme des mythes, des esprits surnaturels et des monstres intangibles issus du panthéon japonais ; c'est-à-dire se rappeler que la mythologie est bien plus qu'un récit fictif raconté par un narrateur qui s'ennuie. La mythologie est plutôt une encyclopédie humaine qui contribue à la création de l'identité nationale d'un peuple. Une identité nationale que, des années plus tard, les adeptes de Norinaga et d'Atsutane (les wagakusha) transformeront en une arme de destruction contre la pluralité et la diversité religieuses qui avaient contribué à la naissance du Japon dans les temps anciens.

Un coup du sort, vous ne trouvez pas ?

En bref, j'aime me souvenir du shintoïsme originel comme de cet ensemble de non-règles, de non-dogmes et de non-préceptes qui nous a donné l'un des panthéons mythologiques les plus évocateurs et les plus fascinants du passé. Et je crois que c'est le meilleur état d'esprit pour apprécier l'incroyable culture japonaise, en oubliant au moins momentanément l'instrumentalisation des croyances religieuses de ces derniers temps.

---

[1] YOSHIE A. *Éviter la souillure. Le processus de civilisation dans le Japon ancien*, "Annales HSS"

Sur ces quelques réflexions, je vous laisse avec mon paragraphe récapitulatif des informations incontournables sur l'histoire du Japon !

Le Japon entre le shintoïsme et le bouddhisme

Faisons un saut temporel dans le passé : Quelles sont les sources, les textes anciens qui ont joué un rôle majeur dans la définition du panthéon japonais ? Et surtout, quelle était - et quelle est encore aujourd'hui - la religion prédominante au Pays du Soleil Levant ? Trouver des réponses à ces questions signifie creuser dans un passé dense et sombre ; la tradition de l'Orient se caractérise, en effet, par sa grande impénétrabilité. En partie parce que la population japonaise a l'habitude de vivre sa spiritualité sous une forme privée, ne recourant au culte public qu'à l'occasion des fêtes et célébrations traditionnelles, et en partie parce que la fusion du shintoïsme et du bouddhisme a été telle que les deux dogmes sont presque méconnaissables. Par conséquent, vous trouverez ci-dessous un résumé clair et concis des deux disciplines japonaises dominantes, afin que les informations historico-culturelles qui nous sont parvenues constituent le point de départ pour apprécier d'un œil neuf le système mythologique complexe du Japon.

Les origines du **shintoïsme** remontent vraisemblablement à la période Jomon (3000-2000 av. J.-C.). Traduit littéralement par "voie des dieux", le culte japonais se distingue des disciplines orientales par sa forte composante animiste et polythéiste, ainsi que par sa fluidité et l'absence des dogmes rigides que nous, Occidentaux, avons empruntés au christianisme. L'absence de textes sacrés a conduit à la diffusion rapide de figures

348

intermédiaires entre l'homme et la divinité : Les prêtres shinto - appelés kannushi ou shinshoku - sont généralement les gardiens d'un sanctuaire. À cet égard, j'aimerais vous rappeler que la visite des sites sacrés portant le nom des Kami de la nature joue un rôle extrêmement important dans la routine quotidienne des Japonais. Rien à voir, donc, avec les célébrations dominicales du christianisme ; Les temples sont des lieux de calme, de réflexion et de communion librement accessibles à toute personne (y compris les touristes) qui souhaite s'approcher de la pratique du shintoïsme. Cependant, ne tombez pas dans l'erreur de croire que les espaces de culte sont exclusivement enveloppés de calme méditatif ; Lors des rituels et festivals traditionnels, il n'est pas rare de voir des danses, des représentations théâtrales et (beaucoup) de musique live turbulente et quelque peu chaotique. Pour comprendre la signification symbolique des sanctuaires, nous pouvons également nous appuyer sur les recherches de John K. Nelson, qui a exploré les vastes étendues urbaines et rurales de l'Orient pour comprendre le "secret des sanctuaires". Comment des lieux aussi traditionalistes, anciens et obscurs ont-ils pu exercer une influence énorme sur une population habituée à la modernité, au bruit des mégapoles et à la diffusion rapide d'une mentalité industrielle et productive ? Nelson a constaté que les sanctuaires shinto - également appelés jinja - étaient presque impossibles à cataloguer : plus de 100 000 lieux de culte publics dans tout le Japon, auxquels il faut ajouter les espaces de prière dans les maisons privées, au milieu des forêts ou près des sommets des montagnes du pays. Sans surprise, la présence massive des temples shintō se reflète dans le quotidien des Japonais : En se promenant dans les rues de Tokyo, il n'est pas rare de croiser de temps à autre des torii miniatures, les portes des lieux de culte du shintoïsme. Les reproductions en bois peintes à la main en ocre jaune ou en rouge vermillon sont destinées à témoigner de la présence silencieuse, mais non moins "ressentie", du culte japonais dans chaque moment de la vie quotidienne. Les prêtres kannushi - contrairement aux prêtres catholiques de notre époque - sont à la fois des hommes et des femmes, et ont la possibilité de se marier et d'avoir des enfants. La raison est probablement à chercher dans la vision du monde shintoïste : la dimension physique (kenkai) à laquelle appartiennent les êtres mortels, les humains en premier lieu, a la même consistance que la composante surnaturelle et invisible (yukai) qui sous-tend le polythéisme shinto. Le matériel et l'immatériel coexistent et interagissent pacifiquement et spontanément, faisant partie d'un projet de création plus vaste et global. Pendant la période Meiji, dont je vous ai déjà longuement parlé dans les pages précédentes, le shintoïsme s'est vu officiellement attribuer le titre de religion d'État, séparé des cultes bouddhistes et impliqué dans une campagne de promotion forcée visant à célébrer la figure de l'empereur. Ce dernier était considéré comme le descendant direct de la déesse **Amaterasu**. La divinité solaire née de l'œil gauche d'Izanagi-no-Mikoto - la force masculine à l'origine de la création du Japon et du monde - serait la figure Kami qui a offert pour la première fois au souverain du Japon un miroir précieux, un collier de perles et l'éternelle épée tranchante symbolisant le pouvoir divin. Ce ne sera que la défaite du Pays du Soleil Levant pendant la Seconde Guerre mondiale qui diminuera la composante mystico-religieuse du chef de l'État : l'empereur renonce publiquement au titre de divinité Kami sur Terre et désavoue toute implication surnaturelle dans la gestion des affaires politiques, financières et sociales du Japon.

Dans les chapitres suivants, vous découvrirez l'histoire et les vicissitudes de certains Kami célèbres dans le culte de la mythologie japonaise. Cependant, je dois vous avertir : Le panthéon divin du Japon compte, aujourd'hui, plus de 8 millions de Kami qui imprègnent les manifestations de la Nature et gouvernent l'Univers. Pour un examen approfondi de la caractérisation symbolico-religieuse de (presque) tous les monstres, esprits et entités japonais qui sont parvenus jusqu'à nous, vous pouvez vous fier à une encyclopédie mythologique spéciale [2], ou de mener vos recherches sur le web de manière plus détaillée et organisée. Dans les chapitres qui suivent, j'ai choisi de raconter des histoires qui vont intriguer et enthousiasmer, et de présenter les grands protagonistes de la mythologie japonaise - non seulement Amaterasu, Izanagi et Izanami, mais aussi le dieu de la guerre Hachiman, le Kami de la sagesse et de la réussite scolaire Tenjin, et la déesse de l'agriculture et de la prospérité familiale Inari. À cet égard, rappelez-vous que toute entité surnaturelle est célébrée comme il se doit dans les sanctuaires shinto de la nation, les jinja - littéralement, "*lieu des dieux*". Au cours de mes pèlerinages orientaux, j'ai eu la chance d'assister aux célébrations du sanctuaire Izumo Taisha - probablement le plus ancien de tout le Japon, dédié à Okoninushi, le Kami créateur du Grand Pays en compagnie des jumeaux Izanagi et Izanami, - et du célèbre complexe Fushimi Inari Taisha à Kyoto en l'honneur du Kami Inari.

Avant de passer en revue les particularités du bouddhisme, laissez-moi vous raconter brièvement les points forts de mon expérience. Les temples japonais varient énormément en termes de taille, d'emplacement et d'objectifs socioculturels ; En d'autres termes, un voyage de découverte des sanctuaires les plus mystérieux et les plus évocateurs du Soleil Levant est aussi riche en adrénaline et en récompenses humaines qu'un voyage au Japon peut l'être. Cependant, l'apparente disharmonie des lieux de culte shintoïstes cache en réalité une structure universelle. Outre le

---

[2] MIZUKI S., *Encyclopédie des monstres japonais* (Kappalab, 2013)

Torii peint en vermillon qui sépare l'espace profane de l'espace consacré aux Kami, chaque jinja possède une marche en pierre brute au-delà de laquelle se trouve un petit puits débordant d'eau. Les personnes qui décident de visiter le sanctuaire sont invitées à se purifier les mains à l'aide de la longue cuillère en bois creusée qui repose généralement sur le bord du récipient. Dans certains cas, il est également coutume de se rincer les lèvres avant la prière, afin de rétablir l'harmonie entre le corps et l'âme du croyant shinto. Non loin de là se trouve le bureau administratif du prêtre ou de la prêtresse, ainsi que le célèbre mur de tablettes en bois Ema, sur lequel on peut écrire des souhaits, des prières et des pensées personnelles sous des motifs naturels représentés par de grands peintres ou des artistes en devenir. Non moins importants sont la salle de culte et les boîtes pour les dons spontanés qui contribuent à la préservation du lieu de culte ; les cloches votives et les représentations figuratives des principaux Kami devant lesquels les shintoïstes se réunissent pour prier ne manquent pas.

Et qu'en est-il du bouddhisme ? Cette religion polythéiste d'origine indienne se fonde sur les préceptes et les enseignements du Bouddha dans l'intention de guider l'individu sur un chemin de salut et de compassion de soi visant la transcendance et la libération des maux terrestres. Le culte de l'Orient est arrivé au Japon vraisemblablement vers le VIe siècle de notre ère, époque à laquelle le shintoïsme comptait de nombreuses communautés et tribus d'adeptes sur le territoire. La faveur gouvernementale et l'affinité substantielle avec l'animisme shintoïste ont été un motif de pacification, de fusion et de contamination culturelle : Shintoïstes et bouddhistes se sont intégrés les uns aux autres, atteignant des degrés de complicité sans précédent. Dans le détail, la diffusion des écoles bouddhistes - les *Tendai*, *Nichiren*, *Zen*, *Shingon* et *Joudo (Shinshu)* - a favorisé la construction de temples inspirés de l'architecture sud-coréenne et chinoise. Ce n'est que plus tard que les lieux de culte ont atteint une esthétique japonaise plus traditionaliste, afin de répondre aux normes culturelles et sociales du peuple japonais. D'une manière générale, l'intérieur d'un temple bouddhiste est plus spacieux et minimaliste que celui d'un *jinja* shinto. En outre, des parois mobiles en bois, tissu et bambou permettent aux moines de personnaliser l'espace en fonction de la cérémonie ou du temps de prière prévu. L'entrée du sanctuaire est appelée Mon - littéralement, " portes à piliers " - et mène aux objets sacrés, précieux et inviolables gardés avec un soin maniaque dans les vastes espaces de prière. Si vous souhaitez planifier un voyage au Japon pour découvrir les origines shintoïstes et bouddhistes de l'Orient, n'oubliez pas de visiter le *Todaiji* de style architectural Nara, situé dans la région du Kansai, le *Sensoji* à Asakusa et le *Daigo Ki* à Kyoto.

A côté des deux grandes religions japonaises, on peut compter un groupe minoritaire de 10% réparti de manière désordonnée et incongrue sur l'ensemble du territoire et, en particulier, dans les mégalopoles: Le christianisme, l'hindouisme, l'islam et le judaïsme restent en marge, bien qu'à Tokyo et Kyoto il ne soit pas impossible de croiser les lieux de culte de ces minorités.

CHAPITRE 2

SOURCES LITTÉRAIRES ET COSMOGONIE JAPONAISE : L'ORIGINE DU MONDE

La mythologie. On peut la qualifier d'encyclopédie des sciences humaines dont les échos renvoient à une période historique précise - souvent enveloppée d'un voile de mystère et d'oubli, - ou la juger comme un infantilisme partagé par des peuples entiers, incapables de trouver des réponses scientifiques à des questions ancestrales. Alternativement, la mythologie est la manifestation d'un désir enraciné au plus profond de chaque individu : *le désir de trouver sa place dans le monde.* En ce sens, les histoires et les protagonistes fantastiques qui nous sont parvenus sont le point de départ d'une lecture de notre réalité contemporaine à travers les yeux du passé. Un passé glorieux, comme dans le cas de la mythologie hellénique, un passé militaire et orageux, si l'on pense aux événements mythologiques des Vikings, ou un passé magique et quelque peu animiste, comme nous le rappellent le shintoïsme et le bouddhisme japonais. De toute façon, le passé n'est jamais que le passé ; elle vit et revit dans les questions que nous, modernes - enfants d'une société occidentale de plus en plus productive, dynamique et changeante - nous posons sur le sens de la vie : *d'où venons-nous ? Pourquoi ? Et où allons-nous aller ?*

La mythologie est donc l'une des nombreuses clés permettant de mettre de l'ordre dans l'ensemble des valeurs, traditions, protagonistes, émotions, peurs et désirs que nous avons déduits

354

de nos ancêtres. Lire les œuvres mémorables de générations aujourd'hui poussiéreuses et oubliées, ce n'est pas "perdre du temps" pour des idéaux qui n'existent plus, mais reconnaître chez nos ancêtres les mêmes événements grandioses et effrayants de l'existence. De la vie. Ici, donc, le passé revient pour peupler notre présent d'esprits et de présences mystérieuses surgissant du chaos, de protagonistes et de héros qui nous permettent de redevenir des enfants, au moins pour quelques heures.

Je souhaite que, pas à pas, l'ensemble magique des traditions japonaises fasse son chemin dans l'esprit et le cœur de mes lecteurs. Où chacun d'entre nous, rêveur et curieux par nature, ne peut s'empêcher de réveiller la tendance à pousser vers l'inconnu : tout comme Ulysse, tout comme le Pelis Achille de la mythologie hellénique.

Que nous réserve la sagesse orientale ?

Pour le savoir, prenons un peu de recul et plongeons dans les sources écrites et orales transmises jusqu'à nos jours.

Les textes anciens

Vers le milieu du VIe siècle, un certain nombre de textes ont été publiés afin de légitimer la supériorité du souverain Yamato sur les autres oligarques en charge des régions nippones : parmi beaucoup, les manuscrits qui sont parvenus jusqu'à nous sont la Chronique de l'Empire (le Teiki) - un argumentaire familial visant à démontrer la suprématie de l'ōkimi (le roi) sur les autres régents - et le célèbre Conte des temps anciens (le Kyūji). Ce dernier est une combinaison de riches traditions folkloriques et de cultures millénaires associées à des légendes et des personnages de la mythologie japonaise. Le résultat est extraordinaire ; les pages de ces deux textes anciens seront vraisemblablement la principale source d'inspiration dans la compilation des chroniques du 8e siècle : le Kojiki et le Nihongi. Pour citer les mots de François Souyri dans sa Nouvelle *Histoire du Japon* de 2005 :

> « Ce sont les premières tentatives écrites de raconter, avec des intentions politiques, comment les grands chefs de Kinki [la région centrale de l'île de Honshū] et à leur tête les ōkimi ont réussi à dominer l'archipel avec la bénédiction des divinités des hautes plaines célestes, à travers quelles vicissitudes ils ont réussi à s'imposer, comment ils sont sortis victorieux des guerres contre les chefs d'Izumo ».

Les mêmes années voient la production massive de généalogies familiales visant à retracer les origines des seigneurs régionaux nippons. Une fois encore, la composante divine joue un rôle clé : ceux qui bénéficient de la bénédiction de Kami méritent de régner sur les oligarques voisins. Les *ujibumi* - c'est le nom des textes en question - ont été rapidement supplantés par le *Cérémonial de l'ère Engi* un recueil d'une cinquantaine de courts textes juridiques et légaux publiés dans le but d'établir les normes de comportement imposées par le culte Shintō. L'étude combinée des sources anciennes a permis de faire la lumière sur les mystères et les coutumes de la **période Nara** (710-794), puis de la **phase Heian** (794-1185).

Les fragments de *norito* qui nous sont parvenus sont tout aussi importants : Les invocations solennelles de nature mystico-religieuse témoignent des outils linguistiques utilisés par les prêtres et la population locale pour entrer en contact avec les manifestations surnaturelles. En effet, à l'origine, les *norito* étaient récités à haute voix par les prêtres appartenant aux lignées

Imibe et Nakatomi les jours de fête ou dans l'intention d'apaiser la colère des esprits naturels qui imprègnent la Nature.

Quoi qu'il en soit, la fragmentation des sources en question a rendu difficile la reconstruction de la mythologie japonaise primitive. C'est avec le *Conte des événements anciens* de 712 après J.-C. que les Kami prennent toute la verve symbolique, culturelle et religieuse du shintoïsme aux yeux des modernes que nous sommes. L'œuvre a une structure narrative et raconte la succession des événements historiques de la régence de *Yamato* (IVe siècle) à la période de Nara mentionnée ci-dessus.

Cette dernière a aiguisé l'influence de la Chine sur l'administration du Japon, ce qui explique que le *Conte des événements anciens* utilise des idéogrammes chinois ayant une valeur à la fois sémantique et phonétique. De nos jours, on s'accorde à dire que le texte original a été compilé à la demande de l'empereur *Tenmu* qui, s'adressant au meilleur courtisan du royaume - un certain *O no Yasumaro* - a voulu rassembler les informations et les traditions de ses prédécesseurs sous forme écrite, en s'appuyant sur la prodigieuse mémoire d'*Are no Hiyeda*. À la fois Homère et cantor, il jouissait d'une réputation unique dans toutes les régions du Japon ancien : l'homme aurait des propriétés mnésiques étonnantes, c'est-à-dire qu'il serait capable de décrire des événements passés avec une grande précision. *O no Yasumaro* s'est mis au travail et a divisé l'incroyable patrimoine culturel de son interlocuteur en trois livres : Le premier est entièrement consacré au temps des mythes et légendes, le second à la gloire des héros japonais et le troisième aux temps historiques contemporains de la voix du narrateur.

Le Conte des événements anciens est une passerelle privilégiée, un canot de sauvetage qui - naviguant au vent en direction du passé et de l'histoire - nous permet de revivre les événements japonais de manière détaillée, précise et immersive. Cependant, l'entreprise littéraire de *O no Yasumaro* s'est rapidement révélée plus complexe et plus épuisante que prévu : l'empereur est intervenu à maintes reprises afin de modifier le récit des événements de manière à défendre sa propre suprématie et la lignée de la lignée régnante. Le courtisan corrige et révise sans cesse les trois livres, au point d'écrire dans la préface de son chef-d'œuvre :

> « J'ai appris que les annales dynastiques et les histoires anciennes que possèdent les différentes familles ne sont pas conformes à la vérité. De nombreuses faussetés s'y sont accumulées. Si les erreurs ne sont pas corrigées immédiatement, elles auront tôt fait de ruiner le sens des textes qui véhiculent les principes fondamentaux de notre royaume. Il sera donc bon de revoir les annales dynastiques et de vérifier les histoires anciennes pour éliminer les erreurs et établir la vérité à transmettre à la postérité ».

La prétendue « vérité officielle » contenue dans les pages du Conte des événements anciens a une intention expressément propagandiste et populiste. L'unification et la combinaison des traditions originelles est le point de départ à partir duquel Tenmu lui-même a pu démontrer la supériorité de sa lignée sur celle des oligarques régionaux qui étaient ses rivaux. Cependant, bien que les historiens s'accordent à dire que le contenu des trois manuscrits doit être considéré comme <u>plus orthodoxe que religieux,</u> ce dernier reste une source très importante pour comprendre la cosmogonie de l'univers japonais.

Heureusement pour nous, le mythe du Pays du Soleil Levant est inextricablement lié à la *Chronique du Japon* datée de 720 après J.-C.. Publié sous le nom original de *Nihongi* ou *Nihonshoki*, ce dernier se distancie de l'intention propagandiste du *Conte des événements anciens* pour poursuivre des objectifs littéraires spécifiques : en tant qu'œuvre historiographique, l'intention du prince Toneri est d'exalter et de reconnaître l'Empire autonome du Japon naissant. Le manuscrit, écrit en chinois, est en fait destiné à un lectorat étranger. L'objectif est audacieux : légitimer la nature divine du souverain japonais, qui se transforme en un Kami humain descendu sur Terre afin de conduire son peuple à la victoire et à la prospérité. Selon l'écrivain et chercheur italien Rossella Marangoni :

> « Le *Nihongi* se présente comme un ouvrage historique qui adhère au modèle chinois des annales et propose différentes versions des mythes en suivant diverses sources là où le *Kojiki* [**NDLR** : le nom original du *Conte des événements anciens*], bien qu'écrit à peu près à la même époque à partir d'un sujet commun, ne proposait qu'une seule version. Le Nihongi, en outre, a utilisé des matériaux supplémentaires collectés sous le règne de Tenmu et sous celui de l'impératrice Jitō. [...] Si chacun des deux textes répond à la logique d'un public différent auquel il s'adresse potentiellement, **interne pour le Kojiki, externe pour le Nihongi**, tous deux contribuent à une construction commune que l'historienne *Yoshie Akio* explique clairement : <u>la création consciente et sophistiquée d'une mythologie fonctionnelle et concurrente pour les relations avec la Chine</u> ».

Par conséquent, il n'est pas faux de rappeler une fois de plus quel est le rôle premier de la composante mythologique antique, aujourd'hui comme hier : **délimiter leur place dans le monde,** dessinant des scénarios religieux, politiques et économiques de plus en plus complexes et dynamiques. ADN des peuples et des continents, la mythologie n'est pas si différente de la tradition classique dont nous, citoyens, sommes les fiers dépositaires des millénaires, des siècles plus tard. Par conséquent, il n'est pas surprenant que la structure gouvernementale du Japon soit encore définie en 1935 par le ministère de l'éducation du XXe siècle : « […] *notre essence nationale, éternelle et immuable* ».

Comment a-t-elle évolué, année après année, régence après régence ? Et quels protagonistes mythologiques ont contribué à la reconnaissance de l'identité nationale du Japon, indépendamment de l'influence de la Chine voisine ?

Pour le savoir, il suffit de s'asseoir - peut-être en sirotant une tasse de café fumante ou un verre de vin rouge - et de se plonger dans la naissance du monde japonais.

Le voyage peut commencer !

Contes de la création - Le sacrifice d'une mère et la promesse de Mizuhame, la princesse d'argile

C'était le début de tout. Trois divinités primitives sont nées spontanément, remixant les éléments ancestraux qui composent les manifestations du monde. Le premier à faire son apparition sur la scène de la Vie fut *Ame-no-minaka-nushi*, littéralement le *Dieu Divin et Ancestral du Centre de l'Univers*. Sa présence occupait le point d'appui du Tout, soutenant l'ordre cosmique et assurant l'harmonie des phénomènes matériels et immatériels. Tout comme l'étoile polaire brille au sommet de la voûte céleste et guide les voyageurs à travers les nuits les plus sombres, de la même manière, *Ame-no-minaka-nushi* est le point d'origine de tout être vivant habitant la planète Terre et l'Univers. Deux divinités secondaires sont nées de l'équilibre ancestral : le

Takami-musubi masculin et le *Kami-musubi* féminin. Nous pourrions traduire leurs noms en *Haut Esprit Générateur* et *Esprit Générateur* afin de comprendre leur rôle primordial : accélérer le processus de procréation et donner de la consistance à la Terre. On croyait, en effet, que cette dernière était aussi fluide et malléable que l'argile. A l'époque des trois dieux primitifs, la Planète n'avait pas encore pris la consistance que nous lui attribuons tous aujourd'hui. Loin de là. Le monde flottait sur les eaux génératrices comme une méduse nage sans être dérangée dans les profondeurs de la mer.

Enfin, un jour de printemps, une canne de bambou a fleuri et s'est élevée majestueusement dans le ciel. La forme harmonieuse de ses bourgeons a donné naissance à d'autres créatures surnaturelles : *Umashi-ashi-kabi-hikoji* et *Ame-no-tokotaci* - littéralement la *Bonne Pousse de Roseau* et le *Dieu qui veille sur le Ciel*. Ces derniers tournèrent leur regard vers la triade divine originelle et, concluant avec elle un pacte silencieux et immuable, ils devinrent une seule entité intangible connue sous le nom de *Koto-amatsu-kami*, c'est-à-dire les *dieux célestes qui se sont distingués*. Ils se sont éloignés de la Terre, qui a continué à se générer de manière autonome, spontanée, et a cessé de se soucier du sort réservé à la matière tangible.

La planète a continué à muter et, à mesure qu'elle mutait, à générer de nouvelles dynasties divines. C'était le tour des sept générations composées de douze esprits surnaturels en tout. Ces dernières jouent un rôle symbolique et évolutif très important : en effet, chaque divinité incarne l'une des nombreuses étapes par lesquelles le monde est passé avant d'atteindre la consistance et la forme que nous connaissons.

Ainsi, *Kuni-no-tokotaci* est la divinité qui s'attarde sur la planète, *Toyo-kumo-nu* représente le nuage originel, insubstantiel et marécageux, *Uhigini* et sa sœur *Suhigini* sont devenues les gardiennes de la Terre boueuse. Puis ce fut le tour d'*Ikigui* et *Tsunugui* - qui ont introduit le concept des quatre saisons, en incarnant la figure des Seigneurs des bourgeons en fleurs. Lorsque la flore a commencé à recouvrir les étendues désertiques primitives de notre monde, Ohotonogi et Ohotonobe - l'homme et la femme de la Terre - se sont engagés dans une longue série d'activités pour assurer la diversification et la prolifération des espèces vivantes. Enfin, le pendant de l'Adam et de l'Eve bibliques est le lien entre Omodaru et Aya-kashiko-ne. Le premier est connu par la divinité au visage brillant, la seconde est sa fidèle épouse. Le couple habite un monde où il n'y a ni maladie, ni famine, ni violence, ni agression d'aucune sorte ; la magnificence du « *jardin d'Eden* » japonais est minutieusement décrite dans les pages du *Kojiki* et du *Nihongi*. La création est enfin achevée : les fleurs colorent les plateaux verdoyants, la mer clapote sur les rivages blancs comme du cristal, tandis que le ciel clair illumine les vastes étendues désertiques.

Cependant, aucune créature tangible ne peut bénéficier de la merveille du monde. Les animaux et les humains sont légitimés par la naissance de la dernière génération de dieux : Izanagi et Izanami - littéralement, l'Homme et la Femme qui ont été invités - s'unissent spirituellement et physiquement pour générer les îles du Japon. De leur amour jaillira une multitude de divinités secondaires, qui coloreront les manifestations du monde et défendront l'harmonie cosmique. De plus, ils s'appuieront sur le pouvoir d'Izanagi et d'Izanami pour façonner un pays flottant aux dimensions sans précédent. Pour réussir, ils feront don aux procréateurs d'une célèbre hallebarde couverte de pierres précieuses, *l'Ame-no-nu-hoko*. L'objectif ? Fusionner un levier hyper-fort qui permettrait à l'Homme et la Femme primitifs de soulever le continent japonais des profondeurs de la mer. Izanagi et Izanami ont répondu à la mission avec courage et loyauté ; ils se sont rendus à l'endroit exact où il est permis de joindre le Ciel et la Terre et se sont retrouvés sur *l'Ame-no-ukihashi* (le *pont flottant du Ciel*). En utilisant la lance originale - qui, selon la légende, était un *Naginata*, une perche nippone constituée d'une longue lame incurvée - ils ont atteint la surface de la mer. Lorsque la pointe de diamant a effleuré l'eau salée, une grande variété de roches se sont formées, donnant naissance au noyau primaire de l'île, *Onogoro-shima* (le Continent Primordial). Les deux divinités ont observé le travail d'en haut et, satisfaites du résultat, sont descendues du pont du ciel pour créer leur maison sur les pentes du néo-continent. Cependant, leur proximité avec la matière terrestre a attiré leur attention sur une différence dont ils n'avaient pas conscience auparavant : les corps d'Izanami et d'Izanagi étaient différents l'un de l'autre. Ils ont immédiatement décidé de célébrer la possibilité d'une union primitive par une somptueuse cérémonie de mariage : ils ont fait trois fois le tour du pilier soutenant la voûte céleste et se sont unis sous les écuries pour assurer une longue et prospère descente au continent *Onogoro-shima*.

Bien qu'*Izanami* soit ravie du tempérament et du courage de son mari, elle doit bientôt faire face à la créature difforme qu'elle porte en son sein : *Hiruko*. Le fils de l'Homme et de la Femme originels est né sans os et donc incapable d'adopter la position verticale qui sied aux êtres vivants. De plus, son visage monstrueux et joufflu donnait l'impression d'être le résultat d'un inceste aberrant ; après trois longues années de souffrance, Izanami pensait se débarrasser définitivement de cette progéniture. Il plaça le petit Hiruko dans un bateau fait d'épaisses cannes de bambou et - aux premières heures de la nuit - l'abandonna à son épouvantable destin. Cependant, le dieu avait senti les intentions de sa mère et, dans une tentative de se défendre contre les vagues sombres qui menaçaient de l'engloutir à jamais, il s'est battu courageusement et s'est soulevé sur ses deux pattes arrière - malgré une certaine incertitude initiale. Il nagea avec toute l'énergie qu'il avait dans son corps et, après quelques jours, il atteignit les côtes habitées par les habitants de Hokkaido et de Honshu. Les Aïnus ont accueilli le dieu difforme à bras ouverts et le sourire aux lèvres. Les hommes qui s'en occupaient étaient en fait d'humbles pêcheurs bien disposés à l'égard des manifestations de la nature - celles-là mêmes qui leur permettaient de vivre avec une nourriture abondante. Hiruko a donc été baptisée Ebisu, la divinité japonaise qui porte toujours chance aux marins qui s'en remettent à sa bonté d'âme.

Pendant ce temps, Izanagi et Izanami ont subi le sort de leur fils abandonné. Quelles étaient les causes de la maladie de la progéniture ? - ils se sont demandés. Quelles étaient les erreurs qu'ils avaient commises pour mériter la punition cosmique qui avait pour nom Hiruko ? Pour tenter de remonter le moral de la mariée, Izanagi a supposé qu'ils avaient commis une erreur pendant le rituel du mariage. Et en effet, la composante féminine du couple avait parlé avant l'Homme originel. N'était-ce pas là la cause de leur malheur ? Les deux divinités ont donc décidé de répéter les rituels de mariage effectués sous la voûte céleste, et cette fois, c'est Izanagi lui-même qui a vanté la beauté et l'énergie génératrice de son épouse. L'union entre les deux fut extraordinairement féconde : de nombreuses divinités et petites îles se formèrent dans le ventre d'Izanami, sous le regard ému et émerveillé des autres esprits surnaturels. Ainsi, nuit après nuit, le monde tel que nous le connaissons aujourd'hui était peuplé de dieux chargés de protéger la famille, les forêts, les vagues de la mer et les étoiles qui illuminent le ciel au-dessus de nous. C'était le tour des esprits gardiens des ruisseaux, des arbres, des fleurs et des tiges d'herbe déplacées par le vent. Des monstres surprenants et redoutables habitent les montagnes et les vallées, les profondeurs de la mer ou les nuages du ciel ; c'est le cas du dragon Owatatsumi, qui a construit un palais marin imprenable pour défendre l'espèce animale. Sans oublier Kagu-tsuchi, la divinité du feu qui a même brûlé l'utérus de sa mère Izanami pendant l'accouchement.

Immédiatement, Izanagi est allé voir son épouse pour vérifier sa santé. Mais il était trop tard : l'agressivité et l'imprévisibilité du feu avaient apporté douleur et souffrance aux autres espèces vivantes ; les arbres brûlaient, les fruits des dieux étaient incinérés, et les animaux tentaient de se sauver dans une tentative désespérée d'échapper au pouvoir destructeur de *Kagu-tsuchi*. Dans le même temps, Izanami a demandé au marié de veiller sur les manifestations de la Nature. « Je suis trop faible pour garder ma progéniture à distance. Mais je te demande, Izanagi, de t'allonger avec moi une fois de plus afin que je puisse achever la création de la Terre avant de te quitter pour toujours ».

Et en effet, les blessures sur le ventre de la Femme originelle étaient profondes. Le couple divin s'est réuni dans une ultime et douloureuse étreinte de la vie. C'est ainsi que naquit la dernière déesse de la mer Micuhame - également connue sous le nom de Princesse de l'Argile, - qui fut chargée par sa mère de tenir à distance les débordements de son fougueux frère lorsqu'il menaçait de détruire les manifestations de l'Univers avec son pouvoirFinalement, Izanami est morte dans les bras de son mari. Izanagi a versé des rivières de larmes en tenant la tête de sa bien-aimée. C'est à ce moment-là que la Mort a glissé pour la première fois sur la Terre, emprisonnant les humains et les animaux dans un cycle de création-destruction qui se répète sans fin.

CHAPITRE 3

LES MYTHES JAPONAIS : LA VENGEANCE D'IZANAGI ET L'HÉGÉMONIE DU YOMOTSU-O-KAMI

Le bon Inazagi ne pouvait tolérer la mort de sa bien-aimée. Nombreuses furent les nuits sans sommeil que l'*Homme Générateur* passa à chercher désespérément un mot de réconfort, une manifestation naturelle qui pourrait rappeler l'expression délicate de son épouse et, en se souvenant d'elle, apaiser la douleur qu'il ressentait. Au comble du désespoir, il pensait que la disparition de la malheureuse Izanami était la faute de *Kagu-tsuchi*. Le Kami du feu, qui, en naissant et en brûlant le ventre de sa mère, avait inévitablement contaminé l'Univers en créant la mort, la souffrance et la pourriture. Ainsi, Izanagi erra longtemps ; lorsqu'il atteignit enfin son redoutable fils, il dégaina son épée et le frappa violemment. Il n'y avait aucune pitié sur le visage de l'*Homme Générateur*, mais des larmes chaudes roulaient le long de ses lourds cils et se brisaient sur le sol rocheux. Le sang de la victime - qui, après tout, n'avait pas prévu la vengeance de son père - a permis de créer huit autres divinités secondaires. Des divinités matérielles, terrestres ; des divinités qui répondaient aux règles naturelles de la pierre formant des pics montagneux et des volcans jaillissant de la lave.

Cependant - comme c'est souvent le cas - les représailles de l'amant éploré n'ont pas atténué le sentiment de deuil. Le cœur d'Izanagi battait vite, plein d'une souffrance indicible. Finalement, l'*Homme qui avait tout généré* décida d'arracher sa bien-aimée Izanami à l'Autre Monde. Selon la mythologie shintoïste, le monde souterrain japonais (*Yomi*) est le lieu où les âmes des morts demeurent éternellement. La traduction littérale est, en fait, *le Monde des ténèbres* - faisant précisément allusion à cet espace intangible, ni céleste ni infernal, dans lequel les morts passaient leur vie après la mort. De nombreux chercheurs pensent que l'image de *Yomi* est dérivée des peintures des anciennes tombes japonaises à l'intérieur desquelles les cadavres étaient laissés en décomposition pendant un certain temps. De plus, le *Kojiki* suggère que l'entrée principale de *Yomi* est située dans la province d'*Izumo*. Izanagi est donc descendu dans l'Autre Monde et - entouré d'ombres denses et de sombres tourbillons de fumée - a appelé le nom de sa bien-aimée dans l'espoir de trouver son chemin. L'obscurité l'enveloppait de tous côtés, et le bruit de ses pas était à peine audible à cause de la respiration laborieuse qui s'échappait de ses lèvres entrouvertes.

« Je suis là, Izanami. Je suis là pour vous sauver ! Viens avec moi ! » - a crié l'*homme générateur* de tout son souffle.

Soudain, une faible voix a attiré son attention. C'était la voix d'Izanami, faible et à peine audible.

« Oh, comme j'apprécie votre geste d'amour ! Mais tu vois, je ne peux plus te suivre sur la terre des vivants »

« P-pourquoi ? »

« J'ai déjà mangé la nourriture du Yomi, et la tradition veut que personne ne soit libre de remonter à la surface après en avoir goûté la texture et la saveur. Mais votre présence ici me remplit de joie. Attendez ici que je prie le dieu de ces lieux et que je lui demande la permission de partir ! Et souviens-toi de ne pas poser ton regard sur ma forme actuelle. Tu ne pourras me regarder que si je reviens à la vie. »

Izanagi hocha la tête dans l'obscurité et entendit les pas de sa bien-aimée qui s'éloignait dans la direction opposée. Le marié a attendu de bon gré, mais le temps a passé et il n'y avait aucune trace d'Izanami. À l'aube du premier jour, les yeux d'Izanagi étaient fatigués de la couverture sombre et enfumée qui l'enveloppait de toutes parts. Même l'air vicié du royaume des morts l'empêchait de respirer profondément, et les couleurs de la Terre étaient un souvenir aussi heureux que lointain. Se pourrait-il que son partenaire ait décidé de l'abandonner là, tout seul, dans cette plaine de vide et d'obscurité qui porte le nom de Yomi ? C'est ainsi qu'après avoir récupéré le peigne avec lequel il se coiffait, il en détacha deux dents et les frotta l'une contre l'autre dans l'intention de produire une petite flamme qui pourrait éclairer l'obscurité environnante.

Parmi les chemins de terre lugubres qui s'ouvraient devant ses yeux, il remarqua une ombre qui dominait toutes les autres ; était un palais majestueux, un bâtiment somptueux mais tout aussi délabré. Izanagi, le cœur dans la gorge, a décidé d'explorer. Le dieu marchait à pas lents, regardant de tous côtés de peur de tomber dans une embuscade. Il croyait, en fait, que le seigneur de Yomi avait refusé à son épouse la permission de renaître, la forçant à qui sait quels terribles tourments. Il l'affronterait et, en le vainquant, ramènerait sur Terre la femme dont il ne pouvait plus se passer.

Lorsqu'il atteignit le bâtiment, il ouvrit le portail avec des doigts tremblants et partit à la recherche d'un esprit qui pourrait lui montrer le chemin. Soudain, la faible flamme qu'il tenait dans ses mains a illuminé une présence sombre et massive. C'était Izanami. Il n'était plus l'Izanami d'autrefois, dont les manières douces et la voix suave avaient incité le couple à s'allonger ensemble pour procréer les dieux et les êtres vivants de la Terre. L'Izanami qui la fixait d'un regard malveillant était aussi terrible et décadente qu'Izanagi pouvait l'imaginer ; le corps en décomposition était sillonné de longs asticots frémissant dans l'obscurité, et le teint autrefois pâle avait pris une teinte violacée près des yeux et des doigts fins.

« *Qu... quoi ? Comment est-ce possible, Izanami ?* » - balbutia l'*Homme Générateur* au plus fort de sa détresse, faisant de son mieux pour que la torche ne soit pas éteinte par ses soupirs de terreur. Izanami a essayé de cacher son visage avec ses mains osseuses, mais c'était trop tard. De plus, huit dieux de la tempête et du tonnerre ont rapidement surgi de ses entrailles pourries ; Armés de lances et de puissants tambours, ils ont commencé à marcher avec rage contre Izanagi, le dieu vivant qui avait osé révéler les secrets de Yomi en allumant un feu dans les ténèbres qui enveloppaient tout. La malheureuse divinité commença à reculer, pas à pas, incapable de prononcer un mot. Les rêves d'amour avaient été brutalement brisés sous ses yeux, et la peur de ne plus revoir la lumière du soleil l'empêchait de penser clairement. Lorsque les deux chefs de la troupe ennemie - *Raijin* et *Fujin*, respectivement *Gardien du Tonnerre* et *Protecteur du Vent* - se mirent à poursuivre l'intrus, Izanagi tourna un dernier regard contrit vers son épouse et, lâchant sa torche, se mit à courir de toutes ses forces pour tenter de distancer ses ennemis. Cependant, comme les deux ne perdaient pas de terrain, mais se rapprochaient considérablement, Izanagi eut recours à son deuxième stratagème : il saisit le peigne en bambou qui ornait ses cheveux et le lança sur ses poursuivants. Lorsque le précieux artefact a touché le sol stérile et aride du Yomi, il a instantanément germé ; de nombreuses fleurs tendres ont commencé à pousser dans ce lieu hostile, loin de la lumière du soleil et du bruit des vagues de la mer. Plusieurs de ses ennemis s'arrêtèrent soudainement pour dévorer la délicieuse nourriture, permettant à Izanagi de rattraper son retard et de s'approcher de la sortie du Yomi. Enfin, alors que ses jambes commençaient à flancher et que la peur s'insinuait dans son cœur, l'*Homme qui avait tout engendré* remarqua la présence d'un doux pêcher, dont les trois fruits se balançaient placidement sur les branches soufflées par la brise. Sans réfléchir, il saisit les pêches et les lance avec force sur les quelques poursuivants restants ; ils l'avaient encerclé de tous les côtés et grognaient des menaces de bouches desséchées par la longue course. Ainsi, lorsque l'odeur des fruits frais atteignait les narines de leurs rivaux, ils commençaient à reculer avec agacement. En effet, ils ne pouvaient tolérer aucune manifestation du « monde des vivants ». Izanagi a ressenti le pouvoir du pêcher miraculeux et, lui adressant une prière agitée, a demandé de l'aide pour tous ceux qui, comme lui, souffraient et étaient en détresse. C'est pourquoi la pêche est depuis lors appelée *Okamutsumi* - littéralement, le *fruit du Grand Dieu* - et est prisée au Japon pour ses propriétés non seulement nutritionnelles mais aussi spirituelles. On pense en effet qu'il est capable de chasser les mauvais esprits dont le cœur abrite la mort et la soif de vengeance.

Quand Izanagi s'est retourné, il a remarqué la silhouette fatiguée et souffrante de son épouse au loin. Izanami écumait de colère.

« Izanagi, tu as rompu le pacte ! Pourquoi diable es-tu venu me chercher ? Je ne t'ai pas dit de te tenir prêt ? » - cria-t-il, alors que des nuages de poussière s'élevaient à chacun de ses pas. Il avait couru à une vitesse folle, surmontant sans encombre tous les pièges employés par Izanagi pour se mettre en sécurité. Mais le dieu n'a pas eu pitié de la silhouette pâle et floue de son ex-amant. Alors que la chaleur du soleil commençait à redonner de la vitalité à son visage émacié, il souleva un lourd rocher et le plaça devant l'entrée du Yomi afin qu'Izanami ne puisse l'atteindre et le capturer. La déesse continuait à hurler et à le maudire avec colère, grattant la paroi rocheuse pour tenter de la détruire avec ses longs doigts osseux.

« Ta traîtrise sera punie, Izanagi. Chaque jour, je prendrai mille vies pour remplir mon royaume des âmes de mes serviteurs ! » - a-t-il crié.

« Fais comme tu veux, monstre. Chaque jour, je veillerai à ce que mille cinq cents vies puissent naître sur la Terre que tu as toi-même créée. Restez dans votre obscurité, et éloignez-vous des couleurs, des sons et des parfums de la Terre. Izanami, à partir d'aujourd'hui, ton nom sera *Yomotsu-o-Kami* » - répondit Izanagi en s'éloignant du piège sombre auquel il avait condamné sa défunte épouse.

Yomotsu-o-Kami peut être littéralement traduit par *Grande Déesse des Enfers,* témoignant du fait qu'Izanami est considérée dans le panthéon japonais comme la Reine de la Mort et la dépositaire de la malédiction originelle. C'est la tâche de la Vie - dont la puissance se déploie dans chaque être habitant le monde - d'essayer d'endiguer la malédiction d'Izanami par la naissance constante de nouveaux animaux, de nouveaux êtres humains.

Insight : Eurydice et Izanami comparées

La genèse cosmogonique se termine par la création des divinités qui, issues du ventre d'Izanami, peuplent les manifestations de la Vie et maintiennent l'ordre du cosmos. Au-delà de la légende, au-delà du mythe, il reste une corrélation particulièrement intéressante entre l'histoire de Yomi et le récit hellénique des aventures d'Orphée et Eurydice ; dans le détail, le parallélisme consiste en la règle du marié. Le personnage masculin ne doit pas regarder le visage de la femme décédée, sous peine d'une malédiction et d'un combat avec les puissances primitives et obscures de l'au-delà. Une autre similitude qu'il convient de garder à l'esprit concerne la consommation de nourriture provenant des Enfers. Izanami déclare qu'elle ne peut être réunie avec son époux à cause de ses liens charnels avec le monde de Yomi. Au même moment, la Grecque Perséphone, enlevée par Hadès et emmenée aux enfers, est trompée par la déesse des morts ; ayant mangé le fruit d'Hadès, elle n'a aucune chance de revenir dans le monde des vivants.

Cependant, il existe une différence substantielle entre l'interprétation mythologique hellénique et le récit japonais : les héros japonais sont enveloppés d'amertume, d'abandon, de souffrance, de passivité et de mépris ; les sentiments sincères nourris par Izanagi pour sa bien-aimée sont piétinés par la présence d'un dessein cosmogonique plus complexe. Même les grands Kami générateurs sont soumis aux dictats cycliques de la vie et de la mort. Dans le cas d'Orphée et Eurydice, en revanche, les protagonistes de la tragédie décident d'un commun accord de contrevenir aux impositions divines parce qu'ils sont mus par un sentiment ingouvernable d'appartenance et d'union mutuelle. Ce dernier procédé narratif incite le lecteur et/ou l'auditeur à s'identifier au malheureux héros mythologique, déclenchant ainsi ce sentiment de compassion et de catharsis brillamment résumé dans le concept hellénique de pathos.

Cependant, le Kojiki japonais ne possède aucune ambition littéraire. L'histoire d'Izanami et d'Izanagi est racontée de manière froide, impersonnelle et parfois brutale. L'objectif, après tout, était d'écrire une chronique nationale qui pourrait légitimer la culture japonaise en Orient. Rien à voir avec l'encyclopédie émotionnelle que les Grecs attribuaient au récit des mythes.

Comme si cela ne suffisait pas, les éléments symboliques - il suffit de penser au rôle du pêcher salvateur qui permet à Izanagi de ralentir l'avancée de l'ennemi, - restent entourés de mystère. Les chercheurs n'ont cessé de se demander pourquoi un dieu générateur, que l'on n'aurait pas tort d'appeler le pendant de Zeus en Grèce, d'Odin en Scandinavie et de Râ en Égypte, n'est pas capable de se débarrasser de huit créatures inférieures d'un simple geste de la main. En d'autres termes, les expédients et les stratagèmes utilisés dans le récit sont inventés et encombrants : le peigne et les trois fruits frais sont utilisés dans le seul but de diminuer l'influence d'Izanagi sur le monde des morts ou, plus vraisemblablement, dans l'intention de souligner sa faiblesse substantielle. Dans le même temps, le récit du monde souterrain japonais est toujours aussi désolé et insignifiant : dépourvu d'âmes mortelles et de personnages secondaires qui en constituent les fondements, il apparaît comme un grand espace vide qu'il faut remplir plus narrativement que mythologiquement. C'est pour ces raisons (et d'autres) que les chercheurs s'accordent à dire que le récit de la cosmogonie japonaise est fondamentalement incohérent, imparfait. Mais pas moins fascinant pour autant.

Avant de découvrir les aventures multiformes d'Izanagi, je tiens à attirer votre attention sur quelques points extrêmement singuliers. En particulier, je fais référence à l'innocence presque totale des actes sexuels qui précèdent la création des dieux inférieurs. Contrairement à la composante agressive et séditieuse qui prévaut dans l'histoire de Kronos et de ses fils, la version japonaise ne fait qu'effleurer le sujet d'une manière douce, presque puritaine. Le couple entièrement générateur n'est jamais activement impliqué dans le lien du mariage, mais semble adhérer aux lois de la procréation de manière désintéressée, presque passive. La raison est à chercher dans la croyance politico-culturelle de l'époque : l'empereur était considéré comme un descendant direct d'Izanami et d'Izanagi, le sang de leur sang. Par conséquent, la composante sexuelle joue un rôle secondaire, un rôle que nous pourrions appeler *formel*. Entrer dans les détails ou exalter la passion irrationnelle des mariés était considéré comme un acte honteux. Le but des courtisans n'est pas de poursuivre la voie de l'exactitude historico-mythologique, mais de démontrer le droit inaliénable du souverain sur sa terre.

Cependant, Izanami et Izanagi ne sont jamais devenues des divinités collectives : bien plus importantes sont les créatures secondaires nées de la déesse de la mort et, en particulier, de son urine/fèces. Ce culte japonais bizarre est justifié par le rôle que les excréments jouaient dans une société rurale et paysanne, dont l'économie était largement basée sur la culture des champs. Il est un fait que le récit partiel et souvent confus du Kojiki a souvent été attribué à des ajouts et révisions posthumes à la date de publication. En ce sens, le récit cosmogonique de la mythologie japonaise serait le résultat d'un long processus d'instrumentalisation politique au service des idéologies souverainistes des empereurs suivant l'ère Nara (710-794).

En tout cas, les aventures des héros japonais ne font que commencer.

CHAPITRE 4

LES RITES DE PURIFICATION D'IZANAGI

Izanagi s'éloigna d'un pas rapide du piège mortel auquel il avait condamné son ex-épouse. Fatigué et le visage pâle, il se traîne sur le terrain impraticable qui doit le ramener chez lui. Il transpire abondamment et les rayons du soleil réchauffent son corps mutilé et éprouvé par la fatigue. Pour tenter de se débarrasser de la redoutable influence de l'au-delà, l'*Homme qui a tout généré* a décidé d'accomplir les premiers rites de purification de la tradition japonaise. Il se lave dans l'eau blanche du ruisseau et donne naissance à une longue liste de divinités secondaires liées au culte de la blancheur et de l'innocence. Enfin, en se rinçant longuement l'œil gauche, il engendra *Amaterasu-o-mikami*, la déesse du Soleil qui brille au sommet de la voûte céleste et irradie toutes les manifestations du cosmos. Lorsque les gouttes de la source baignaient l'œil droit, *Tsukuyomi-no-mikoto*, le dieu lune argenté, apparaissait à la place. Il suivit sa sœur et accepta avec légèreté la tâche que lui avait confiée son père : il saupoudrerait de son éclat argenté et nacré les nuits sombres et pleines d'étoiles. Enfin, du nez d'Izanagi apparut *Susanoo-no-mikoto*, le protecteur de la mer déchaînée.

Les enfants d'Izanagi ont entouré leur parent à la recherche de soutien. Ainsi, l'*Homme qui avait tout généré* a offert à sa première fille un collier de perles connu sous le nom de *magatama*. Cette dernière lui aurait permis de régner sur les cieux en toute sécurité et sans être dérangée, organisant les flux de vent et assurant la chaleur nécessaire à la culture des champs si chers aux mortels. Dans le même temps, il a donné des ordres et des conseils paternels à *Tsukuyomi-no-mikoto* et *Susanoo-no-mikoto* afin que la nuit et les profondeurs de l'océan soient également administrées avec sagesse et dignité. Cependant, le dernier arrivé sur Terre - le dieu capricieux des vents et des tempêtes - ressentait les attentes de son père comme insultantes et ennuyeuses ; pressé par les obligations parentales, il se mit à verser de chaudes larmes de découragement et, en peu de temps, assécha complètement les bassins d'eau des mers et des océans.

Malheur ! La souffrance ! La mort ! Izanagi s'est empressé de discuter avec Susanoo dans l'espoir de rendre son fils raisonnable. Il était en effet le seul qui, presque inconsciemment, semblait veiller aux intérêts de sa défunte Izanami.

« Mon fils, pour quelle raison te comportes-tu de la sorte ? Ne réalisez-vous pas que votre comportement nuit aux autres êtres vivants qui habitent la Terre ? » - demanda Izanagi, en posant sa paume sur la puissante épaule du capricieux dieu des tempêtes marines.

« Je pleure parce que je souffre ! Oh, comme je souffre du sort cruel auquel Izanami a été condamnée ! S'il vous plaît, père..." - s'exclame-t-elle en se prosternant aux pieds de son parent, "permettez-moi de descendre dans les profondeurs du monde souterrain pour la rencontrer et être réunie avec elle! ».

Izanagi a été saisi d'un soudain vertige. Il était incapable de prononcer un mot.

« Vous, vous l'avez enfermée dans le Yomi pour l'éloigner de ses enfants ! Comment as-tu pu lui faire ça... » - Susanoo poursuit, conscient que le silence de son père ne peut que symboliser le souvenir d'une douleur fulgurante, peut-être d'une blessure encore ouverte et saignante.

Finalement, Izanagi a transformé son hésitation en reproches condescendants.

« As-tu hâte d'embrasser ta mère, ou ce qu'il en reste ? Très bien, alors courez au Yomi et restez-y. La mer de la Terre n'a pas besoin de vous puisque vous refusez de prendre au sérieux la tâche que je vous ai confiée pour défendre la Terre. Les Enfers, ce sera la demeure où tu passeras le reste de ton existence immortelle », a-t-il crié. Et ce faisant, il fait ses adieux à son troisième fils d'un geste irrité de la main.

Il faut savoir que le dieu de la tempête est une figure mythologique hybride. Les Japonais la considèrent généralement comme à la fois négative et positive, à la fois maudite et héroïque. Bien qu'il soit dérivé du rite de purification Izanagi, on dit qu'il a une influence incroyable sur les âmes des défunts destinées à errer dans le Yomi.

Curieux de découvrir les (més)aventures de Susanoo ?

L'exil d'Amaterasu et la déception d'Omoikane

Susanoo a préparé son voyage dans les moindres détails. Il a passé des jours et des nuits sur terre et sur les bords de mer les plus rudes de la planète pour tenter de planifier les retrouvailles avec Izanami. Il croyait au fond de son cœur que la vision de la progéniture d'Izanagi ramènerait la déesse à la raison et lui redonnerait sa forme originelle. Avant de partir pour les enfers, Susanoo a rendu visite à sa sœur *Amaterasu*, la divinité du soleil et du ciel. Ce dernier vivait depuis longtemps en altitude et, voyant arriver son frère, a immédiatement pensé qu'il avait des intentions hostiles. Il a donc couru dans les salles du palais céleste pour revêtir son armure de combat et s'armer. Il noue également ses cheveux sur sa tête à la manière des soldats, exécute une courte danse propitiatoire transmise par son père et lève les pieds à hauteur des genoux pour s'enfoncer dans le sol. De cette façon, il comptait s'assurer une position stable et équilibrée pendant l'éventuelle bataille. Ce n'est pas un hasard si les mouvements en question sont encore pratiqués aujourd'hui par les lutteurs de Sumo s'entraînant en compétition, afin de respecter leur adversaire et de se préparer à affronter leur rival sportif. Cependant, lorsque Susanoo a atteint le royaume céleste de sa sœur et a vu Amaterasu habillée de la sorte, il a immédiatement essayé de la calmer et de lui montrer ses bonnes intentions.

« Tu as mal compris, ma soeur ! Calme-toi un peu et écoute-moi, je veux juste te parler... »

« Ah oui ? Alors je vais te tester, mon cher frère, car je ne peux pas permettre que le royaume céleste tombe sous le commandement du dieu des tempêtes. Clair ? » - lui demanda-t-il durement, enchaînant les mots de défi et gardant ses distances avec le dernier arrivé. L'interlocuteur a accepté et a suivi sa sœur jusqu'aux deux rives de la rivière céleste - que les Japonais ont l'habitude d'identifier à la Voie lactée.

« Susanoo, reste où tu es et écoute attentivement mes paroles. Si nous avons tous deux un cœur pur et n'avons pas l'intention de nous frapper par derrière, alors nous engendrerons ici des enfants mâles ; sinon, nous donnerons naissance à des créatures femelles ! » - explique-t-il bruyamment, se déplaçant avec difficulté dans la lourde armure de combat portée pour l'occasion.

Et ainsi, la divinité du Soleil a demandé à Susanoo de lui remettre son épée. La lame était complètement immergée dans les eaux glacées mais claires de la Rivière Céleste. Le contact avec le liquide épais et transparent a brisé l'arme du dieu en trois morceaux égaux. Amaterasu les mâcha longuement et, après avoir recraché les fragments, généra trois divinités féminines. En même temps, Susanoo a demandé à sa sœur de recevoir en cadeau le collier de perles que son père lui avait offert le jour de sa naissance.

Après avoir plongé dans les profondeurs cosmiques de la Voie lactée, il en a mâché les différents morceaux avec force et dévouement, avant de les recracher à ses pieds. Immédiatement, cinq divinités masculines se sont levées et ont regardé autour d'elles d'un air étonné et consterné.

« Vous voyez ? Ma soeur, tu avais tort. J'ai créé cinq créatures masculines et, pour cette raison même, je vous ai montré que vous n'avez rien à craindre. Maintenant, enlève ton armure et rejoins-moi ici, je veux te dire au revoir avant mon départ définitif », a-t-il crié en écartant les bras dans la direction d'Amaterasu. Elle a cependant regardé son frère avec un froncement de sourcils de déception sur le visage.

« Je ne te fais pas confiance. Les divinités masculines sont nées de mon collier et m'appartiennent donc. Trois monstres féminins ont surgi de votre épée, c'est pourquoi vous avez perdu le défi. Ne vous approchez pas de mon royaume et ne me forcez pas à agir par la force... » - a-t-il rétorqué, se dressant sur la pointe des pieds pour prendre un air menaçant.

Susanoo n'en croyait pas ses oreilles ! Riant bruyamment des menaces et des rumeurs de sa sœur, elle courut en direction du royaume d'Amaterasu. Il traversait des champs et des cultures, et dès que ses pieds touchaient le sol, de longues matières fécales sombres jonchaient tout ce que le monde avait de beau à offrir. La déesse a décidé d'agir avec sympathie en regardant son frère fuir en direction des mers. Elle pensait qu'il avait agi de la sorte parce qu'il était raisonnablement ivre. Il ne pouvait pas savoir que la méchanceté et l'hostilité de Susanoo prendraient avec le temps des proportions gigantesques, mettant en péril la sécurité et l'ordre du cosmos.

Et en effet, quelque temps plus tard, le dieu de l'orage captura l'un des destriers célestes au service de sa sœur, dont le manteau étoilé se confondait avec le ciel nocturne lors des blanches journées d'été. Après l'avoir menée près de la mer, il a tué la bête et l'a dépecée par pure méchanceté. Non satisfait de ce terrible crime, il rejoignit rapidement le palais d'Amaterasu et, attirant l'attention des servantes dont les têtes baissées tissaient les robes turquoise du ciel, il jeta la carcasse du cheval au milieu de la place principale. La terreur a envahi les visages des jeunes filles en une fraction de seconde : les jeunes femmes se sont mises à crier, à pleurer, à arracher d'épaisses mèches de leurs cheveux blancs. Même la déesse du Soleil - qui avait regardé par la fenêtre et observé la scène de loin - s'est précipitée dans la cour pour se joindre aux prières et aux paroles désemparées de ses servantes.

« Qui aurait le courage de commettre un acte aussi cruel ? Et pour quelle raison, alors ? »

« Amaterasu, Dame Amaterasu, peut-être que la guerre est proche ? » - les femmes ont crié, tordant leurs doigts blancs et se balançant sur leurs genoux à cause de trop d'angoisse. Finalement, l'une des servantes célestes - la plus jeune et la plus docile des compagnes - a haleté si fort qu'elle s'est blessée au ventre avec la bobine tranchante utilisée pour tisser le vêtement divin, et est morte sur le coup. Amaterasu s'est approchée des victimes d'un pas chancelant, tremblant et vigilant : le cheval l'observait avec son œil blanc grand ouvert dans une expression de terreur ; sa langue bleue pendait sur le sol, couverte de poussière. De plus, le visage de la pauvre servante disparue était contracté en une grimace de souffrance et de terreur. Tout autour, une mare de sang se répandait et souillait les pieds des serviteurs célestes d'un liquide écarlate épais et chaud. La déesse du soleil se retira, dégoûtée, et, ne pouvant tolérer que d'autres violences charnelles soient perpétrées contre le royaume, s'enferma dans une grotte profonde et refusa d'en sortir.

Cependant, la protestation silencieuse de la radieuse Amaterasu a jeté le monde dans un état de laideur et de désespoir croissants. L'obscurité enveloppait la Terre, la nuit recouvrait les montagnes et les lacs, les villages de pêcheurs et les petites villes d'humains. Les huit mille divinités générées par le couple primordial avant la mort d'Izanami se mirent à gémir bruyamment, si bien que le monde fut soudain rempli de prières et de gémissements semblables au bourdonnement d'un énorme essaim de mouches. Le pauvre Izanagi tâtonnait dans le noir, tout comme sa progéniture. De plus, cette obscurité dense et poisseuse rappelle le traumatisme qu'il a subi à Yomi. C'est pourquoi l'homme qui a tout généré a mis du temps avant de trouver une solution. L'assemblée des dieux a finalement décidé de tenir une réunion d'urgence sur les rives de la rivière céleste. Parmi les personnes présentes, *Omoikane*, le fils de *Takami-mutsubi* - le dieu de la rapidité d'esprit, - qui était apprécié par ses camarades pour sa remarquable capacité à dispenser des conseils sages et spirituels, a pris la parole. Tout le monde s'est tu et a tendu l'oreille pour écouter.

« J'ai un plan, mais j'ai besoin de votre aide pour le réaliser » - a-t-il commencé. Les divinités ont coopéré en travaillant dur et en s'engageant pour que le stratagème d'Omoikane apporte une solution réussie au départ de la déesse du soleil. Enfin, lorsque tout fut prêt, les Kami se rendirent à proximité de la grotte d'Amaterasu et commencèrent à accrocher des colliers, des pendentifs en nacre et d'autres offrandes votives aux branches d'un grand arbre dominant la clairière - également baignée dans l'obscurité dense et moelleuse de la nuit. Ensuite, les dieux ont placé un miroir en cuivre contre le tronc robuste, l'orientant dans la direction de l'ouverture de la grotte. I De cette façon, toute personne sortant de la cavité pouvait admirer son propre reflet. Finalement, Omoikane a libéré trois jeunes coqs et leur a ordonné de chanter comme si le soleil venait de se lever au-delà des montagnes. Les animaux obéirent et, dans le même temps, les huit mille dieux de la Nature se mirent à danser, chanter, rire et plaisanter comme lors d'une grande fête. Ame-no-uzume a notamment noué ses longs cheveux en un chignon sur le dessus de la tête et inventé la célèbre danse *Kagura* - celle-là même qui allait devenir le fer de lance de la tradition shintoïste japonaise. Dotée d'un excellent sens du rythme, la déesse abandonne ses vêtements sur le sol et, nue et régie par la musique qui résonne dans le ciel, elle suscite l'hilarité des personnes présentes par ses mouvements de plus en plus désinhibés et spontanés. Les rires de ses compagnons réveillèrent le sommeil d'Amaterasu qui, terrée dans la grotte depuis des temps immémoriaux, n'avait plus aucun souvenir des joies de la vie et du plaisir de la bonne compagnie.

« Comment est-ce possible ? » - se demanda-t-elle, plongée dans des pensées de haine et de vengeance pour le terrible geste de son frère. Qui aurait eu le courage de célébrer en son absence, elle qui a éclairé les ténèbres et permis aux plantes et aux êtres vivants de se développer et de s'épanouir ? Elle se leva prudemment et, s'approchant de l'entrée de la caverne, sortit la tête de sa cachette. Lorsque son regard vitreux s'est posé sur la danse insouciante d'Ame-no-Uzume, elle a immédiatement demandé :

« Toi, explique-moi pourquoi tu es si heureux ? »

« Eh bien, nous exprimons notre joie ! Une divinité encore plus brillante que toi a finalement été créée. Il a illuminé nos cœurs et permis au soleil de briller haut dans le ciel... » - a rétorqué quelqu'un de façon sournoise.

Amaterasu ne pouvait en croire ses yeux et ses oreilles. Qui l'avait battue en force et en utilité ? Aussitôt, elle émergea du creux rocheux pour se retrouver face à face avec celui qui avait osé la remplacer. Et en effet, près du grand arbre, il aperçut une silhouette lumineuse qui brillait de sa propre lumière, arrosant les branches de l'arbre et le visage de ses divins compagnons. Elle ne pouvait imaginer, pauvre Amaterasu, que la mystérieuse déesse était elle-même, mais reflétée dans le miroir de cuivre d'Omoikane. Lorsqu'elle se rendit compte du piège, il était trop tard : une divinité virile et lascive avait déjà barré l'entrée du sombre repaire, tandis qu'un autre dieu l'avait attrapée comme on le fait pour les lapins qui tentent d'échapper aux griffes des chasseurs. Bien que se tortillant faiblement, Amaterasu fut impressionnée par l'ingéniosité de ses pairs et écouta leurs prières.

« Nous avons besoin de toi, de ta lumière et de ta force... » cria quelqu'un, s'agenouillant à ses pieds.

« Vous ne pouvez pas nous abandonner. Nous sommes ta famille et nous dépendons de ton royaume, Amaterasu ! » - a fait écho à quelqu'un d'autre.

« Qu'est-ce que tu attends ? Retournez dans votre palais et faites-nous confiance. Nous savons ce que Susanoo a fait et nous sommes prêts à tout pour le faire payer. Nous l'attraperons avec votre aide et, après lui avoir infligé une forte amende, nous lui arracherons les ongles des mains et des pieds afin qu'il ne commette plus jamais de telles violences ! ». - explique Omoikane, fier de son coup d'éclat.

Puni et honteux, Susanoo décide de se rendre dans le royaume des morts - l'endroit où il avait été banni par son père Izanagi. Cependant, avant de partir, le dieu de la tempête s'est plaint d'avoir très faim et a demandé l'aide de la divinité Ukemochi - littéralement *Celle qui protège la nourriture* -. Elle était à la fois la fille et la sœur d'Izanagi et d'Izanami, et était connue pour son caractère empathique, doux et mièvre. À la vue de son petit-fils, il ne put s'empêcher d'être ému et de préparer immédiatement la nourriture que le jeune dieu réclamait péniblement. Après tout, Ukemochi étant la déesse de la nourriture, elle était capable de produire n'importe quel mets délicat avec la seule force de son estomac. En quelques secondes, elle a extrait de sa bouche turgescente, de son nez pointu et de ses fesses abondantes de multiples mets alléchants.

« Vous êtes fou ! Tu veux vraiment que je mange cette nourriture contaminée, qui est sortie de ton derrière comme une sécrétion ? Vas-tu m'empoisonner, Ukemochi ? » - a crié le dieu de la tempête, furieux ct agressif. Sans attendre de réponse, il a sorti son épée longue et tranchante de son étui et a coupé en morceaux le pauvre Ukemochi. Du corps brisé de la pauvre déesse jaillirent des rivières de riz et de céréales en abondance, ainsi que des haricots et des vers à soie. Tout autre est la version du mythe transmise par le Nihon Shoki selon laquelle c'est le deuxième fils d'Izanagi, le dieu de la lune Tsukuyomi, qui a tué *Celle qui protège la nourriture*. Lorsqu'Amaterasu a découvert le terrible crime familial, elle a banni son frère de toute activité diurne et s'est juré de ne plus jamais poser les yeux sur le visage du meurtrier - c'est pourquoi la Lune apparaît la nuit lorsque le Soleil est déjà absent.

CHAPITRE 5

LE VOYAGE DE SUSANOO DANS LE YOMI

Les aventures d'Amaterasu, de Susanoo et de ses compagnons ne sont pas encore terminées. La tradition japonaise est un mélange de légendes et de mythes à forte charge symbolique, liés non seulement à la diffusion des techniques agricoles et de l'art militaire, mais aussi à la création d'un horizon religieux cohérent pouvant être transmis aux générations futures. Par conséquent, lorsque le turbulent et exilé Susanoo décida de rejoindre sa mère aux Enfers, il prit la direction de la rivière Hi et, suivant son cours pendant de longs jours de marche, atteignit une clairière aride. Soudain, un cri insistant et sanglotant parvint à ses oreilles ; il appartenait peut-être à deux créatures distinctes qui, ensemble, étaient désespérées. Intrigué, le dieu de la tempête a quitté la route principale et s'est dit qu'il allait voir. Il tombe alors sur deux dieux âgés, blottis autour du corps d'une belle jeune femme.

« Pourquoi tu te désespères comme ça ? » - a-t-il demandé.

« Nous avions autrefois huit belles filles, mais maintenant il ne reste que notre pure et douce Kushi-nada-hime », dit le vieil homme.

« Pourquoi ça ? » - Susanoo a demandé.

La divinité féminine prend la parole : « Chaque année, cher étranger, un terrible dragon enlève une de nos petites demoiselles. Cette année, c'est l'heure de sa dernière et impitoyable visite. Il tuera le pauvre Kushi et nous n'aurons plus de raison de nous réjouir. Seule la mort mettra un terme à notre terrible souffrance... »

Susanoo ne l'a pas demandé deux fois.

« Je vais prendre soin de votre dragon, n'ayez crainte. Kushi sera saine et sauve à la fin de cette vilaine histoire... » - s'exclama-t-elle en levant le menton d'un air de triomphe. La raison d'un tel zèle ne réside ni dans son désir de combattre le monstre terrestre ni dans la pitié qu'il éprouve pour ses deux interlocuteurs. Dans son cœur, le dieu de la tempête souhaitait épouser la belle Kushi avec la permission des deux vieilles divinités parentales. La visite à Izanami pouvait évidemment attendre.

"A quoi ressemble la créature ?" - a-t-il demandé, les deux divinités s'élevant dans les airs en poussant des cris de plaisir encore entrecoupés de sanglots incontrôlables. « Oh, comme ils ont dû ressentir la terreur de devoir sacrifier leur dernière et merveilleuse fille au bourreau ! » . Susanoo a donc appris que le dragon était un monstre de taille considérable avec huit têtes et huit queues hirsutes. « Sa taille, brave Susanoo, dépasse en hauteur huit montagnes enneigées, tandis que son ombre couvre sans délai la surface de huit larges vallées ». L'aîné des deux divinités expliqua ensuite que le dos de l'animal était couvert d'arbustes, de cyprès et de diverses sortes de végétation, tandis que les écailles du corps étaient recouvertes de sang chaud congelé.

Susanoo n'a pas été impressionnée. Bien qu'il soit conscient de n'avoir aucune chance de vaincre son ennemi par la seule force physique, il avait de son côté la puissance et l'acuité de l'intellect. Avec l'aide des trois malheureux, il dicte de mémoire le processus de distillation pour créer un *saké* puissant. L'alcool fut dûment transvasé dans les huit plus grands pots de la ferme, puis répondu près des fenêtres de la puissante palissade que le dieu de la tempête avait érigée en quelques heures. Finalement, ils sont restés tous les quatre à attendre. Soudain, des bruits de pas suffisamment lourds pour provoquer des tremblements effrayants résonnèrent dans l'air calme du soir. Le monstre venait chercher son doux et succulent butin !

Cependant, l'arôme sucré du nectar a immédiatement attiré son attention. Envoûté par l'odeur de la concoction de Susanoo, il a bu avec alacrité dans les huit tasses, chacune avec une tête différente. L'alcool a plongé le monstre dans un état de confusion alcoolique. Endormi et incapable de mener à bien son impitoyable objectif de capture, il s'endormit, le corps appuyé contre les linteaux de la palissade construite par l'ingénieux Kami de la Tempête. C'est à ce moment précis que Susanoo bondit hors de la porte latérale de la hutte, serrant l'épée robuste dans son poing. Il s'abattit durement sur son ennemi ; soudain, la rivière Hi qu'il avait contournée au cours de son long voyage devint rouge foncé, les eaux claires se mêlant aux fluides denses du dragon déchiqueté. Malgré sa suprématie sur la créature, Susanoo a continué à enfoncer la lame de son épée dans la chair docile du monstre. Enfin, au moment où il s'apprêtait à couper la sixième queue de l'animal, l'arme millénaire est entrée en collision avec un matériau extrêmement dur et, à la grande surprise de Susanoo, s'est brisée exactement au milieu.

Le Kami s'est empressé de déterrer la chair molle du monstre avec ses mains et - surprise ! - il a trouvé dans le corps de l'ennemi une deuxième épée. Il le rince soigneusement dans les eaux de la rivière Hi et reconnaît l'incrustation qui avait été serrée dans les mains de sa sœur Amaterasu. C'était l'arme que la déesse des cieux avait lâchée sur Terre avant de se réfugier dans la sombre caverne, plongeant le monde dans l'obscurité et le désespoir. Susanoo s'empresse de le rendre à son propriétaire légitime et, heureux d'avoir tenu parole, épouse la belle jeune fille des prairies. Selon la légende japonaise, l'arme légendaire d'Amaterasu est connue sous le nom de Kusanagi, celle qui coupe l'herbe, en l'honneur du héros Yamato Takeru, dont je vous invite à découvrir l'histoire. Le bon Susanoo, de son propre aveu, a couché avec la jeune fille Kushinada avant de rejoindre sa mère aux Enfers et a donné naissance à une progéniture de cinq enfants robustes.

L'histoire d'Okuninushi et des quatre-vingts frères

Les années ont passé paisiblement. Les cinq fils de Susanoo eurent à leur tour une riche dynastie de descendants animés par le caractère impétueux et orageux de leur père, ainsi que par la douceur et la beauté de la reine Kushinada. Enfin, c'était le tour d'Okuninushi, appartenant à la sixième génération. Malgré ses quatre-vingts frères et sœurs, il était considéré comme le moins talentueux et le moins courageux de la lignée. La grande famille vivait dans la région de Suga, bien que les fils aient l'habitude de voyager loin à travers les terres nippones à la recherche de monstres à tuer et de jeunes femmes à sauver. Un jour, les quatre-vingts parents de sang se sont réunis pour un événement très spécial : ils sont partis tôt le matin pour demander à la princesse Yakata, qui vivait au sommet d'un haut promontoire, de les épouser. Comme personne ne considérait le pauvre Okuninushi comme digne de l'attention royale, il fut convenu qu'il porterait les bagages et s'occuperait de la lourde charge de provisions. La tête baissée, Okuninushi a obéi. Le passage des années l'avait rendu doux et docile. Il était bien conscient que ses frères nourrissaient une hostilité ouverte à son égard, et c'est pour cette raison même qu'il craignait d'être victime d'une attaque malveillante qui lui coûterait la vie. Alors que le groupe de parents de sang avançait sous le timide soleil de midi d'un jour d'hiver glacial, ils sont tombés sur une créature chauve et apparemment sans défense. Quelqu'un s'est approché méditativement, gardant ses distances avec l'animal répugnant : c'était, à y regarder de plus près, un lapin brutalement dépecé. La malheureuse bête tremblait de peur et de froid. Les frères au cœur de pierre se sont moqués de la victime impuissante et lui ont conseillé de tester une méthode éprouvée à 100% qui garantirait à l'animal un pelage doux et chaud à nouveau.

Le jeune homme le plus impitoyable ricana : « Pourquoi n'essayez-vous pas de vous baigner dans l'eau salée de la mer, mon cher ami ? Vous verrez que le vent frais apaisera vos blessures et restaurera votre force et votre prestige. Faites-nous confiance, nous les humains ! »

La bête, inconsciente de la cruauté de ses interlocuteurs, s'exécute. Lorsque Okuninushi atteignit la vallée où les frères avaient depuis longtemps abandonné l'animal, il fut confronté à un spectacle qui l'attrista beaucoup. Le lapin était couvert de sang et de plaies. Agonisant et gémissant, il a imploré la pitié. Immédiatement, Okuninushi se pencha sur l'animal et lui demanda la raison d'une telle souffrance.

« J'avais l'habitude de vivre sur une île isolée. J'avais hâte d'atteindre la vallée pour retrouver ma lignée. Puis j'ai appelé le crocodile qui vit dans les profondeurs et lui ai dit que la famille de lapins était bien plus nombreuse que la sienne. Il a répondu que non, ce n'était pas vrai. Je lui ai alors demandé de me prouver son point de vue. Il a appelé tous ses frères et les a mis en rang, côte à côte, pour que je puisse les compter et me rendre compte de mon erreur. Pour m'aider à compter, j'ai sauté sur le dos de chaque animal jusqu'à ce que j'atteigne la côte de ce promontoire. Mon plan avait fonctionné à la perfection : les crocodiles m'avaient aidé à traverser les profondeurs de la rivière indemne. Je ne sais pas nager... » - dit-il sinistrement, alors qu'un filet de sang s'écoule de sa petite tête. Puis il a dégluti et a continué son récit. « Mais j'étais naïf, misérable que je suis ! Au moment où elle se trouvait à un pas de la côte, je n'ai pas pu me retenir et j'ai révélé mon plan ingénieux à ces monstrueux reptiles. Le dernier crocodile a réagi de manière inattendue et, sans arrière-pensée, m'a frappé avec ses mâchoires et ses dents acérées. Sa morsure était si violente qu'elle a arraché toute la fourrure blanche que j'utilisais pour me réchauffer du froid. Comme si cela ne suffisait pas, la malchance ne vient jamais seule... Les dieux me punissent peut-être pour mon arrogance ! »

« Que s'est-il passé ? Raconte ! »

Okuninushi avait posé les gros ballots de ses frères sur le sol et s'était penché sur l'animal pour le protéger du vent froid et pour entendre ses faibles paroles.

« Il y a peu de temps, j'ai rencontré un groupe de nombreux dieux. Je leur ai demandé de l'aide et, en réponse, ils m'ont suggéré de m'immerger dans l'eau de mer pour que le sel guérisse mes blessures. Mais maintenant, je suis rempli de plaies sanglantes et je ne sais plus comment me sortir de ce pétrin ! Je préfère presque mourir plutôt que d'agoniser dans ce no man's land ! » - conclut le lapin, plissant les yeux en signe de capitulation.

« Cours, mon malheureux ami. Va te baigner immédiatement dans les eaux fraîches du ruisseau et va t'allonger parmi les pétales des fleurs blanches », rétorqua Okuninushi en désignant d'un geste de la main la colline la plus colorée et la plus ornée du promontoire. « Laisse les pétales adhérer à ton petit corps souffrant. Vous obtiendrez ainsi un manteau très semblable à celui que la nature vous a donné à la naissance, et vous vous sentirez immédiatement comme régénéré ». Le lapin suivit le conseil de son bon frère et, après s'être recouvert d'une fourrure chaude et douce, retourna immédiatement se pavaner dans les prés.

« Oh, vous m'avez sauvé ! Vos conseils m'ont rendu ma vie ! Même si vous êtes le dernier de la clique des dieux et que vous ne portez que la nourriture des autres Kami, vous êtes sans doute le plus honnête et le plus méritant du groupe. Vous allez chez la princesse, n'est-ce pas ? »

« Oui », répondit le jeune homme en baissant le regard d'un air légèrement gêné.

« Eh bien, alors elle ne peut que vous choisir comme mari. Vos cruels parents ne méritent pas la main de la plus belle femme de toute la région ! »

Au grand étonnement des personnes présentes, les événements ont pris la tournure que le lapin avait prédite. La princesse décida d'épouser Okuninushi, et immédiatement le frère au cœur d'or attira sur lui l'envie de sa propre lignée. Les rumeurs commencèrent à circuler de bouche en bouche, d'oreille en oreille, et les quatre-vingts frères se mirent d'accord pour se débarrasser une fois pour toutes de l'heureux élu qui avait épousé la princesse. Ainsi, un beau jour, alors que le mariage était encore en pleine préparation, quelqu'un a frappé à la porte d'Okuninushi pour l'inviter à se joindre à une partie de chasse.

« Nous allons passer un peu de temps en famille, comme au bon vieux temps », a chuchoté le plus menteur des frères d'une voix mélodieuse. Okuninushi ne l'a pas demandé deux fois. Il met ses plus beaux habits et, après avoir rejoint le groupe, décide d'attendre ses proches dans la vallée.

Le plus fort d'entre eux prit la parole : « Frère, cher frère, peut-être ne sais-tu pas qu'un sanglier redoutable vit sur cette montagne. Une créature de couleur rouge. Nous allons grimper au sommet pour le débusquer et le pousser dans votre direction, vers la vallée. Nous ne voulons pas risquer votre vie de futur prince, c'est pourquoi vous nous attendrez ici. Quand la bête vous aura atteint, divertissez-la juste assez pour que nous puissions revenir vers vous et la tuer par derrière. Tout est clair ? » - a-t-il expliqué.

Le bon frère ne semblait pas se rendre compte du piège dans lequel il se trouvait. Il accepta et s'assit au pied d'un arbre, attendant l'apparition du sanglier au pelage fauve. Cependant, les parents de sang savaient bien qu'aucun animal ne vivait au sommet de la falaise. Au lieu de cela, ils se sont procurés un énorme rocher et y ont mis le feu avec une torche. Enfin, ils l'ont poussé en bas de la pente pour qu'il frappe l'Okuninushi qui l'attendait.

Lorsque le rocher prit de la vitesse et devint bientôt une terrible sphère rouge écarlate enflammée, le bon dieu ne reconnut pas la différence entre le piège des frères cruels et la créature qu'on lui avait décrite. Alors, en se soulevant sur ses jambes et en se mettant en position pour immobiliser la bête, il a été plutôt écrasé sous le poids du rocher. Il est mort de brûlures et de fractures, dans les affres de la plus atroce des douleurs.

Du haut du sommet, les parents de sang de la victime ont éclaté de rire et poussé des cris de joie, s'embrassant avec satisfaction devant cette ingénieuse invention. Tout à fait différent était le jugement de la déesse Kami-musubi. Dans le riche panthéon japonais, on se souvient en effet de la déesse féminine sous le nom de l'Esprit générateur. Ancienne et puissante, elle était la mère d'Okuninushi et de ses frères. Versant de chaudes larmes, elle se procura deux coquillages pour ramener son fils bien-aimé à la vie

: le fiancé de la princesse rouvrit immédiatement les yeux, se levant lentement sur des jambes qui tremblaient de la douleur qu'il avait subie aux mains de ses frères. Il a regardé autour de lui, désemparé. Il avait l'impression de se réveiller d'un long sommeil génératif, et que la réalité qui l'entourait était enveloppée d'un mince voile de mystère.

« Où suis-je ? Que s'est-il passé ? » - marmonna-t-il faiblement sous le regard étonné et mécontent des méchants parents. Ils déracinent un arbre centenaire et, après avoir creusé son tronc, enferment le malheureux dieu dans le piège en bois, le tuant violemment une seconde fois. La mère d'Okuninushi est à nouveau intervenue et a soufflé le vent chaud de la vie dans les poumons de sa progéniture. Lorsque les quatre-vingts frères réalisèrent la résurrection d'Okuninushi, ils le poursuivirent à travers la forêt dense, armés d'arcs et d'épées tranchantes. Ils pensaient, en effet, que s'ils avaient réussi à massacrer le corps de leur frère et à le démembrer en mille morceaux, même leur mère n'aurait pas été capable de redonner dignité et chaleur à cette collection décomposée de membres, de doigts et d'entrailles. Mais Okuninushi avait finalement compris les intentions de ses voraces interlocuteurs et s'était enfoncé dans les profondeurs de la forêt avec l'intention de se débarrasser de ses poursuivants.

C'est alors que Kami-musubi a fait son apparition.

« Mon fils, que fais-tu encore ici ? Ils ne cesseront jamais de vous chasser, et je ne pourrai pas vous aider éternellement. Cherchez la protection d'une divinité qu'ils craignent follement, et alors vous serez libre de mener votre vie sans souci ! Descends aux Enfers et demande à parler à Susanoo ».

Les épreuves de Okuninushi et la descente dans le Yomi

Okuninushi a obéi. Cependant, lorsqu'il fut reçu par le Kami de la Tempête, il fut ébloui par la beauté de sa fille Suseri, qui était assise calmement aux côtés de son père. La jeune femme semblait réciproquer les regards complices - ainsi que ceux brûlants de désir - que le fugitif continuait à lui lancer durant son séjour à Yomi. Finalement, après des mois d'avances, les deux hommes ont décidé de se marier. Mais dès que Susanoo a reçu cette nouvelle inattendue, il s'est fermement opposé au sentiment de sa fille. Il pensait, en effet, que le dernier arrivé aux Enfers ne s'était pas montré digne de demander la main de Suseri.

Okuninushi s'est opposé aux souhaits du Kami et était prêt à tout pour s'allonger avec sa bien-aimée. C'est ainsi que le rusé Kami de la Tempête l'a invité à passer une nuit entière dans une cavité souterraine infestée de serpents agressifs, forts et venimeux.

« Je serai bientôt débarrassé d'eux ! » - se dit le vieux Susanoo en lui-même. Cependant, les oreilles fines de la fille ont capté les mots de son père et - avant que la bien-aimée ne disparaisse de sa vue pour la dernière fois - lui ont tendu un long bandage tissé à la main.

« Enveloppe-le autour de ton beau corps, Okuninushi ».

Le jeune homme a obéi. Il a recouvert son bras droit du cadeau que lui a remis sa bien-aimée. Lorsqu'il a atteint l'entrée de la grotte, il lui a été impossible de faire un seul pas dans l'obscurité. Partout, de longues queues de serpent s'agitaient faiblement, sifflant et frémissant au moindre souffle d'air. La sueur perlant sur son front, Okuninushi remarqua que certaines têtes de reptiles s'étaient tournées dans la direction du dernier arrivé. Confiant dans le jugement de sa future épouse, il a sinueusement agité le bandeau qu'il portait. Les animaux ont rapidement détourné leur attention, et Okuninushi s'est endormi parmi les prédateurs sans entrer en contact avec le venin mortel qui suinte de leurs crocs.

La nuit suivant le premier test, Susanoo obligea le malheureux Okuninushi à passer du temps dans une seconde grotte infestée d'insectes.

« Ils le piqueront et dévoreront sa peau. Lorsque ma petite fille réalisera qu'elle est la fiancée d'un monstre, elle finira par changer d'avis à ce sujet », a chuchoté Susanno dans l'obscurité du royaume des morts. Cependant, la jeune Suseri a prouvé une fois de plus qu'elle était plus rusée que son père. Elle a remis à son prétendant une longue écharpe cousue à la main par ses demoiselles d'honneur.

« Utilisez-le pour devenir comme un ver de terre ou un mille-pattes, et produisez avec votre bouche le bourdonnement de mille guêpes. Aucun insecte ne sera au courant de votre présence ».

Et c'est ce qui s'est passé. Le dieu s'est faufilé dans les profondeurs de la Terre, où des milliers de petites pattes grouillantes et de dards assoiffés de sang ont prié pour se planter dans la chair fraîche d'un dieu immortel. À la grande déception du dieu de la tempête, le fiancé de Suseri s'était montré non seulement audacieux, mais aussi manifestement immunisé contre le poison des êtres vivants. En conséquence, Susanoo a organisé un dernier test mortel. Après avoir creusé un trou circulaire à la surface d'un petit os avec son ongle, il l'a attaché à une corde et l'a jeté en direction de Yomi avec toute la force qu'il avait dans son corps. L'artefact fabriqué à la main produisait un sifflement généré par le passage du vent dans la cavité centrale.

« Va le chercher », a enjoint Susanoo.

Okuninushi s'est retrouvé près d'une prairie stérile jaunie par la sécheresse des saisons. La flèche faite par le Kami de la Tempête s'est plantée dans le sol. Mais avant que le dieu ne puisse se pencher pour le ramasser et le remettre à son propriétaire légitime, Susanoo a mis le feu à un tas de broussailles entassé spécialement pour l'occasion. Les flammes se sont répandues comme une traînée de poudre, entourant Okuninushi de tous côtés. Il aurait péri d'atroces brûlures si une souris n'avait pas surgi des profondeurs du sol, l'invitant à la suivre dans un creux creusé par on ne sait quelle créature bienveillante. Alors que la puissance du feu incinérait les feuilles et les brindilles, les tiges d'herbe et les arbres, Okuninushi attendait impatiemment que l'intervention de Susanoo prenne fin.

« Mon cher ami, vous m'avez sauvé la vie. Pourtant, je n'aurais pu épouser la femme que j'aime que si j'avais ramené un os creux attaché à une épaisse corde. Mais vous savez, je n'ai aucune chance : les flammes auront sans doute dévoré jusqu'à mon gage d'amour », a-t-il révélé à la souris qui l'avait sauvé.

Le rongeur n'a donné aucun signe de résignation. Sans parler à Okuninushi, il s'est rapidement faufilé dans les terriers de sa tanière souterraine. Finalement, il s'est retourné, serrant entre ses petites dents pointues la fléchette que Susanoo avait fabriquée pour le test.

« Faites-vous référence à cet étrange objet ? Mes enfants l'ont trouvé dans la clairière et l'ont apporté dans notre repaire. Mais si c'est si important pour vous, prenez-le. Tu mérites d'être heureuse ! » - a couiné la petite souris.

Okuninushi s'est précipité en présence d'un Susanoo maintenant désorienté, qui était maintenant persuadé de s'être débarrassé de son rival. Suseri s'est arraché les cheveux et s'est désespéré aux pieds du Kami de la Tempête, conscient de la terrible fin d'Okuninushi. Mais lorsqu'elle entendit un bruit de pas et qu'elle leva le regard, elle posa ses yeux gonflés de larmes sur le visage suffisant du futur marié et se ressaisit immédiatement. Susanoo a regardé son interlocuteur d'un air de défi.

« Vous êtes plus habile et plus intelligente que je ne le pensais. Le sang de mon sang, après tout. Venez, vous êtes libre d'entrer dans ma demeure et de vous asseoir avec moi. Je vous demande seulement de m'aider à enlever la vermine qui se cache dans mes longs cheveux. Auriez-vous l'amabilité de le faire ? »

Dans son coeur, Susanoo avait déjà conçu un plan cruel pour se débarrasser définitivement du descendant gênant. Bien que dégoûté par la première tâche qui lui a été assignée par le Kami de la Tempête, Okuninushi hocha fermement la tête. Il a estimé, en effet, que la demande de son interlocuteur était un signe évident de confiance et d'estime mutuelle. Mais Suseri connaissait bien les pièges avec lesquels son père pliait à sa volonté les victimes les plus naïves et les plus dociles. Elle s'est approchée d'Okuninushi et l'a encore une fois prévenu. Enfin, elle plaça dans les poches de son futur mari une poignée de baies qu'Okuninushi devait manger pendant la nuit, en présence de Susanoo.

Le dernier arrivé dans les sombres plaines de Yomi ne s'est pas fait prier deux fois : il a mis les fruits miraculeux dans sa bouche et s'est approché des longs cheveux ébouriffés du Kami de la tempête. Ces derniers, en effet, abritaient non pas des poux sans défense à tuer à la seule force des doigts, mais de longs et redoutables mille-pattes qui marchaient sur la tête osseuse. Okuninushi partit à la recherche des bêtes et fut profondément impressionné par cette découverte nauséabonde. Plus impressionné encore, Susanoo, qui entendait Okuninushi mâcher les graines des baies, pensait que son interlocuteur avait décidé de dévorer les mille-pattes, comme on le lui avait ordonné.

Étonné par le courage et la détermination du descendant, le Kami de la Tempête décida de mettre temporairement de côté les hostilités et, bercé par les caresses rythmiques des doigts d'Okuninushi sur sa tête, s'endormit. Dès que Susanoo a commencé à ronfler profondément, le jeune marié s'est mis en action. Non seulement il a attaché les longues mèches emmêlées de son rival aux piliers du palais, mais il a également volé les précieux artefacts du dieu. Tout d'abord, l'épée de vie *Ikutachi* et le koto céleste *Amenonori-goto*, une sorte de harpe extrêmement populaire auprès des peuples d'Asie du Sud-Est. Non content, il a également mis la main sur l'arc et les flèches de la vie passés à la postérité sous le nom d'*Ikuyumiya*.

Enfin, il atteint la chambre privée de Suseri et l'invite à quitter la sombre demeure de son père en sa compagnie. Elle y consent, mais persuade son bien-aimé de sceller les portes du manoir afin que le gardien ne puisse pas attirer l'attention des domestiques, se libérer et partir à la recherche des deux fugitifs. Enfin, le couple part pour des terres lointaines.

Lorsque le Kami de la Tempête se réveilla du sommeil générateur auquel il avait été induit par les caresses d'Okuninushi, il fut immédiatement assailli par le soupçon qu'il avait été trompé et essaya en vain de s'enfuir par la porte du palais pour atteindre la chambre de sa fille. Cependant, ses longs cheveux ont été attachés à la structure avec force ; la puissance de la traction était telle qu'elle a provoqué l'effondrement des fondations du bâtiment. Susanoo a donc été écrasée par les lourds murs de la luxueuse demeure des Enfers. Le Kami s'est frayé un chemin à travers les décombres, soulevant à mains nues des blocs de la taille d'anciens temples nippons. Finalement, il a atteint la surface au moment précis où Okuninushi et Suseri couraient vers la lumière de la terre, chargés des trésors qui leur appartenaient de droit.

Incrédule et, en même temps, impressionné par le courage et la ruse de son rival, Susanoo s'écria de tout son souffle : « Okuninushi, je te parle : utilise mes objets magiques pour tuer tes quatre-vingts frères un par un et prends Suseri comme épouse principale. Ce n'est qu'à ce moment-là que tu deviendras le Seigneur du Grand Pays qui porte le nom de Japon ».

Okuninushi a suivi à la lettre les conseils que lui a donnés l'ennemi. Et en effet, la traduction littérale de son nom divin signifie *Seigneur du Grand Pays*. Malgré le fait qu'il était très prolifique et qu'il avait rempli le rôle autrefois occupé par Izanami et Izanagi, il était extrêmement remarquable envers son épouse. Ce n'est pas un hasard si la princesse Yakami, prise pour épouse au sommet de la montagne, fut éblouie par la puissance de son rival et, après avoir donné naissance à un fils unique, se retira avec lui dans la vie privée, s'enfuyant dans les bois de peur d'éveiller l'envie et la colère de Suseri.

Le règne du Seigneur du Grand Pays

Les années ont passé rapidement. Okuninushi était tellement absorbé par son rôle de dirigeant qu'il passait de longs jours et de longues nuits loin du foyer, augmentant ainsi le chagrin et l'inquiétude de Suseri. Il aurait aimé partager son expérience de souverain incontesté avec un conseiller fidèle ou une figure divine capable de maintenir l'équilibre cosmique, mais aucun prétendant ne s'est montré à la hauteur de la tâche. Fatigué et irritable, il rencontre un jour un être vivant qu'il n'avait jamais rencontré auparavant. Il l'a vu arriver de loin sur un radeau de fortune, vêtu seulement de plumes d'oie ou probablement de plumes de moineau. Il s'est immédiatement approché de la créature d'un air méfiant.

« Qui êtes-vous ? D'où venez-vous ? »

L'autre n'a pas répondu.

« Pourquoi ne parlez-vous pas ? »

Le dernier arrivé semblait incapable d'articuler des sons. Okuninushi commença à interroger les autres divinités de son pays pour tenter de découvrir l'identité de son mystérieux interlocuteur. Cependant, aucun Kami n'avait jamais entendu parler de l'étranger venu de loin qui avait osé rester silencieux devant les questions du Seigneur du Grand Pays.

Finalement, c'était le tour du crapaud. Il a eu une idée et a immédiatement invité Okuninushi à suivre son sage conseil.

« Mon Seigneur, ne devrions-nous pas interroger le dieu épouvantail Kuyebiko ? Bien qu'il soit toujours immobile dans sa position initiale, il observe chaque manifestation naturelle d'un œil attentif et avisé. Prenez contact avec lui, et vous découvrirez sûrement d'autres informations sur votre invité mystérieux ».

Okuninushi s'est ensuite rendu à Kuyebiko. Ce dernier lui révéla rapidement que la créature venue de loin n'était autre que Sukunabikona, fils de Kami-musumi et Takami-musubi. L'histoire raconte que, dès sa naissance, Sukunabikona avait été si petit et chétif qu'il avait accidentellement glissé des doigts de sa mère et s'était perdu dans les profondeurs de la Terre. Intimidé et, en même temps, intrigué par cette révélation sans précédent, le Seigneur du Grand Pays a contacté Kami-musumi pour demander une confirmation. Elle n'a pas démenti la version de l'épouvantail Kami ; au contraire, elle a partagé une excellente nouvelle avec son fils bien-aimé. Le petit Sukunabikona coopérerait avec lui pour éradiquer la maladie de l'univers et maintenir l'harmonie du cosmos.

Immédiatement, Okuninushi reconnut son frère disparu dans Sukunabikona et le plaça dans la paume de sa main afin de l'avoir toujours avec lui. Cependant, lorsque l'œuvre de purification du Japon fut brillamment achevée, le petit Sukunabikona décida de retourner dans sa patrie et d'abandonner une nouvelle fois sa famille. Le départ du conseiller par excellence a laissé un vide infranchissable dans le cœur d'Okuninushi - qui s'était toujours distingué parmi les frères cruels par son hyper-sensibilité. Saisi par un moment de désespoir, il se tourne en prière vers les manifestations de la nature : « Je vous le demande, Kami qui m'entoure de toutes parts, y a-t-il une âme sœur qui soit prête à me soutenir dans mes obligations de Seigneur du Grand Pays ? ».

Okuninushi jeta un regard affligé sur la mer d'où le petit Sukunabikona était venu des mois auparavant. Pour la deuxième fois, une lueur lointaine a attiré son attention. L'aura se rapprochait rapidement. Le cœur de la divinité a commencé à battre sauvagement.

Peut-être que...

Soudain, une voix familière mais étrangère est parvenue aux oreilles de l'Okuninushi qui attendait impatiemment.

« Ne vous inquiétez pas. Grâce à mon aide, vous avez accompli les tâches difficiles qui vous ont été assignées, et en vertu de ma présence silencieuse, vous continuerez à faire de votre mieux pour le Japon et la Terre entière ».

"Qui êtes-vous ?"

« Je suis votre âme chanceuse, le *saki-mitama*. Et je vais vous dire plus : je représente aussi votre âme merveilleuse, le *kushi-mitama* ».

Mon cher lecteur, vous pardonnerez l'interruption du récit au plus beau moment, mais en tant qu'auteur, je suis obligé de contextualiser l'ancienne tradition des Kami japonais. Selon les écrits shintoïstes, tout être vivant (y compris les divinités) serait caractérisé par la coprésence et l'interpénétration de deux esprits différents : le premier (*ara-mitama*) aurait des attitudes violentes, guerrières et agressives envers la Nature et l'ordre cosmique, tandis que le second (*nigi-mitama*) se distinguerait de son homologue par sa nature pacifique, active et volontaire. Par conséquent, l'être humain qui se tourne vers le dieu dans sa prière est libre de diriger l'attention de la force surnaturelle vers l'un ou l'autre des éléments susmentionnés. Le saki-mitama est synonyme de bonne fortune, de bien-être et de prospérité. Le kushi-mitama est une manifestation directe des pouvoirs de guérison attribués à la présence du Kami.

Lorsque Okuninushi fit enfin la connaissance des deux âmes liées à la subsistance et à la sécurité du Grand Pays, il fut immédiatement ému et leur demanda où elles voulaient être gardées. La voix mystérieuse a demandé à être conduite au sommet du Mont Mi-Moro, enfermé dans un chêne et un rocher. C'est la raison pour laquelle, selon les traditions du shintoïsme et du bouddhisme, la présence divine persiste dans les manifestations de l'Univers. Et j'aime à penser qu'aujourd'hui encore, l'âme d'Okuninushi veille sur le pays du soleil levant, apportant joie et stabilité aux générations futures.

CHAPITRE 6

LA CONQUÊTE DU GRAND PAYS

Sous le règne d'Okuninushi, le Grand Pays s'était rapidement peuplé d'un nombre infini de dieux de la terre. Et en effet, non seulement le souverain était extrêmement prolifique, mais il était également animé par le désir de préserver toutes les espèces naturelles. Des milliers, des millions de Kami s'étaient réfugiés dans les feuilles et les tiges d'herbe, dans les vagues d'eau et dans les rochers qui, caressés par le courant des rivières, se transformaient en galets parfaitement polis. Cependant, les divinités du ciel ont commencé à s'inquiéter de l'expansion croissante de la terre. Sous eux, Okuninushi soutenait un système cosmique qui faisait pâlir d'envie les esprits de la voûte céleste. Pour cette raison, la vieille Amaterasu invita son fils Ame-no-oshi-homimi - engendré le jour où Susanoo avait mâché le collier de perles près du pont céleste - à s'armer pour conquérir ce qui était beau sous la régence d'Okuninushi. Il a accédé à la demande de sa mère mais, en s'approchant prudemment de la Terre, il s'est rendu compte que la situation était devenue incontrôlable. Partout, les animaux et les plantes étaient animés d'une vie propre. Le vent parlait une langue inconnue, les vagues marmonnaient, les montagnes se déplaçaient d'une région à l'autre, et chaque manifestation de la nature était possédée par un Kami en effervescence, décidé à exécuter une merveilleuse danse éternelle.

Immédiatement, Ame-no-oshi-homimi est retournée voir sa mère pour lui expliquer la situation. Finalement, il a fait marche arrière, déclarant qu'il n'avait aucun plan pour mettre de l'ordre dans ce désordre terrestre. Amaterasu a alors convoqué son deuxième fils Ame-no-ho-hi et l'a invité à se défendre par la force. Ce dernier a essayé de tenir la promesse faite à sa mère et, après être descendu sur Terre, a fait disparaître ses traces pendant longtemps. Amaterasu attendit en vain le retour du messager de son palais enchanté ; personne ne savait plus rien de lui, ni les frères, ni les observateurs qui suivaient depuis le Pont Céleste les frasques du Grand Pays. Ce fut ensuite le tour d'Ame-no-waka-hiko qui se vit confier un arc céleste accompagné d'un carquois de flèches très acérées. De cette façon, le Kami pourrait se défendre, sauver son frère et affirmer sa supériorité guerrière.

Cependant, lorsque le jeune Ame-no-waka-hiko mit le pied dans le Grand Pays, il croisa le regard d'une jeune femme et, captivé par sa beauté, oublia rapidement sa promesse à Amaterasu et tomba amoureux d'elle. L'heureuse élue était en fait l'une des nombreuses filles d'Okuninushi. Quand Ame-no-waka-hiko a découvert la vérité, il a immédiatement décidé de se marier avec sa moitié, mûrissant pour devenir le Seigneur du Grand Pays par descendance directe dans le futur. Huit longues années ont passé et Ame-no-waka-hiko semblait avoir oublié ses origines. Cependant, Amaterasu était très inquiète de l'état de santé de son fils et, après avoir convoqué le messager Ki-gi-shi, elle demanda au faisan de rejoindre la Terre et de partir à la recherche de la progéniture disparue. Le messager repéra la maison d'Ame-no-waka-hiko du haut du ciel et apprit la triste vérité dans le scintillement de ses ailes : le fils du Kami du Ciel avait renié sa lignée ancestrale et refait sa vie dans le Grand Pays. Mais quand Ame-no-waka-hiko a pris conscience de la présence silencieuse de l'observateur, - qui s'était perché sur les branches d'un arbre -

il a réalisé qu'il avait mis la sécurité de sa famille en danger. Ainsi, après avoir saisi l'arc céleste que lui avait donné sa mère, il transperça d'un seul coup le cœur du faisan-messager.

Le dard a été lancé avec une telle puissance qu'il a transpercé l'animal de part en part, poursuivant sa course folle vers le royaume céleste. Là, il atterrit aux pieds d'Amaterasu assise sur le trône, entourée de nuages. Elle a immédiatement reconnu la forme du bois et la consistance de la pointe. Cependant, il ne pouvait pas savoir si l'arme avait été utilisée pour se protéger d'un ennemi terrestre ou pour entacher la tradition des Kami célestes. En conséquence, il a prononcé une malédiction d'une voix solennelle et a renvoyé la flèche sur Terre.

« Si ce coup a été utilisé par celui qui a trahi sa famille d'origine, alors qu'il meure sur le champ ! » - a-t-il ordonné, les yeux brillants de rage.

Au moment où la pointe de la flèche a percé la poitrine chaude d'Ame-no-waka-hiko, le traître Kami se reposait béatement aux côtés de sa femme. Elle fut réveillée par le souffle agonisant de son époux ; lorsque ses yeux se posèrent sur la tache de sang qui s'étendait sans cesse dans toutes les directions, les cris de désespoir furent tels qu'ils atteignirent le royaume d'Amaterasu. C'est ainsi que la Reine du Ciel réalisa que son fils était mort à cause de cette vile trahison.

Lorsque la lumière des rayons du soleil pénétra à nouveau au-delà des murs du palais céleste, se posant sur le visage fatigué et affligé d'Amaterasu, la Reine du Ciel convoqua une assemblée d'urgence et sélectionna deux Kami pour s'entraider une fois arrivés dans le Grand Pays. Les élus étaient connus sous le nom de *Takemi-kazuchi* - la divinité guerrière engendrée par Izanagi lorsque ce dernier s'est vengé de la divinité du feu coupable d'avoir brûlé et tué Izanami - et un *Ame-no-tori-bune*. Littéralement *Bateau et*

Oiseau Céleste, Ame-no-tori était tenu en haute estime à la cour des Kami supérieurs puisque c'est lui qui a organisé les voyages de colonisation des îles japonaises annexées au Grand Pays.

Comme si cela ne suffisait pas, Takemi-kazuchi a également fait beaucoup parler de lui. La deuxième génération de Kami avait en effet apprivoisé Namazu - l'énorme poisson-chat de la tradition du sud-est qui, selon la légende, vivait sous le territoire du Japon et aimait provoquer des tremblements de terre ou des inondations avec la puissance de sa queue. L'histoire raconte qu'un très jeune Takemi-kazuchi a gagné les honneurs de sa lignée en fourrant dans le ventre de la créature une pierre sacrée aux dimensions d'un mammouth. L'animal marin - inévitablement ralenti dans ses mouvements en raison de son importante charge - est surveillé par Takemi lui-même. C'est pourquoi, lorsqu'Amaterasu l'a supplié de quitter son poste de gardien et de se préparer à la mission, Namazu s'est immédiatement agité à nouveau, provoquant de nouvelles secousses telluriques.

Le jour du départ est arrivé. Takemi-kazuchi et Ame-no-tori-bune sont descendus dans les forêts de la Terre. Après s'être mis en route, ils atteignirent un bout de plage sur lequel était assis le Seigneur du Grand Pays. Okuninushi a immédiatement remarqué les deux mystérieux personnages, qui, pour prouver leur puissance, ont collé leurs épées près des rochers et se sont assis en équilibre sur la pointe, sans prendre aucun dommage.

"Alors parle. Qui êtes-vous et que voulez-vous ?"

« Amaterasu, la déesse du soleil qui réchauffe le Grand Pays, nous a demandé de vous rendre visite pour vous poser une question importante : souhaitez-vous céder le droit de la Terre aux Kami des cieux, ou souhaitez-vous vous battre contre nous pour conserver votre titre de souverain ? Nous voulons une réponse ! » - a enjoint Takemi-kazuchi.

Okuninushi a incliné sa tête d'une manière condescendante.

« S'il vous plaît, laissez-moi le temps de me décider. Je suis maintenant vieux et proche de la retraite, mais ce sont mes enfants qui vont régner sur cette terre. C'est à eux que vous devez vous adresser. Mais c'est moi qui leur parlerai pour qu'une médiation soit trouvée et que l'ordre du cosmos soit préservé. »

Le Seigneur du Grand Pays a convoqué les descendants. Le premier était Yae-koto-shiro-nushi, qui avait été absent pendant de longs jours en raison d'un long voyage de chasse. Lorsque son père lui demande de révéler sa volonté aux deux Kami du ciel, il est désagréablement impressionné par la puissance et le regard combatif des messagers. Il a alors pensé à l'option la plus pratique : "Laissez les Kami du Ciel gouverner le pays". Enfin, il a effectué un court rituel de transformation et a transformé son corps en un buisson de baies rouges.

Okuninushi s'est mis à la recherche du second descendant, Takemi-nakata. Ce dernier avait un tempérament orageux et irascible. Et en effet, après s'être présenté à la réunion en tenant dans ses mains une pierre gigantesque - si grosse qu'un millier d'hommes robustes n'auraient pas suffi à la soulever - il a invité Takemi-kazuchi à l'affronter.

Le Kami du ciel a accepté le défi et, avant d'être frappé par son rival, s'est recouvert d'une fine couche de glace pour faire glisser les mains de Takemi-nakata. Le Kami de la Terre tenta de porter un second coup, mais une fois de plus le Kami du Ciel se transforma en une lame tranchante comme un rasoir, qui coupa profondément les mains du prétendant. Il commença à se tordre de douleur, mais l'ennemi céleste n'eut pas pitié de lui et, s'approchant à pas lourds, il brisa le bras de l'autre comme on le fait avec des branches de roseau sec.

Terrifié par la force incroyable des deux messagers d'Amaterasu, le dieu de la Terre se rendit compte que personne au monde ne pourrait retenir la milice du Ciel. Et donc, tournant le dos au combat, il s'éloigna rapidement en direction du lac Suwa, sur les rives duquel il supplia Takemi-kazuchi d'épargner sa vie.

« Laisse-moi vivre et je serai comme mon frère". Je deviendrai le Kami de ce lac et resterai emprisonné dans les vagues balayées par les vents, tandis que vous serez libre de régner sur cette terre. Je ne quitterai plus jamais cet endroit, je le promets. Mais s'il vous plaît, ne me tuez pas, mon habile rival! »

Takemi-kazuchi n'a pas violé le corps mutilé de son adversaire et est retourné auprès du Seigneur du Grand Pays. La bataille était terminée.

« Vos deux fils nous ont accordé la permission de régner sur la Terre. Ils se sont rendus au Kami du ciel... » - Takemi-kazuchi a sangloté, satisfait de sa démonstration de force.

« Très bien, je comprends ça. Mais j'ai une condition pour vous. La plage sur laquelle nous nous trouvons, à Izumo Taisha, sera affectée à la construction d'un immense palais en mon honneur afin que je puisse me retirer du règne millénaire. Je n'interférerai pas avec le règne des Kami célestes, mais j'observerai le paysage marin en toute solitude. En outre, je vous cède formellement toutes les manifestations naturelles visibles et tangibles. Cependant, je resterai le Seigneur de ce qui est invisible et spirituel ».

Et en effet, bien qu'Okuninushi ait cédé le pouvoir du Grand Pays à Amaterasu et aux Kami célestes, il reste le maître incontesté de ce qui se trouve au-delà des apparences. Et c'est peut-être pour cette raison qu'il jouit d'un grand respect au sein de la population japonaise.

CHAPITRE 7

LE GOUVERNEMENT DES KAMI DU CIEL

L'ère des Kami du Ciel a commencé. Amaterasu a reçu la nouvelle de la conquête de la terre avec une grande joie. Les personnes présentes ont applaudi et félicité Takemi-kazuchi et Ame-no-tori-bune. Immédiatement, la reine solaire a invité Ame-no-oshi-homimi à procéder à l'établissement du nouvel ordre cosmique. Cependant, pour la deuxième fois, le dieu s'est avéré incapable de tolérer la pression émotionnelle de son rôle de souverain. Amaterasu a respecté la volonté de la progéniture et a invité Ninigi à être investi du poste très important. Il était l'héritier de Ame-no-oshi-homimi et Takami-musubi. Les Kami du ciel ont accueilli favorablement la proposition d'Amaterasu, car ils avaient une grande confiance dans les décisions du souverain et le talent de leur neveu commun.

Le départ de Ninigi a été soigneusement préparé. Mais soudain, un dieu de la terre à l'allure menaçante et au regard flamboyant lui barra la route de la Terre. Grand et puissant, il apparaissait immédiatement comme un ennemi dont il fallait se méfier ; non seulement ses épaules étaient larges et fortes, mais les doigts de ses mains étaient rugueux et frémissants de rage. Ninigi a fait une pause, attendant.

Pendant ce temps, Amaterasu - qui avait suivi le voyage de son neveu depuis le sommet du Ciel - sentit la situation difficile dans laquelle se trouvait Ninigi et invita Ame-no-uzume à servir de médiateur entre les deux rivaux silencieux. Ame-no-uzume était la même divinité qui, dans le passé, avait dansé près de la grotte sombre dans laquelle le Kami du Soleil s'était retiré pour protester contre la méchanceté de Susanoo.

« Je sais que tu n'auras pas peur de ce mystérieux Kami de la Terre », s'exclame Amaterasu.

Et c'est ce qui s'est passé. La divinité du ciel a rapidement rattrapé Ninigi et s'est dirigée avec confiance vers son adversaire.

« *Qui êtes-vous ?* »

« Je suis *Saruta-hiko*. On m'a dit qu'un puissant dieu du Ciel descendrait par ce chemin pour s'installer dans mon pays. Me voici, prêt à être son guide ! »

Ninigi s'est calmé et a accepté de bon gré le soutien de Saruta-hiko. Sans surprise, la tradition japonaise veut que ce dernier soit la divinité des chemins et des carrefours, des voyages et des croisements. Amaterasu observa avec satisfaction l'installation de son neveu et lui délivra trois puissants dons divins afin que tous ses descendants gardent un contact direct avec la lignée des Kami du Ciel. Il ne voulait pas que la Terre redevienne un lieu hostile, dominé par le chaos et animé par l'incertitude. Les trois artefacts étaient respectivement un miroir - le même que ses parents de sang avaient utilisé pour la persuader de quitter la grotte dans laquelle elle s'était réfugiée, - le collier magatama qui lui avait été remis il y a quelque temps par Izanagi, et l'épée que Susanoo avait extraite de la queue du rang, la lame Kusanagi. La triade en question est connue sous le nom de *Trésors divins* et fait partie du trousseau impérial qui est transmis de père en fils. Les cadeaux d'Amaterasu sont non seulement destinés à légitimer l'installation de l'homme au pouvoir, mais ils sont également un symbole de sagesse, de puissance et de loyauté. Celui qui porte le collier et dégaine l'épée, qui admire sa propre image reflétée dans le miroir du Kami du Soleil est guidé par la sagesse divine et, pour cette raison, est digne de régner sur terre.

Lorsque Ninigi fut assis sur le trône, il décida d'épouser la belle *Kono-hana-sakuya-jime*. On se souvient d'elle sous le surnom de « *princesse de la fleur* ». Lorsque le père de Kono a appris que le nouveau souverain du Grand Pays était tombé amoureux de sa première fille, il a invité Ninigi à épouser également la seconde, la *princesse du Rocher éternel* - dont le nom japonais est *Iwanaga-hime*. Cependant, Ninigi devait reconnaître que ce dernier n'avait rien d'attrayant ou de désirable. Il décida donc de la renvoyer chez son père, un Kami de la montagne, causant ainsi une grande offense à son parent.

« Ninigi ! » - s'écria l'homme offensé. "Vous avez fait une grave erreur en refusant la seconde de mes filles. Je t'avais accordé les deux pour que ton règne et ta vie soient aussi longs et forts qu'un rocher de montagne, et aussi doux et gentils qu'un bourgeon au printemps. Mais apparemment vous avez préféré suivre votre propre chemin et me causer une grave offense. Voici donc ma malédiction : votre vie sera riche en joie, en plaisir et en beauté, mais elle sera aussi courte.

La légende en question vise à expliquer pourquoi les empereurs du Japon sont destinés à mourir souvent à un jeune âge, bien qu'ils soient entourés du faste et des trésors les plus convoités de la planète.

Entre-temps, la princesse que Ninigi aimait est tombée enceinte après leur nuit de noces. Cependant, le souverain se méfie : il pense que la jeune femme aurait pu être enceinte encore plus tôt et, en cas d'enfant illégitime, le véritable père du descendant aurait été un dieu terrestre. Ninigi a décidé de révéler les doutes qu'il avait dans son esprit à sa femme. Immédiatement, la princesse de la Fleur a été horrifiée.

« Alors que ma malédiction prenne effet immédiatement : si celui que je porte n'est pas l'enfant conçu avec ta semence, alors que la naissance ait une issue malheureuse. Si le Kami est ton descendant, qu'il prospère et devienne serein malgré les mille adversités de la vie ! » - a-t-il dit.

Ninigi s'est calmé et s'est consacré à la construction d'une cabane pour l'accouchement de sa première femme. Au Japon, les événements considérés comme impurs - la mort, la maladie et l'accouchement - avaient lieu dans des endroits désignés afin de ne pas souiller l'habitation principale. Lorsque le travail commence et que la princesse de la Fleur se rend dans le modeste bâtiment de Ninigi, elle met immédiatement le feu à la paillasse pour que son mari soit convaincu de la légitimité de l'enfant. N'est-ce pas une naissance malheureuse mais favorable qui a eu lieu au milieu des flammes ?

Et en effet, le Kami du Ciel fut impressionné et chassa de son esprit ses doutes concernant la paternité de l'enfant. La princesse de la fleur a donné naissance à trois divinités : Hoderi, le feu qui brille, Hosuseri, le feu qui avance, et Ho-ori, le feu qui décline. Ce dernier est venu au monde alors que les cendres entouraient la cabane et que les flammes étaient sur le point de s'éteindre sans endommager le visage de la reine-mère. Les trois ont grandi dans des conditions favorables. Le fils aîné, Hoderi, était habile dans l'art de la pêche car, très jeune, il avait acquis un hameçon capable d'attraper n'importe quelle espèce marine. Le fils cadet Ho-ori, quant à lui, était un chasseur à la visée infaillible et à la main sûre ; il possédait lui aussi un arc et des flèches qui lui permettaient de réussir n'importe quel tir - même à une distance considérable.

 Cependant, ils n'étaient pas satisfaits de leurs talents respectifs : l'aîné aimait chasser dans les vastes plaines du Grand Pays, tandis que le cadet souhaitait s'asseoir au bord des lacs et des rivières pour attraper les poissons qui peuplaient les profondeurs des abysses. Par conséquent, par un matin de printemps ensoleillé, ils ont décidé d'inverser les rôles et d'utiliser les artefacts magiques de l'autre. L'expérience de Ho-ori en matière de pêche s'est avérée infructueuse : bien qu'il ait eu le pouvoir surnaturel de l'hameçon magique de son côté, il a même fini par perdre en mer le talisman de son parent.

Hoderi s'est mis très en colère.

« A quoi tu pensais ? Comment as-tu pu perdre mon crochet ? Tu ne sais pas combien d'efforts j'ai fait pour le faire. Maintenant je demande ton arc et tes flèches, mon frère. »

Ho-ori aurait aimé rectifier l'erreur, mais il n'avait aucune chance de retrouver le petit artefact de son frère en mer. Il a donc tenté d'apaiser la colère de son interlocuteur.

« Je lancerai mon épée pour fabriquer cinq cents crochets de belle facture ! Qu'en dis-tu, mon frère ? »

« Non, vous ne comprenez pas ! Mon talent de pêcheur vient de l'utilisation de cet hameçon particulier. Va le chercher et ne reviens pas avant de l'avoir trouvé ! »

« Comme tu veux... » - Ho-ori a rétorqué, en inclinant la tête au loin le long de la rive. Il pria pour que le Kami des vagues lui rende ce qui était le plus cher à son fils aîné, mais tout espoir fut vain. La mer est restée silencieuse. Finalement, après avoir erré loin et sans espoir, il est tombé sur le vieil homme de la mer. La figure divine a pris de la substance dans les eaux troubles de la rive et lui a donné de précieux conseils.

« Mon cher Ho-ori, construis un radeau avec des roseaux tressés ensemble et compte sur la faveur des courants. La mer vous guidera vers un immense palais dont la surface est recouverte d'écailles ayant appartenu à des milliers de poissons. C'est la demeure du grand Owatatsumi, le dieu de l'eau. Cachez-vous au sommet d'un arbre près d'un puits et attendez votre heure sans être découvert par les gardes qui gardent l'entrée. Si tu fais ce que je dis, tu pourras trouver le crochet de ton frère et être réuni avec ta famille ».

Et comme Ho-ori n'avait pas d'autre choix, il a décidé de mettre le plan du vieil homme à exécution. Après avoir atteint le palais royal, il s'est caché dans les branches d'un arbre, comme l'avait suggéré le vieil homme de la mer. Cependant, son cœur battait la chamade dans sa poitrine car il ne savait pas à quoi s'attendre. Qui rendrait l'hameçon à Hoderi ? Ho-ori n'eut pas le temps de formuler cette pensée angoissée qu'une servante s'aperçut de sa présence ; et en effet, la lueur vacillante émise par le corps du Feu déclinant suffisait à attirer l'attention des serviteurs les plus assidus. Avant qu'elle ait pu dire un mot, le Kami lui a demandé une gorgée d'eau. Lorsque la jeune femme tendit le bol en direction de l'inconnu, Ho-ori arracha le drapé du collier et, plongea le talisman dans le bol, le collant au fond à l'aide de sa salive magique. Le serviteur a remarqué l'éclat nacré du bijou et a essayé de le saisir, mais il a échoué. Fascinée par ce phénomène inexplicable, elle se dirige vers la chambre de la princesse pour lui demander de l'aide. La fille du Kami de la mer était en fait Toyotama-hime, appelée Princesse Perle Copieuse par ses servantes. Après avoir écouté attentivement le récit de son interlocuteur, il a demandé à héberger l'étranger afin qu'il puisse rencontrer un voyageur doté de pouvoirs apparemment miraculeux. Dès qu'elle s'est approchée du puits, elle a vu la faible lumière flamboyante de Ho-ori se cacher dans les branches de l'arbre de la mer. Dès qu'elle a croisé le regard du jeune homme, le cœur de la princesse s'est mis à battre la chamade. Elle a eu le coup de foudre pour le mystérieux pèlerin et est rentrée au palais pieds nus pour informer son père de ce qui s'était passé. Et en effet, le désir d'épouser le Feu déclinant s'était glissé dans sa poitrine.

Lorsque le Kami de la mer Owatatsumi eut fini d'écouter le récit de sa fille, il réalisa que le dernier arrivé était un des fils de Ninigi. Elle l'accueillit immédiatement avec tous les honneurs appropriés et, après avoir déposé à ses pieds des linges en peau de phoque précieuse, lui donna la main de son enfant. Le mariage est organisé sur place : les demoiselles d'honneur et les fonctionnaires de la cour se mettent en quatre pour que les mariés aient une cérémonie digne de leur statut. Cependant, enfermée dans le palais du dieu de la mer, Ho-ori commençait à avoir le mal du pays. Non seulement le vert vif des champs au printemps et le bleu clair du ciel d'été lui manquaient, mais il commençait à regretter d'être si loin de ses frères.

La princesse, dotée d'une grande sensibilité et d'une grande intelligence émotionnelle, a demandé à son mari pourquoi il ne rendait pas visite à ses proches sur le continent. C'est ainsi que Ho-ori a révélé le secret qui l'avait conduit au fond de la mer : « J'ai quitté ma patrie pour retrouver l'hameçon préféré de mon frère. Je l'ai perdue il y a trois ans lors d'une session de pêche au large de la côte. Je ne peux pas retrouver ma famille tant que je n'ai pas trouvé l'objet appartenant à Hoderi. Mais je ne veux pas vous ennuyer avec cette longue histoire ; je n'ai aucun espoir de mettre la main sur le précieux porte-bonheur du premier-né... » - Il a soufflé, cachant son visage désemparé au regard de sa femme. Cependant, la jeune femme ne s'est pas découragée. Après avoir révélé le secret d'Ho-ori à Owatatsumi - qui avait l'apparence d'un redoutable dragon des mers, - le Kami de la mer a convoqué toutes les espèces vivant au fond de la mer pour qu'elles coopèrent à la recherche du crochet d'Hoderi. Aucun n'a fourni d'informations utiles.

Pourtant, Owatatsumi a remarqué qu'un petit poisson parmi les bancs avait quelque chose de coincé dans sa bouche. Ce désagrément a empêché le malheureux de manger et de communiquer intelligiblement, c'est pourquoi le Kami de la mer a deviné que ce devait être l'hameçon que Ho-ori recherchait. Il a ensuite vérifié le palais de son sujet et a vu l'artefact magique scintiller dans sa cavité buccale.

Owatatsumi s'est rendu dans les salles privées du Feu déclinant et a remis le précieux objet à son propriétaire légitime.

« Tu peux maintenant retourner sur le continent et emmener mon enfant avec toi afin que tout le monde puisse connaître votre heureuse union », a enjoint le Kami de la mer. « En outre, pour que votre voyage de retour soit paisible, je veux vous offrir un cadeau. Prenez, c'est le bijou magique qui me permet de contrôler l'avancée des marées. Si votre frère ne vous reconnaît pas après tout ce temps et veut se débarrasser de vous, utilisez-le pour élever le niveau de la mer. La menace est plus que suffisante pour maintenir à distance les terriens qui craignent les profondeurs. Si Hoderi demande le pardon, ordonnez à la pierre de cesser son pouvoir. Mais ce n'est pas tout : sachez que je veux détourner les pluies fertiles sur vos cultures. Par conséquent, plante les rizières loin de celles de ton frère : s'il choisit de s'installer au sommet de la montagne, tu habites dans la vallée. De cette façon, les champs d'Hoderi deviendront secs, tandis que les vôtres pousseront rapidement et vous fourniront toute la nourriture dont vous avez besoin pour prendre soin de ma fille. Tout est clair ? » - conclut le Kami de la mer, en posant une main sur l'épaule de Ho-ori.

Ce dernier acquiesça, les yeux gonflés de larmes et, après avoir entouré la taille de la princesse, grimpa sur le dos d'un crocodile-messager pour retourner au Grand Pays. Hoderi était ravi d'avoir trouvé l'hameçon, mais il ne traitait pas son frère avec estime et affection. En fait, il espérait dans son cœur qu'il était mort ou qu'il avait été transféré dans un royaume lointain.

Les mois ont passé. Les champs d'Ho-ori étaient fertiles, ses animaux de bât forts, les personnes qui l'aidaient dans les tâches agricoles très productives. On ne pouvait pas en dire autant des rizières de Hoderi : la saison printanière s'est terminée de manière négative, à tel point que les terres arides et sèches du premier né ont commencé à subir un processus rapide de dépeuplement. Les êtres vivants descendaient également dans la vallée pour atteindre le paradis terrestre gouverné par Ho-ori. Inutile de dire que Hoderi a commencé à éprouver un fort sentiment de rancune envers son frère. L'envie empoisonnait son esprit nuit et jour, à tel point qu'Hoderi avait même cessé de se coucher et errait dans les champs arides à la recherche d'une explication plausible. Pourquoi les nuages du malheur semblaient-ils soudainement s'amonceler au-dessus de sa tête ? Pendant toutes ces années, Hoderi était devenu un point de référence dans la défense de l'ordre cosmique.

Le jour vint enfin où, exaspéré par la précarité de son existence, il mûrit l'intention de tuer son parent. Cependant, Ho-ori n'était pas pris au dépourvu pour une telle éventualité ; il avait remarqué depuis un certain temps que l'attitude de son frère à son égard devenait de plus en plus timide et agressive chaque mois. Par conséquent, après avoir porté le bijou que lui avait donné Owatatsumi, il a ordonné à la marée de se lever pour défendre son maître. Hoderi s'est tellement empêtré dans les courants marins que, sur le point de se noyer, il s'est agité de ses dernières forces pour tenter d'attirer l'attention de son parent.

« Je te demande pardon... frère » - il a crié.

Ho-ori a interrompu la houle et s'est approchée à pas rapides dans la direction d'Hoderi. Ce dernier a formellement reconnu la supériorité du Kami de la Mer, et a ainsi laissé le plus jeune des frères régner sur le Grand Pays. Pendant ce temps, la jeune princesse - qui a déménagé avec Ho-ori sur le continent - est enceinte de son premier enfant. C'est alors, selon la tradition, que Ho-ori a construit la hutte de roseaux qui accueillerait sa fiancée pendant les douleurs de l'accouchement.

Je ne veux pas que tu me voies dans un tel état... Le jour où notre bébé naîtra, promets-moi de m'attendre au palais et de ne pas me rendre visite" - a dit la princesse. Son mari a accepté. Cependant, le jour de la naissance, il fut saisi d'un désir impérieux de découvrir les secrets de la nature féminine et, discrètement, il se rendit à la hutte de roseaux pour assister à la scène interdite. Ce qu'il vit le laissa stupéfait : la fille d'Owatatsumi n'était plus la princesse au visage nacré qu'il avait épousée dans le palais de la Mer, mais un énorme crocodile se tordant sur le berceau pour tenter d'expulser le nouveau-né. Bien que la transformation de la jeune femme ne soit pas une honte - après tout, n'était-elle pas la fille d'un dieu dragon ? - Ho-ori a été très perturbé par l'image de sa femme. Cette dernière se rend compte qu'elle est surveillée dans son dos et, saisie d'un soudain sentiment d'humiliation et de regret, décide d'abandonner son fils et le Feu Déclinant.

« Ho-ori, pourquoi n'as-tu pas tenu ta promesse ? Maintenant que tu connais ma forme mutante, tu ne peux plus me faire l'amour comme avant. Je n'ai pas le courage de rester à tes côtés pour le reste de ma vie, la honte me tuerait lentement. Je retournerai au palais de mon père, et je vous interdis de venir me chercher. De plus, je fermerai derrière moi les portes de la mer afin qu'aucun autre aventurier terrestre ne soit poussé par la curiosité de découvrir les créatures qui habitent les fonds marins ».

Le ton de la princesse n'était pas irrité, mais traversé d'une note d'affirmation de soi. Et lorsque la jeune femme a disparu de la vue de Ho-ori, c'est la princesse Tamayori-hime qui s'est occupée de son petit neveu. Lorsque le jeune homme grandit et part à la recherche de sa mère, il découvre la triste réalité et décide de demander à celle qui l'avait soigné à la place de sa mère de l'épouser. C'est ainsi que la lignée divine a eu une digne continuation.

Après la disparition de Ho-ori, les deux textes sacrés de la tradition shintoïste (Kojiki et Nihon Shoki) ont mis fin à *l'âge dit des Kami*. La division des dieux entre les créatures de la Terre, du Ciel et de la Mer a pour but de fournir une explication logique à la coprésence de multiples éléments cosmiques dans l'Univers. Ce qui est vraiment intéressant est le suivant : le panthéon mythologique s'est enrichi, au fil du temps, de sources secondaires et d'extraits répertoriant tous les Kami, manifestations de la Nature. Les monstres et les héros, les empereurs et les esprits surnaturels qui méritent d'être mentionnés dans les pages qui suivent ne manquent pas.

CHAPITRE 8

LES PROTAGONISTES DE LA MYTHOLOGIE JAPONAISE

Les Kami ne sont pas les seuls protagonistes de la religion d'origine du Pays du Soleil Levant, le shintoïsme. De nombreux démons et manifestations mythologiques animent le microcosme japonais. Avant de passer en revue les protagonistes du panthéon oriental, permettez-moi de vous rappeler que le terme Kami est porteur d'un sens large et hétérogène : non seulement les divinités du Japon comprennent également des esprits d'animaux et de fleurs - ainsi que des dieux d'autres religions (bouddhisme et bodhisattva) - mais elles sont aussi... *infinies* ! La légende veut qu'il y ait huit millions de Kami ; un chiffre qui n'est pas aléatoire, puisque le chiffre 8 - lorsqu'il est tourné horizontalement - devient un symbole de l'infini. Chaque Kami est doté d'un caractère bienveillant ou malveillant, bien que la grande majorité des protagonistes qui nous sont parvenus soient caractérisés par la force et la bienveillance.

Glossaire

Amaterasu : déesse du shintoïsme dont le nom original Ama-terasu-o-mi-kami signifie littéralement « La grande déesse qui illumine le ciel ». Ses conflits avec son frère Susanoo ont conduit

420

à la première rupture entre les divinités de la Terre et celles du Ciel. Après s'être réfugiée dans une grotte sombre pour échapper aux divagations de son frère, elle a été persuadée par Ama-no-Uzume (la déesse du rire) de s'asseoir à nouveau sur le trône céleste. Sur l'île de Honshu, à Ise, il existe un sanctuaire portant son nom dans lequel serait conservé le miroir qu'Amaterasu donna à Ninigi lorsqu'il devint Seigneur du Grand Pays.

Amatsu-Kami : dieux du ciel, c'est-à-dire qui « vivent au-dessus ». Ils se distinguent des Kunitsu-Kami, c'est-à-dire des esprits de la terre qui « vivent en dessous ».

Ama-Tsu-Mara : divinité shinto qui protège les forgerons. On dit qu'il a forgé le miroir solaire d'Amaterasu en compagnie d'Ishi-Kori-dome.

Ame-No-Oshido-Mimi : le fils d'Amaterasu qui a refusé de régner sur Terre lorsque les Kami du Soleil l'ont invité à rétablir l'ordre cosmique.

Ame-No-Wakahiko : divinité du Ciel appelée à ramener l'ordre dans le Grand Pays. Il a été tué par Takami-Musubi au cours de la mission, et on n'a plus jamais entendu parler de lui.

Assemblée des dieux : selon la tradition japonaise, les Kami se réunissent une fois par an dans le temple sacré d'Izumo afin de déterminer le destin amoureux des êtres humains. En d'autres termes, les Kami décident qui aimera qui afin que chaque sentiment soit réellement réciproque.

Baku : l'esprit maléfique est connu sous le nom de « Dévoreur de rêves ». Au Japon, on croit que les cauchemars sont générés par des créatures maléfiques. Dans les temps anciens, lorsqu'un jeune se réveillait au milieu de la nuit à cause d'un mauvais pressentiment, il pouvait faire appel directement à Baku. « Baku, mange mes rêves ! ». En ce sens, la créature se nourrirait des terreurs nocturnes et les transformerait en rêves heureux et bienveillants. On dit qu'il a la tête d'un lion féroce, le corps d'un cheval et les pattes d'un tigre.

Benten : la déesse de l'amour, de la sagesse, de la musique et des manifestations artistiques. Benten est l'homologue d'Athéna et d'Apollon dans la mythologie hellénique. Elle est également la patronne des geishas, des musiciens et des danseurs professionnels.

Benzai-Ten : divinité du langage et de l'intellect. Son symbole naturel est l'eau.

Bimbogami : le Kami de la pauvreté et du dénuement est chassé par des rites propitiatoires spéciaux.

Bishamon : le Kami de la guerre et des arts guerriers. Bien qu'on se souvienne surtout de lui pour son âme orageuse, il est aussi le protecteur de la santé de ceux qui suivent le Lotus de la Justice. Il a été créé pendant les campagnes de propagande contre les clans bouddhistes.

Butsu : version japonaise de Bouddha, souvent aussi traduit par Butsuda.

Carpe : animal japonais par excellence, elle symbolise la persévérance, l'audace, la motivation personnelle, la jeunesse et l'énergie. Selon la légende, les profondeurs du lac Biwa sont habitées par une carpe de plus de 3 mètres de long. L'animal a la mauvaise habitude de dévorer les nageurs malchanceux ou toute personne qui tombe accidentellement dans les eaux du lac. Je vous rappelle que le lac en question est le plus grand du Japon et qu'il est situé dans la région de Honshu (zone centrale occidentale).

Mille-pattes : le terrifiant et monstrueux dévoreur d'hommes a la taille d'une montagne. On dit qu'il vit près du lac Biwa et qu'un jour lointain, le roi-dragon qui veillait sur cette région a demandé au héros Hidensato de le tuer par la ruse. Il a percé le cerveau de la bête avec une flèche mouillée par la salive de la créature, atteignant la cible avec une extrême précision. Le dragon a récompensé le mercenaire avec un sac de riz qui se remplissait éternellement comme par magie. De cette façon, le héros a pu nourrir sa nombreuse progéniture.

Chimata-no-kami : le Kami du carrefour protégeant les voyageurs. À l'origine, il était considéré comme un dieu à connotation phallique, c'est pourquoi ses représentations sont souvent explicites.

Chochinobake : littéralement "Esprit de la lanterne de papier" est un type de Tsukumogami qui est généré par des objets conservés pendant plus d'un siècle. Au tournant de la centième année, celles-ci sont animées par la présence de l'esprit, qui est souvent représenté avec un seul œil, une bouche ouverte et une mauvaise langue.

Daikoku : le Kami de la Fortune ressemble à un homme petit et souriant avec un ventre proéminent. Il est souvent représenté avec un sac rempli de précieux trésors en bandoulière. Il est également assis sur un sac de riz avec son inséparable souris blanche.

Dainichi : personnification de la pureté japonaise.

Femme des montagnes : créature aux traits humains et au corps d'insecte. Elle vit dans les forêts du Japon et est plus forte qu'un homme. On pense qu'elle est capable de soulever un pèlerin à la seule force de ses pattes pour le dévorer d'un trait.

Dozoku-shin : le dieu en question a une valeur familiale prédominante. Il est vénéré, en fait, parmi un groupe de parents de sang. Le concept japonais de Dozoku comprend à la fois la branche familiale d'origine et la branche secondaire-collatérale. Le premier est appelé Honke, le second Bunke.

Dragon bleu : monstre-gardien pour la défense des signes du zodiaque.

Ebisu : le Kami véhicule le concept de « santé de la mer » et est le protecteur des phénomènes humains et naturels liés au monde de la pêche et de la navigation. Sans surprise, il est aussi le dieu des travailleurs. Autrefois vénéré sur la côte d'Osaka - site de son temple - il jouit d'une renommée universelle. Tout ce qui est jeté sur la plage par la mer est une manifestation possible d'Ebisu.

Ekibiogami : le Kami de la peste et des épidémies.

Ema : offrandes votives que les Japonais offrent aux dieux. Il s'agit d'images peintes ou de figurines de chevaux.

Emma-o : variante bouddhiste du dieu des Enfers (Yama, en sanskrit). Les Japonais croient qu'il réside dans les profondeurs de la Terre et qu'il habite près de la source jaune. Ce dernier abrite un château gigantesque revêtu d'or et d'argent. La tâche du Kami est, après tout, très importante : il juge les âmes des défunts et décide éventuellement de les condamner à un châtiment conformément à la loi du Bouddha. Dans certaines versions du mythe, il est considéré comme une figure bienveillante car il participe activement aux rites de résurrection des esprits.

Fudo : Kami de la sagesse et du feu brûlant, il est considéré comme l'un des cinq gardiens du Ciel. Les Japonais avaient l'habitude de compter sur la bienveillance de Fudo avant une guerre ou en conjonction avec plusieurs événements défavorables. Chaque fois que des dangers et des calamités menaçaient l'ordre cosmique, le dieu de la sagesse luttait pour rétablir l'harmonie universelle. Son temple est situé près du mont Okiyama, dont le sommet - selon la légende - est entouré de hautes flammes afin d'éloigner les malfaiteurs et les pèlerins curieux. On dit qu'aucun être vivant n'est autorisé à le regarder dans son habitat naturel - sous peine de cécité éternelle.

Fujin : Kami du vent. Il est considéré comme la divinité fondatrice de l'univers. Lorsqu'il décida de libérer les souffles de vent contenus dans son sac magique, il sépara la matière par la force de l'air et créa l'espace vide dans lequel Izanami et Izanagi donnèrent naissance à la Terre telle que nous la connaissons aujourd'hui. Il est souvent représenté sous la forme d'un démon sombre paré d'une fourrure de léopard.

Fukurokuju : il est le dieu de la bonne fortune, de la sagesse et de la prospérité. Il appartient à la catégorie des Sept Kami de la Fortune, connus sous le nom collectif de Shichi Fujukin. Il n'est jamais séparé du corbeau et de la tortue qui l'accompagnent à chaque pas.

Funadama : divinité féminine qui anime les navires et guide les marins vers la meilleure route.

Futsu-Nushi-no-Kami : le Kami du feu et de la foudre jouit d'un grand respect dans le panthéon mythologique du Japon. Il est souvent considéré comme un dieu irascible et guerrier, bien qu'il ait joué un rôle de médiateur durant la période où Ninigi s'est installé dans le Grand Pays.

Gaki : pas une divinité, mais un statut surnaturel que l'on peut traduire par « esprits affamés ». Il n'est pas rare que les monastères zen encouragent les visiteurs à faire une petite offrande votive au Gaki avant de prendre leur repas.

Gakido : connu sous le nom de "Démon de la rue" est la représentation tangible du purgatoire japonais. En d'autres termes, elle fait partie des manifestations les plus basses de l'existence.

Gama : Kami de la longévité et de la longue vie. Il ressemble à un vieil homme à l'air vif qui se déplace d'une région du Japon à l'autre sur le dos d'un grand cerf.

Gekka-o : le dieu des mariages. On dit qu'il est utilisé pour attacher les pieds des jeunes mariés avec un fin fil de soie rouge pour célébrer le sentiment qui lie le couple.

Go-Shin Tai : les joyaux donnés par Amaterasu au premier empereur du Japon, le Kami du ciel Ninigi. Les symboles de la domination divine sur la Terre sont transmis de souverain en souverain : le miroir, le collier de perles et l'épée que Susanoo a trouvée dans la queue d'un dragon.

Haniyasu-hiko e Haniyasu-hime : les divinités masculines et féminines de la terre.

Hasu-Ko : l'histoire de la jeune fille morte d'un sentiment non partagé est parmi les plus connues et les plus fascinantes de la mythologie japonaise. On raconte que le désir de posséder le prétendant était tel que l'esprit de Hasu parvint à durcir le corps de Kei, le malheureux garçon. Il est resté comme paralysé, incapable de s'éloigner physiquement de la jeune fille. Elle emmena l'amant dans son pays natal afin qu'il puisse rencontrer ses parents et sa famille, et leur dit qu'elle serait prête à mourir à condition qu'ils donnent le pauvre Kei en mariage à sa jeune sœur. Et comme c'était le seul moyen de libérer l'âme de Hasu, le père a accepté le sacrifice de sa fille. Après avoir disparu dans l'air, Kei se réveille de la torpeur dans laquelle il était tombé et épouse la sœur de Hasu.

Haya-ji : Kami des tourbillons.

Hinokagutsuchi : déesse du feu.

Hiruko : le Kami est considéré comme le protecteur du soleil du matin. En outre, il veille à la santé des nouveau-nés et les surveille même en l'absence de leurs parents.

Hisa-Me : créature monstrueuse du monde souterrain.

Hoderi : Le Feu Ardent est le premier né de l'union entre Ninigi et la Princesse de la Fleur Fleurie. Il a développé un grand talent pour la pêche. La perte du crochet porte-bonheur par son frère Ho-ori a créé une véritable querelle familiale qui a pris fin avec la cessation de la dynastie Kami.

Hosuseri : le deuxième enfant de Ninigi et de la Princesse de la Fleur Fleurie est considéré comme le Feu qui avance et dévore tout.

Ho-ori : le plus jeune fils de Ninigi et de la Princesse de la Fleur Fleurie est le Kami qui a régné sur le Japon après avoir terminé son voyage dans le royaume des abysses. Grâce à la faveur du dieu de la mer Owatatsumi, il a réussi à déjouer le plan diabolique de son frère Hoderi.

Hiruko : le premier descendant d'Izanami et d'Izanagi est né sans queue ni tête et a donc été jeté dans les profondeurs de la mer. Il a été trouvé par un groupe de paysans et a réussi à survivre, se transformant en Ebisu.

Iha-Naga (Princesse du rocher éternel) : elle est la fille du dieu de la montagne Oho-Yama. Il essaya par tous les moyens de la donner en mariage au Seigneur du Grand Pays Ninigi, mais le souverain préféra sa sœur, Ko-no-Hana.

Ika-Zuchi : un groupe de sept esprits qui vivent dans le monde souterrain. Les humains sont capables de les entendre lors des raz-de-marée, des tremblements de terre et des éruptions volcaniques.

Iki-Ryo : l'esprit de colère qui apporte la souffrance à sa victime.

Inari : le Kami de la nourriture est considéré comme le protecteur du riz. Non seulement il fait partie des figures les plus énigmatiques du panthéon japonais, mais il possède également une nature hybride (mâle et femelle). On dit qu'une fois par an, il descend des montagnes en direction des vallées pour prendre la forme d'un renard. Il est souvent représenté avec une longue barbe et deux tiges de riz serrées dans ses poings fermés. Il peut également se transformer en araignée pour se venger des individus qui se sont comportés de manière malveillante et égoïste envers leur groupe social. Aujourd'hui, Inari jouit d'une notoriété toujours plus grande. Les Japonais ont coutume de dédier de riches offrandes votives aux Kami en question, dans l'espoir de protéger ainsi les membres de leur famille et leur groupe d'amis. Le temple du dieu est situé dans la partie orientale de Kyoto et s'appelle Fushimi-Inari. Construit vers 700 après J.-C., il est le théâtre de la plus importante fête du riz organisée dans les tout premiers jours du printemps.

Isora : le Kami de la plage.

Izanagi e Izanami : le couple primitif qui a reçu l'épée céleste. Les deux étaient les créateurs de multiples dieux (la première génération de Kami), avant d'être séparés à jamais par la mort d'Izanami. Izanagi a essayé en vain de la sauver des Enfers (Yomi).

Jigami : terme alternatif pour la lignée des Kami de la Terre.

Jikininki : esprits qui dévorent les cadavres. Ils sont générés par les âmes d'hommes et de femmes décédés qui, poussés par un désir de vengeance et un fort sentiment d'agitation, font souffrir d'autres êtres vivants dans l'au-delà. À cet égard, la légende raconte qu'un jour lointain, un prêtre nommé Muso Kokushi veillait au chevet d'un malade lorsqu'un Jinininki arriva soudainement pour dévorer le corps du malheureux en une seule bouchée. Les prières du moine étaient suffisamment intenses pour libérer l'âme qui serait damnée par le démon pour l'éternité.

Jikoku : il est le gardien de l'Orient.

Jinushigami : le Kami « propriétaire » est souvent associé à la possession d'un territoire.

Kagutsuchi : le Kami du feu qui, après sa naissance, a brûlé le ventre d'Izanami et tué sa mère. Izanagi a vengé sa femme et a mis en pièces le dieu des flammes. Du corps de Kagutsuchi est né le Kami des volcans et des rochers montagneux.

Kamaitachi : les monstres de la mythologie japonaise sont représentés sous la forme de belettes, bien qu'ils se déplacent à une telle vitesse qu'aucun être humain n'a jamais réussi à les voir un instant. Ils attaquent généralement leurs victimes par derrière, les faisant tomber au sol. Certains d'entre eux ont la propriété de régénérer les plaies.

Kamidana : le célèbre autel sur lequel sont placés les aliments votifs destinés aux Kami.

Kanayama-hiko e Kanayama-hime : le premier est le Kami masculin, le second le composant métallique féminin. Ils sont mariés.

Kappa : les esprits de l'eau sont très craints par la population japonaise. En fait, on pense qu'ils aiment traîner les enfants et les bébés dans les profondeurs de la mer pour les noyer. En outre, ils s'attaquent également aux animaux en raison de leurs longues griffes qui rongent leurs victimes pendant la nuit. Intelligents et redoutables, ils ne se lient d'amitié qu'avec des individus à l'intelligence supérieure à la moyenne.

Kirin : la licorne japonaise qui combat les âmes des méchants avec sa corne pointue.

Kishijoten : le Kami de la Fortune.

Komoku : le roi céleste qui garde le sud.

Kompera : divinité protectrice des voyageurs effectuant des pèlerinages par terre et par mer.

Koshin : le dieu des routes. Les marchands lui offraient en cadeau de petits chevaux empaillés afin de lui assurer un voyage favorable.

Kumo : les chroniques japonaises parlent d'énormes araignées qui, avec leurs dents acérées et leurs pattes extrêmement longues et rapides, se cachent dans les méandres des palais et des châteaux, attendant une victime. Bien qu'ils ressemblent de prime abord à de simples piles de vêtements empilées sur le sol, ils trompent les malheureux en se transformant en créatures colossales.

Kura : Le Kami de la pluie et du temps.

Nai-no-kami : le Kami des tremblements de terre introduit dans la mythologie japonaise vers le 7e siècle avant J.-C.

Naka-Yama : la divinité des sommets.

Nakisawame : la divinité née des larmes versées par Izanagi sur la mort de sa femme.

Ninigi : Petit-fils d'Amaterasu envoyé sur Terre pour gouverner le Grand Pays. Il fut le premier protagoniste de la dynastie des empereurs qui, à partir de ce jour, continuèrent à transmettre les trois artefacts du Kami du Soleil.

Ninyo : les sirènes orientales appartenant au folklore japonais.

Nioo : un esprit qui, selon la tradition, garde les portes des temples et des propriétés privées.

Okuninushi : le Seigneur du Grand Pays a repris la création originale entreprise par Izanami et Izanagi en compagnie de son frère perdu Sukunabikona. Finalement, il a décidé d'abandonner la Terre au contrôle du Kami du Ciel.

Omoikane : littéralement « Dieu de la grande pensée », il est apprécié par le panthéon divin pour sa capacité à dispenser d'excellents conseils.

Owatatsumi : le Kami des mers représenté sous la forme d'un grand et redoutable dragon. Il vit dans un palais des mers couvert d'écailles de poisson.

Pont du ciel : le pont suspendu de la Terre est l'équivalent japonais de la Voie lactée. C'est aussi la propriété du Kami du ciel Uzume.

Raijin : le Kami du tonnerre qui réside dans le monde souterrain. On se souvient de lui grâce à son grand tambour rugissant. Il est associé à Fujin, le dieu du vent qui porte un sac en toile de jute à l'intérieur duquel sont conservés les courants.

Ryujin : le dragon des mers qui est souvent comparé à Owatatsumi.

Rakan : disciple du Bouddha, il est vénéré comme un dieu.

Shaka : Manifestation du sage Silence de la tradition japonaise, enracinée dans la religion du bouddhisme. C'est aussi la manifestation de la descente du Bouddha sur terre.

Shi-Tenno : les quatre souverains du Ciel veillent sur les points cardinaux afin d'éloigner les manifestations des mauvais esprits. Au nord se trouve Tamon, au sud Komoku, à l'est Jikoku et à l'ouest Zocho.

Sukunabikona : le fils de Takami-musubi et de Kami-musubi a atteint les rives du Grand Pays pour offrir ses services à Okuninushi.

Shichi Fujukin : le groupe des Kami de la Fortune est composé de sept divinités voyageant au loin sur un navire rempli de trésors et de richesses. Dans l'ordre : "Benten, Bishamon, Daikoku, Ebisu, Fukurokuju, Hotei et Jurojin". Pendant le nouvel an japonais, qui s'appelle Sanganichi, la population se rassemble en prière pour demander au Shichi de purifier leur maison.

Shiko-Me : représentation féminine du diable.

Shinda : le Kami de la fertilité habite l'île d'Hokkaido et est issu de la tradition Ainu.

Susanoo : le Kami de la tempête est lié à la fois aux manifestations de la mer et à la vie dans l'au-delà. Tout comme Loki dans la mythologie nordique, il est considéré comme une divinité négative et un héros positif.

Takami-musubi e Kami-musubi : respectivement le *Haut Esprit Générateur* et l'*Esprit Générateur*. Le premier est la composante masculine du couple, le second la composante féminine. Ils sont considérés comme les parents de Sukunabikona.

Takemi-kazuchi : le dieu en question est lié aux manifestations du Tonnerre. Il a été engendré le jour où Izanagi s'est vengé du dieu du feu responsable de la mort d'Izanami et, à partir de ce moment-là, on l'a prié sous le nom de Kashima pour qu'il dompte l'énorme poisson-chat. Ce dernier habitait les profondeurs des îles japonaises et, avec ses puissantes nageoires, provoquait des tsunamis et des tremblements de terre.

Taki-Tsu-Hiko : le Kami de la pluie.

Tamon : le seigneur du nord.

Ten : terme signifiant « Ciel » en japonais dans sa définition liée aux concepts de paradis, de divinité et de providence.

Ten-Gu : dirigés par Sojo-bo, ce sont des esprits maléfiques qui se cachent dans la forêt dense pour tourmenter les aventuriers, et surtout les enfants qui se perdent au milieu des bois.

Tsukuyomi : le dieu de la Lune est né de l'œil droit d'Izanagi et s'est immédiatement placé au sommet de la voûte céleste. On raconte qu'après avoir tué la déesse des céréales sur un coup de tête, Amaterasu refusa de regarder son visage pour le reste de ses jours - c'est pourquoi le Soleil et la Lune s'entrecroisent, sans jamais se rencontrer.

Ujigami : esprits primordiaux connus pour être des protecteurs neutres des clans familiaux. Les proches des malades peuvent se tourner vers eux en cas de détresse.

Ukemochi : la divinité qui protège la nourriture et les céréales a été tuée par Tsukuyomi. D'autres versions du mythe prévoient que c'est Susanoo qui s'est vengé d'elle, provoquant ainsi le mécontentement d'Amaterasu.

Homme des montagnes : le démon vivant dans les forêts du Japon est souvent croisé par des bûcherons travaillant au contact de la Nature. Il a l'apparence d'un singe poilu, et il est très difficile d'échapper à sa colère incontrôlable. Il est possible de se lier d'amitié avec lui en lui donnant une poignée de riz.

 Uwibami : le monstre en question a l'apparence d'un serpent de la taille d'un mammouth qui peut voler à haute altitude et descendre en piqué pour dévorer ses victimes.

Wakahiru-me : littéralement, « la divinité du soleil levant ». C'est le Kami de l'aube.

Yabune : Protecteur de la maison.

Yama-no-kami : la divinité de l'agriculture, de la chasse et de la flore. Elle est le pendant d'Artémis dans le panthéon hellénique.

Yamata-no-Orochi : le redoutable dragon à huit têtes tué par Susanoo avec l'aide de sa future épouse. Le Kami de la tempête a utilisé le saké pour vaincre l'ennemi et trouver l'épée d'Amaterasu.

Yasha : le monstre en question est une chauve-souris-vampire dont la nature colérique et agressive est probablement féminine.

Yeta : on dit qu'il s'agit d'Inari déguisé sous la forme d'un mendiant.

Yo : représente l'élément masculin de la création de l'Univers.

Zocho : le seigneur du sud.

CHAPITRE 9

LES AINUS : LA RELIGION DES PEUPLES INDIGÈNES DU JAPON

Ainu. Ils étaient les plus anciens habitants du pays du Soleil Levant. Installés dans la région d'Hokkaido, ils sont peu connus des voyageurs et des touristes qui s'immergent dans la beauté culturelle et paysagère du Japon. Leur histoire mérite qu'on s'y attarde, car la religion de la population indigène est riche de protagonistes, de croyances et de rituels inédits par rapport au fatras d'informations dont je vous ai déjà parlé dans les pages précédentes.

Prenons un peu de recul : les Aïnus se sont d'abord installés dans la région septentrionale de l'archipel du sud-est, où ils ont vécu sans être dérangés pendant de longs siècles. Contrairement aux intentions expansionnistes et propagandistes de la politique impériale, les chefs tribaux ont préservé la population de la contamination culturelle empruntée au Japon ou à la Chine voisine. Cependant, l'absence d'un statut qui serait enfin en mesure de rendre sa dignité à un peuple dont la culture et l'histoire remontent à des milliers d'années a suscité de nombreux débats au cours des derniers siècles.

Vous êtes curieux d'en savoir plus ? Dans ce chapitre, je souhaite vous conduire par la main à la découverte de la « face cachée du Japon », afin que votre compréhension des événements mythologiques trouve sa pleine réalisation, à cheval sur le passé et le présent.

Les origines des Aïnus sont incertaines. Cependant, certains chercheurs s'accordent à dire que les premières générations sont issues des peuples du Nord. C'est vers 1300 que les clans en question se sont installés dans la région d'Hokkaido et sont passés du statut de nomades à celui de sédentaires. Beaucoup d'entre eux se sont également déplacés vers la Russie voisine et ont occupé la région que nous appelons aujourd'hui Sakhalin. Leur mode de vie en contact avec la nature - souvent caractérisé par des habitudes très rurales - n'a pas attiré l'attention des populations plus « civilisées » du Japon et de la Chine. Personne ne semble se rendre compte de la richesse du patrimoine culturel d'un peuple qui, lentement mais sûrement, développe sa propre langue (la langue ainu), un ensemble de cérémonies, un vaste répertoire de chants publics et un système de chasse et de pêche qui permet à la population de survivre avec succès aux rudes températures du Nord.

En détail, l'une des cérémonies les plus importantes des Aïnus est celle de la naissance des oursons. Les oursons sont accueillis dans le clan et considérés comme des membres de la famille. Les animaux sont nourris et vénérés pendant les deux premières années de leur vie, puis ils retournent progressivement dans leur habitat. Certains d'entre eux, cependant, sont retenus en captivité et sacrifiés lors d'un rituel propitiatoire. La vision mystico-religieuse sous-jacente à une telle croyance - qui peut sembler peu recommandable à nombre de mes lecteurs - est censée transmettre un message de **libération**. L'esprit de l'animal se détache de la composante somatique pour s'amalgamer avec le royaume céleste des manifestations invisibles et intangibles.

Tout aussi intéressante est la tradition selon laquelle les Aïnus sont reconnaissables grâce à des tatouages habilement réalisés sur leur peau. Considérés comme un symbole de richesse, d'agrément et de statut social, les tatouages représentent de véritables talismans qui se connectent à l'esprit de chaque individu afin de le conduire sur le bon chemin. La préparation de la composante somatique avant la mort n'est pas moins fascinante : les Aïnus croient que le corps humain doit progressivement se débarrasser de ses vêtements, armes et bijoux « jetables » pour retrouver sa forme originelle et pure, celle que nous avons au moment où nous venons au monde. C'est pourquoi, une fois encore, les tatouages véhiculent un message fort d'espoir et de rédemption.

Cependant, l'histoire récente des Aïnus n'est pas sans complications. Nous sommes à peu près dans les années 1800 lorsque, pendant la période de la Restauration sous le gouvernement Meiji, l'équilibre inhérent à l'île du Nord a brusquement changé. Le Japon a été impliqué dans un processus rapide de colonisation : la période de transition sous la domination occidentale a incité de nombreuses familles à se déplacer vers les zones non cultivées du Nord, où elles pensaient ne trouver que des champs stériles et non cultivés. En quittant les îles les plus peuplées de l'archipel, les Japonais se familiarisent avec les coutumes des Aïnous. Ils sont immédiatement considérés comme primitifs et peu raffinés par rapport à la production écrite du bouddhisme et du shintoïsme traditionnels.

Ce que je voudrais souligner, c'est que l'apparente ouverture d'esprit de la religion japonaise s'est heurtée au premier grand obstacle de l'histoire : pour la tribu indigène, une longue période de violence et de discrimination systématiques a commencé, qui a envenimé les relations entre les peuples. Après avoir été chassés des territoires qu'ils avaient habités pendant des siècles entiers, sans jamais avoir manifesté le moindre intérêt pour la culture japonaise ou chinoise, les Aïnus ont été poussés en direction des régions centrales. Ils y ont été classés et enregistrés comme " ex-Aïnou ". Mais c'est en 1899 que la promulgation de la loi sur la protection des anciens aborigènes d'Hokkaido cache des intentions bien pires. Les nouvelles générations assistent à la confiscation de territoires qui appartenaient autrefois à leurs ancêtres. Non seulement on les empêche de pêcher le saumon ou de chasser dans les forêts publiques de l'île, mais les Aïnous sont également contraints d'adopter des noms et des prénoms japonais afin de faciliter l'enregistrement des clans dans les registres raciaux. Les témoignages en question nous sont fournis par *Kunihiko Yoshida*, professeur de droit à l'*université d'Hokkaido*.[3]

Dans un tel scénario, la tradition native et primitive de la tribu du nord est vouée à être étouffée sous le poids du culte traditionnel shintoïste. D'une part, les « ex-Aïnus » seront contraints de renoncer aux traditions qui les définissaient comme membres d'une grande famille - par exemple les tatouages - mais ils devront également s'accommoder de difficultés économiques et de systèmes professionnels jusqu'alors inconnus. La cérémonie de l'ours purificateur sera considérée comme barbare, tout comme de nombreuses danses propitiatoires exécutées par les hommes et les femmes des clans à des moments précis de l'année.

Ce ne sont pas les chercheurs et les aventuriers qui ont manqué, dans les années 1930, pour partir à la recherche d'objets précieux, pillant et profanant les tombes "ouvertes" des Ainus décédés. Au nom d'une « prétendue science orientale », des os et de l'ADN ainu ont également été collectés afin d'étudier les particularités de ce peuple « animal et barbare ». En effet, il suffit d'apprécier

---

[3] Vous pouvez trouver plus d'informations sur ce lien:
https://www.bbc.com/travel/article/20200519-japans-forgotten-indigenous-people

l'ensemble des traditions locales avec un intérêt sincère pour découvrir que leur vision du monde est extrêmement raffinée. Le respect de la nature sous toutes ses formes et manifestations est toujours lié au concept de purification : le corps est comparé à un rocher qui empêche la composante spirituelle d'atteindre une dimension supérieure, un bonheur éternel et surnaturel.

Et si vous vous interrogez sur le sort des descendants des Aïnous aujourd'hui, sachez qu'il y a eu peu (très peu) de progrès : beaucoup cachent leurs origines par peur d'être jugés, et sont exclus des principales activités sociales de l'île d'Hokkaido. Le mode de vie japonais - consacré à la productivité et au capitalisme débridé comme la grande majorité des pays mondialisés - est en fait incompatible avec le mode de vie lent et rythmé de ceux qui mènent leur vie en accord avec le rythme de la nature. Selon un recensement daté de 2017, il y a environ 13 000 Aïnous actuellement sur l'île. Mais comme le rappelle Mai Ishihara, anthropologue à l'université d'Hokkaido : « *Il y a encore beaucoup de gens qui cachent leur identité ainu à leurs enfants* ». Une réalité qu'elle connaît parfaitement, puisque sa grand-mère maternelle ne lui a révélé qu'à l'âge de 12 ans qu'elle avait une ascendance ainu - au grand dam de la famille.

Tout aussi intéressantes sont les déclarations du directeur exécutif de l'association Ainu d'Hokkaido : « *Les grands problèmes sont la pauvreté et l'éducation. Vous ne pouvez pas aller au lycée si vous êtes pauvre et n'avez pas assez d'argent pour vivre, même si vous passez des examens. J'ai vu beaucoup d'enfants qui ont dû abandonner leurs études à cause de la pauvreté, même s'ils avaient de bons résultats* ».

Enfin, ces dernières années :

> « Le Japon a adopté la déclaration des Nations unies sur les droits des peuples autochtones, commençant enfin à

envisager de nouvelles politiques à l'égard de la population Aïnu. Dix ans plus tard, Tokyo a mis en œuvre une loi reconnaissant le peuple Aïnu comme "indigène" et a ouvert cette année - avec un certain retard dû à la pandémie de Covid-19 - un musée national.

« L'objectif de cette loi est de créer une société dans laquelle les personnes qui s'identifient comme Aïnu peuvent être fières de leurs origines sans craindre de conséquences ou de discrimination », a déclaré Kenichi Ochiai, professeur associé de droit constitutionnel au Centre d'études Aïnu et indigènes de l'université Hokkaidō[4] » .

Mon invitation consiste à redonner de la dignité à une tradition qui, bien que différente de la mythologie japonaise classique, a beaucoup à nous apprendre. En l'absence de lieux de culte, les Aïnus avaient l'habitude de transformer chaque habitation, chaque coin de forêt et chaque ruisseau en temple. Les prières étaient exécutées à l'aide d'*inau* et d'*ikubashui* ; les premiers étaient des bâtons cérémoniels mesurant de 45 centimètres à environ 2,5 mètres de long, fabriqués par les hommes à l'aide d'outils artisanaux spéciaux. Après avoir choisi les branches ou les pousses de saule les plus appropriées, elles ont été sculptées avec beaucoup de détails afin de créer un lien tangible avec les manifestations de la nature. Ces derniers, en revanche, étaient des bâtons en bois d'érable, de chêne ou d'aulne - arbres extrêmement populaires dans la brousse insulaire d'Hokkaido - qui permettaient aux membres de la communauté d'invoquer les divinités de la nature et de leur donner quelques gouttes de saké. Inutile de dire

---

[4] Tiré d'un article publié dans *Eco Internazionale* (célèbre magazine italien) en septembre 2020, édité par Maddalena Tomassini.

que chaque jeune homme était supervisé par les prêtres et les gardiens principaux pour apprendre à créer des inau et des ikubashui qui susciteraient l'envie des autres clans. On croyait, en effet, que plus la mise en œuvre pratique du bâton cérémoniel était efficace, meilleures étaient les chances d'éloigner les mauvais esprits de sa maison.

CONCLUSIONS ET CONSIDÉRATIONS FINALES SUR LES PERSPECTIVES DE LA MYTHOLOGIE JAPONAISE

Notre voyage de découverte de la mythologie japonaise est arrivé à son terme. J'espère que ma narration des événements et des protagonistes mythologiques vous a intrigué, informé ou plus simplement fait sourire. Aujourd'hui, spectateurs d'un monde en pleine mutation, nous risquons d'oublier que les disciplines "humanistes" classiques, telles que l'anthropologie, la mythologie et la littérature ancienne, sont encore pleines de secrets et de mystères à éclaircir. Le livre que vous tenez entre vos mains n'a pas l'intention d'épuiser la riche matière liée à l'histoire et à la religion du Japon. Nous vous invitons à poursuivre la lecture d'autres textes, articles et rapports sur le sujet afin de vous immerger dans les profondeurs des thèmes qui vous ont le plus intrigués.

Non seulement le shintoïsme véhicule une vision du monde diamétralement opposée à celle de l'Occident, mais le bouddhisme et les traditions originales des tribus indigènes du Japon peuvent également exercer une fascination indéniable sur nous, les contemporains.

La raison ? Les vicissitudes des Kami ne sont pas si différentes de celles qui nous concernent personnellement, jour après jour. Bien sûr, nous ne sommes pas poursuivis par quatre-vingts frères en quête de vengeance, et nous n'espionnons pas notre partenaire alors qu'il a l'intention de se transformer en crocodile mutant. Nous ne nous battons pas vaillamment pour vaincre un dragon à huit têtes, ni ne descendons dans les profondeurs des enfers pour rencontrer je ne sais quel parent perdu depuis longtemps. Quoi qu'il en soit, la mythologie étant un produit humain, force est de constater que les émotions soudaines et atroces qui poussent les protagonistes nippons à l'action sont les mêmes que celles que nous ressentons sur notre propre peau lorsque nous sommes en deuil, amoureux, querelleurs ou livrés à nous-mêmes.

Et c'est précisément pour cette raison que la mythologie japonaise continue de jouer un rôle majeur dans nos productions artistiques contemporaines ; films et séries télévisées, documentaires et mangas sont imprégnés de héros, de monstres et de créatures que vous pourrez facilement retrouver dans le glossaire du chapitre 8. Les scénarios changent, les temps changent, les habitudes changent, tout comme nos façons de manifester des sentiments primitifs et instinctifs. Ce qui ne change pas, c'est la curiosité avec laquelle nous racontons et entendons des histoires incroyables, des histoires qui ont le pouvoir de nous plonger dans une réalité différente de celle que nous vivons au quotidien.

Comme l'a dit William Somerset Maugham : « *La tendance au mythe est innée dans la race humaine. C'est la protestation romantique contre la banalité de la vie quotidienne* ».

NOTE DE L'AUTEUR

Merci beaucoup d'avoir lu ce livre ! Comme vous l'avez peut-être deviné, à travers ce manuscrit et les autres de la série « Easy History », j'essaie de rendre des sujets normalement traités par des textes académiques longs et compliqués simples et accessibles à tous.

Mon objectif en tant qu'écrivain indépendant est de contribuer à la diffusion des faits historiques de la manière la plus neutre possible et d'une manière qui puisse réellement toucher tout le monde, afin de permettre aux lecteurs de se faire leur propre opinion sur ce qui s'est passé dans l'histoire et sur ce qui nous a été transmis par les mythes et les légendes.

Un type d'information indépendant, simple et neutre est, à mon avis, une arme très puissante contre l'ignorance et l'instrumentalisation que nous voyons aujourd'hui même dans les grands médias, et dans ce sens il n'y a pas de meilleure solution que de connaître le passé pour construire un meilleur avenir.

Pourquoi est-ce que je fais ça ? Par passion, ni plus ni moins. J'ai toujours été un lecteur presque obsédé par les livres d'histoire et de mythologie, et j'ai toujours été fasciné par la façon dont les événements survenus il y a des centaines ou des milliers d'années affectent encore la vie d'aujourd'hui.

Comme je suis un auteur totalement indépendant, qui effectue lui-même toutes les recherches, la rédaction et la publicité de ses livres, je vous demande une toute petite faveur :

444

Si vous avez aimé le lire, ou si vous l'avez simplement trouvé utile pour quelque raison que ce soit, je vous demande de laisser un avis ou une simple note sur Amazon.

Vous n'imaginez pas à quel point cela peut être utile pour moi et pour tous ceux qui, comme moi, font tout eux-mêmes !

Printed in France by Amazon
Brétigny-sur-Orge, FR

14912240R00251